Studien zum Weber-Paradigma

Reihe herausgegeben von

Gert Albert, Internationale Berufsakademie, Heidelberg, Deutschland

Steffen Sigmund, Max-Weber-Institut für Soziologie, Universität Heidelberg, Heidelberg, Deutschland

Mateusz Stachura, Max-Weber-Institut für Soziologie, Universität Heidelberg, Heidelberg, Deutschland

Mit der Reihe „Studien zum Weber-Paradigma" soll ein Ort für solche Publikationen geschaffen werden, die sich in Interpretationen, theoretischen Weiterentwicklungen und empirischen Studien mit dem Werk Max Webers auseinandersetzen. Die Bezugnahme auf das Webersche Forschungsprogramm schließt dessen kritische Diskussion durch Vertreter anderer theoretischer Positionen mit ein. Institutionentheoretische Fortführungen, ethische und sozialontologische Fragen im Gefolge Weberscher Unterscheidungen wie auch neue oder alte Verbindungen Weberianischer Theorie mit philosophischen Strömungen werden diskutiert. Die „Studien zum Weber-Paradigma" sind einem undogmatischen und innovativen Umgang mit dem Weberschen Erbe verpflichtet.

Wolfgang Schluchter

Empirische Geltungslehre

Studien
zu Max Webers Rechtssoziologie
und darüber hinaus

 Springer VS

Wolfgang Schluchter
Max-Weber-Institut fur Soziologie
Universität Heidelberg
Heidelberg, Deutschland

ISSN 2626-8701   ISSN 2626-871X (electronic)
Studien zum Weber-Paradigma
ISBN 978-3-658-41188-6   ISBN 978-3-658-41189-3 (eBook)
https://doi.org/10.1007/978-3-658-41189-3

Die Deutsche Nationalbibliothek verzeichnet diese Publikation in der Deutschen Nationalbiblio-grafie; detaillierte bibliografische Daten sind im Internet über https://portal.dnb.de abrufbar.

Planung/Lektorat: Cori Antonia Mackrodt
Springer VS ist ein Imprint der eingetragenen Gesellschaft Springer Fachmedien Wiesbaden GmbH und ist ein Teil von Springer Nature.
Die Anschrift der Gesellschaft ist: Abraham-Lincoln-Str. 46, 65189 Wiesbaden, Germany

Vorwort

Max Webers nachgelassenes Textkonvolut, bekannt unter dem Titel *Wirtschaft und Gesellschaft*, gilt manchem als sein unvollendetes Hauptwerk. Andere wiederum sehen darin eher ein textliches Labyrinth und setzen auf Webers vergleichende Studien zur Wirtschaftsethik der Kulturreligionen, die freilich ebenfalls unvollendet geblieben sind. Wie auch immer: Jedenfalls ist *Wirtschaft und Gesellschaft* nicht, wie man lange gedacht hat, ein unvollendetes Buch in mehreren Teilen, sondern ein unvollendetes Projekt in mehreren Fassungen. Ihm fehlt nicht allein der krönende Abschluss, sondern auch die innere Kohärenz. Dies zeigt sich nicht nur daran, dass Max Weber in der etwa 10jährigen Phase, in der er an diesem Projekt arbeitete, in der Zeit von 1910 bis 1920, die dafür maßgebenden Grundbegriffe änderte. Dies zeigt sich auch daran, dass drei verschiedene Dispositionen, zudem mit verschiedenen Titeln, für dieses Projekt überliefert sind. Die erste Disposition stammt aus dem Jahre 1910, die zweite aus dem Jahre 1914, die dritte, nur indirekt überliefert, aus den Jahren 1919/20. Diese drei Dispositionen und die Zwischenschritte dazu sind unten zur Orientierung des Lesers im Überblick dargestellt. Entsprechend lassen sich drei Phasen der Arbeit an diesem Projekt unterscheiden. Die erste Phase reicht vom Frühjahr 1910 bis zum Frühjahr 1912, in der die erste Disposition die Arbeit an dem Projekt leitet. Die zweite Phase beginnt etwa Ostern 1912 und reicht bis zum Sommer 1914, bis zum Beginn des Kriegs. In dieser zweiten Phase entwickelte Max Weber eine zweite Disposition, die sich radikal von der ersten unterscheidet. Wie weit sie bei Ausbruch des Krieges bereits erfüllt war, ist ungewiss. Nach Unterbrechung durch den Krieg beginnt dann im Sommer 1919 die dritte Phase, in der Max Weber eine abermalige Änderung der Disposition seines Projekts vornimmt, um auf der Grundlage seiner Vorkriegsmanuskripte eine gestraffte und lehrbuchartige Fassung zu erstellen, zu der er nicht nur eine neue begriffliche Einführung, sondern vermutlich auch eine neue Wirtschaftssoziologie schreibt.

Es ist nicht schwer, die dritte Fassung, die Nachkriegsfassung, von den ersten beiden Fassungen, den Vorkriegsfassungen, zu unterscheiden. Man kann auch zeigen, wie diese Nachkriegsfassung im Unterschied zu den Vorkriegsfassungen angelegt war. Denn es gib zwei Texte, die sowohl in einer Vorkriegsfassung als auch in einer Nachkriegsfassung vorliegen: der über die Herrschaftssoziologie und der über die Soziologie der Klassen und Stände. An ihnen kann man auch ersehen, was Max Weber meinte, als er nach dem Krieg an seinen Verleger schrieb, er müsse das alte, dicke Manuskript umgestalten, es straffen und lehrbuchartiger fassen. Diese Absicht lief streng genommen auf eine Neukonzeption hinaus. Sehr viel schwieriger dagegen ist es, zu unterscheiden, was von den Vorkriegsmanuskripten überwiegend zur ersten, was überwiegend zur zweiten Vorkriegsfassung gehört. Damit ergibt sich eine besondere werkgeschichtliche und systematische Herausforderung, der ich mich in der Folge stellen möchte.

Es gibt meines Erachtens zwei Textgruppen, die geeignet sind, zu einer Problemlösung beizutragen: die Texte über das Recht und über die Gemeinschaften, die nach Max Webers Tod von Marianne Weber in seinem Schreibtisch vorgefunden wurden. Ich wähle deshalb diese Texte, um eine Rekonstruktion der ersten Phase von Max Webers Arbeit an *Wirtschaft und Gesellschaft* zu versuchen. Zugleich bin ich an ihrem systematischen Gehalt interessiert.

Zudem ist zu beachten, dass sich in Laufe der hier dargelegten Entwicklung der Titel des Projekts ändert. Der Titel „Wirtschaft und Gesellschaft" gilt streng genommen nur für die erste Phase der Arbeit an diesem Projekt. In dem von Max Weber organisierten und redaktionell betreuten Sammelwerk, in dem sein Beitrag erscheinen sollte und das zunächst *Handbuch der politischen Ökonomie* hieß, dann, aus pragmatischen Gründen, in *Grundriss der Sozialökonomik* umbenannt wurde, machte er selbst aus dem ursprünglichen Beitragstitel einen Abteilungstitel, wobei er sich diese Abteilung mit einem anderen Autor, mit Eugen von Philippovich, teilen wollte So erfand er für sein Projekt den neuen Titel „Die Wirtschaft und die gesellschaftlichen Ordnungen und Mächte", den er in der dritten Phase mit großer Wahrscheinlichkeit noch einmal ändern wollte, diesmal in „Soziologie". Streng genommen gilt der Titel „Wirtschaft und Gesellschaft", der sich inzwischen weltweit durchgesetzt hat, also nur für die erste Fassung, die er in der Zeit von Mai 1910 bis Ostern 1912 erarbeitete. Er wird aber, wie in der Max Weber-Ausgabe vorgeschlagen, weiterhin als übergreifender Titel für das Gesamtprojekt benutzt (und dann kursiv gesetzt).

Die geschilderte Überlieferungslage lässt sich an der folgenden Übersicht ablesen:

Vorkriegsfassungen			Nachkriegsfassung
Wirtschaft und Gesellschaft		Die Wirtschaft und die gesellschaftlichen Ordnungen und Mächte	Soziologie
1910	1913	1914	1920
[Kategorien der verstehenden Soziologie]		1. Kategorien der gesellschaftlichen Ordnungen.	I. Soziologische Grundbegriffe
a) Wirtschaft und Recht (1. prinzipielles Verhältnis, 2. Epochen der Entwicklung des heutigen Zustands).		Wirtschaft und Recht in ihrer prinzipiellen Beziehung.	II. Soziologische Grundkategorien des Wirtschaftens
			III. Die Typen der Herrschaft
b) Wirtschaft und soziale Gruppen.	Beziehung der großen Gemeinschaftsformen zur Wirtschaft	Wirtschaftliche Beziehungen der Verbände im allgemeinen.	IV. Stände und Klassen
(Familien- und Gemeindeverband, Stand und Klassen, Staat).	Familie und Hausgemeinschaft Betrieb Sippe Ethnische Gemeinschaft	2. Hausgemeinschaft, Oikos und Betrieb. 3. Nachbarschaftsverband, Sippe, Gemeinde. 4. Ethnische Gemeinschaftsbeziehungen.	[V. Soziologie der Gemeinschaften]
c) Wirtschaft und Kultur (Kritik des historischen Materialismus).	Religion (Soziologie der Erlösungslehren und der religiösen Ethiken)	5. Religiöse Gemeinschaften. Klassenbedingtheit der Religionen; Kulturreligionen und Wirtschaftsgesinnung.	[VI. Religionssoziologie]
		6. Die Marktvergemeinschaftung.	
		7. Der politische Verband. Die Entwicklungsbedingungen des Rechts. Stände, Klassen, Parteien. Die Nation.	[VII. Rechtssoziologie]
	Soziologische Staats- und Herrschaftslehre	8. Die Herrschaft.	[VIII. Staatssoziologie]

Ich werde in der Folge die Rechtssoziologie in den Mittelpunkt meiner Analyse stellen, sowohl unter werkgeschichtlichem als auch unter systematischem Gesichtspunkt, so dass hoffentlich ein zentraler Baustein der Weberschen Arbeit an seiner Soziologie auch jenseits der werkgeschichtlichen Problematik erkennbar wird. Dann gehe ich kurz auf die Herrschafts- und Religionssoziologie ein, die im Wesentlichen in der zweiten Phase von Webers Arbeit an seinem Hauptbeitrag für das *Handbuch/Grundriß*, also 1912/1913, niedergeschrieben sein drüften, wobei die Herrschaftssoziologie in der dritten Phase eine Überarbeitung und Erweiterung erfuhr, die hier aber unberücksichtigt bleibt.

Dem Haupttext des Bandes über die Rechtssoziologie (Teil 1) sind mehere kleinere Texte beigegeben, die in den letzten beiden Jahren entstanden sind, hauptsächlich aus Anlass von Max Webers 100. Todestag und des Abschlusses der Max Weber-Gesamtausgabe. Sie ergänzen und erweitern den Teil 1 sowohl theoretisch als auch werkgeschichtlich und biographisch. Sie stehen jeweils für sich. In den Anhang habe ich zwei Würdigungen aufgenommen, die ich aus Anlass des Todes von zwei ‚Weberianer' geschrieben habe, mit denen mich eine lange Arbeitsbeziehung und daraus erwachsene Freundschaft verband: mit M. Rainer Lepsius und Guenther Roth.

Als Titel der Sammlung wähle ich „Empirische Geltungslehre". „Geltung" soll auf den neukantianischen Hintergrund des Weberschen Ansatzes verweisen, „empirisch" auf seine wirklichkeitswissenschaftliche Ausrichtung. Da es in diesem Band nicht allein um die Rechtssoziologie geht, sondern auch um die Herrschafts- und Religionssoziologie und um darüber hinausweisende Betrachtungen zu Webers Werk, gebe ich dem Titel einen Untertitel, der diese Erweiterung anzeigt.

Ich danke den Herausgebern, insbesondere Steffen Sigmund, dass sie den Band in ihre Reihe aufnahmen, und dem Verlag für sorgfältige Drucklegung. Ich danke ferner Brigitte Schluchter, dass sie auch dieser Sammlung wieder ihren kritischen Blick angedeihen ließ.

Heidelberg,   Wolfgang Schluchter
im Januar 2023

Inhaltsverzeichnis

Teil I

Max Webers Rechtssoziologie. Eine werkgeschichtliche und systematische Rekonstruktion

Vorbemerkung

Max Weber war bekanntlich von Haus aus Jurist. Eine seiner ersten Vorlesungen nach der Habilitation im Fach Rechtswissenschaft galt dem Handelsrecht, das er an der Berliner Universität für seinen erkrankten Lehrer Levin Goldschmidt las, dabei dessen Vorlesungsmanuskript nutzend. Auch nach seinem Wechsel von der Jurisprudenz zur Nationalökonomie, beginnend mit Freiburg, fortgesetzt in Heidelberg, blieb er in Grenzen der Juristerei verbunden. In Freiburg setzte er durch, dass sein neues Fach, die Nationalökonomie, in die Juristische Fakultät eingegliedert wurde, und in Heidelberg trat er mit Übernahme des Lehrstuhls von Karl Knies auch in das Direktorat des Staatswissenschaftlichen Seminars ein, das eine Brücke zwischen Jurisprudenz und Nationalökonomie schlug und als dessen juristischer Part Georg Jellinek fungierte. Man kann also mit Gründen vermuten, dass die juristische Prägung Max Webers gesamtes Schaffen mitbestimmte, dass insbesondere die Rechtsgeschichte, nicht zuletzt aufgrund seiner Qualifikationsschriften, der Dissertation und der beiden Schriften für die Habilitation, ein Gegenstand seiner wissenschaftlichen Aufmerksamkeit blieb.[1]

Es ist deshalb nicht überraschend, dass er, nachdem er 1909 nach langem Zögern die Neugestaltung des *Handbuchs der politischen Ökonomie* für den Verlag J. C. B. Mohr (Paul Siebeck) in Tübingen übernommen hatte, seinen Hauptbeitrag zu diesem nationalökonomischen Sammelwerk unter dem Titel „Wirtschaft und Gesellschaft" vom Mai 1910 mit Überlegungen zum Verhältnis von Wirtschaft und Recht beginnen wollte, und zwar sowohl in systematischer wie in historischer Hinsicht. Denn der Abschnitt a) seiner Disposition dafür lautet: „Wirtschaft

---

[1] Teil von Max Webers venia legendi war das Handelsrecht, neben dem römischen Staats- und Privatrecht, weil sich der schriftliche Teil des Habilitationsverfahrens nicht nur auf die römische Agrargeschichte, sondern auch auf die Geschichte der Handelsgesellschaften im Mittelalter bezog. Siehe dazu MWG I/1 und MWG I/2.

W. Schluchter, *Empirische Geltungslehre*, Studien zum Weber-Paradigma, https://doi.org/10.1007/978-3-658-41189-3_1

und Recht (1. Prinzipielles Verhältnis, 2. Epochen der Entwicklung des heutigen Zustands)". Erst danach wollte er sich in den Abschnitten b) und c) dem Verhältnis der Wirtschaft zu den sozialen Gruppen bzw. zur Kultur zuwenden, wobei er hier zugleich eine Kritik am historischen Materialismus beabsichtigte. Als er diese Disposition für seinen Hauptbeitrag spätestens im Frühjahr 1910 fixierte, war als Abgabetermin für die Manuskripte zum Sammelwerk das Ende des Jahres 1911, für einzelne Beiträge (Wieser) auch der Beginn des Jahres 1912 vereinbart.[2] Weber hatte also etwa eindreiviertel Jahre Zeit, um seinen Beitrag „Wirtschaft und Gesellschaft" mit den drei Abschnitten auszuarbeiten. Die erste Frage lautet deshalb: Was lag davon am Ende des Jahres 1911/Anfang des Jahres 1912 vor?

Die Antwort auf diese Frage ist nicht einfach. Für eine Annäherung daran muss man weite Wege gehen. Ich blicke zunächst auf die Nachgeschichte. Ein erster Fingerzeig lässt sich einem Brief Max Webers an seinen Verleger Paul Siebeck vom 23. Januar 1913 entnehmen. Hier heißt es, er hoffe, ihm seinen großen Beitrag „(Wirtschaft und Gesellschaft – incl. Staat und Recht) jetzt in nächster Zukunft oder auch erst Ende April zusenden" zu können. Er enthalte „eigentlich eine *vollständige soziologische Staatslehre* im Grundriß" (MWG II/8, S. 52 f.). Das lässt eine Erweiterung der ursprünglichen Disposition vermuten. Denn in dieser war zwar von Recht und Staat, nicht aber von einer ‚vollständigen soziologischen Staatslehre' die Rede. Letzteres deutet darauf hin, dass am Beginn des Jahres 1913 eine weitgehend ausgearbeitete Herrschaftssoziologie vorlag. Deren Niederschrift dürfte also vor allem in das Jahr 1912 fallen, in einen Zeitraum also, in dem der Abgabetermin für die Beiträge zum Sammelwerk bereits ins Rutschen geraten war. Schon am 21. Februar hatte der Verlag den Abgabetermin der Manuskripte auf den 31. Juli 1912 verschoben (MWG II/8, S. 427), aber auch dies erwies sich noch als zu früh. Die großen Beiträge für das erste Buch des Sammelwerks, die Beiträge von Karl Bücher und Friedrich von Wieser, ließen auf sich warten. Und so gewann Weber für seinen eigenen Beitrag Zeit. Er nutzte sie, um, wie man sieht, seinen ursprünglichen Ansatz zu erweitern. Möglicherweise gilt dies auch für die Religionssoziologie, von der er, wiederum nahezu ein Jahr später, am Ende des Jahres 1913, gleichfalls in den höchsten Tönen spricht (MWG II/8, S. 449 f.), die aber in der Disposition von 1910 noch nicht einmal in Gestalt eines Stichworts erscheint. Davon später mehr.[3]

---

[2] Die einzige Ausnahme, die Weber gemacht hatte, galt Friedrich von Wieser, nicht zuletzt wegen des antizipierten Umfangs seines Beitrags. Er war auf 15 Bogen veranschlagt und als Termin „Ostern 1912 spätestens" vorgesehen (MWG I/24, S. 140).

[3] Siehe unten Erweiterung: Herrschaft und Religion.

Ein zweiter Fingerzeig lässt sich der Korrespondenz zwischen Heinrich Rickert und Max Weber aus dem Sommer 1913 entnehmen. Es geht dabei um die Publikation von Webers Aufsatz „Über einige Kategorien der verstehenden Soziologie". Es ist ein Text, in dem Weber soziologische Grundbegriffe entwickelt, von denen er sagt, sie stünden trotz äußerer Ähnlichkeit „in stärkstem innerlichem Gegensatz zu den Aufstellungen R. Stammlers (Wirtschaft und Recht)", eines Autors, der in seinen Augen „als Jurist ebenso hervorragend, wie als Sozialtheoretiker unheilvoll verwirrungsstiftend" sei. Er teilt zudem mit, er habe seine Kategorien gebildet, um zu zeigen, „was Stammler ‚hätte meinen sollen'", ferner, dass der zweite Teil des Aufsatzes „ein Fragment aus einer schon vor längerer Zeit geschriebenen Darlegung (sei), welche der methodischen Begründung sachlicher Untersuchungen, darunter eines Beitrags (Wirtschaft und Gesellschaft) für ein demnächst erscheinendes Sammelwerk [,] dienen sollte und von welcher andre Teile wohl anderweit gelegentlich publiziert" würden (MWG I/12, S. 391 Fn.). Vor längerer Zeit geschrieben, das verweist auf die erste Phase der Arbeit an dem Beitrag „Wirtschaft und Gesellschaft", vielleicht gar auf die Zeit davor.

Man kann also mit Gründen vermuten, dass der Textbestand, der Ende 1911/ Anfang 1912 vorlag, noch keine ausgearbeitete Herrschafts- und Religionssoziologie enthielt, dass für die Rekonstruktion der ersten Phase von Webers Hauptbeitrag zum Sammelwerk vor allem die Texte über die Gemeinschaften und über das Recht in Frage kommen. Freilich darf man nicht erwarten, dass diese Texte alle in ihrem ursprünglichen Zustand überliefert sind. Wie wir aus anderen Zusammenhängen wissen, schrieb Weber an seinen Texten selbst noch im Prozess ihrer Publikation weiter, wobei er meist Vorliegendes erweiterte. Wie die Druckgeschichte vieler seiner Beiträge beweist, handelte er in dieser Hinsicht gegenüber Verlag und Druckerei rücksichtslos. Wir können also nicht davon ausgehen, dass wir in den Bänden I/22-1 und I/22-3 der Max Weber-Gesamtausgabe, den Bänden über die Gemeinschaften bzw. über das Recht, den Weber der Jahre 1910/ 1911 ‚unverfälscht' entdecken können. Aber ein erheblicher Textbestand gerade dieser beiden Bände steht offenbar dieser ersten Arbeitsphase für den Beitrag zum Sammelwerk noch nah.

Es sind also in erster Linie die Bände über die Gemeinschaften und über das Recht, in denen ich Anhalte zur Rekonstruktion der ursprünglichen Fassung von „Wirtschaft und Gesellschaft" zu finden hoffe. Besonders interessant ist dabei der Band I/23-3. Denn hier sind wir in der glücklichen Lage, zu diesem Themenkomplex nicht nur die gedruckten Texte, sondern auch die Manuskripte zu besitzen. So lassen sich Webers Arbeit daran und deren zeitlicher Rahmen in Grenzen erkennen. Diese Texte sind in dem von Werner Gephart und Siegfried Hermes mit großer Sorgfalt und Kennerschaft herausgegebenen Band I/23-3 mit dem Titel *Recht* versammelt, der damit zu einer unverzichtbaren Grundlage für eine Rekonstruktion der ersten Phase von Webers Hauptbeitrag zum Sammelwerk geworden ist.[4]

Ich werde mich zunächst mit dieser Rekonstruktion der Textgeschichte befassen. In einem zweiten Schritt gehe ich dann auf die damit verbundenen systematischen Probleme ein.

---

[4] Max Weber, *Wirtschaft und Gesellschaft. Die Wirtschaft und die gesellschaftlichen Ordnungen und Mächte. Nachlaß. Teilband 3: Recht.* Herausgegeben von Werner Gephart und Siegfried Hermes, Tübingen: J.C.B. Mohr (Paul Siebeck 2010).

Wirtschaft und Recht werkgeschichtlich

2

Um einen besseren Zugang zu der genannten Problematik zu gewinnen, sollte man zunächst die Aufmerksamkeit auf einen Zeitpunkt lenken, als sich Weber in Sachen *Handbuch* noch nicht verpflichtet hatte, also auf die Vorgeschichte seines Hauptbeitrags für das *Handbuch.* Weber war zwar schon seit 1905 mit dem Wunsch des Verlegers vertraut, das von Gustav von Schönberg herausgegebene Sammelwerk zur politischen Ökonomie mit Hilfe jüngerer Kräfte zu erneuern, er hatte sich aber bis 1908, dem Zeitpunkt des Todes von Gustav von Schönberg, für eine Mitwirkung, gar für eine leitende Funktion in diesem Erneuerungsprojekt trotz des Werbens von Paul Siebeck nicht gewinnen lassen. Allenfalls einen Artikel über Agrarverhältnisse in der Nachfolge von August Meitzen, seinem einstigen Lehrer, sagte er zu.[1] Im Übrigen war ihm an einer Kooperation mit Gustav von Schönberg nicht gelegen. Durch dessen Tod änderte sich die Situation.

In den Jahren 1906/07 hatte Weber seine Auseinandersetzung mit dem Juristen Rudolf Stammler begonnen. Dabei stand dessen Schrift *Wirtschaft und Recht nach der materialistischen Geschichtsauffassung* im Mittelpunkt.[2] Weber interessierte sich vor allem für methodologische Fragen. Doch seine Kritik ging über die Methodologie hinaus. Sie bezog auch sachliche Zusammenhänge mit ein, etwa Fragen der Verhältnisbestimmung von Sitte, Konvention, Recht und Sittlichkeit, aber auch solche zum Erklärungsanspruch einer empirischen Handlungstheorie.

---

[1] Siehe dazu ausführlich Band 24 der Max Weber-Gesamtausgabe unter dem Titel *Wirtschaft und Gesellschaft. Entstehungsgeschichte und Dokumente.* Dargestellt und herausgegeben von Wolfgang Schluchter, Tübingen: J.C.B. Mohr (Paul Siebeck) 2009.

[2] Rudolf Stammler, *Wirtschaft und Recht nach der materialistischen Geschichtsauffassung. Eine sozialphilosophische Untersuchung.* 2., verbesserte Aufl., Leipzig: Veit & Comp. 1906.

W. Schluchter, *Empirische Geltungslehre*, Studien zum Weber-Paradigma, https://doi.org/10.1007/978-3-658-41189-3_2

Führt man sich Webers oben zitierte Kritik an Stammler im Kategorienaufsatz von 1913 vor Augen, so liegt es nahe, in der Disposition von 1910 (a. Wirtschaft und Recht) eine direkte Reaktion auf Stammler zu vermuten. Tatsächlich wollte Weber die 1907 im *Archiv für Sozialwissenschaft und Sozialpolitik* veröffentlichte Kritik an Stammler weiterführen, und er hatte sie, wie gesagt, von vornherein nicht auf methodologische Fragen beschränkt. Es ist deshalb nicht auszuschließen, dass Weber zwischen 1907 und 1910, zwischen seiner veröffentlichten Stammlerkritik und seiner Disposition für „Wirtschaft und Gesellschaft", an Texten schrieb, die sich für die Behandlung der in der Disposition genannten Themen eigneten. Fragen wir, ob es dafür Hinweise gibt.

Bevor ich dies tue, muss man sich zunächst die Grundzüge der Stammlerkritik von 1907 vergegenwärtigen. Sie ist äußerst polemisch. Weber spricht dem Stammlerschen Werk über Wirtschaft und Recht, das 1906 in zweiter, zudem nach Auffassung des Autors in verbesserter Auflage erschienen war, schlichtweg die wissenschaftliche Existenzberechtigung ab (MWG I/7, S. 487). Stammler stifte nur Verwirrung, trotz mancher wertvoller Einichten, die das Buch enthalte. Aber diese verschwänden „in einem wahren Dickicht von Scheinwahrheiten, Halbwahrheiten, falsch formulierten Wahrheiten und hinter unklaren Formulierungen versteckten Nicht-Wahrheiten, von scholastischen Fehlschlüssen und Sophismen", und dies mache „die Auseinandersetzung mit dem Buche zu einem, schon des wesentlich negativen Ergebnisses wegen, unerfreulichen, dabei unendlich lästigen und höchst weitläufigen Geschäft" (ebd., S. 488). Später entschuldigte sich Weber für den harschen Ton, in dem er seine Kritik verfasst hatte. In der Sache freilich nahm er nichts zurück.

Als er diese Polemik schrieb, hatte er gerade mit seiner Studie über den Zusammenhang von asketischem Protestantismus und moderner Berufskultur einen großen literarischen Erfolg gelandet, sich zugleich aber nicht zuletzt durch diese polemische und ausufernde Rezension von Stammlers Buch in die Position eines, wie er später sagt, „(methodisch-wissenschaftlichen!) *Parteimanns*" begeben, der „Leute wie Stammler, Ostwald, Lamprecht, Vierkandt, auch Simmel, mit der größten sachlichen Rücksichtslosigkeit angreifen" wolle (MWG II/6, S. 121 f.). Seine Parteinahme galt einer wertfreien historischen und theoretischen Kulturwissenschaft, die mit einer empirischen Handlungstheorie verbunden ist. Nicht zufällig geht Weber in seiner in vier Abschnitte gegliederten Stammlerkritik im 4. Abschnitt zu diesem kulturwissenschaftlichen Programm über. Hier ist Stammler nicht mehr in erster Linie Gegenstand der Kritik, sondern Anlass zur Entwicklung der eigenen Konzeption.

Weber kritisiert an Stammler vor allem dessen Jonglieren mit heterogenen Fragestellungen, sein ständiges Hin- und Her zwischen Naturgesetz, Denkgesetz und praktischer Norm in ihrer dogmatischen und empirischen Bedeutung. Er kritisiert den von ihm praktizierten Form-Inhalt-Dualismus, auch die Zweideutigkeit, mit der er zwischen Natur und sozialem Leben die Grenze zieht. Vor allem aber: Er wirft ihm vor, die materialistische Geschichtsauffassung, wie im Titel des Buches in Aussicht gestellt, gerade nicht überwunden zu haben. Denn letztlich beharre Stammler auf einer Theorie der letzten Instanz, nur mit anderem Vorzeichen. Er halte nämlich die materialistische Geschichtsauffassung nicht für unrichtig, sondern nur für unfertig, nicht für einseitig, sondern nur für unvollendet, und das verbinde er mit der Behauptung, dass der kritische Idealismus Kants solche Vollendung erforderlich mache. Damit aber zeige sich nur, dass er die Kantsche Lehre nicht verstanden habe. Er erweise sich keineswegs als ein echter Schüler Kants (MWG I/7, S. 490).

Weber plädiert stattdessen für die saubere Unterscheidung zwischen logischen, dogmatischen und empirischen Fragen, und bei den empirischen Fragen zwischen den theoretischen und den historischen. Er plädiert bei den empirischen Fragen für eine gesichtspunktabhängige Erkenntnis, die sowohl nach dem Generellen wie nach dem Individuellen strebt und bei der kausalen Zurechnung keine letzten Instanzen kennt. Wenig später legt er öffentlichen Protest dagegen ein, dass irgend etwas „die ‚letzte' oder ‚endgültige' oder ‚eigentliche' Ursache von irgend etwas" sein könne. Und er fügt erläuternd hinzu: „Wenn wir uns die Kausalkette vorlegen, so verläuft sie immer bald von technischen zu ökonomischen und politischen, bald von politischen zu religiösen und dann ökonomischen usw. Dingen. An keiner Stelle haben wir irgend einen Ruhepunkt. Und diejenige immerhin nicht seltene Auffassung der materialistischen Geschichtsauffassung, als ob das ‚Ökonomische' in irgend einem, wie immer gearteten Sinn, etwa ‚Letztes' in der Ursachenreihe sei, diese Ansicht ist meines Erachtens allerdings wissenschaftlich vollständig erledigt" (MWG I/12, S. 236).

Weber moniert insbesondere Stammlers ambivalente Verwendung der Begriffe Natur und Regel. Er spiele mit ihren verschiedensten Bedeutungen, so dass man nie wisse, woran man sei. Beim Regelbegriff etwa sei nie klar, ob Stammler Regel im Sinne von generellen Aussagen über kausale Verknüpfungen, Regel im Sinne von logischen, ethischen oder ästhetischen Normen oder Regel im Sinne von Maximen des Handelns meine. Wenn es um das soziale Leben gehe, gebe es Regel aber „nur im Sinn einer kausal erklärbaren und kausal wirksamen empirischen ‚Maxime'". Dann werde „nicht nach dem ‚Sinn' gefragt, den der äußere Vorgang *dogmatisch* ‚hat', sondern nach dem ‚Sinn', welchen in concreto die ‚Akteurs' mit ihm entweder wirklich verbanden oder etwa auch, nach den erkennbaren ‚Merkmalen', zu verbinden sich den Anschein gaben" (MWG I/7, S. 546). Dies gelte für den Einzelnen genauso wie für Interagierende, etwa beim Tausch oder beim Spiel, zwei Beispiele, die Weber ausführlich analysiert. Was über die Regel im sozialen Leben ganz allgemein gesagt werden müsse, gelte natürlich auch für die Rechtsregel. Auch sie habe einen dogmatischen Sinn, aber empirisch gesehen sei sie „eine das Handeln von Menschen kausal mitbestimmende Vorstellung von etwas, das sein *soll*", komme also nur als eine Maxime in Betracht (MWG I/7, S. 558 f.).

Weber unterscheidet im Stammleraufsatz allgemein zwischen Zweck- und Normmaximen und untergliedert die Letzteren wiederum in Konventional-, Rechts- und Sittlichkeitsmaximen. Dabei betont er nicht nur die kategoriale Differenz zwischen empirischer und dogmatischer Geltung, sondern auch die Tatsache, dass die Rechtsmaximen, anders als andere Maximen, „normalerweise mit Zwangsgewalt ausgestattet" sind (MWG I/7, S. 565). Fragt man nach dem Unterschied zwischen Zweck- und Normmaxime, so geht es bei Zweckmaximen um Fragen der Klugheit, bei Normmaximen um Fragen der mehr oder weniger ausgeprägten Verpflichtung. Die Maximen wirken, „teils direkt, teils indirekt zur Erzeugung *empirischer* Regelmäßigkeiten im faktischen Verhalten der Menschen zueinander und den Sachgütern mit." Diese Tatsache beruht nach Weber darauf, „daß die empirischen Menschen normalerweise ‚vernünftige', d. h (empirisch betrachtet) der Erfassung und Befolgung von ‚Zweckmaximen' und des Besitzes von ‚Normvorstellungen' fähige Wesen sind" (MWG I/7, S. 567). Regelmäßigkeit des Verhaltens kann also Folge nicht nur von ‚Gewohnheit', sondern auch von Regelgeleitetheit sein.

Die Rechtsgeschichte, so Weber, sei logisch betrachtet „eine ‚naturalistische' Disziplin", „weil auch sie die *Faktizität* der Rechtsnormen, nicht ihren idealen *Sinn,* zum Objekt" habe (MWG I/7, S. 568 f.). Dennoch sei es wichtig, auch deren idealen Sinn zu rekonstruieren, und zwar nicht allein unter normativem, sondern auch unter heuristischem und darstellerischem Gesichtspunkt, weil dies der idealtypischen Begriffsbildung dient. Wir rekonstruieren als wissenschaftliche Beobachter den idealen Sinn, um daran den faktischen nach dem Grad seiner Abweichung zu messen. Dann steht der ideale Sinn aber im *Erkenntnis*zusammenhang, nicht im *Handlungs*zusammenhang. Man darf also Beobachterperspektive und Teilnehmerperspektive nicht verwechseln. Tut man dies, so begeht man eine Erschleichung, und man macht aus einer Begriffskonstruktion zu heuristischen und darstellerischen Zwecken ein normatives Gebot.

Weber beendet seine zum Aufsatz ausgeweitete Rezension des Stammlerbuches mit dem Hinweis, er wolle nach der Rechtsregel nicht auch noch die Konventionalregel besprechen, auf die er aber bei der Fortsetzung seiner

Stammler-Kritik zurückkommen werde (MWG I/7, S. 569). Für die Konventionalregel gelte freilich dasselbe wie für die Rechtsregel: Sie sei aus der
Beobachterperspektive „ganz im gleichen Sinn eine der *kausalen* Determinan-
ten, die sie in ihrem Objekt vorfindet, wie die ‚Rechtsregel' und gleich wenig
‚Form' des Seins oder ‚Formalprinzip' des Erkennens", wie von Stammler unterstellt (MWG I/7, S. 570). Bei dieser Fortsetzung wolle er sich auch mit den
Missverständnissen auseinandersetzen, die Stammler über „das Wesen des ‚sozialen Lebens'" verbreitet habe, „um dabei zugleich den bisher nur provisorisch
umrissenen Gegensatz empirischer und dogmatischer Betrachtungsweise weiter
zu analysieren" (MWG I/7, S. 571). Doch Weber lieferte diese Fortsetzung
zunächst nicht.

Es gibt allerdings ein von Marianne Weber im Nachlass gefundenes Manuskript, das wohl einmal zu dieser geplanten Fortsetzung gehörte. Es verdient
deshalb besondere Beachtung, weil sich Weber darin mit Stammlers Vorstellung
von der Verursachung menschlicher Handlungen befasst. Stammler wolle sie auf
die physiologische Ebene beschränken. Aber dies sei eine völlig unbegründete
Einschränkung des Erklärungsanspruchs, der sich auf menschliche Handlungen
richte. Wie Weber formuliert: „Die causale Betrachtung beansprucht für sich
auch die ‚innere' Seite des Hergangs, auch die Vorstellung der Handlung als
einer ‚zu bewirkenden', die Abwägung der ‚Mittel', endlich die Abwägung ihres
‚Zweckes'; alle diese Vorgänge, und nicht nur die ‚äußeren' Hergänge" als determiniert zu behandeln (MWG I/7, S. 578). Es sei ein Grundfehler, in der Tatsache,
„daß dem ‚rational' Handelnden mehrere verschiedene Erfolge als, je nach seinem
eigenen Verhalten, ‚möglich' und vielleicht ferner auch mehrere verschiedene
‚Maximen' als zur Wahl stehende Leitmotive des letzteren vorschweben, und
daß dann sein Handeln so lange ‚gehemmt' ist, bis dieser innere ‚Kampf' so
oder so geschlichtet ist" (MWGI/7, S. 587), einen Beleg für Indeterminismus
zu sehen. Denn sobald die Wahl zwischen Zwecken durch das Individuum zum
Gegenstand *empirischer* Betrachtung gemacht werde, sei der Vorgang „selbstre-
dend von Anfang bis zu Ende, mit Einschluß aller rationalen Erwägungen und
sittlichen Vorstellungen, die in dem Wählenden auftauchen, ganz ebenso streng
determiniert zu denken wie irgend ein ‚Naturereignis'" (MWG I/7, S. 588). All
dies gelte unabhängig davon, ob wir beim Handeln unmotivierte von motivierten Phasen unterscheiden und ob es um das Handeln Einzelner oder um das
Zusammenhandeln mehrerer mit oder ohne eine ‚Satzung' geht.

Dass Stammler bei der Bestimmung des sozialen Lebens nicht nur ständig
Norm und Maxime vermischt, sondern auch das isolierte Individuum dem satzungsmäßig geregelten Zusammenleben gegenüberstellt, führt nach Weber zu
einem doppelten Fehlschluss. Denn normative und empirische Geltung seien

scharf zu unterscheiden, und nicht alles Zusammenleben sei satzungsmäßig geregelt. Zudem erwüchsen Normvorstellungen unter Umstanden aus faktischen Regelmäßigkeiten des Sich-Verhaltens, wie auch das Umgekehrte vorkomme. Hier gebe es gleitende Übergänge zwischen faktischen Regelmäßigkeiten und den Regelmäßigkeiten aus regelgeleitetem Handeln, das sich an konventionellen, rechtlichen oder sittlichen Normvorstellungen orientiert.

Dieses Textfragment dürfte noch in das Jahr 1907 fallen. Diese Vermutung stützt sich darauf, dass Weber bei der Frage nach dem Verhältnis von somatischen und psychischen Abläufen beim Handeln noch sehr zurückhaltend formuliert. Schon 1908 sollte er sich ausführlich mit diesen Fragen beschäftigen (siehe MWG I/11, Einleitung), und dies hätte sich sicherlich auf die oben zitierte Passage über den ‚äußeren' und den ‚inneren' Teil der Handlung ausgewirkt.

Schon in diesem Manuskriptfragment aus dem Nachlass zeigt sich Weber des „grausamen Spiels" mit Stammlers „Diplomatie der Unklarheit" überdrüssig und geht dazu über, auszuarbeiten, „was Stammler hätte meinen *können*" (MWG I/7, S. 591 und S. 580). Dem geht er auch in einem anderen Nachlasstext ausgiebig nach. Der Titel dieses Textes lautet „Die Wirtschaft und die Ordnungen", und er ist in drei Abschnitte gegliedert: „1. Rechtsordnung und Wirtschaftsordnung"; „2. Rechtsordnung, Convention und Sitte"; „3. Bedeutung und Grenzen des Rechtszwangs für die Wirtschaft" (MWG I/22-3, S. 191–247), alles Themen, die in der Stammler-Kritik von 1907 bereits angesprochen sind.

Bevor ich auf diesen Text zu sprechen komme, ist noch zu konstatieren, dass Weber für den ersten Soziologentag, der Ende 1910 in Frankfurt am Main stattfand und dessen Inhalt er im Wesentlichen bestimmte, sehr darum warb, das Thema „Wirtschaft und Recht" aus der Doppelperspektive von Wirtschaftswissenschaft und Rechtswissenschaft behandeln zu lassen und damit auch Erfolg hatte. Außerdem wählte er die dafür geeigneten Referenten aus. Für die Rechtswissenschaft warb er um Hermann Kantorowicz, der sich in Heidelberg um eine Habilitation im Strafrecht bemüht hatte – zu Webers Leidwesen vergeblich –, und der der sogenannten Freirechtlichen Bewegung zuneigte, von der Weber meinte, sie umfasse „heute zweifellos die besten Köpfe der jüngeren soziologisch-philosophisch interessierten *Juristen*" (MWG II/6, S. 607), zu denen er übrigens auch Gustav Radbruch rechnete. Doch er wollte nicht Radbruch, sondern dessen Freund Hermann Kantorowicz gewinnen, den er mit der Feststellung zu überzeugen suchte: „Das Thema: Rechtswissenschaft und Wirtschaftswissenschaft (oder: und *Soziologische* Wissenschaft) liegt Ihnen sehr, das kann ich beurteilen" (MWG II/6, S. 614). Kantorowicz habe denn auch, so Weber nach dem Kongress, in seinem sehr guten Vortrag gezeigt, „daß logische Gründe (Beziehung der Rechtsnorm zur Wirklichkeit) die ‚Lückenhaftigkeit' des statuierten Rechts *ein für alle Mal* bedingen (…) und welche Ansprüche *daraus* für die Stellung der Soziologie zur Jurisprudenz folgen" (MWG II/6, S. 681 f.). Unabhängig davon war er schon zuvor voll des Lobs für Kantorowiczs kleine Schrift *Zur Lehre vom richtigen Recht,* mit der dieser den Juristen Stammler kritisiert hatte[3], so dass er, Weber, „bei Fortsetzung meiner Analyse von Stammler (an die ich durch Krankheit, dann durch andre Arbeiten gehindert wurde) nun der Aufgabe, den Unfug des ‚richtigen Rechts' auch noch totzuschlagen, durch die gründlichere Arbeit eines Berufeneren enthoben" sei (MWG II/5, S. 690). Er schätzte Kantorowicz also nicht zuletzt wegen seiner kritischen Einstellung zu Stammler. Freilich sah er ihn auch nicht ganz frei von verletzender Polemik. Als Kantorowicz eine äußerst scharfe Rezension von Herman Cohens *Ethik des reinen Willens* im *Archiv für Sozialwissenschaft und Sozialpolitik* einreichte, suchte Weber ihn zu mäßigen: „So sollte man, glaube ich, zwar Stammler, R. Schmitt e tutti quanti angreifen, aber nicht Cohen, – dem ich selbst *ganz* fern stehe" (MWG II/6 S. 321). Kantorowiczs totaler Verriss eines angesehenen Philosophen ging selbst dem in wissenschaftlichen Auseinandersetzungen nicht zimperlichen Max Weber zu weit.

Ich sprach von dem Text „Die Wirtschaft und die Ordnungen" als der Fortsetzung der Kritik an Stammler. Man könnte dies jetzt eine positive Kritik nennen, nach der negativen, die in der Rezension von 1907 zum Ausdruck kommt. Der besagte Text besitzt zwei Besonderheiten. 1. Er ist als Typoskript überliefert; 2. in dieses Typoskript trug Weber im Nachhinein die Kategorien des Kategorienaufsatzes von 1913 handschriftlich ein. Dass auch dies noch eine Reaktion auf Stammler ist, ergibt sich aus der bereits zitierten Fußnote. Dort hieß es, diese Kategorien seien auch entwickelt, um zu zeigen, was Stammler hätte meinen sollen. Auch die Vermutung, dass diese Überarbeitung im Zusammenhang mit der ersten Fassung von „Wirtschaft und Gesellschaft" für das *Handbuch* steht, Fußnote nah. Denn bei dem Text „Die Wirtschaft und die Ordnungen" dürfte es sich um eine jener sachlichen Untersuchungen handeln, für die der Kategorienaufsatz die methodische Begründung liefern sollte und die auch, freilich nicht nur, für „ein demnächst erscheinendes Sammelwerk", also für „Wirtschaft und Gesellschaft", bestimmt waren (MWG I/12, S. 391). Wenn sich zeigen lässt, dass dieser zweite Teil des Kategorienaufsatzes und der Text „Die Wirtschaft und die Ordnungen" ursprünglich einmal zusammengehörten, hat man also mit großer Wahrscheinlichkeit den Anfang von „Wirtschaft und Gesellschaft" aus den Jahren 1910/1911 in der Hand.

---

[3] Siehe Hermann Kantorowicz, *Zur Lehre vom richtigen Recht,* Berlin; Leipzig: Rothschild 1909 und Rudolf Stammler, *Die Lehre von dem richtigen Rechte,* Berlin: Guttenberg 1902.

Ich bin der Meinung, dass dies tatsächlich der Fall ist. Diese beiden Texte bildeten einmal eine Einheit. Das kann man nicht allein an den inserierten Begriffen, sondern vor allem daran ersehen, dass in dem Text „Die Wirtschaft und die Ordnungen" auf den zweiten Teil des Kategorienaufsatzes rückverwiesen wird. Es gibt in diesem Text Verweise, die sich nur im zweiten Teil des Kategorienaufsatzes auflösen lassen. Es spricht deshalb tatsächlich alles dafür, dass wir in dem Text „Die Wirtschaft und die Ordnungen" nicht nur die Fortführung der Stammlerkritik vor uns haben, sondern auch den ursprünglichen Anfang von „Wirtschaft und Gesellschaft" für das *Handbuch,* wie 1910 geplant.

Im Typoskript von „Die Wirtschaft und die Ordnungen" findet sich zwar bereits der Begriff Gemeinschaftshandeln, der Vorläufer des Begriffs soziales Handeln, nicht aber die Verzweigung dieses Begriffs in Gesellschaftshandeln und Einverständnishandeln, in Begriffe also, die im Kategorienaufsatz ausführlich entwickelt werden. Diese Begriffe und ihre Komposita fügt Weber nachträglich in das Typoskript ein. Sie bilden also den Begriffsapparat, mit dem er seine ursprünglichen Texte für „Wirtschaft und Gesellschaft" aus den Jahren 1910/1911 bestreitet. Sie finden sich deshalb auch nicht zufällig vornehmlich in den Texten über das Recht und über die Gemeinschaften, wie sie aus dem Nachlass überliefert sind.

Gesellschaftshandeln und Einverständnishandeln sind Fälle, bei denen der Sinnbezug gegenüber dem Gemeinschaftshandeln spezifiziert ist. Beim Gesellschaftshandeln ist diese Spezifikation durch den Begriff „gesatzte Ordnung" charakterisiert (MWG I/12, S. 408). Man handelt also aufgrund von Erwartungen, die in zweckrational gesatzten Ordnungen verkörpert sind und an denen man subjektiv zweckrational orientiert ist. Dabei reicht die Spannweite von der Gelegenheitsvergesellschaftung bis zu den sozialen Gebilden, die, sei es in Gestalt von Zweckvereinen oder von Anstalten, so organisiert sind, dass ihr Bestand relativ unabhängig von dem einzelnen Handelnden ist. Dieses Handeln gemäß einer zweckrational vereinbarten Ordnung entspricht dem, was Stammler das Handeln im Rahmen einer Satzung nannte und mit dem er das soziale Leben charakterisierte. Daneben gab es für ihn nur noch das isolierte Individuum.

Das ist bei Weber anders. Es gibt neben dem Gesellschaftshandeln eine zweite Art von Gemeinschaftshandeln, welche er Einverständnishandeln nennt. Dieses beruht *nicht* auf einer gesatzten Ordnung, an die sich Erwartungen knüpfen könnten. Eine solche Ordnung wird vom Handelnden allenfalls unterstellt. Einverständnis bezeichnet daher nach Weber den Tatbestand, „daß ein an Erwartungen des Verhaltens Anderer orientiertes Handeln um deswillen eine empirisch ‚geltende' Chance hat, diese Erwartungen erfüllt zu sehen, weil die Wahrscheinlichkeit objektiv besteht: daß diese Andern jene Erwartungen trotz des Fehlens einer Vereinbarung als sinnhaft ‚gültig' für ihr Verhalten praktisch behandeln werden" (MWG I/12, S. 422). Einverständnis beruht also auf einer Unterstellung, einem „Als-ob", nicht, wie das Wort suggeriert, auf einem Einverstandensein, das zwischen Ego und Alter absichtsvoll hergestellt worden ist. Einverständnis darf auch nicht mit Solidarität oder mit stiller Vereinbarung verwechselt werden. Es ähnelt dem, was man mitunter in der Soziologie als Erwartungserwartung bezeichnet. Ego erwartet, dass Alter von ihm erwartet, dass er in einer Situation in bestimmter Weise handelt, und Alter erwartet, dass Ego erwartet, dass er in dieser Situation entsprechend reagiert.

Das soziale Leben, das Stammler in erster Linie auf satzungsbezogenes Handeln beschränkte, besteht nach Weber also in erheblichem Umfang aus Einverständnishandeln, das ohne Satzungen und Vereinbarungen auskommt. Dabei greifen Gesellschaftshandeln und Einverständnishandeln mitunter ineinander und verstärken sich wechselseitig. Es kommt zudem häufig vor, dass man „‚ohne sein Zutun' an einer Einverständnisgemeinschaft beteiligt wird und bleibt" (MWG I/12, S. 431). Ein Beispiel ist für Weber die Sprachgemeinschaft, die eine Einverständnisgemeinschaft darstellt. Das Einverständnishandeln verläuft dabei keineswegs immer jenseits jeglicher Organisation. Es hat seine eigene Struktur, aber nicht in Gestalt des Zweckvereins oder der Anstalt, sondern in Gestalt des Verbandes. Ein großer Teil des sozialen Lebens ist also als Verbandshandeln verfasst. Wie Weber definiert: „Als Verbandshandeln gilt uns ein nicht an Satzung, sondern an Einverständnis orientiertes, also: ein Einverständnishandeln, bei welchem 1. die Zurechnung des Einzelnen zur Teilnahme einverständnismäßig ohne sein eigenes darauf zweckrational gerichtetes Zutun erfolgt und bei welchem 2. trotz des Fehlens einer darauf abgezweckten gesatzten Ordnung dennoch jeweils bestimmte Personen (Gewalthaber) einverständnismäßig *wirksame* Ordnungen für das Handeln der einverständnismäßig zum Verband gerechneten Beteiligten erlassen, wenn ferner 3. sie selbst oder andere Personen sich zur eventuellen Ausübung von physischem oder psychischem, wie immer gearteten, Zwang gegen einverständniswidrig sich verhaltenden Teilnehmer bereit halten" (MWG I/12, S. 433). Rationalisierung des sozialen Lebens heißt dann, dass immer mehr Bereiche der Vergesellschaftung und damit der Ausbildung von Zweckvereinen und Anstalten unterliegen und dass das Verbandshandeln als Einverständnishandeln dadurch zurückgedrängt wird.

Nun ist die Definition des Gesellschaftshandelns und seiner Komposita klar, nicht aber die des Einverständnishandelns, zumindest nicht in gleichem Maße. Es ist ja auch streng genommen nur negativ definiert, als ein Handeln, das „*ohne* eine zweckrational vereinbarte Ordnung", ja, überhaupt ohne jegliche Vereinbarung erfolgt. Das hat zu manchen Fehlinterpretationen beigetragen. Dies nicht zuletzt deshalb, weil die Wortwahl nahelegt, dass Einverständnis mit Konsens gleichzusetzen sei. Zum Beispiel fällt es schwer, im Englischen ein Äquivalent für Einverständnishandeln zu finden. Es wird gewöhnlich mit „consensual action" übersetzt. Auch bereits bei Zeitgenossen stieß Webers ungewöhnliche Terminologie wohl nicht auf ungeteilte Zustimmung. Einer, der sich in dieser Hinsicht offensichtlich skeptisch äußerte, war ausgerechtet der von Weber so hochgelobte Hermann Kantorowicz. Weber hatte ihm wohl einen Sonderdruck des Kategorienaufsatzes zugeschickt, worauf dieser Verständnisschwierigkeiten signalisierte. Darauf Weber, auf Mk. 23, 31 anspielend: „‚Verstehende Soziologie' – unverständlich? Und *Ihnen?* – ‚wenn das am gründen Holz geschieht' – *wie* miserabel muß ich formuliert haben!" Dann folgt die Erläuterung der mit dem Aufsatz verbundenen Absicht: „Es ist der Versuch, alles ‚Organische', Stammlerische, Überempirische, ‚Geltende' (= *Norm*haft Geltende) zu *beseitigen* und die ‚soziologische Staatslehre' als Lehre vom rein empirischen typischen *menschlichen Handeln* aufzufassen, – m. E. der einzige Weg – während die einzelnen *Kategorien* Zweckmäßigkeitsfragen sind" (MWG II/8, S. 442 f.).

Weber hat denn auch später die Kategorien des Kategorienaufsatzes, insbesondere den Begriff Einverständnishandeln, nicht mehr verwendet. Für die neue Fassung von „Wirtschaft und Gesellschaft", für die Nachkriegsfassung, wird der Kategorienaufsatz durch die „Soziologischen Grundbegriffe" ersetzt. Die Frage ist nun: Was heißt, bezogen auf den Zeitraum 1910 bis 1913, später? Der Zeitpunkt ist umstritten, und dies führt zurück zu der Frage, wann wohl der zweite Teil des Kategorienaufsatzes entstanden ist.

Hier knüpfe ich an das an, was oben bereits gesagt wurde. Die Fußnote – „Fragment aus einer schon vor längerer Zeit geschriebenen Darlegung" – bezieht sich mit großer Wahrscheinlichkeit auf den Kategorienaufsatz Teil 2 (Abschnitte IV–VII). So lässt sich jedenfalls Max Webers Brief an Heinrich Rickert vom 5. September 1913 lesen (MWG II/8, S. 318 ff.). Denn hier spricht Weber vom Kategorienaufsatz als von einem Text, „der fertig da liegt, in seinem ursprünglichen Teil schon seit ¾ Jahren, jetzt durchgesehen und mit einigen ‚methodischen' Bemerkungen eingeleitet, unter absoluter ‚Minimierung' jedoch alles rein Logischen". Weber bietet an, dass, sollte es wegen anderer Verpflichtungen bei der Zeitschrift *Logos* Platzschwierigkeiten geben, er bereit wäre, zunächst „nur den „*ursprünglichen* Teil" drucken zu lassen, und er fügt hinzu, dieser Teil sei zwar „etwas schwieriger, aber doch *auch* verständlich und nur die Abschnitt-Numerierung und wenige Worte" seien zu ändern. Auch dies spricht dafür, dass der ursprüngliche Teil aus den Abschnitte IV–VII besteht (Änderung der Abschnitts-Numerierung). Wenn dieser Teil aber schon vor längerer Zeit geschrieben wurde, so liegt es nahe, die Zeitangabe im Brief als „seit 3 bis 4 Jahren" zu lesen. Damit wäre der zweite Teil des Kategorienaufsatzes 1910/11 konzipiert, und die Einarbeitung der im Aufsatz entwickelten Kategorien in die für „Wirtschaft und Gesellschaft" bestimmten Texte im *Handbuch* fiele etwa in diese Zeit.

Sucht man nun die Begriffe des Kategorienaufsatzes in den Texten der alten Fassung von „Wirtschaft und Gesellschaft" auf, so stellt man fest, dass sie vor allem in den Rechtstexten auftauchen, schon weniger in den Texten über die Gemeinschaften, und praktisch gar nicht in denen über Herrschaft und über Religion. Das gilt vor allem für den ungewöhnlichen Begriff des Einverständnishandelns und seiner Komposita, aber nicht nur für diese. Auch Zweckverband findet sich nur in den Texten über das Recht. Zudem ist nur in den Rechtstexten der Begriff Imperium verwendet, den man als Vorläufer der ausdifferenzierten Herrschaftstypen auffassen kann, die aber bei Niederschrift der Rechtstexte offenbar noch nicht zur Verfügung stehen.[4]

Ich habe von der ursprünglichen Einheit von Kategorienaufsatz Teil 2 mit „Die Wirtschaft und die Ordnungen" gesprochen. Doch diese Einheit erstreckte sich vermutlich auch auf Teile, die jetzt unter dem Max Weber zugeschriebenen Titel „Die Entwicklungsbedingungen des Rechts" in der Max Weber-Gesamtausgabe veröffentlicht sind. Wenn nicht alles täuscht, bildeten auch der Beginn von § 2 dieses Textes und die „Wirtschaft und die Ordnungen" einmal eine Einheit. Und dies gilt für weitere Passagen in § 2 und in § 3 auch. Ich behaupte deshalb: Als Weber seine Disposition seines Hauptbeitrags zum *Handbuch* im Jahre 1910 konzipierte, konnte er bereits Texte verwenden, die in der Auseinandersetzung mit Stammler entstanden waren, die er aber dann mit Hilfe des Kategorienaufsatzes begrifflich präzisierte und auch erweiterte. Dabei ließ er Schritt für Schritt auch seine zunächst verbissen geführte Auseinandersetzung mit Stammler hinter sich und löste die ursprünglich einmal vorhandene Texteinheit auf.

Ein Indiz dafür ist nicht zuletzt die Tatsache, dass Weber den dritten Abschnitt seiner ursprünglichen Disposition für „Wirtschaft und Gesellschaft", überschrieben „Wirtschaft und Kultur (Kritik des historischen Materialismus)" aus dem Kontext seiner Stammler-Kritik gänzlich herauslöst. Die ursprüngliche Formulierung nimmt ja mit großer Wahrscheinlichkeit auf Stammlers Behauptung Bezug, er habe den historischen Materialismus überwunden. Das hatte Weber 1907 bekanntlich bestritten. Nun aber entwickelt Weber eine ‚Religionssystematik', bei der Stammler, aber auch der historische Materialismus nicht mehr im Mittelpunkt

---

[4] Die Begriffsverwendung in den verschiedenen Teilen von „Wirtschaft und Gesellschaft" lässt sich jetzt bequem überprüfen mit Hilfe von MWG I/25, insbesondere mit der dem Band beigefügten CD-Rom.

stehen. Dies geschieht, ähnlich wie bei der Herrschaftssoziologie, vor allem 1912 und 1913, nachdem sich der Abgabetermin für die Manuskripte zum Sammelwerk immer weiter verschoben hatte. Es ist übrigens auffällig, dass Weber in diesen Manuskripten, wie bereits erwähnt, die Kategorien des Kategorienaufsatzes praktisch nicht verwendet. Heißt dies, dass er diese bereits 1912/1913 kaum noch für zweckmäßig hielt?

Man sollte sich zunächst klar machen, dass Weber seinen Hauptbeitrag zum Sammelwerk in der Zeit von Mai 1910 bis zum Juni 1914 radikal umbaute, mit einem Einschnitt vermutlich Ende 1911/Anfang 1912. Aus der an Stammler ausgerichteten dreigliedrigen Disposition von 1910 wird eine neue Gliederung in acht Punkten, die auch unter einem neuen Titel steht. An die Stelle von „Wirtschaft und Gesellschaft" tritt der Titel „Die Wirtschaft und die gesellschaftlichen Ordnungen und Mächte", und das Recht verliert seine zentrale Stellung im Aufbau. Zwar bleibt bei dem Verhältnis von Wirtschaft und Recht die alte Unterteilung in Prinzipielles und die Entwicklung des heutigen Zustands erhalten. Doch diese ursprünglich aufeinander folgenden Texte werden getrennt und an verschiedenen Stellen der neuen Disposition angeordnet, der erste Text unter den Ordnungen, der zweite unter dem politischen Verband. Auch ist jetzt neben Verband vor allem von Gemeinschaft die Rede. Die Unterscheidungen zwischen Gemeinschaftshandeln, Gesellschaftshandeln und Einverständnishandeln einerseits, von Zweckverein, Anstalt und Verband andererseits, die im Kategorienaufsatz die zentrale Rolle spielten, scheinen immer weniger bei der Analyse leitend zu sein.

Es hat ja wohl auch seinen Grund, dass Weber den Kategorienaufsatz 1913 aus dem Sammelwerk herauslöste und ihn davon getrennt veröffentlichte. Zweifellos verfolgte er dabei auch einen propagandistischen Zweck. Im Vorfeld der Debatte im *Verein für Sozialpolitik* um die Wertfreiheit in den ökonomischen und soziologischen Wissenschaften wollte er seinen Ansatz einer wertfreien verstehenden Soziologie, angesiedelt zwischen Rechtswissenschaft und Psychologie, bekannt machen. Dafür ergänzte er den alten Text um die Abschnitte I-III. Diese sind vermutlich im Sommer 1913 eigens für die Veröffentlichung im *Logos* geschrieben. Dieser Teil des Kategorienaufsatzes und der vor längerer Zeit geschriebene Teil stimmen im Duktus denn auch nicht überein. Hätte er den Aufsatz weiterhin für das Sammelwerk verwenden wollen, so hätte er dies sicherlich bei der Veröffentlichung im *Logos* angemerkt. Dass er dies nicht tat, spricht jedenfalls nicht dafür, dass er ihn im Herbst 1913 weiterhin als integralen Bestandteil seines *Handbuch-*, jetzt *Grundriß*beitrags sah.

Ich gehe deshalb davon aus, dass Weber etwa Ende 1911/Anfang 1912 die ursprüngliche Konzeption seines Beitrags zum Sammelwerk verließ und dabei auch die bereits vorhandenen Rechtstexte neu gruppierte. Der Text über das prinzipielle Verhältnis von Wirtschaft und Recht wurde von dem über die Epochen der Entwicklung des heutigen Zustands getrennt. In der neuen Disposition von 1914 erscheint wohl keiner mehr in dem Zustand, in dem er 1911/1912 noch war. Wie es scheint, hat Weber besonders an dem zweiten Text weitergearbeitet, was erklären würde, weshalb in den „Entwicklungsbedingungen" lange neue Passagen ohne Verwendung der Kategorien des Kategorienaufsatzes überliefert sind.

Ich komme deshalb zu folgendem Befund: Es gab einmal einen Grundtext, vermutlich vor 1910 geschrieben, in den Weber dann die Kategorien des Kategorienaufsatzes einarbeitete, wobei er den Grundtext zugleich erweiterte. Es war zunächst ein Text, welcher der Disposition von 1910 entsprach. Später hat Weber diesen Text geteilt und die bereits erweiterten und kategorienstark gemachten Texte abermals erweitert, nun aber ohne diese Kategorien noch zu benutzen, so dass ein zweigliedriges und mehrschichtiges Textgebilde zum Thema Recht entstand. Die Mehrschichtigkeit gilt besonders für „Die Entwicklungsbedingungen des Rechts", nicht in gleicher Weise für „Die Wirtschaft und die Ordnungen". Hier blieb es im Wesentlichen bei zwei Schichten, weshalb dieser Text, anders als der über die „Entwicklungsbedingungen", auch als *durchgängig* kategorienstark bezeichnet werden kann.

Wenn meine werkgeschichtliche Rekonstruktion richtig ist, dann hatte Weber den Text „Die Wirtschaft und die Ordnungen" 1910/1911 so weit fertiggestellt, dass er ihn im Frühjahr 1912, eingeleitet durch den zweiten Teil des Kategorienaufsatzes, beginnend mit der Definition von Gemeinschaftshandeln, an die Spitze seines Beitrags zum Sammelwerk hätte stellen können und auch wollen. Damit hätte er seine positive Überwindung von Stammler dokumentiert. Dieser Text hätte auch Teile des Textes „Die Entwicklungsbedingungen des Rechts" umfasst, insbesondere Teile der späteren Paragraphen 2 und 3. Dann löste er diesen Zusammenhang auf und veröffentlichte den ergänzten Kategorienaufsatz separat. Ob er danach noch an den „Entwicklungsbedingungen" schrieb, muss hier offenbleiben. Jedenfalls legte er auch dieses Manuskript mit Ausbruch des Kriegs in die Schublade, und als er nach dem Krieg wieder an seinem Hauptbeitrag zum Sammelwerk zu arbeiten begann, wandte er sich zunächst der Wirtschafts- und Herrschaftssoziologie, nicht aber der Rechtssoziologie zu.

Wirtschaft und Recht systematisch 3

Wir haben also zwei Texte über das Recht vor uns, die eine unterschiedliche Geschichte im Werk haben. Beide fallen aber in den Umkreis dessen, was Weber Rechtssoziologie und Rechtsgeschichte nennt. Ihnen gemeinsam ist, dass das Recht ‚naturalistisch‘, in seiner empirischen Geltung, in seiner Wirksamkeit, betrachtet wird, nicht aber dogmatisch, in seiner normativen Geltung, zwar als ein normativer Faktor bei der Gestaltung des sozialen Lebens, aber als ein normativer Faktor neben anderen und in Gestalt des subjektiv gemeinten, nicht des objektiv richtigen Sinns. Recht umfasst auch nicht das Ganze des sozialen Lebens, ein großer Teil besteht vielmehr aus einem nicht von Rechtsregeln geleiteten Handeln. Diese spielen zwar, entwicklungsgeschichtlich gesehen, eine immer wichtigere Rolle, aber die weitgehende Verrechtlichung der sozialen Beziehungen ist ein modernes Phänomen.

Trotz der Gemeinsamkeit der beiden Texte setzt Weber in ihnen verschiedene Akzente. Ich behandle sie deshalb zunächst getrennt.

3.1 „Die Wirtschaft und die Ordnungen"

Mit dem Text „Die Wirtschaft und die Ordnungen", eingeleitet durch den zweiten Teil des Kategorienaufsatzes (IV–VII), sollte „Wirtschaft und Gesellschaft" also ursprünglich wohl beginnen. Auch als „Wirtschaft und Gesellschaft" in „Die Wirtschaft und die gesellschaftlichen Ordnungen und Mächte" überführt worden war, behielt dieser Text diesen Platz. Nur sollte er jetzt nicht mehr durch den zweiten Teil des Kategorienaufsatzes, sondern durch einen neuen Text mit dem Titel „Kategorien der gesellschaftlichen Ordnungen" eingeleitet werden. Ich gehe davon aus, dass der Text, wie er überliefert ist, dieser neuen Zweckbestimmung aus dem Sommer 1914 noch nicht voll entspricht.

© Der/die Autor(en), exklusiv lizenziert an Springer Fachmedien Wiesbaden GmbH, ein Teil von Springer Nature 2023
W. Schluchter, *Empirische Geltungslehre*, Studien zum Weber-Paradigma, https://doi.org/10.1007/978-3-658-41189-3_3

Der Text ist zwar von großer Kohärenz und begrifflicher Einheit. Die Kategorien des Kategorienaufsatzes sind durchgängig und konsequent verwendet. Allerdings sind die Rückverweise auf den Kategorienaufsatz noch stehengeblieben. Also hätte Weber, wäre es tatsächlich im Frühjahr 1915 zur Publikation seines Hauptbeitrags zum Sammelwerk gekommen, den Text noch einmal im Hinblick auf die Rück- und Vorausverweise überprüfen müssen.[1]

Der Text beginnt mit der scharfen Scheidung von dogmatischer und empirischer Betrachtungsweise, die wir aus dem Stammler-Aufsatz kennen. Wenn es um das Verhältnis von Rechtsordnung und Wirtschaftsordnung gehe, komme die Rechtsordnung nicht im dogmatischen Sinne in Betracht. Es gehe also nicht um den normativ richtigen, sondern um den empirisch wirksamen Sinn, um das Recht in seiner empirischen Geltung. Wenn in der Soziologie Wirtschaftsordnung und Rechtsordnung zueinander in Beziehung gesetzt würden, dann verändere der Begriff Rechtsordnung gegenüber der juristischen Betrachtungsweise also seinen Sinn. Der Begriff Rechtsordnung meine jetzt nicht mehr „einen Kosmos logisch als ‚richtig' erschließbarer Normen, sondern einen Komplex von faktischen Bestimmungsgründen realen menschlichen Handelns" (MWG I/22-3, S. 193). Bei der Betrachtung der Wirtschaftsordnung stünden diese faktischen Bestimmungsgründe von vornherein im Mittelpunkt. Denn Wirtschaftsordnung heißt nach Weber „die durch die Art des Interessenausgleichs jeweils *einverständnismäßig* entstandene Verteilung der faktischen Verfügungsgewalt über Güter und ökonomische Dienste und die Art, wie beide kraft jener auf Einverständnis ruhenden faktischen Verfügungsgewalt dem gemeinten Sinn nach faktisch verwendet werden" (MWG I/22-2, S. 192 f.). Beide Ordnungen können sich ergänzen, aber auch in Spannung zueinander treten oder einander indifferent gegenüberstehen.

Man kann nun in der Terminologie des Stammler-Aufsatzes sagen: In der Wirtschaftsordnung gelten hauptsächlich Zweckmaximen, in der Rechtsordnung Normmaximen. Der Handelnde nimmt an beiden Ordnungen teil. Und nicht nur an diesen. Weil dies so ist, gelten die drei genannten Beziehungsmuster Begünstigung, Obstruktion oder Indifferenz unter Ordnungen ganz allgemein. So kann eine Rechtsmaxime etwas erlauben, verbieten oder unberührt sein lassen, was man im Verfolg einer Zweckmaxime erreichen möchte. Ob man sich überhaupt

---

[1] Zur Rolle der Rück-, Voraus- und Andernortsverweise für die Anordnung der Texte vor allem die Arbeiten von Hiroshi Orihara und meine Diskussion mit ihm in: Wolfgang Schluchter, *Individualismus, Verantwortungsethik und Vielfalt*, Weilerswist: Velbrück 2000, S. 179–236 und auf Japanisch *Zur Rekonstruktion von Max Webers ‚Wirtschaft und Gesellschaft' – Eine Diskussion zwischen Wolfgang Schluchter und Hiroshi Orihara*, Tokyo. Miraisha 2000, 155 S.

einem Rechtssatz fügt, hängt, wie Weber betont, von den verschiedensten Motiven ab. Deshalb gelte es, auf diese Motive der Fügsamkeit zu achten. Denn „die jeweils vorwaltende Art dieser Motive ist von sehr großer Wichtigkeit für die Geltungsart und die Geltungschancen des Rechts selbst" (MWG I/22-3, S. 199).

Recht ist aber nicht nur subjektiv garantiert, sondern in erster Linie objektiv, durch das Bestehen eines Zwangsapparats, der den normativen Anspruch der Rechtssätze durchsetzt. In diesem Fall spricht Weber von objektiv garantiertem Recht. Das gilt überall dort, wo Personen bereitstehen, Zwangsmittel einzusetzen, also Rechtszwang zu üben, physische oder psychische Sanktionen zu verhängen „gegen die an der Einverständnisgemeinschaft oder Vergesellschaftung, dem Verband oder der Anstalt, für welche die Ordnung (empirisch) gilt, Beteiligten oder auch nach außen", gegen Dritte, die außerhalb solcher Einverständnisgemeinschaften oder Vergesellschaftungen stehen (MWG I/22-3, S. 195 f.). Weber betont, nicht alle Ordnungen seien allerdings Rechtsordnungen und nicht alle Rechtsordnungen solche, die aus garantierten objektiven Rechten bestehen. Es gebe auch ungarantiertes oder indirekt garantiertes Recht. Auch dass der Staat den Rechtszwang ausübt, sei keineswegs eine universelle Erscheinung. Und selbst dort, wo dies der Fall sei, blieben eine Vielzahl staatlich nicht garantierter Rechtsordnungen mehr oder weniger autonomen oder heteronomen Charakters weiterhin bestehen. Es existiert also in einer Ordnungskonfiguration in der Regel ein Pluralismus von Rechtsordnungen, die sich wechselseitig stützen, unter Umständen aber auch miteinander kollidieren. Soziologisch gesehen ist dann entscheidend, wer welche Zwangsmittel wie einzusetzen vermag.

Rechtsordnungen formulieren für das wirtschaftliche Handeln und auch für das Handeln in anderen Lebensbereichen subjektive Rechte, die zu Rechtsverhältnissen zwischen Personen führen. Aus einem subjektiven Recht kann zum Beispiel im wirtschaftlichen Lebensbereich Personen die *„berechenbare Chancen* erwachsen, ökonomische Güter in ihrer Verfügung zu behalten oder künftig, unter bestimmten Voraussetzungen, die Verfügung über solche zu erwerben" (MWG I/2-23, S. 200), etwa, weil die Rechtsordnung den Schutz des Eigentums vorsieht oder weil auf einem Markt Vertragsfreiheit herrscht. Es handelt sich dann um garantierte Rechte. Diese Garantie liegt heute gewöhnlich tatsächlich beim Staat. Doch ist dies historisch keineswegs immer so gewesen. Daraus ergibt sich ein Ausblick auf den zweiten Text, der unter anderem von der historischen Entwicklung der subjektiven und der objektiven Rechte handelt.

Nun ist die Rechtsmaxime nicht die einzige normative Maxime, die den Handelnden leitet. Am Ende des Stammler-Aufsatzes hatte Weber ja bereits die Rolle der Konvention im sozialen Leben betont. Ihr wollte er bei Fortsetzung seiner Stammler-Kritik seine besondere Aufmerksamkeit schenken. Dies geschieht nun

im zweiten Abschnitt von „Die Wirtschaft und die Ordnungen" unter dem Titel
„Rechtsordnung, Convention und Sitte" (MWG I/22-3, S. 210 ff.).

Empirisch gesehen ist die Rechtsordnung gewöhnlich in ein äußerst vielfäl-
tiges und wirksames normatives Gefüge eingebettet. Zwei weitere Größen sind
für Weber in diesem Zusammenhang wichtig: Sitte und Konvention. Sitte steht
dabei noch jenseits dessen, was man als ein von Maximen geleitetes Handeln
bezeichnen könnte. Weber spricht von einem aus Gewohnheit vollzogenen „Mas-
senhandeln", „dessen Fortsetzung dem Einzelnen von niemandem in irgend einem
Sinn ‚zugemuthet' wird" (MWG I/22-3, S. 211). Selbst ein Verbindlichkeitsgefühl
ist mit Sitte nicht verbunden. Sie ist vielmehr Ausdruck einer Regelmäßigkeit des
Verhaltens, das eng an die psychophysische Realität des menschlichen Organis-
mus angelehnt ist. Von der organisch bedingten Regelmäßigkeit des Verhaltens
zu einer sozial bedingten Regelmäßigkeit aus Regelgeleitetheit des Handelns zu
kommen, verlangt Neuerungen, die nur gegen großen Widerstand zu haben sind
und gewöhnlich nicht einfach aus der Veränderung der äußeren Lebensbedin-
gungen resultieren. Weber spricht von dem Einfluss von Individuen, „welche
bestimmt gearteter ‚abnormer' (vom Standpunkt der heutigen Therapie nicht
selten- aber auch: nicht immer oder regelmäßig – als ‚pathologisch' gewertheter)
Erlebnisse und, durch diese, bedingter Einflüsse auf Andre fähig sind" (MWG
I/22-3, S. 215). Dabei bezieht er sich auf Hellpach,[2] nicht, was man erwarten
würde, auf sein eigenes Konzept des charismatischen Führers, welches er in seiner Herrschaftssoziologie entwickelt. Das bleibt rätselhaft, zumal er Charisma als
Innovationskraft im zweiten Rechtstext benutzt.

Erst wo Einverständnisse existieren, entwickeln sich auch Konventionen. Kon-
ventionen haben bereits eine eigene normative Dignität. Sie sind zudem mit
Zwang verbunden. Nur ist die Struktur des Zwangs eine andere als beim Recht.
Eine Konvention gilt für einen bestimmten Kreis von Personen, die wenigstens
ein Merkmal, sei es zugeschrieben oder erworben, gemeinsam haben. Die mit
Einverständnisgeltung versehene Konvention wird mittels sozialer Achtung und
Missachtung gesichert, nicht aber mittels eines Zwangsapparats, wie beim Recht.
Während das Recht an einen Verband gebunden ist – „Recht ist immer Verbandshandeln" –, gibt es Konvention auch außerhalb von Verbänden. Dies gilt auch
für die Sittlichkeit. Auch sie besitzt eine eigene normative Dignität und ist mit
einer eigenen Struktur des Zwangs verbunden. Man kann an das Gewissen denken, aber auch an den Glauben an übersinnliche Mächte, von denen der Verstoß
gegen Sittlichkeitsmaximen im Diesseits oder im Jenseits geahndet wird.

---

[2] Willy Hellpach, *Die geistigen Epidemien*, Frankfurt a. M.: Rütten und Loenig 1906.

Es existiert also für Weber eine „lückenlose Stufenleiter" von der Sitte über die Konvention zum Recht und zur Sittlichkeit. An dieser Stelle kommt Stammler noch einmal direkt ins Spiel. Denn er brachte nicht nur die ideelle Geltung, von der der Dogmatiker handelt, mit der „*realen* Beeinflussung des empirischen Handelns durch *Vorstellungen* vom Gelten von Normen durcheinander" (MWG I/2-23, S. 225), sondern hatte auch eine falsche Vorstellung vom Charakter der Konvention. Er meinte nämlich, bei der Konvention sei die Befolgung der Maxime dem Belieben des Einzelnen überlassen. Damit aber verkannte er für Weber einen entscheidenden Mechanismus des sozialen Lebens: dass Sanktionierung der Abweichung von einer Konvention, etwa mittels Boykotts, für den Betroffenen oft härter ausfällt als eine Strafe bei Abweichung vom Recht.

Weber schließt seine Betrachtung über das prinzipielle Verhältnis von Recht und Wirtschaft, indem er vor allem die Grenzen des Rechtszwangs für die Wirtschaft herausstellt. Denn sosehr das Recht geeignet sei, ökonomische Interessen zu garantieren, so sehr gebe es auch ökonomische Interessen, die nicht durch Recht, sondern durch Interessenkonstellation gesichert seien. Und sosehr dem Recht eine relative Autonomie gegenüber der Wirtschaft zukomme, so sehr müsse doch eine Rechtsordnung „irgendwie vom Einverständnishandeln der zugehörigen sozialen Gruppen in ihrer Existenz getragen" werden (MWG I/22-3, S. 242). Wirtschaftsordnung und Rechtsordnung seien zwar aufeinander bezogen, aber nicht so, dass die eine die bloße Funktion der anderen sei. Sie entwickelten jeweils eine Eigengesetzlichkeit, die sich bei der Wirtschaftsordnung insbesondere aus der Marktverflochtenheit der Wirtschaftenden ergebe. Auch sei es keineswegs so, dass für das wirtschaftliche Handeln ein staatlich garantiertes Recht unbedingt nötig sei. Marktvergesellschaftung und Marktverbreiterung allerdings verlangten, dass ein „nach rationalen Regeln *kalkulierbares* Funktionieren des Rechts" im Rahmen einer Zwangsanstalt von der Art des modernen Staates entstehe (MWG I/22-3, S. 247). Das aber ist, wie wir sehen werden, nur in der Neuzeit der Fall.

Der Text „Die Wirtschaft und die Ordnungen" endet also mit dem Hinweis auf den modernen Staat als dem wichtigsten Träger des Rechts, und der § 2 der „Entwicklungsbedingungen des Rechts" beginnt mit der These von der „Einschmelzung aller andren Verbände, welche Träger einer ‚Rechtsbildung' waren, in die eine staatliche Zwangsanstalt" (MWG I/22-3, S. 306). Was liegt näher, als zu vermuten, dass mit Überlegungen dieser Art einmal die Fortsetzung der Diskussion über das Verhältnis von Wirtschaft und Recht unter dem Titel „Epochen der Entwicklung des heutigen Zustands" begann? Es gibt in diesem § 2 auch Rückverweise auf „Die Wirtschaft und die Ordnungen". Aber dieser direkte Zusammenhang ist durch die neue Disposition von 1914 zerschnitten. Es geht

Weber in dem zweiten Text jetzt auch nicht mehr in erster Linie um das Verhältnis von Recht und Wirtschaft, sondern, unter dem neuen Titel, um das Verhältnis von Recht und politischem Verband.

3.2 „Die Entwicklungsbedingungen des Rechts"

3.2.1 Subjektives und objektives Recht (§§ 1–4)

In „Die Wirtschaft und die Ordnungen" hatte Weber den Verband „als ‚Träger' des Rechts" bezeichnet (MWG I/22-3, S. 221). Anders als Konvention oder Sittlichkeit, setzt das Recht Verbandshandeln voraus. Welcher Verband für die Rechtsentwicklung relevant ist, verändert sich freilich im Lauf der Geschichte. Grob gesprochen wandert die Entwicklung vom Haus- und Sippenverband über das Imperium und die Theokratie zum Staat. Dies gilt es nun genauer zu untersuchen. Dies führt mitten hinein in das, was man gemeinhin erst Webers eigentliche Rechtssoziologie nennt.

Da der vermutete ursprüngliche Zusammenhang zwischen dem Schluss von „Die Wirtschaft und die Ordnungen" und dem Beginn von „Die Entwicklungsbedingungen des Rechts" nach der Disposition von 1914 nicht mehr besteht, beginnt Weber den zweiten Text damit, die gegenwärtigen Verhältnisse ausführlicher zu charakterisieren und sie in einen ersten groben Vergleich mit den früheren Verhältnissen zu stellen. Nahezu die Hälfte von § 1 unter dem Titel „Die Differenzierung der sachlichen Rechtsgebiete" ist bereits Folge der Überarbeitung eines Ursprungstextes. Es sieht so aus, als habe Weber mit diesem erweiterten § 1 die relative Selbständigkeit seines zweiten gegenüber dem ersten Rechtstext unterstreichen wollen. Auch scheint er den gesamten zweiten Text erst nachträglich in Paragraphen eingeteilt zu haben.

Im Mittelpunkt steht die moderne Rechtsordnung, und zwar unter dem Gesichtspunkt von Struktur und Kultur, Form und Geist. Für die Struktur ist die Art des politischen Verbandes maßgebend, innerhalb dessen das Recht in Gestalt von Rechtsschöpfung, Rechtsfindung und Verwaltung erscheint. Dieser politische Verband ist heute die Staatsanstalt, welche die „Quelle legitimer Gewalt" darstellt (MWG I/22-3, S. 278). Mit ihr ist die Scheidung in öffentliches Recht und Privatrecht verbunden, wobei die Abgrenzung beider Rechtssphären voneinander zwar nicht eindeutig, wohl aber konstitutiv für diese Art des politischen Verbandes ist. Weber vertritt die These, nur der Okzident habe eine wissenschaftliche Lehre vom öffentlichen Recht entwickelt, „weil nur hier der politische Verband ganz

den Charakter der Anstalt mit rational gegliederten Kompetenzen und Gewaltenteilung angenommen" habe. Ohne rationale Staatsanstalt gebe es keine Lehre
vom öffentlichen Recht (MWG I/22-3, S. 299). Unter den Bedingungen der
Sippenherrschaft oder des Imperiums oder der Theokratie suche man diese Unterscheidung hingegen vergebens. Denn in diesen politischen Verbänden blieben die
Befehlsgewalten persönliche Privilegien der Herrschenden, und die subjektiven
Rechte der Privilegierten würden wie Privatrechtsansprüche behandelt, die veräu-
ßert und erworben werden könnten, es sei denn, sie würden verstanden als Reflexe
der Geltung eines Reglements. Je einfacher die Struktur des politischen Gebildes,
desto geringer der Differenzierungsgrad der Rechtsgebiete, bis zu dem Punkt,
an dem nicht nur nicht zwischen öffentlichem Recht und Privatrecht, sondern
auch nicht zwischen Zivilrecht und Strafrecht unterschieden werde. Im primitiven
Rechtsgang fehle jegliche Differenzierung dieser Art.

Einer auf Gewaltenteilung beruhenden Staatsanstalt mit ausdifferenzierten
Rechtsgebieten und einer Trennung von Rechtsschöpfung, Rechtsfindung und
Verwaltung entspricht nach Weber ein spezifisches Rechtsdenken. Wie er in diesem Zusammenhang konstatiert, verstehen wir heute unter Rechtsschöpfung die
‚Satzung' genereller Normen durch einen Gesetzgeber und unter Rechtsfindung
die Anwendung solcher Normen und der daraus abzuleitenden Rechtssätze auf
konkrete Sachverhalte kraft Subsumption durch einen geschulten Juristenstand
(MWG I/22-3, S. 299). Auch pflegen wir dabei die prozessual-rechtlichen von
den materiell-rechtlichen Fragen zu unterscheiden (ebd., S. 300). Dabei folgen
wir einem juristischen Denken, das nach Weber letztlich fünf Postulate miteinander verbindet und welches er als gemeinrechtliche Jurisprudenz bezeichnet. Diese
fünf Postulate lauten: „1) daß jede konkrete Rechtsentscheidung ‚Anwendung'
eines abstrakten Rechtssatzes auf einen konkreten ‚Thatbestand' sei, – 2) daß
für jeden konkreten Thabestand mit den Mitteln der Rechtslogik eine Entscheidung aus den geltenden abstrakten Rechtssätzen zu gewinnen sein müsse, – 3)
daß also das geltende objektive Recht ein ‚lückenloses' System von Rechtssätzen darstellen oder latent in sich enthalten oder doch als solches für die Zwecke
der Rechtsanwendung behandelt werden müsse, – 4) daß das, was sich juristisch
nicht rational ‚konstruieren' lasse, auch rechtlich nicht relevant sei, – 5) daß das
‚Gemeinschaftshandeln' der Menschen durchweg als ‚Anwendung' oder ‚Aus-
führung' von Rechtssätzen gedeutet werden müsse". Letzteres sei allerdings nur
von Stammler vertreten worden, weil für ihn „die ‚rechtliche Geordnetheit' eine
Grundkategorie alles sozialen Lebens sei" (MWG I/22–3, S. 305). Sieht man
von der abermals wohl kritisch gemeinten Referenz auf Stammler im fünften
Postulat ab, so entspricht diese Charakterisierung des Rechtsdenkens am ehesten
der reinen Rechtslehre von Hans Kelsen. Nicht die Lehre vom richtigen Recht

(Stammler), vom lebendigen Recht (Ehrlich) oder vom lückenhaften Recht (Kantorowicz), sondern die Lehre vom reinen Recht (Kelsen) bildet die Grundlage
dieser Postulatenlehre, die hier nicht als Ideal, sondern idealisiert, als Idealtypus zu heuristischen und darstellerischen Zwecken, zusammengestellt ist. Warum
Kelsen? Weil für diesen die Rechtsordnung tatsächlich autonom ist und die Relation zwischen Rechtsordnung und Rechtsanwendung rein logisch: „Es gibt im
modernen Rechtsstaate kein Judizieren und überhaupt keine Staatstätigkeit, die
im wahren Sinn des Wortes ‚sine lege‘ wäre, das heißt sich nicht als Reali-
sierung eines Rechtssatzes – sei es im Gesetz oder nur gewohnheitsrechtlich
fixierten Rechtssatzes – darstellt".[3] Anders als für die Vertreter der Freirechtsschule, existiert deshalb das Problem der Lückenhaftigkeit des Rechts für Hans
Kelsen letztlich auch nicht.

Man kann die gemeinrechtliche Jurisprudenz auch als Begriffsjurisprudenz
im weiteren Sinne bezeichnen. Eine entscheidende Voraussetzung für ihre Entwicklung war für Weber das römische Recht. Es stellte die Weichen für eine
spezifische Art des Rechtsdenkens und eine damit verbundene Rechtsentwicklung. An deren Rekonstruktion in vergleichender Perspektive ist er in dem
zweiten Rechtstext letztlich interessiert.

Dies wiederum hängt mit der Frage nach dem Rationalismus zusammen, die
Weber seit 1910 zunehmend beschäftigt und der er auf allen Lebensgebieten der
modernen okzidentalen Kultur nachgeht. Um die damit verbundenen Probleme
beim Recht ordnen zu können, trifft er drei Unterscheidungen, die nicht leicht
in einen Zusammenhang zu bringen sind. Sie lauten: formell – materiell, formal – material, rational – irrational. Die erste Unterscheidung bezieht sich auf
die beiden Seiten des Rechts, auf das ‚Wie‘ und das ‚Was‘, die zweite auf Typen
des Rechts, in denen diese beiden Seiten des Rechts, die prozessual-rechtliche
und die materiell-rechtliche, in unterschiedlicher Gestalt und Gewichtung vorkommen, die dritte auf den Grad der Generalisierung und Systematisierung, in
dem die Rechtsverhältnisse und Rechtsinstitutionen entwickelt sind. So ist das
primitive Recht etwa einseitig prozedural bestimmt, daher formal, aber zugleich
irrational, weil die rechtlich relevanten Merkmale des Verfahrens an rein äußerlichen Merkmalen haften, wie etwa an symbolischen Handlungen, die vom
Rechtsuchenden vollzogen werden müssen (formal im Sinne von Formalismus);
das traditionale Recht dagegen ist einseitig materiell bestimmt, daher material,
aber ebenfalls irrational, weil „ethische Imperative oder utilitarische oder andere

---

[3] Siehe *Hans Kelsen und die Rechtssoziologie. Auseinandersetzungen mit U. Kantorowicz,
Eugen Ehrlich und Max Weber.* Herausgegeben von Stanley L. Paulson, Aalen: Scientia Ver-
lag 1992, S. 605. (Die Seitenzahl ist nach dem Original wiedergegeben von Hans Kelsen,
„Zur Soziologie des Rechts. Kritische Betrachtung").

Zweckmäßigkeitsregeln oder politische Maximen", nicht aber Rechtssätze bei Rechtsschöpfung und Rechtsfindung eine zentrale Rolle spielen und der Einzelfall im Mittelpunkt steht, der gewissermaßen in Ansehung der Person behandelt wird (MWG I/22-3, S. 304). Material-rational ist ein Recht, welches das ‚Was' aus allgemeinen Vernunftprinzipien ableitet (Naturrecht), formal-rational aber ein Recht, das „ausschließlich eindeutige generelle Tatbestandsmerkmale materiellrechtlich und prozedural beachtet" (ebd.) sowie generelle Rechtsnormen ohne Ansehen der Person einer Entscheidung zugrunde legt. Dies geschieht erst dann, wenn eine „spezifisch fachmäßige juristische Sublimierung des Rechts im heutigen Sinne" entstanden ist (ebd.). Eine grobe Zuordnung dieser Rechtstypen zu den Typen politischer Verbände – Patriarchat und Sippenherrschaft, Patrimonialismus und traditionale Herrschaft, moderner Staat und legale Herrschaft – liegt nah.

Tatsächlich spricht Weber an anderer Stelle von typischen „theoretischen ‚Entwicklungsstufen'" im Sinne „theoretisch konstruierter Rationalitätsstufen', die das Recht und der Rechtsgang durchlaufen hätten und über die seine formal-rationalen Qualitäten allmählich ausgebildet worden seien, wobei er die Rechtsentwicklung auf die politische Entwicklung bezieht. Denn das Recht habe sich in einem langen Prozess „aus einer Kombination von magisch bedingtem Formalismus und offenbarungsmäßig bedingter Irrationalität im primitiven Rechtsgang, eventuell über den Umweg theokratisch oder patrimonial bedingter materialer und unformaler Zweckrationalität zu zunehmender fachmäßig juristischer, also logischer Rationalität und Systematik" entwickelt, wobei dies vor allem der Verschiebung der politischen Machtverhältnisse, aber auch, wie wir sehen werden, dem Rechtsdenken, zu danken sei (MWG I/22-3, S. 618). Weber geht sogar so weit, in diesem Zusammenhang ein evolutionstheoretisches Schema vorzuschlagen. Danach durchläuft die Rechtsentwicklung vier Stufen: „Von der charismatischen Rechtsoffenbarung durch ‚Rechts*propheten*' zur empirischen Rechtsschöpfung und Rechtsfindung durch Rechts*honoratioren* (Kautelar- und Präjudizienrechtsschöpfung) weiter zur Rechtsoktroyierung durch weltliche Imperien und theokratische Gewalten und endlich zur systematischen Rechtssatzung und zur fachmäßigen, auf Grund literarischer und formallogischer Schulung sich vollziehenden ‚Rechtspflege' durch Rechts*gebildete* (Fachjuristen)" (MWG I/ 22-3, S. 617 f.). Weber schränkt freilich sofort ein, diese theoretisch konstruierten Rationalitätsstufen seien „in der historischen Realität weder überall gerade in der Reihenfolge des Rationalitätsgrades aufeinander gefolgt, noch auch nur überall, selbst im Okzident, alle vorhanden gewesen" (MWG I/22-3, S. 618)). Und dennoch: Gerade in diesem Zusammenhang formuliert Weber eine Behauptung, die sein Denken zunehmend leitet und die lautet: Nur im Okzident: „Nur der Okzident kannte die vollentwickelte dinggenossenschaftliche Justiz und die ständische Stereotypierung des Patrimonialismus, nur er auch das Aufwachsen der rationalen Wirtschaft, deren Träger sich mit der Fürstenmacht zunächst zum Sturz der ständischen Gewalten verbünden, dann aber revolutionär gegen sie kehren; nur der Okzident kannte daher auch das ‚Naturrecht‘: nur er kennt die völlige Beseitigung der Personalität des Rechts und des Satzes ‚Willkür bricht Landrecht‘, nur er hat ein Gebilde von der Eigenart des römischen Rechts entstehen sehen und einen Vorgang wie dessen Rezeption erlebt". All dies aber sei vornehmlich politischen Vorgängen geschuldet, „welche in der ganzen sonstigen Welt nur ziemlich entfernte Analogien hatten" (MWG I/22-3, S. 619). Dies ist gewissermaßen ein Vorgriff auf die berühmt gewordene Formulierung, die Weber später, in der „Vorbemerkung" zu den *Gesammelten Aufsätzen zur Religionssoziologie,* wählt (MWG I/18, S. 101–105) und unter diese Formel („nur im Okzident") stellt.

Was Weber für den modernen Gewerbekapitalismus der formell freien Arbeit entwickelt hatte – zum ersten Mal im Okzident –, entwickelt er hier also für die moderne Rechtsordnung, wobei er von vornherein die Variation zwischen kontinentalem und englischem Recht berücksichtigt (Rechtstheorie versus Rechtspraxis). Das Ziel ist es, zu zeigen, wie die formalen Qualitäten des Rechts entstanden sind, zunächst des revolutionär geschaffenen, dann des modernen positiven und gesatzten Rechts. Ziel ist es aber auch, nachzuweisen, durch welche Vorgänge diese formalen Qualitäten des modernen Rechts in Webers Gegenwart bedroht werden. Doch ist dies erst dann möglich, wenn geklärt ist, worin die formalen Qualitäten des modernen Rechts genau bestehen und wie es zu ihnen kam.

Ich habe bereits oben die Vermutung geäußert, das Ende von „Die Wirtschaft und die Ordnungen" und der Beginn des § 2 der „Entwicklungsbedingungen des Rechts" seien ursprünglich verbunden gewesen. Dafür spricht der Auftakt und auch die Tatsache, dass es hier wiederum in erster Linie um Wirtschaft und Recht geht sowie kategorienstarke Passagen in den ursprünglichen Text eingefügt sind. Allerdings enthält dieser mit Abstand längste Paragraph des Textes über die Entwicklungsbedingungen des Rechts auch größere Passagen, die zwar stilistisch, aber inhaltlich kaum verändert scheinen und in denen die Kategorien des Kategorienaufsatzes nicht verwendet werden. Dies könnte auch bedeuten, dass sie erst *nach* der Preisgabe der ursprünglichen Disposition für das Sammelwerk, also erst nach 1911/12, geschrieben sind.

Wie auch immer: Weber beginnt jedenfalls mit einem Rückverweis auf „Die Wirtschaft und die Ordnungen". Dieser trifft auch nach der Veränderung der Disposition noch zu, denn die Texte sind jetzt zwar getrennt, aber „Die Wirtschaft

und die Ordnungen" ist *vor* den „Entwicklungsbedingungen" angeordnet.[4] Auch
die in „Die Wirtschaft und die Ordnungen" bereits eingeführte Unterscheidung
zwischen subjektivem Recht und Reflex eines Regiments ist noch einmal erwähnt.
Dann werden in einer langen und kategorienstarken Passage (S. 306–319) erneut
die modernen Rechtsverhältnisse erläutert: die Unterscheidung zwischen gebie-
tenden, verbietenden und erlaubenden Rechtssätzen, also dessen, was man tun
oder lassen solle oder ohne Intervention Dritter tun oder lassen dürfe, sowie
die Überlegung, dass bestimmte subjektive Rechte auch als Ermächtigungen der
Individuen gedeutet werden könnten. Es handelt sich heute dabei um verfassungs-
mäßig garantierte Freiheitsrechte und um eine Vertragsfreiheit, die eine Vielzahl
von Rechtsgeschäften unter Bedingungen ständiger Markterweiterung ermöglicht,
so dass man nach Weber die heutige Art der Vergemeinschaftung geradezu als
„Contraktgesellschaft" bezeichnen kann.[5]

Dies lässt sich freilich nicht für alle Ordnungskonfigurationen sagen. Weber
geht deshalb zu einer Skizze der Entwicklungsstadien der Vertragsfreiheit über, in
deren Mittelpunkt die Unterscheidung zwischen Statuskontrakten und Zweckkon-
trakten steht. Man ist dabei an Henry Sumner Maines' Unterscheidung zwischen
Status und Kontrakt erinnert. Doch Weber legt die Gegenüberstellung anders an.

Ausgangspunkt für ihn ist die Tatsache, dass sich das moderne Rechtsleben
von älteren Formen durch „die stark gestiegene Bedeutung des Rechts*geschäfts,*
insbesondere des *Contrakts,* als Quelle zwangsrechtlich garantierter Ansprüche"
unterscheidet (MWG I/22-3, S. 310). Dies gilt nicht nur für die Zahl, sondern
auch für die Art. Kennzeichnend für das moderne Rechtsleben sei der Zweckkontrakt, mit dem sich eine Ausweitung der Ermächtigung der Individuen verbinde.
Ohne Zweckkontrakte gäbe es keinen funktionierenden Markt. Sie sind für das
Marktgeschehen genauso wichtig wie beispielsweises das Geld, das den Austausch von Gütern und Diensten erleichtert. Denn Zweckkontrakte erlauben es,
eigene Interessen mittels Zweckmaximen, mittels Klugheitsregeln, zu verfolgen,
wobei es dabei durchaus üblich ist, den Anderen als Mittel für die eigenen Zwecke zu betrachten. Das gilt nicht bei Statuskontrakten, die Fälle von Verbrüderung
sind. Was beide Kontraktarten miteinander verbindet, ist die Tatsache, dass es sich
um freie Vereinbarungen handelt. Die einen betreffen die Interessen, die anderen

---

[4] Der Rückverweis lautet: „Wir haben früher das Bestehen eines konkreten Rechts a potiori
nur betrachtet als die Gewährung eines Superadditum von Chance dafür: daß bestimmte
Erwartungen nicht enttäuscht werden, zu Gunsten des durch das ‚objektive' Recht mit ‚subjektiven Rechten ausgestatteten Individuen" (MWG I/22-3, S. 306).

[5] Zu diesem Begriff MWG I/22-3, S. 310. Interessant ist, dass Weber in der Vorfassung noch
von „Contraktvergesellschaftung" spricht, er also in der Endfassung die Terminologie des
Kategorienaufsatzes verlässt.

den Status, man kann auch sagen, die Identität einer Person. Um es zugespitzt zu sagen: Beim Zweckkontrakt wird der Bruder wie ein Fremder behandelt, beim Statuskontrakt der Fremde wie ein Bruder. Der institutionelle Ort ist im ersten Fall zum Beispiel der Markt, im zweiten Fall zum Beispiel die Familie oder die Sippe. Beim Zweckkontrakt bleibt die rechtliche Gesamtqualität einer Person erhalten, beim Statuskontrakt geht es um eine „Veränderung der rechtliche Gesamtqualität" einer Person (MWG I/22-3, S. 316).

Der Zweckkontrakt ist „anethisch" und liegt auf der Linie einer „Rechtsprofanisierung", der Statuskontrakt dagegen ist eher ethisch gefärbt und lässt sogar Sakralisierung zu. Er dramatisiert die Differenz zwischen Innen und Außen und ist kennzeichnend für die alten Personalverbände wie Hausgemeinschaft und Sippe. Zwischen den Haus- und Sippengenossen gab es bei Streit nur die Schlichtung durch den Ältesten oder Boykott. Denn „zu den Grundnormen jeder Art der Verbrüderung oder Pietätsgemeinschaft gehörte, daß der Bruder den Bruder, der Sippengenosse den Sippengenossen, der Gildegenosse den Gildengenossen, der Patron den Klienten und umgekehrt nicht vor den Richter fordern und nicht gegen ihn zeugen konnte, sowenig wie zwischen ihnen Blutrache möglich war" (MWG I/22-3, S. 321). Dies ist Ausdruck einer unbedingten Binnensolidarität. In dem Maße, wie das Monopol der alten Personalverbände zerfällt und einer Pluralisierung der Verbände weicht, kann sich auch der Zweckkontrakt entfalten, weil nicht nur der Tausch, sondern auch die Sühne zwischen den Verbänden eine immer größere Rolle spielt: „Denn neben dem Tausch liegt ja der Sühnevertrag, auf dem der Prozeß beruht, schon insofern auch auf dem Wege zum Zweckkontrakt, als er ein Vertrag unter Feinden und kein Verbrüderungsvertrag ist, präzise Formulierung des Streitpunktes und vor allem des Beweisthemas erheischt" (MWG I/22-3, S. 327). Es entsteht also ein Dualismus von Binnen- und Außenrecht, welcher den Beginn der ganzen Rechtsentwicklung markiert: im Binnenverhältnis die patriarchale Streitschlichtung oder der Boykott, im Außenverhältnis das Sühneverfahren oder die Blutrache zwischen den verschiedenen Verbänden (MWG I/22-3, S. 361 ff.).

Weber spricht, wohl im Anschluss an Georg Simmel, von einer Kreuzung der Rechtsgemeinschaften, welche die Entwicklung vorantreibe. Das Individuum wird Mitglied mehrerer Personalverbände, und die Rechtsverhältnisse komplizieren sich dadurch enorm. Zwei Vorgänge vor allem wirken verändernd: die Markterweiterung und die Bürokratisierung. Damit verbunden ist das Entstehen von komplexen politischen Verbänden, allgemein gesprochen, das Entstehen von Imperien und Theokratien. Aber dies hat keineswegs Rechtsvereinheitlichung zur Folge. Im Gegenteil: In solchen durch Herrengewalt zusammengehaltenen Großverbänden – Weber nennt das Perserreich, das Römerreich, das Frankenreich, die

islamischen Reiche – war „das von den Rechtsfindungs-Instanzen der einheitlichen politischen Gewalt anzuwendende Recht ein je nach dem ethnischen oder
religiösen oder dem unterworfenen politischen Teilverband (rechtlich als prekär
autonomer Stadt- und Stammesverband) verschiednes" (MWG I/22-3, S. 362).
Es bildet sich damit eine wachsende Spannung zwischen dem Grundsatz der
Rechtspersonalität und dem der lex terrae heraus.

Ein wichtiger Schritt in der Entwicklung des Zweckkontrakts ist nach Weber
auch die Tatsache, dass nicht nur Individuen, sondern auch Verbände Kontrakte
schließen können, und deshalb die Frage nach der Legitimation und auch der
Haftung von Verbandsorganen aufkommt. Die Lösung dafür: „die Konzeption des
Begriffs der juristischen Person" (MWG I/22-3, S. 382). Weber hält den Begriff
aus juristischer Perspektive zwar für eine Tautologie – denn auch die natürliche
Person ist Träger von Rechten und damit streng genommen eine juristische Person –, aber die Konzeption eines rechtspersönlichen Verbandes schafft gerade
für eine handlungstheoretisch fundierte Soziologie die Möglichkeit, auch von
Korporationen als von Handlungseinheiten zu sprechen, ohne die Prinzipien des
methodologischen Individualismus zu verletzen. Die juristische Person war für
Weber offensichtlich eine wichtige Erfindung der okzidentalen Rechtsgeschichte,
ähnlich der der Unterscheidung zwischen öffentlichem und privatem Recht.[6]

Weber sieht also tendenziell „die Verdrängung der Verbrüderungen durch
Geschäftsbeziehungen, der Statuskontrakte durch Zweckkontrakte, unter Erhaltung aber der rechtstechnisch zweckmäßigen Behandlung der Gesamtheit als
eines gesonderten Rechtssubjekts und der Sonderung des gemeinsam besessenen
Vermögens" (MWG I/22-3, S. 387). Dies ermöglicht zugleich eine Ausdif-
ferenzierung der Konzeption vom rechtspersönlichen Verband. Begriffe wie
Korporation, Stiftung, Anstalt oder Verein treten ins Zentrum des rechtsgeschicht-
lichen Interesses. Sie sind auch von einer allgemeinen soziologischen Bedeutung,
soweit es um die Charakterisierung sozialer Gebilde geht.

Drei Phasen der okzidentalen Rechtsgeschichte lassen sich nach Weber grob
unterscheiden: Die Konzeption des römischen Rechts in der Antike; die Verbindung von römischem Recht, kanonischem Recht und genossenschaftlichem Recht,
das der germanischen Tradition entstammt und das vor allem in den „großartigen
Arbeiten Gierkes" rekonstruiert wurde, im Mittelalter (MWG I/22-3. S. 404);
und schließlich das formale Recht in seiner Verzweigung in kontinentales und
englisches Recht in der Neuzeit. Alle diese Entwicklungen waren zwar auch ökonomisch bedingt, aber eben nicht nur, sondern vor allem vom Strukturwandel der

---

[6] Weber wollte ursprünglich sogar einen Paragraphen mit „jurist. Person" überschreiben.
Siehe MWG I/22-3, S. 62.

politischen Verbände beeinflusst, die neuzeitliche Entwicklung vom Entstehen des modernen Anstaltsstaats. Hier erst kamen Zweckkontrakt und Vertragsfreiheit zu ihrer vollen Blüte: „Diese moderne Form, den Interessenten zu überlassen, durch Benutzung gewisser Schemata von Vereinbarungen und Erfüllung der vom Recht geforderten *sachlichen* Voraussetzungen sich mit Wirkung gegenüber Dritten die Vorteile eines *Sonderrechtsinststituts* zu verschaffen, weicht von der Art, wie die Vergangenheit Sonderrecht gegenüber allgemeinen Rechtsregeln zuließ, erheblich ab und ist Produkt der Vereinheitlichung und Rationalisierung des Rechts in Verbindung mit der offiziellen Monopolisierung der Rechtsschöpfung durch die modernen *anstaltsmäßig* organisierten politischen Verbände" (MWG I/22-3, S. 360).

Der Anstaltscharakter des politischen Verbandes, der Zweckkontrakt und die Vertragsfreiheit für natürliche und juristische Personen gehören also zusammen. Sie bilden für das moderne Privatrecht eine im Vergleich zur Vergangenheit neue Konstellation. Dabei geht die gewachsene Freiheit des Einzelnen, die Erweiterung seiner subjektiven Rechte, keineswegs mit der Schwächung des politischen Verbandes einher. Im Gegenteil: Die Steigerung der Freiheit des Einzelnen und die Steigerung der Zwangsgewalt des politischen Verbandes bedingen sich wechselseitig. Allgemein gilt: „Eine formell noch so viele ‚Freiheitsrechte' und ‚Ermächtigungen' verbürgende und darbietende und noch so wenig Gebots- und Verbotsnormen enthaltende Rechtsordnung kann daher in ihrer faktischen Wirkung einer quantitativ und qualitativ sehr bedeutenden Steigerung nicht nur des Zwangs überhaupt, sondern auch einer Steigerung des autoritären Charakters der Zwangsgewalten dienen" (MWG I/22-3 S. 429).

Ich habe vermutet, „Die Wirtschaft und die Ordnungen" und der § 2 der „Entwicklungsbedingungen" gehörten ursprünglich zusammen. Auch der § 3, über das objektive Recht, ist in seinem Kern früh. Hier zeigt sich ein ähnliches Bild, wie wir es bei § 2 kennengelernt haben: Rückverweise auf „Die Wirtschaft und die Ordnungen" und Erweiterung des ursprünglichen Textes unter Verwendung der Kategorien des Kategorienaufsatzes.

Weber hatte schon im § 2 der „Entwicklungsbedingungen" auf das Zusammenspiel von subjektiven und objektiven Rechten und die mitunter schwierige Abgrenzung zwischen beiden hingewiesen. Immerhin, so seine These, war „der Unterschied von Satzung als Schöpfung des objektiven Rechts und Vertrag als Schöpfung subjektiver Rechte trotz aller Flüssigkeit der Übergänge auch den Vorstellungen der Frühzeit" bereits vertraut (MWG I/22-3, S. 381). Diese Einsicht lässt sich allgemein mit der Frage verbinden, wie neue Rechtsregeln, neue Rechtsnormen, entstehen. In „Die Wirtschaft und die Ordnungen" hatte Weber dabei auf Hellpach verwiesen und eine psychologische Erklärung gewählt. Diese

wiederholt er nun (MWG I/22-3, S. 433), doch wird diese Vorstellung von der
faktischen Gewohnheit, von dem psychologischen Eingestelltsein, jetzt in einen
weiteren Zusammenhang eingebettet. Dabei erinnert Weber daran, dass die heute
verbreitete Schöpfung des objektiven Rechts durch Satzung weder in der Vergangenheit üblich war noch auch heute das Normale ist. Denn schon das englische
‚Common Law' müsse strenggenommen als nichtgesatztes Recht gelten. (Glei-
ches gilt natürlich auch für das Gewohnheitsrecht.) Nur das kontinentale Recht
sei ‚statute law' (MWG I/22-3, S. 430).

Zunächst bleibt festzuhalten: Wie alles Handeln, so ist auch rechtliches Handeln immer auch umbildendes Handeln, weil veränderte Situationen bei aller
Routinisierung auch Neuorientierungen verlangen, oft unterhalb der Schwelle, ab
der man von Neuerung im eigentlichen Sinne spricht. Auch muss ein „rechtsum-
bildendes Handeln" nicht unbedingt sofort mit Rechtszwang einhergehen, so dass
sich eine Art schleichender Wandel der Rechtsordnung vollziehen kann. Auch
mag es verschiedene Rechtsschulen geben, die untereinander in einem Interpre-
tationsstreit liegen und so Spielräume für Neuerungen schaffen. Weber nennt in
diesem Zusammenhang unter anderem den Islam. Wenn wir heute nahezu alle am
Rechtsgang Beteiligten immer auch als Rechtsfortbildner ansehen, so war dies am
Beginn der hier betrachteten Rechtsentwicklung allerdings nicht so. Denn „überall fehlt ursprünglich der Gedanke: daß man Regeln für das Handeln, welche
den Charakter von ‚Recht' besitzen, also durch ‚Rechtszwang' garantiert sind,
als *Normen* absichtlich schaffen könne, vollständig" (MWG I/22-3, S. 445). Es
fehlte sogar der Begriff der Norm selbst.

Nun gibt es nach Weber eine Kraft, die in der Lage ist, diese Macht des
Alltags zu brechen: die Rechtsoffenbarung. Sie ist ein charismatisches Phänomen.
Spätestens seit 1910 hatte Weber sich mit diesem Phänomen beschäftigt, das er
nicht zuletzt in seinem unmittelbaren Umfeld, am George-Kreis, studierte. Es
steht in seinem Werk für die revolutionäre Macht in der Geschichte, so auch hier.
Die charismatische Offenbarung kann die Stabilität von Tradition und Satzung
zerstören. Der Charismatiker schafft unter Umständen neues, oft auch heiliges
Recht.

Näherliegend freilich ist, dass zumindest im primitiven Rechtsgang Anpassungen an neue Situationen durch den Zauberer mittels Erweiterung der Zaubermittel
erfolgen. Denn dieser in die Magie eingebettete Rechtsgang ist von streng formaler Natur. Nur wer die Rechtsfrage richtig stellt, kann darauf hoffen, die
geeigneten Zaubermittel zu finden und die ‚richtige' Antwort zu erhalten (MWG
I/22-3, S. 447). Wer die Formel nicht richtig spricht oder gar in einer Situation
die falsche Formel wählt, geht seines Rechts verlustig, das in dieser Vorstellungswelt aber bereits auf einem Rechtsgeschäft, dem Sühnevertrag, beruht. Dieser

streng formale Charakter des Verfahrens ist dabei mit der Irrationalität der Entscheidungsmittel verbunden. Jede logisch-rationale Begründung der Entscheidung fehlt. Dies auch dort, „wo nicht ein Gott oder ein magisches Beweismittel, sondern der Wahrspruch eines charismatisch qualifizierten Weisen oder, später, eines traditionskundigen Alten oder eines Sippen-Ältesten oder gewählten Schiedsrichters oder eines ein für alle Mal gewählten Rechtsweisers (Gesetzessprechers) oder eines vom politischen Herrn oktroyierten Richters entscheidet" (MWG I/22-3, S. 448). Allenfalls wird dann aus dem Orakel das Präjudiz, bei dem der Akzent allerdings bereits auf rationaler Begründung liegt.

Mit dem Entstehen von Imperien und Theokratien ändert sich diese Sachlage grundsätzlich. Dem persönlichen Charisma erwächst jetzt eine Gegenmacht in Gestalt der Gemeinde, meist der Wehrgemeinde, die am Rechtsschöpfungs- und Rechtsfindungsprozess zumindest stellungnehmend beteiligt sein will. Daraus entsteht die von Weber so genannte „‚dinggenossenschaftliche‘ Rechtsfindung", die, gemäß seiner Analyse, nicht auf die germanische Tradition beschränkt ist. Sie tritt überall dort auf, wo das Charisma unter dem Zwang steht „sich durch Überzeugungskraft ‚bewähren‘ zu müssen", weshalb dann „das ‚Billigkeits‘-Gefühl und die Alltagserfahrung der Rechtsgenossen sehr nachhaltig zur Geltung gelangen" können (MWG I/22-3, S. 473).

Der primitive Rechtsgang, in dem noch alle wichtigen Unterscheidungen wie die zwischen Rechtsfrage und Tatfrage, objektiver Norm und subjektivem Anspruch, öffentlichem und privatem Recht, Zivilrecht und Strafrecht, Rechtsschöpfung und Rechtsanwendung fehlen, vererbt also der weiteren Rechtsentwicklung die Wichtigkeit der formellen Seite der Rechtsfindung. Sie bleibt hier freilich in einen reinen (magischen) Formalismus gebannt, dem die materielle Seite fehlt. Aber schon diese Ausgangslage zeigt: Zu einem formalen Recht gehört immer auch die Legitimation durch Verfahren, wobei dieses natürlich selbst einem Rationalisierungsprozess unterliegt, bis schließlich, in Verbindung mit der Rationalisierung der materiellen Seite, der Typus des rationalen formalen Rechts entsteht.

Dieser Rationalisierungsprozess hat neben der institutionellen (Veränderung des politischen Verbands von Sippe über Imperium und Theokratie zum Anstaltsstaat) und der kulturellen (Säkularisierung des Rechts, Differenzierung der Rechtsgebiete und der Rechtsfunktionen) auch eine sozialstrukturelle Komponente, nämlich eine Trägerschicht, die das Recht im Wechselspiel mit den Rechtsinteressenten vorantreibt. Hier ist für Weber entscheidend, ob das Recht „durch Praktiker, ausschließlich oder doch vorwiegend in der Praxis selbst, also ‚handwerksmäßig‘ im Sinn von ‚empirisch‘", oder aber theoretisch, „in besonderen Rechtsschulen und in Gestalt rational systematischer Bearbeitung, also

‚wissenschaftlich' in diesem rein technischen Sinn", betrieben wird (MWG I/
22-3, S. 476). Wir haben mit diesen drei Komponenten Institutionen, Kultur und
Trägerschicht nicht nur das Mehrebenen- und Zweiseiten-Modell vor uns, sondern
auch die Erklärung dafür, weshalb sich die Rationalisierung des Rechts in England und auf dem Kontinent in unterschiedlichen Richtungen entwickelte, einmal
zum ‚common law', einmal zum ‚statute law'.[7]

Tatsächlich diskutiert Weber in der Folge die Rechtsentwicklung in Europa,
wie sie sich, auf der Basis des römischen Rechts, unter dem Einfluss eines
eher handwerksmäßigen oder eines eher wissenschaftlichen Rechtsverständnisses
der jeweiligen Trägerschicht aus der dinggenossenschaftlichen Justiz herausbil-
dete. Diese hatte bereits die Figur des Fürsprechers kreiert. Daraus erwächst die
Figur des Anwalts, der sich nun zum Parteivertreter im Rechtsstreit wandelt.
Das gilt vor allem für England, wo die Laien die Kleriker ablösen und sich in
den vier Zünften, den Inns of Court, organisieren, woraus, wie Weber sagt, ein
geschlossener Juristenstand entsteht.[8]

Dieser geschlossene Juristenstand tendiere zu einer rein empirischen Behandlung des Rechts, die immer nur „vom Einzelnen auf das Einzelne" schließe und
nie vom Einzelnen auf das Allgemeine, „um dann aus diesem die Einzelent-
scheidung deduzieren zu können" (MWG I/22-3, S. 481). Weber nennt dies eine
Kautelarjurisprudenz, welche die Bedürfnisse der Rechtsinteressenten in den Mittelpunkt stelle und zuerst in Rom praktiziert worden sei. Dabei spielen für ihn
auch die ökonomischen Interessen der Rechtspraktiker eine Rolle („Sporteln").
Doch wichtiger ist ihm die damit verbundene Begrenzung der „Rationalisierung
des Rechts überhaupt" (MWG I/22-3, S. 481). Denn in England entsprach der
zentralen Stellung der ‚bar' die zentrale Stellung der ‚bench', die praktisch die
Fortbildung des Rechts in Händen hatte. Richterrecht statt Satzung, jedenfalls
keine Satzung ohne Berücksichtigung der Konstruktionen der Rechtspraktiker
(MWG I/22-3, S. 482).

In Deutschland dagegen fehlte lange ein solcher Anwaltsstand, wie die Entwicklung auf dem Kontinent überhaupt durch die juristische Universitätsbildung
geprägt wurde. Es herrschte ein „rational-systematischer Charakter" des Rechtsdenkens vor, das auf die Bedürfnisse der Rechtsinteressenten weit weniger

---

[7] Zum Mehrebenen- und Zwei-Seiten-Modell ausführlich Wolfgang Schluchter, *Handeln im
Kontext,* Tübingen: Mohr Siebeck 2018, Kap. I, sowie ders., *Mit Max Weber,* Tübingen: Mohr
Siebeck 2020, Kap. I.

[8] „Die wirklich praktizierenden advocates lebten, genossenschaftlich zusammengeschlossen
in Zunfthäusern gemeinsam; die Richter gingen ausschließlich aus ihrer Mitte hervor und
setzten die Lebensgemeinschaft mit ihnen fort. ‚Bar' und ‚bench' waren zwei Funktionsweisen des geschlossenen Juristenstandes" (MWG I/22-3, S. 478 f.).

Rücksicht als in England nahm. So seien hier die „Interessentenbedürfnisse als treibende Kraft für die Gestaltung des Rechts weitgehend geradezu ausgeschaltet" worden. Das Bedürfnis nach formaler und rationaler Sinndeutung der Rechtsnormen wurde jedem, der einen Rechtsberuf anstrebte, während des Universitätsstudiums eingepflanzt (MWGI/22-3, S. 485).

Weber zeigt nun, entlang seiner groben Chronologie (Antike, Mittelalter, Neuzeit), wie sich der Juristenstand in wechselnden institutionellen Konstellationen entwickelte. Er wählt zur Charakterisierung dieser Trägerschicht der Rechtsentwicklung den Begriff „Rechtshonoratioren", um eine Gemeinsamkeit zu bezeichnen, die dieser Trägerschicht bei aller historischen Variation eigen sei. Es handelt sich gemäß seiner Theorie der sozialen Schichtung um einen Stand, nicht um eine Klasse, um einen Berufsstand zumal, der zugleich ein Lebensführungsstand ist. Die heutige Soziologie würde vermutlich von Profession sprechen, die durch eine spezielle wissenschaftsbasierte Kompetenz, eine Moral und ein gewisses Maß an Selbstorganisation und Selbstkontrolle gekennzeichnet ist. Beispiele für einen Stand dieser Art sind für Weber in der Antike die römischen konsultierenden und respondierenden Juristen (MWG I/22-3, S. 495–509), für das Mittelalter die italienischen Notare, die, dank den Universitäten, allerdings an die formale Struktur des römischen Rechts gebunden bleiben – „eine Weltmacht blieb aber, dank den Universitäten, in Italien das römische Recht für die formale Struktur des Rechts und der Rechtslehre" (MWG I/22-3, S. 493) –, ganz allgemein aber die „empirischen Juristen des nordeuropäischen kontinentalen Okzidents" (MWG I/22-3 S. 492). Eine besondere Variante bildeten für ihn die „deutschen und nordfranzösischen Rechtshonoratioren, welche, zunächst wenigstens, weit weniger auf dem Boden städtischen, weit stärker dagegen im Umkreise ländlich-grundherrlicher Rechtsbeziehungen mit der Handhabung des Rechts als Schöffen oder Beamte befaßt waren" (MWG I/22-3, S. 493 f.). Während die römischen Juristen die Pandekten schufen, förderten die mittelalterlichen Juristen das „empirische Rechtsbücherrecht" von der Art des Sachsenspiegels, „systematisch und kasuistisch aber von geringerer Rationalität, wenig an abstrakter Sinndeutung und Rechtslogik und statt dessen stark an anschaulichen Unterscheidungsmitteln orientiert" (MWG I/22-3, S. 495).

Weber hatte seine vergleichenden Betrachtungen zu den Rechtshonoratioren mit den Priesterschulen eingeleitet, die „eine eigentümliche Sonderform rationaler und doch nicht juristisch formaler Rechtslehre" repräsentieren (MWG I/22-3, S. 486). Sie seien an ein heiliges Recht gebunden, das auf material-rationale, nicht auf formal-rationale Wege zwinge. Daran wird deutlich, dass für die Ausbildung einer juristischen Trägerschicht vom Charakter der Rechtshonoratioren in seinen Augen eine weitere gemeinsame Voraussetzung erfüllt sein musste: die

Säkularisierung des Rechts. Dies führt nun ganz allgemein zu der Frage nach dem Verhältnis von religiösem und säkularem Recht oder sakralem und profanem Recht und, in eins damit, nach dem Verhältnis von materialer und formaler Rationalisierung im säkularen Recht.

3.2.2 Formale und materiale Rationalisierung des Rechts (§§ 5–8)

Im Zusammenhang mit der Diskussion des primitiven Rechtsgangs hatte Weber behauptet, von der charismatischen Offenbarung neuer Gebote führe „über das Imperium hinweg der direkteste Weg der Entwicklung zur Rechtsschöpfung durch vereinbarte oder oktroyierte *Satzung*'" (MWG I/22-3, S. 454). Dies verband er mit der These, die charismatische Epoche der Rechtsschöpfung sei keineswegs auf den primitiven Rechtsgang beschränkt (ebd., S. 458). Das Charisma als die revolutionäre Macht in der Geschichte kann sich also jederzeit auf die Rechtsentwicklung auswirken, sei es im Kontext bisher traditionaler oder legaler legitimer Herrschaft, eine Unterscheidung seiner Herrschaftssoziologie, die er aber in den Rechtstexten so (noch?) nicht benutzt.

Während bisher nur allgemein von dem Einfluss des politischen Verbandes auf die Entwicklung des Rechts die Rede war – Sippenverband, Imperium und Theokratie, Anstaltsstaat –, sucht Weber nun das Verhältnis von politischer Herrschaft und Rechtsentwicklung weiter zu spezifizieren. Das betrifft zunächst hauptsächlich das mittlere Glied der drei, das Imperium und die Theokratie. Es wird differenziert in die fürstlichen, magistratischen und priesterlichen Gewalten, die aber bei allen Unterschieden eines gemeinsam haben: Sie reißen das Recht aus seinem primitiven magischen Formalismus heraus. Sie suchen auf unterschiedlichen Wegen die „irrationalen Prozeßmittel auszuschalten und das materielle Recht zu systematisieren." Wie weit sie dabei kommen, hängt nach Weber vor allem von der Mitwirkung der bürgerlichen Klassen als den wichtigsten Rechtsinteressenten ab. Wo diese Mitwirkung fehlte, sei die Säkularisierung des Rechts meist steckengeblieben, weil „der ‚Rationalismus' der Hierarchen sowohl wie der Patrimonialfürsten *materialen* Charakters ist" (MWG I/22-3, S. 511).

„Materialer Charakter" heißt, dass Ethik und Recht nicht gesondert werden, dass vielmehr die Verwirklichung ethisch-rechtlicher Postulate im Mittelpunkt der Rechtsentwicklung steht. Dies gilt natürlich ganz besonders für Theokratien, die ein heiliges Recht vertreten. Hier kommt es zur „Vermischung von religiösen und rituellen mit rechtlichen Anforderungen", zu einem „Ineinanderschieben von ethischen und rechtlichen Pflichten, sittlichen Vermahnungen und Rechtsgeboten ohne formale Schärfe", also zu spezifisch unformalem Recht (MWG I/22-3, S. 513). Doch dieser Zustand gelte keineswegs nur für Theokratien. Er gelte auch dort, wo fürstliche oder magistratische Gewalten den Vorrang hätten, ja selbst in Demokratien, weil in all diesen Fällen den Herrschenden die Verwirklichung materialer Postulate wichtiger als die Beachtung des „abstrakten Formalismus der Rechtslogik" sei (MWG I/22-3, S. 514). Entscheidend ist für Weber dabei immer auch, wie die Beziehung zwischen den politischen und hierokratischen Gewalten geregelt ist, ob eine Über-Unterordnung (Theokratie, Cäsaropapismus) oder ein mehr oder weniger vermittelter Dualismus zwischen ihnen besteht.

Eine neue Situation ergibt sich dort, wo das heilige Recht bestimmte Bereiche des sozialen Lebens gewissermaßen freigibt. Wieder ist für Weber das alte Rom das Beispiel: Das heilige Gebot („fas") wurde hier vom gesatzten Recht („jus") getrennt, welches der Schlichtung innerweltlicher Interessenkonflikte dient. Damit waren die Weichen gestellt für eine autonome profane Rechtsentwicklung, für ein Nebeneinander, nicht für ein Ineinander von heiligen und profanen Rechten. Das, so Weber, sei vor allem im Interesse der „Träger rationaler ökonomischer und politischer *Dauerbetriebe*" gewesen. Denn vor allem den Ersteren gehe es um die Garantie der Freiheit, „eben desjenigen Gutes, welches theokratische und patriarchal-autoritäre ebenso wie unter Umständen demokratische, jedenfalls alle ideologisch an materialer Gerechtigkeit interessierten Mächte verwerfen müssen. Diesen allen ist nicht mit formaler, sondern mit ‚Kadijustiz' gedient" (MWG I/ 22-3, S. 517).

Weber stellt nun diese Betrachtung in einen universalgeschichtlichen Rahmen. Dabei geht er allerdings nur kurz auf China und Indien ein. Ausführlicher sind die Betrachtungen zu den Buchreligionen, dem Islam, dem Judentum und der frühen lateinischen Kirche. Dabei ist sein Interesse darauf gerichtet, die Sonderstellung des kanonischen Rechts im Konzert der heiligen Rechte zu betonen. Denn es sei „in beträchtlichen Partien wesentlich rationaler und stärker formal juristisch entwickelt als die anderen heiligen Rechte", und es habe, deutlicher als diese, den Dualismus von heiligem und profanem Recht betont (MWG I/22-3, S. 544 f.).

Wie nicht anders zu erwarten, führt Weber diese Sonderstellung des kanonischen Rechts auf den Anstaltscharakter der römischen Kirche zurück. Sie gilt ihm als die erste Organisation dieser Art in der Geschichte, und Anstalt heißt: Rechtsschöpfung mittels rationaler Satzung und Rechtsanwendung mittels Bürokratie. Zudem habe sich die frühe Kirche zunächst bewusst von den politischen Gewalten ferngehalten, dann, als diese Beziehung hergestellt werden musste, sich des stoischen Naturrechts als Brückenbildner bedient, also eines relativ rationalen Konstrukts – eine These, die Weber wohl von Ernst Troeltsch übernimmt.

Vor allem aber sei auch hier wieder der Rückbezug auf das römische Recht maß-
gebend gewesen, obgleich, etwa bei den Bußordnungen, auch Anleihen beim
germanischen Recht gemacht worden seien. Jedenfalls habe man theokratische
Mischbildungen vermieden, später auch, nach Gründung der Universitäten, diese
Tendenz durch die Trennung von theologischer und juristischer Fakultät gestützt.
So konnte geschehen, was man anderswo nicht in gleicher Weise wiederfinde:
dass das heilige Recht, hier in Gestalt des kanonischen Rechts, „für das profane
Recht geradezu einer der Führer auf dem Weg zur Rationalität" geworden sei
(MWG I/22-3, S. 547).

Dies gilt für Weber sowohl für die formelle wie für die materielle Seite
der Rechtsentwicklung. Der Einfluss der Kirche auf das materielle Zivilrecht,
insbesondere auf das Geschäftsrecht, blieb gering, und in formeller Hinsicht
entwickelte sie in Gestalt des Inquisitionsprozesses ein Beweisrecht, welches
die weltliche Strafjustiz übernahm (MWGI/22–3, S. 549). Anders als in anderen Kulturkreisen konnten sich deshalb hier auch das subjektive Recht und der
Zweckkontrakt weitgehend ohne religiöse Widerstände entwickeln: „Der Kampf
um das materiale canonische Recht wurde im Occident späterhin eine wesentlich
politische Angelegenheit, und seine heute noch bestehenden Ansprüche liegen
in ihrer praktischen Bedeutung nicht mehr auf Gebieten, welche ökonomisch
relevant sind" (MWG I/22-3, S. 549).[9]

Exkurs: Das kanonische Recht

An dieser Stelle ist es nützlich, einen kleinen Exkurs einzuschieben. Er betrifft
das große Buch von Harold J. Berman mit dem Titel *Law and Revolution*[10],
welches eine Max Weber affine Behandlung des kanonischen Rechts enthält.
Sie steht unter dem Stichwort Harmonisierung. Das kanonische Recht wird als
Folge einer Harmonisierung von römischem, germanischem und christlichem
Recht aufgefasst.

Nach Weber wirken römischer, kanonischer und dinggenossenschaftlicher
(germanischer) Rechtsgang in nicht weiter geklärter wechselseitiger Beeinflussung zusammen. Harold J. Berman stellt in seiner grundlegenden Studie

---

[9] Das heißt natürlich nicht, dass das kanonische Recht nicht ökonomisch relevant gewesen
wäre. Schon in der Aufsatzfolge „Die protestantische Ethik und der ‚Geist' des Kapitalismus" hatte Weber sich mit der kanonistischen Wirtschaftslehre beschäftigt und auch im
zweiten Rechtstext geht er darauf ein (MWG I/22-3, S. 607 f.)

[10] Harold J. Berman, *Law and Revolution. The Formation of the Western Legal Tradition*,
Cambridge and London: Harvard University Press 1983, bes. Kap. 5.

diesen Prozess als eine Harmonisierung von drei Rechtstraditionen dar. Tatsächlich sieht er im kanonischen Recht das erste moderne *Rechtssystem* des Westens. Es integriere andere Rechte und stelle sie dadurch in einen neuen Zusammenhang.

Das kanonische Recht, das nach Berman diese Harmonisierung dreier Rechtstraditionen zustande bringt, formierte sich hauptsächlich in der Zeit von 1050 bis 1200, in einer Periode, in der sich, vor allem durch die Arbeit Gregors VII., die päpstliche Revolution ereignete. Sie führte zu einer Vereinheitlichung der Kirche, zur Suprematie des Papstes über sie und zur kirchlichen Unabhängigkeit von der weltlichen Gewalt. Sie führte aber auch zu einer Systematisierung des kirchlichen Rechts, das man seit dem 12. Jahrhundert als kanonisches Recht (ius canonicum) bezeichnet. Es kulminiert in Gratians Sammlung aus dem Jahre 1140, die man nach Berman als die definitive Summe des alten und neuen Rechts, des ius antiquum und des ius novum, bezeichnen kann. Dieses Recht wurde dann durch die Juristenpäpste und die Laterankonzilien erweitert. Wie Berman formuliert: „Finally, in 1234 under Pope Gregory IX there appeared a comprehensive collection of decretals, containing about two thousand sections, which summarized and systematized the work of almost a century; together with Gratian's *Decretum* the *Decretals* of Gregory IX remained the basic corpus of the law of the Roman Catholic Church until the adoption of the Code of *Canon Law* of 1918" (Berman, S. 203).

Die Harmonisierung von Alt und Neu, Teil und Ganzem sei weder allein in der Theorie noch allein in der Praxis erfolgt. Zwar hätten die Kanonisten das römische Recht, das deutsche Recht und natürlich das alte kirchliche Recht genutzt, aber keineswegs so, dass sie einem von diesen den Primat zugesprochen hätten, auch nicht dem (justinianischen) römischen Recht. Im Gegenteil: Dieses habe gewissermaßen als fixiert gegolten, „finished, immutable, to be reinterpreted, but not to be changed" (ebd., S. 205). Das sei beim kanonischen Recht anders gewesen. Es hatte zwar gleichfalls seinen Ursprung in der Vergangenheit, galt aber nicht als abgeschlossen, „it was continually remade" (ebd.). Also konnte man es als ein lebendiges Korpus behandeln, das zwar in der Vergangenheit wurzelt, sich aber weiterentwickelt. Es erfüllte drei Merkmale, die ein modernes Rechtssystem nach Berman verlangt: die Periodisierung in alt und neu, die Integration beider zu einer Struktur und die „conception of the whole body of law as moving forward in time, in an ongoing process" (ebd., S. 203).

Dass sich das kanonische Recht zu einem unabhängigen, integrierten und evolvierenden System entwickeln konnte, hängt für Berman ähnlich wie für

Weber mit der institutionellen Reform der Kirche unter Gregor VII. zusammen. Weber sprach von Anstalt, Berman spricht gar von „Rechtsstaat", von einer „corporate legal entity" (ebd., S. 215). Für die rechtliche Charakterisierung dieses „Rechtsstaats" war das römische Recht aus der Zeit Justinians zwar ein Vorläufer, wie auch der Begriff Genossenschaft, der aus dem germanischen Recht stammt. Und wie bei Weber findet sich auch bei Berman hier der Bezug auf Otto Gierkes Studien zum Genossenschaftsrecht. Aber erst die Kanonisten, so Berman, „utilized earlier Roman, Germanic, and Christian concepts of corporate entities in developing a new system of corporate law applicable to the church" (ebd., S. 217). Dieses neue Korporationsrecht habe dann der Regelung sowohl der Konflikte zwischen der Kirche und den weltlichen Gewalten als auch der Konflikte innerhalb der Kirche gedient.

Berman stellt den praktischen Regelungsbedarf dar, der durch die päpstliche Revolution entstanden war (ebd., S. 218), und er zeigt, wie sich die im kanonischen Recht gefundenen Lösungen sowohl vom römischen als auch vom germanischen Recht unterschieden. Im Vergleich des kanonischen mit dem römischen Recht stellt er vier Weiterentwicklungen heraus 1. Nicht nur die Kirche, sondern jede Gruppe, die eine zweckbestimmte Struktur aufweist, kann eine Korporation bilden, ohne dafür der Erlaubnis einer höheren Instanz zu bedürfen. 2. Jede so ins Leben gerufene Korporation kann Recht setzen und es gegenüber ihren Mitgliedern durchsetzen. 3. Eine solche Korporation kann nicht nur durch ihre Repräsentanten, sondern auch durch ihre Mitglieder handeln. 4. Das Eigentum einer solchen Korporation gehört den Mitgliedern, die deshalb für Steuern und Schuldentilgung herangezogen werden können. Im Vergleich mit dem deutschen Recht betont er, das kanonische Recht vermeide die Hypostasierung der Korporation zu einer Art Gruppenpersönlichkeit. Denn nach diesem Recht gebe es keine Korporation „without the prior existence of a group of people having common interests and the capability of acting as a unit" (ebd., S. 220). Berman betont die machtbegrenzenden Vorkehrungen, die in diesem neuem Korporationsbegriff stecken. Es handle sich letztlich um eine „legal theory of limitations upon the power of ecclesiastical und secular rulers to act alone, without the advice and consent of their counselors and chief subordinates. Here the maxim of Roman law was seized upon, transformed, and raised to the level of a constitutional principle: 'What concerns everyone ought to be considered and approved by everyone'" (ebd., S. 221).◄

Anstalt und Korporation, das sind für Berman wie für Weber entscheidende Erfindungen, die wir dem Recht der frühen lateinischen Kirche verdanken. Blickt man auf die andere Seite, auf die fürstlichen und magistratischen Gewalten, so ist das

Ergebnis für Weber nicht ganz so klar. In einer Art tour de force, gespickt mit Details, sucht er unter dem Titel „Amtsrecht und patrimonialfürstliche Gewalt" die Vielfalt der historischen Verhältnisse, die sich hier dem Auge des Kenners bieten, auf den Begriff zu bringen. Diese Anstrengung läuft auf die Unterscheidung zweier Arten „patrimonialfürstlicher Rechtspflege" hinaus. Die eine nennt Weber ständisch, die andere patriarchal (MWG I/22-3, S. 561). Worin besteht der Unterschied?

An dieser Stelle greift Weber auf Unterscheidungen zurück, die er in den §§ 2 und 3 entwickelt hatte: subjektives und objektives Recht, Reglement und (unverbürgter) Reflex. Auch bildet aus seiner Sicht die dinggenossenschaftliche Rechtspflege gewissermaßen den Untergrund, auf dem sich die imperiale Rechtspflege entwickelt: dadurch, dass der Fürst seine als legitim erworben geltenden subjektiven Rechte (Privilegien) an seine ‚Beamten' ‚abäußert' (ständisch), oder dadurch, dass er sie von Fall zu Fall nach freiem Ermessen kraft Befehls auf diese überträgt (patriarchal). Weber sieht deshalb diese Art der Rechtspflege letztlich als eine Kombination aus drei Elementen: „In aller Regel herrscht aber in der patrimonialfürstlichen Rechtspflege eine Kombination ständischer und patriarchaler Bestandteile miteinander und mit dem formalen Rechtsgang der Dinggenossenschaften vor" (MWG I/22-3, S. 566). Man sieht: Von Formen des Patrimonialismus und des Feudalismus, wie in der Herrschaftssoziologie, ist hier (noch) nicht die Rede. Eine Differenzierung traditionaler Herrschaft und ihrer Rechtssysteme fehlt.

Diese Kombination der drei genannten Elemente hatte zur Folge, so Weber weiter, dass weniger die formale, als vielmehr die materiale Rationalisierung der Rechtspflege in den Vordergrund rückte. Besonders dort, wo sich diese imperiale Art der Rechtspflege mit der theokratischen verband, wurde sie betont antiformal (MWG I/22-3, S. 565). Allerdings, so Weber, hatte das Eingreifen des Imperiums in das Geschehen tendenziell auch eine Vereinheitlichung und Systematisierung des Rechts zur Folge, etwa in Gestalt von Kodifikationen und Rechtsbüchern. „Der Fürst will Ordnung" (MWG I/22–3, S. 569), so laute die Parole, und seine primär fiskalischen und verwaltungstechnischen Interessen könnten sich mit den Interessen sowohl des Verwaltungsstabs als auch der bürgerlichen Schichten an Berechenbarkeit des Herrscherhandelns treffen: „Ein Bündnis von fürstlichen und von Interessen bürgerlicher Schichten gehörte daher zu den wichtigsten treibenden Kräften formaler Rechtsrationalisierung" (MWG I/22-3, S. 567).

Weber ist freilich nicht der Meinung, dass dies eine typische Konstellation wäre. Im Gegenteil: Bürgerliche Schichten könnten eher an Macht- als an Marktkonstellationen orientiert sein, also eher einen politischen als einen ökonomischen Kapitalismus pflegen. Und auch der Fürst sei keineswegs immer an Ordnung, sondern ebenso mitunter an Willkür interessiert. Wo fürstliche Wohlfahrts- und Gerechtigkeitspflege im Mittelpunkt stünden, sei jedenfalls häufig die Formel „Willkür bricht Landrecht" bei den Herrschenden handlungsleitend gewesen: „Der patrimoniale materiale Rationalismus hat überhaupt naturgemäß nirgends formal juristisches Denken" angeregt (MWG I/22-3, S. 588).

Dass es hier trotz allem in der westlichen Entwicklung gewisse Schranken gab, sei nicht nur den Kodifikationen und Rechtsbücher, sondern vor allem dem römischen Recht und seiner Weiterentwicklung zu danken. An dieser Stelle schiebt Weber einen kleinen Exkurs in seine wiederum auf universalgeschichtliche Vergleiche ausgerichtete Kodifikations- und Rechtsbuchdebatte ein. Ausgangspunkt ist die Wiederholung der These, das römische und das kanonische Recht seien für Zentral- und Westeuropa „Universalrechte" gewesen: „Das canonische Recht beanspruchte für seine Vorschriften zwingende universelle Geltung, das römische Recht galt ‚subsidiär', ließ also dem Satz: Willkür bricht Landrecht, den Vortritt" (MWG I/22-3, S. 577). Aber es hemmte trotz dieser nachgeordneten Stellung wegen seiner formalen Qualitäten die patrimoniale Wohlfahrts- und materiale Gerechtigkeitspflege, bis, ab dem 18. Jahrhundert, so Weber, der aufgeklärte Despotismus gesiegt habe, orientiert am Ideal des Wohlfahrtsstaats und mit einer selbstherrlichen Bürokratie, die den ‚Untertanen' mit dem objektiven Recht zu belehren und das gemeine Recht der Rechtshonoratioren zu beseitigen suchte. Das klassische Denkmal einer „von juristischen Spitzfindigkeiten und Formalismen gesäuberten, materiale Gerechtigkeit erstrebenden Rechtspflege" sieht Weber in Preußens Allgemeinem Landrecht, dessen „hervorstechendes Merkmal ein systematischer Rationalismus nicht sowohl formaler, als vielmehr, wie in solchen Fällen immer, materialer Art bildet" und das die gesetzlich gebotene Rechtspflicht, nicht aber das Gewohnte oder das Formale in den Mittelpunkt stellt (MWG I/22-3, S. 586), allerdings der Methodik des römischen Rechts trotz widerstrebenden Versuchs letztlich doch nicht gänzlich entrinnen kann (MWG I/22-3, S. 587).

Weber gibt keine Entwicklungsgeschichte des römischen Rechts, deutet aber an, dass sein formal-logischer Charakter sich erst über Jahrhunderte der juristischen Rezeptionsarbeit entfalten konnte. Am Beginn sei auch dieses Recht induktiv-empirisch, nicht logisch-abstrakt gewesen. Logisch-abstrakt sei es erst durch die Übertragung seiner Institutionen auf neue Tatbestände und durch die Denkbedürfnisse der Rechtstheoretiker geworden. Weber stellt die damit verbundene „Logisierung des Rechts" nicht als eine Folge des Einflusses der Rechtsinteressenten, sondern als Folge der „internen Denkbedürfnisse der Rechtstheoretiker und der von ihnen geschulten Doktoren" dar (MWG I/22-3, S. 583).

Dies gilt vor allem für die Rechtshonoratioren, die an den europäischen Universitäten, beginnend mit Bologna, ausgebildet wurden. Weber fasst seine Sicht der Rolle des römischen Rechts wie folgt zusammen: „Wo immer ein organisierter nationaler Juristenstand fehlte, drang das römische Recht mit ihrer Hülfe (d. h. mit Hilfe der Rechtshonoratioren, W. S.) siegreich vor: mit Ausnahme Englands, Nordfrankreichs und Skandinaviens eroberte es Europa von Spanien bis Schottland und Rußland. In Italien waren, anfänglich wenigstens, vorwiegend die Notare, im Norden vornehmlich die fürstlichen gelehrten Richter die Träger der Bewegung, hinter welcher fast überall das Fürstentum stand. Die Entwicklung keines occidentalen Rechts hat sich von diesen Einflüssen ganz frei zu halten vermocht. Auch nicht die des englischen" (MWG I/22-3, S. 583 f.).

Auf dem Hintergrund dieser Tendenzen des ‚aufgeklärten Despotismus‘, die auch später durch die Arbeit der historischen Rechtsschulen in Deutschland nach Weber nicht wirklich korrigiert werden konnten, erscheint ihm der Code civil als ein bedeutender Fortschritt. Denn hier fehle „jede Hineinmengung nichtjuristischer Bestandteile, jede belehrende und nur sittlich vermahnende Note und alle Casuistik" (MWG I/22-3, S. 592). Er sei ein Produkt rationaler Gesetzgebung, so wie das angelsächsische Recht eines der juristischen Praxis und das römische Recht eines der theoretischen Bildung sei. Weber nennt den Code das dritte Weltrecht neben den beiden anderen, dem römischen und dem kanonischen. Insbesondere seine formellen Qualitäten ragten heraus (MWG I/22-3, S. 592 f.).

Allerdings folgt sofort eine Einschränkung. Der Code markiert für Weber zwar eine Art Wasserscheide zwischen dem vorrevolutionären und dem revolutionären Recht, und die Revolutionen, an die er dabei denkt, sind die amerikanische und die französische. Sie ändern Struktur und Kultur des Rechts, seine Form und seinen Geist, von Grund auf. Auch werden dadurch neue Trägergruppen wichtig. Dennoch bleibt auch der Code nicht ganz frei von Nichtformalem. Denn in ihm sei das Gewohnheitsrecht noch wirksam: Die „Plastik vieler seiner Sätze verdankt der Code der Orientierung zahlreicher Rechtsinstitutionen an dem Recht der coutumes" (MWG I/22-3, S. 593). Das habe seine formalen Qualitäten gemindert. Dennoch habe der Code die Bedeutung, „daß hier zum ersten Mal rein rational ein von allen historischen ‚Vorurteilen‘ freies Gesetz" geschaffen worden sei. Dieser Rationalismus sei allerdings nicht frei von „epigrammatischer Theatralik", weil bestimmte Axiome nicht „in Form nüchterner Rechtsregeln, sondern in Postulat-artigen Spruchformen" vorgetragen würden, ähnlich, wie bei der „Formulierung der ‚Menschen- und Bürgerrechte‘ in den amerikanischen und französischen Verfassungen" (MWG I/22-3, S. 594).

Das Naturrecht wechselt für Weber jetzt gewissermaßen die Fronten. Hatte es einst, in Gestalt des stoischen Naturrechts, als Brücke zwischen Religion und

Welt gedient, so stellt es jetzt, in Gestalt des Vernunftnaturrechts, die Forderung, das Recht müsse sich aus ‚der Vernunft' legitimieren. Dies sei die „einzig consequente Form der Legitimation eines Rechts, welche übrigbleiben kann, wenn religiöse Offenbarung und autoritäre Heiligkeit der Tradition und ihre Träger fortfallen" (MWG I/22-3, S. 596). Denn ohne diese Legitimation werde das Recht „zu etwas ‚nur' Positivem" deklassiert (MWG I/22-3, S. 597). Diese naturrechtliche Legitimation gebe es, typologisch gesehen, in einer eher formalen und in einer eher materialen Variante, je nachdem, wie erworbene Rechte begründet würden. Die eher formale Variante finde sich in den liberalen Theorien von Locke bis Kant, welche die Freiheitsrechte, insbesondere die Vertragsfreiheit, in den Mittelpunkt stellten, die eher materiale Variante in den sozialistischen Theorien von Bastat bis Lassalle, bei denen das Recht am Ertrag der eigenen Arbeit im Mittelpunkt stehe. Daraus erklärt sich für Weber auch die Affinität dieser beiden Richtungen zu unterschiedlichen Klasseninteressen: zu denen der bürgerlichen Klassen oder der Arbeiterklassen.

Weber betrachtet das Vernunftnaturrecht als eine selbständige Komponente der Rechtsentwicklung. Es war sowohl der formalen wie der materialen Rationalisierung des Rechts förderlich. Aber der Übergang von der Aufklärung zum Historismus, so würde ich seine Analyse schlagwortartig zusammenfassen, hat den Glauben an jede metajuristische Axiomatik untergraben. Weber diagnostiziert deshalb den Siegeszug des Rechtspositivismus: „Das Schwinden der alten Naturrechtsvorstellungen hat die Möglichkeit, das Recht als solches kraft seiner immanenten Qualitäten mit einer überempirischen Würde auszustatten, prinzipiell vernichtet: es ist heute allzu greifbar in der großen Mehrzahl und grade in vielen prinzipiell besonders wichtigen seiner Bestimmungen als Produkt und technisches Mittel eines Interessenkompromisses enthüllt" (MWG I/22-3, S. 611 f.).

Formale Rationalisierung des Rechts heißt für Weber letztlich seine Logisierung. Diese wird durch die doppelte Säkularisierung des Rechts erreicht. Sie lässt sich auch als seine doppelte Emanzipation beschreiben: die Emanzipation von der Religion einerseits, die Emanzipation vom Naturrecht andererseits.

Um diesen Typus des modernen Rechts zu beschreiben, eignen sich die fünf Postulate, die Weber zu heuristischen Zwecken in § 1 der „Entwicklungsbedingungen" gewählt hatte und die ich oben zitiert habe. Sieht man vom fünften Postulat ab, das hauptsächlich der Kritik an Stammler dient, so kommt tatsächlich die Reine Rechtslehre Hans Kelsens, wie von mir dort behauptet, diesem Idealtypus eines formal-rationalen Rechts besonders nah. Denn bei Kelsen ist die Autonomie des positiven Rechts auf die Spitze getrieben, so dass der Rückbezug auf das Naturrecht entfällt und der Bezug des Normativen auf das Faktische alle Bedeutung zu verlieren scheint.[11] Aber an dem Zwang zum Rückbezug auf das Faktische findet das autonome positive Recht auch seine Grenze. Denn diese Autonomie ist relativ, nicht absolut.

Es gibt zunächst rechtsinterne Ursachen, die diese Autonomie brüchig werden lassen. Da ist zum einen die Lückenhaftigkeit des formal-rationalen Rechts. Da sind zum anderen Ausgriffe auf konventionelle Normen wie „Treu und Glauben" oder „gute Sitten", aber auch auf überpositive Grundsätze, wie sie etwa in den Menschenrechten überliefert sind. Hier handelt es sich um „rechtlich betrachtet, antiformale Normen, die nicht juristischen oder konventionellen oder traditionellen, sondern rein ethischen Charakter haben, materiale Gerechtigkeit statt formaler Legalität beanspruchen" (MWG I/22-3, S. 624).

Hinzu treten die Erwartungen der Rechtsinteressenten. Diese sind, zumindest in der Wirtschaft, „an dem ökonomischen oder fast utilitarischen praktischen ,Sinn' eines Rechtssatzes orientiert" (MWGI/22-3, S. 622). Überhaupt variieren diese Interessen je nach Lebens- und Klassenlage. Doch die Eigengesetzlichkeit des fachlichen Rechtsdenkens steht solchen Erwartungen häufig entgegen. Immer wieder provoziert die formale Rationalisierung mit ihrer logischen Eigengesetzlichkeit deshalb die Forderung nach materialer Rationalisierung, und diese wird auch von manchen Rechtsdenkern aufgegriffen, was in Webers Zeit zum Beispiel zur Auseinandersetzung zwischen Rechtspositivisten und Vertretern der Freirechtsschule führte.

Man muss sich also davor hüten, unformal mit irrational gleichzusetzen. Auch materiale Erwägungen können rational sein. Die Frage ist nur, wann und wie weit die materialen Erwägungen die formalen verdrängen. Weber spricht an anderer Stelle seines Werkes von der Antinomie zwischen formaler und materialer Rationalisierung. Für sie findet man keinen gemeinsamen Nenner. Man ist bei dieser Überlegung, bezogen auf das Recht, an die Radbruchsche Formel erinnert, der Weber vielleicht zugestimmt hätte. Denn es gibt auch nach seiner Analyse tatsächlich Fälle, wo die Forderung nach Gerechtigkeit den Verzicht auf Rechtssicherheit erheischt.

Weber sieht allerdings in der Forderung nach materialer Rationalisierung des Rechts in erster Linie eine Bewegung der Rechtsideologen, in Frankreich gegen den Code, in Deutschland gegen die Begriffsjurisprudenz, gegen die „Methodik der Pandekten" gerichtet (MWG I/22-3, S. 630). Dadurch drohe die Gefahr, dass die „Rationalisierung der Recht*stechnik*", welche die Berechenbarkeit des Rechtsganges sichert, letztlich einer Kadijustiz weiche. Ohne Rechtssicherheit, ohne

---

[11] Kelsen hat diesen Rückbezug letztlich in eine Ursprungsnorm oder Ursprungshypothese verbannt.

Berechenbarkeit des Rechtsganges, sei aber kein moderner Anstaltsstaat, auch kein moderner Kapitalismus möglich. Beide gediehen freilich unabhängig davon, ob das Recht primär Gesetzesrecht oder Präjudizienrecht sei. Weber beschließt seine Betrachtung zur Rechtsentwicklung abermals mit einem Vergleich zwischen dem europäischen Kontinent und England und mit der These, „daß der moderne Kapitalismus gleichmäßig gedeiht und auch ökonomisch wesensgleiche Züge aufweist nicht nur unter Rechtsordnungen, welche, juristisch angesehen, höchst ungleichartige Normen und Rechtsinstitute besitzen – … –, sondern welche auch in ihren letzten formalen Strukturprinzipien soweit als möglich auseinandergehen" (MWG I/22-3, S. 632). Und Vergleichbares gilt auch für den modernen Anstaltsstaat.

Man kann also typologisch vier Rechtsgänge unterscheiden: den magischen (formal-irrational), den traditionalen (material-irrational), den naturrechtlichen (material-rational) und den positiv rechtlichen (formal-rational). Der Aufbau des zweiten Rechtstextes folgt streng genommen dieser Typologie, wobei nicht so sehr das Verhältnis von Recht und Wirtschaft, als vielmehr das Verhältnis von Recht und politischer Herrschaft im Mittelpunkt steht. Je weiter die Argumentation fortschreitet, desto weniger spielen die Kategorien des Kategorienaufsatzes eine Rolle. In weiten Passagen fehlen sie, trotz Überarbeitung, ganz. Dies führt noch einmal zurück zum Ausgangspunkt meiner Analyse: Was sagen uns die überlieferten Rechtstexte über ihren zeitlichen Entstehungszusammenhang?

Bevor ich hier zu einem abschließenden Urteil komme, ist ein Blick auf den zweiten, vermutlich frühen und dann überarbeiteten Textbestand nützlich, auf den Band *Gemeinschaften* (MWG I/22-1). Dem wende ich mich jetzt zu.

Die Gemeinschaften 4

Die ursprüngliche Disposition für „Wirtschaft und Gesellschaft" sah gemäß Stoffverteilungsplan vom Mai 1910 vor, dass nach „Wirtschaft und Recht" das Verhältnis von „Wirtschaft und sozialen Gruppen" behandelt werden sollte, und zwar vom Familien- und Gemeindeverband über die Stände und Klassen zum Staat. Diesen Stichpunkten scheint keine systematische Klassifikation der Gemeinschaften zugrunde zu liegen. Auch eine Zweiteilung in systematisch und historisch wie bei den Rechtstexten ist nicht zu erwarten. Aber fragen wir zunächst auch hier: Was lässt sich über den Stand dieser Textgruppe im Januar 1912 sagen, als es zur ersten Verschiebung des Abgabetermins für das Sammelwerk kam?

Wolfgang J. Mommsen, der in Zusammenarbeit mit Michael Meyer den Band MWG I/22-1, betitelt *Gemeinschaften,* herausgab, war der Meinung, die hier versammelten Texte seien in dem Zeitraum von 1910 bis 1912 geschrieben, einzelne vor 1910, dann überarbeitet, einzelne auch noch mit der ein oder anderen Ergänzung nach dem Jahre 1912 versehen (MWG I/22-1, S. 33 und S. 289). Da hier keine Typoskripte überliefert sind, gibt es in dieser Hinsicht natürlich nur Vermutungen. Mommsen kam zudem aufgrund seiner intimen Kenntnis von Webers Briefen zu der Ansicht, dieser habe erst im Herbst 1911 intensiv an seinem Hauptbeitrag für das *Handbuch,* also auch an dieser Textgruppe, gearbeitet (ebd., S. 21), was insofern nicht unplausibel ist, als ja zu diesem Zeitpunkt der Abgabetermin Ende 1911/Anfang 1912 noch galt, Weber also spätestens zu Ostern 1912 seinen Beitrag, besser: seine Beiträge, für das erste Buch des Sammelwerks zu liefern gezwungen war.

Wolfgang J. Mommsen konnte seine Vermutung über die frühe Entstehung der Texte zumindest in einem Fall plausibilisieren. Es handelt sich um den Text, der jetzt unter dem Titel „Hausgemeinschaften" in den Band aufgenommen ist (MWG I/22-1, S. 114 ff.). Denn diesem liegt ein Stichwortmanuskript zugrunde,

überschrieben mit „Hausverband, Sippe und Nachbarschaft", welches der Herausgeber auf 1906 datiert und dem Weber bei der Ausarbeitung seines Textes
ziemlich genau gefolgt ist. Wann die Ausarbeitung des Textes stattfand, lässt
sich damit natürlich nicht sagen. Immerhin nimmt der ausgearbeitete Text auch
Unterscheidungen in Anspruch, die sich im Stichwortmanuskript nicht finden, so
die zwischen Wirtschaftsverbänden, wirtschaftenden Verbänden und wirtschaft-
regulierenden Verbänden, die in dem Text „Wirtschaftliche Beziehungen der
Gemeinschaften im allgemeinen" entwickelt sind (MWG I/22–1, S. 77 ff., bes.
S. 79 f.). Dies spricht dafür, dass die Ausarbeitung der „Hausgemeinschaften"
jedenfalls nicht isoliert erfolgt sein dürfte, also die Disposition von 1910 dabei
vermutlich schon leitend war.

Welche der überlieferten Texte passen nun zu der Disposition von 1910?
Folgt man den im Stoffverteilungsplan genannten Stichworten, so kommen hierfür Texte über Familie und Gemeinde, über Klassen, Stände und Parteien sowie
über die politischen Gemeinschaften unter Einschluss des Staates in Frage. Die
mit diesen Begriffen bezeichneten Phänomene spielen, wie die bisherige Analyse
gezeigt hat, bereits in den Rechtstexten eine Rolle. Was spricht dafür, dass sie
tatsächlich einmal für die erste Fassung von Webers Hauptbeitrag zum *Handbuch*
vorgesehen waren?

Hier hilft vielleicht wieder die Nähe zum Kategorienaufsatz weiter. Dies
freilich nur bedingt, denn einige dieser Texte sind kategorienreich, einige eher
kategorienarm (siehe die Aufstellung in MWG I/24, S. 129). Wenn Weber, wie
ich vermute, die ihm vorliegenden Texte für die geplante Veröffentlichung im
Frühjahr 1912 tatsächlich mit Hilfe der Kategorien des Kategorienaufsatzes überarbeitet oder neu geschrieben hat, so müsste sich dies gerade an diesen vor 1912
entstandenen Texten zeigen lassen. Dies ist nun in meinen Augen in Grenzen
tatsächlich der Fall.

Es sind vor allem drei Texte, die man kategorienreich nennen kann. In der
Reihenfolge des Bandes und mit Webers Titeln: „Marktgemeinschaft", „Politische Gemeinschaften" sowie „‚Klassen', ‚Stände' und ‚Parteien'". Hier sind
durchgängig die Kategorien des Kategorienaufsatzes verwendet. Außerdem ist in
diesen Texten der Bezug zur Rechtsordnung hergestellt. Die Texte setzen also
die Rechtstexte, über die ich gesprochen habe, voraus, zumindest den Text „Die
Wirtschaft und die Ordnungen", sei es in seiner ursprünglichen oder in seiner
überarbeiteten Version.[1]

---

[1] Das gilt interessanterweise nicht für den Text „Ethnische Gemeinschaften". Denn in die-
sem Text arbeitet Weber mit den Begriffen Sitte und Konvention, und zumindest von der
Konvention sagt er, sie werde später genauer definiert werden. Beide Begriffe sind aber in
„Die Wirtschaft und die Ordnungen" ausführlich behandelt, und dieser Text sollte sowohl

Weber sagt am Beginn des Textes über die „Hausgemeinschaften", er schreibe nur eine allgemeine, „auf alles einzelne nur exemplifizierende Betrachtung". Er wolle keine „systematische Klassifikation der einzelnen Gemeinschaftsarten nach Struktur, Inhalt und Mitteln des Gemeinschaftshandelns" liefern, was in eine allgemeine Soziologie gehöre, sondern er wolle nur die Gemeinschaften erörtern, die für seine Betrachtung die wichtigsten seien (MWG I/22-1, S. 114). Dies sind neben der Hausgemeinschaft vor allem die Sippe, der Nachbarschaftsverband, die Gemeinde, die ethnische Gemeinschaft, die Marktgemeinschaft und die politische Gemeinschaft in ihren verschiedenen Ausformungen, dann die Parteien, aber auch die Stände und die Klassen. Nahezu all diese Gemeinschaftsarten werden in den Rechtstexten ‚in Anspruch genommen'. Es fehlen in dieser Reihe die religiösen Gemeinschaften sowie die Imperien und Theokratien, die in den Rechtstexten ebenfalls eine zentrale Rolle spielen. Die hierfür einschlägigen Texte wurden in Gestalt der Religions- und Herrschaftssoziologie, praktisch ohne Verwendung der Kategorien des Kategorienaufsatzes, überwiegend wohl nach 1911, also von Anfang 1912 bis Ende 1913 geschrieben, zu einem Zeitpunkt, als die Disposition von 1910 ihre Maßgeblichkeit für die Textproduktion bereits verloren hatte. Sie sind beide nicht nur kategorienarm, sondern geradezu kategorienfrei (siehe unten).

Welche Grundgedanken verfolgt Weber mit seiner Auswahl einzelner Gemeinschaftsarten? Es sind aus meiner Sicht vor allem zwei. Zum einen geht es ihm um die Konstellation Brüderlichkeit und Unbrüderlichkeit in Verbindung mit Nähe und Ferne sowie um Partikularismus und Universalismus. Das eine Extrem ist die partikularistische Hausgemeinschaft, in der Brüderlichkeit verlangt, Nähe groß und Rechnen verpönt ist; das andere Extrem ist die universalistische Marktgemeinschaft, in der alle Brüderlichkeit der Rechnung geopfert ist und Nähe keine Rolle spielt. Es kommt zwar mitunter zu übergreifenden Vergemeinschaftungen durch eingespielte Dauerbeziehungen zwischen Marktinteressenten. Aber der Markt bleibt letztlich ein Ort der unbrüderlichen Anonymität, welcher der

---

nach der Disposition von 1910 wie auch nach der von 1914 *vor* dem über die „Ethnischen Gemeinschaften" stehen. Man hatte also keinen Vorausverweis, sondern einen Rückverweis erwartet, Das lässt eigentlich nur den Schluss zu, dass auch dieser Text vor 1910 entstanden ist. Siehe dazu MWG I/22-1, S. 179, wo es heißt, Konventionalisierung sei ein erst später zu erörternder Begriff. Vielleicht handelt es sich bei diesem Text aber auch um den ersten Entwurf für den zunächst von Weber geplanten Abschnitt „Wirtschaft und Rasse", den er dann an Michels abgab. Dann würde der Vorausverweis wieder stimmen. Denn 1910 sollte „Die Wirtschaft und die Ordnungen" *nach* „Wirtschaft und Rasse" angeordnet sein. Wie auch immer: Jedenfalls setzt Webers Diskussionsbeitrag über „Die Nationalitäten in ihrer soziologischen Bedeutung" auf dem Zweiten Deutschen Soziologentag diesen Text voraus. Siehe MWG I/12, S. 307 ff.

Hausgemeinschaft diametral gegenübersteht. Auf dem Markt zählen Zweckkontrakte, keine Statuskontrakte. Hier ist selbst der Bruder der Fremde, der sine ira et studio zu behandeln ist. Zum anderen geht es Weber um die allmähliche Monopolisierung der legitimen Gewalt durch den politischen Gebietsverband „und dessen rationale Vergesellschaftung zu einer anstaltsmäßigen Ordnung", wodurch „Hausgemeinschaft, Sippe, Nachbarschaftsverband, Marktgemeinschaft, und daneben ganz freie Zweckvereine" ihre vormals große politische Bedeutung verlieren (MWG I/22-1, S. 209) und es zu einer „„Verstaatlichung' aller ‚Rechtsnormen'" kommt (ebd., S. 208).

Es gibt noch einen Text, der, wenn schon nicht kategorienreich, so doch kategoriennah ist, einen kurzen Text über Herrschaft. Er ist im Kategorienaufsatz gewissermaßen avisiert. Dort weist Weber darauf hin, dass die meisten Einverständniserwartungen dem Menschen von anderen Menschen auferlegt, oktroyiert würden, und zwar mittels (physischen oder psychischen) Zwangs, was, bliebe es dabei, bei den Betroffenen Furcht auslösen müsse. Dieser Zustand aber könne auf Dauer so nicht bleiben, weil dies instabile Verhältnisse zur Folge hätte. Deshalb müssten die Inhaber der Befehlsgewalt versuchen, zumindest das „„Legitimitäts'- Einverständnis" der Befehlsempfänger zu erlangen (MWG I/12, S. 436 f.). Dies Legitimitätseinverständnis sei dann vorhanden, wenn das Gehorchenmüssen einem gewissen Maß an Gehorchenwollen weiche. Solch ein Legitimitätseinverständnis existiere überall dort, „wo nicht nackte Furcht vor direkt drohender Gewalt die Fügsamkeit" der Beherrschten bedinge. Dieses Problem, so Weber weiter, könne hier, also im Kategorienaufsatz, aber nicht nebenbei erörtert werden, weshalb er es unterlassen müsse, „den hier beginnenden ‚eigentlichen' Problemen der soziologischen Verbands- und Anstaltstheorie näherzutreten" (MWG I/12, S. 437). Diese ‚Verbands- und Anstaltstheorie' ist dann in den Texten über das Recht und die Gemeinschaften realisiert.

In diesen Texten ist denn auch an mehreren Stellen die Brücke zur ‚Herrschaft' geschlagen, so etwa im Text über die Hausgemeinschaften, wobei der „Zersetzungsprozeß des Hauskommunismus durch die zunehmende ‚Rechenhaftigkeit'" des ökonomischen Handelns im Mittelpunkt steht (MWG I/22-1, S. 147). Dieser Zersetzungsprozess habe zwei Hauptfolgen: die Trennung von Haushalt und Betrieb, verbunden mit Kapitalverwertung im Zuge der kapitalistischen Entwicklung, einerseits, die Ausbildung einen patriarchalen Großhaushalts, eines Oikos, mit Vermögensnutzung andererseits. Der einen Entwicklung ist die rational-legale, der anderen die traditional-patrimoniale Herrschaftsform wahlverwandt, man könnte auch sagen: der formal-rationale Rechtsgang einerseits, der material-traditionale Rechtsgang andererseits. Und im Text über die „Politischen Gemeinschaften" ist gar der Begriff „Legitimitätseinverständnis" aus dem Kategorienaufsatz direkt benutzt (MWG I/22-1, S. 207). Auch ist dabei explizit auf den Zusammenhang der Legitimitätsproblematik mit der Rechtsordnung verwiesen. Denn für die Ausübung des Zwangs, der Befehlsgewalt, existiere "in der voll entwickelten politischen Gemeinschaft ein System kasuistischer Ordnungen, welchem jene spezifische ‚Legitimität' zugeschrieben zu werden pflegt: die ‚Rechtsordnung', als deren allein normale Schöpferin heute die politische Gemeinschaft gilt, weil sie tatsächlich heute normalerweise das Monopol usurpiert hat, der Beachtung jener Ordnung durch physischen Zwang Nachdruck zu verleihen" (MWG I/22-1, S. 208). Das sei in der Vergangenheit nicht so gewesen. Da hätten andere Verbände, andere Gemeinschaften, die Befehlsgewalt ausgeübt.

Weber geht in dem kurzen Text über „Herrschaft" einen Schritt weiter als in den Rechtstexten und in den Texten über die Gemeinschaften: das bloße Legitimitätseinverständnis des Kategorienaufsatzes wird in die Rechtfertigung der Befehlsgewalt mittels Prinzipien der Legitimität und in die Gehorsamspflicht der Beherrschten aufgrund dieser Legitimitätsprinzipien überführt. Dem Befehls*recht* und der damit verbundenen Befehls*gewalt* der Herrschenden steht jetzt die Gehorsams*pflicht* der Beherrschten gegenüber, der allerdings verschiedene Motive des „Hingenommenwerdens" zugrunde liegen können, und die Beziehung zwischen Herrschenden und Beherrschten ist in der Regel über einen Verwaltungsstab vermittelt, der die Befehlsgewalt in den Alltag übersetzt. Drei dieser Legitimationsoder Geltungsprinzipien stehen jetzt im Zentrum von Webers weiterer Analyse: 1. der Geltungsanspruch einer Befehlsgewalt kann ausgedrückt sein „in einem System gesetzter (paktierter oder oktroyierter) *rationaler Regeln,* welche als allgemein verbindliche Normen Fügsamkeit finden, wenn der nach der Regel dazu ‚Berufene' sie beansprucht"; 2. der Geltungsanspruch besteht in der *persönlichen Autorität,* die in der *Heiligkeit der Tradition* ihre Grundlage findet; 3. Der Geltungsanspruch besteht im Glauben an ein Charisma, „das heißt an aktuelle Offenbarung oder Gnadengabe einer Person, an Heilande, Propheten und Heldentum jeglicher Art" (MWG I/22-4, S. 148). Rational-legale, traditionale und charismatische Herrschaft, das sind die Begriffe, die Weber von nun an verwendet und in seiner Herrschaftssoziologie vertiefend entwickelt, deren Entstehung ich auf die Jahre 1912 und 1913 datiere, Begriffe, die er in den Texten über das Recht und über die Gemeinschaften zwar andeutet, aber noch nicht ausgeformt hat.

Ich kehre zurück zu der Frage, die ich vor der Untersuchung der Texte über die Gemeinschaften gestellt habe: Was sagen uns die überlieferten Rechtstexte über ihren zeitlichen Entstehungszusammenhang? Es spricht vieles dafür, dass wir uns bei den Rechtstexten wie auch bei den Texten über die Gemeinschaften in der ersten Phase von Max Webers Arbeit an „Wirtschaft und Gesellschaft" befinden, dass überhaupt alle Texte, die kategorienreich genannt werden können, in diese erste Phase von 1910 bis Anfang 1912 fallen, weil sie in dieser Zeit entweder überarbeitet und erweitert oder aber neu geschrieben worden sind. Soviel scheint mir unabweisbar: Die Texte über das Recht und über die Gemeinschaften gehören überwiegend in die erste Phase von Max Webers Beiträgen unter dem Titel „Wirtschaft und Gesellschaft", auch wenn spätere Ergänzungen und Erweiterungen damit nicht ausgeschlossen sind.

Hinzu kommt: Ich bin gar nicht sicher, ob der Gliederungspunkt III. 4 a) bis c) des Ersten Buches im Stoffverteilungsplan unter der Überschrift „Wirtschaft und Gesellschaft" vom Mai 1910 bereits als integriertes Ganzes gedacht war. Es fällt ja auf, dass Weber hinter jeden Unterabschnitt dieser Gliederung seinen Namen setzt. Eine geschlossene soziologische Theorie und vor allem Darstellung, wie es im Dezember 1913 heißt, war 1910 von ihm vermutlich noch gar nicht beabsichtigt. Die Idee eines solchen integrierten Ganzen scheint erst Entwicklungsprodukt. Am Beginn dachte er wohl an relativ selbständige Abschnitte, die nur lose miteinander verknüpft sein sollten. Im Stoffverteilungsplan beschränkte er sich ja nicht einmal beim Recht auf den Unterabschnitt „Wirtschaft und Recht". Im Zweiten Buch, überschrieben „Die spezifischen Elemente der modernen kapitalistischen Wirtschaft", wollte er unter der Überschrift „Rechtliche Grundlagen des modernen Kapitalismus" das Thema „Der moderne Staat und der Kapitalismus" behandeln, ein Thema also, das sowohl in den „Entwicklungsbedingungen des Rechts" wie in den „Gemeinschaften" bereits eine wichtige Rolle spielt. Auch dass er schnell einen zunächst von ihm reklamierten Abschnitt abgab („Wirtschaft und Rasse" an Robert Michels) oder gar strich („Objekt und logische Natur der Fragestellungen"), spricht nicht für eine Disposition, die auf eine geschlossene soziologische Theorie und Darstellung, gar auf eine „allgemeine Soziologie", wie es im Text über die „Hausgemeinschaften" heißt, aus ist. Auch die Entwicklung von „c) Wirtschaft und Kultur (Kritik des historischen Materialismus)" liegt weitgehend im Dunkeln. Zwar existiert das sogenannte Deponatsmanuskript mit dem Titel „Ethik und Mystik/rituelle Absonderung", welches der Herausgeber Eckart Otto auf 1911 bis 1912 datiert (MWG I/21, S. 38 ff. und S. 161 ff.), und das damit in den Zeitraum fällt, in dem Weber an der ersten Fassung seiner Beiträge zum *Handbuch* arbeitete. Aber das, was er im Unterschied zu seinen Aufsätzen über die Wirtschaftsethik der Kulturreligionen seine Religionssystematik nannte, dürfte vornehmlich 1912 und 1913 entstanden sein, und zwar ohne erkennbaren Bezug auf den Abschnitt „Wirtschaft und Kultur".

Der Plan, ein geschlossenes Ganzes, gar eine Soziologie zu entwickeln, scheint bei Max Weber erst ab Ostern 1912 Gestalt zu gewinnen. Das jedenfalls legen seine Äußerungen nah, die durch Briefe und Dokumenten überliefert sind. Er strebt mit seinem Beitrag immer mehr eine ‚geschlossene soziologische Theorie und Darstellung' an, wie es in einem Brief heißt. Ich werfe deshalb zunächst einen Blick auf diese Entwicklung ab Ostern 1912, um die Veränderung des ursprünglichen Ausgangspunkts von „Wirtschaft und Gesellschaft", die sich dabei ergibt, besser zu verstehen.

Die Erweiterung: Über Herrschaft und Religion

Ich habe die erste Phase von Max Webers Arbeit an „Wirtschaft und Gesellschaft" auf die Zeit von Anfang 1910 bis Ostern 1912 datiert. Es handelt sich um diejenige Phase, in welcher der zweite Teil des Kategorienaufsatzes mit den Unterscheidungen zwischen Gemeinschaftshandeln, Gesellschaftshandeln und Einverständnishandeln die Begriffssprache bestimmt. In dieser Phase, so meine weitere Behauptung, wurden vor allem die (später im Nachlass gefundenen) Texte über das Recht und über die Gemeinschaften geschrieben. Dies schließt natürlich spätere Ergänzungen nicht aus. Doch dürfte der Kernbestand dieser Texte in diesem Zeitraum konzipiert sein. Weber wollte ja 1910, bei Veröffentlichung des Stoffverteilungsplans für das *Handbuch der politischen Ökonomie,* außer dem Artikel über „Wirtschaft und Gesellschaft" zehn weitere Artikel für das Sammelwerk schreiben. Es scheint, als habe er sich aber zunächst in erster Linie auf den Artikel „Wirtschaft und Gesellschaft" im „Ersten Buch" des in fünf Bücher gegliederten Sammelwerks konzentriert und diesen bis zum Ausbruch des Krieges ins Zentrum seiner Arbeit gestellt.

Ursprünglich sollte der Druck des Sammelwerks, wie gezeigt, im Frühjahr 1912 beginnen. Man hatte schon früh, am 25. Juni 1911, den zunächst für Ende 1911 vereinbarten Abgabetermin der Manuskripte auf Ostern 1912 verlegt. Dem folgte im Februar 1912 die Mitteilung, man wolle noch bis zum 31. Juli 1912 auf die versprochenen Manuskripte warten. Aber länger warten könne man nicht. Doch auch dieser Termin ließ sich nicht halten. Für das „Erste Buch" fehlten entscheidende Texte, der von Karl Bücher („I. Epochen und Stufen der Wirtschaft") und der von Friedrich von Wieser („II. Wirtschaftstheorie"). Ohne diese beiden Texte konnte der Druck des „Ersten Buchs" nicht beginnen. Sie mussten vorliegen, um die Fortsetzung („III. Wirtschaft, Natur und Gesellschaft") in den Druck geben zu können, innerhalb deren auch Webers Beitrag über „Wirtschaft und Gesellschaft" vorgesehen war. Immerhin hatte selbst Weber gegenüber seinem

W. Schluchter, *Empirische Geltungslehre*, Studien zum Weber-Paradigma, https://doi.org/10.1007/978-3-658-41189-3_5

Verleger Paul Siebeck am 31. Januar 1912 eingestanden, dass er noch Zeit brauche – die Rede ist von August –, um diesen Beitrag fertigzustellen (MWG II/7, S. 418.) Die Säumigkeit seiner Kollegen schenkte ihm also den zeitlichen Spielraum, der für die Fertigstellung seines Artikels zum „Ersten Buch" nötig war. Er hätte diese unverhofft gewährte Zeit natürlich auch nutzen können, um seine übrigen Artikel für das Sammelwerk in Angriff zu nehmen. Das tat er aber offensichtlich nicht. Vielmehr konzentrierte er sich auf „Wirtschaft und Gesellschaft", eine Thematik, die ihn zu ständigen Erweiterungen trieb.

Am 8. Dezember 1913, als der Beitrag von Karl Bücher vorlag und der von Friedrich von Wieser kurz vor dem Abschluss stand, ließ Weber seine Mitherausgeber wissen – das Werk sollte unter Kollektiv-Herausgeberschaft erscheinen –, man könne nun im Februar 1914 endlich mit dem Druck des „Ersten Buches" (und auch des „Dritten Buches") des schließlich in *Grundriß der Sozialökonomik* umbenannten *Handbuchs* beginnen. In diesem Zusammenhang formuliert Weber folgenden bemerkenswerten Passus, der seinen eigenen Beitrag betrifft: „Die Folge der unregelmäßigen Lieferung und vor allen Dingen des fast völligen Ausfalls mehrerer besonders wichtiger Beiträge ist auch sonst sehr unangenehm gewesen. Da für einige ein Ersatz nicht zu schaffen war, habe ich geglaubt, für das Werk, um ihm ein anderweitiges Äquivalent zu liefern und so seine Eigenart zu heben, unter Opferung anderer, mir weit wichtigerer Arbeiten in dem Abschnitt ‚Wirtschaft und Gesellschaft' eine ziemlich umfassende soziologische Erörterung liefern zu sollen, eine Aufgabe, die ich sonst in dieser Art niemals übernommen hätte" (MWG I/24, S. 186). Das klingt nach opfervoller Bereitschaft, den Lückenbüßer zu spielen, und nicht nach konsequenter Erfüllung eines seit Langem verfolgten Plans. Im „Vorwort" zum *Grundriß der Sozialökonomik* vom 2. Juni 1914, dem auch die endgültige „Einteilung des Gesamtwerkes" beigegeben war, heißt es dann aber selbstbewusst: „Ausgiebiger, als dies gewöhnlich geschieht, sind andererseits in mehreren Sonderdarstellungen (in Buch I und III) die Beziehungen der Wirtschaft zur Technik und ebenso zu den gesellschaftlichen Ordnungen behandelt worden. Und zwar absichtlich so, daß dadurch auch die Autonomie dieser Sphären gegenüber der Wirtschaft deutlich hervortritt: Es wurde von der Anschauung ausgegangen, daß die Entfaltung der Wirtschaft vor allem als eine besondere Teilerscheinung der allgemeinen Rationalisierung des Lebens begriffen werden müsse" (MWG I/24, S. 164). Und diese Rationalisierung des Lebens hatte Weber, wie wir sahen, bereits am Recht und an den Gemeinschaften verfolgt.

Liest sich insbesondere die erste Einlassung wie die eines Geschädigten, dem die unzuverlässigen Kollegen viel Ärger bereitet hatten, so ist der Ton wenig später gegenüber dem Verleger Paul Siebeck ganz anders. Am 30. Dezember

1913 schreibt Max Weber ihm den folgenden, inzwischen vielzitierten Brief: „Da *Bücher* ja – ‚Entwicklungsstufen' – *ganz* unzulänglich ist, habe ich eine geschlossene soziologische Theorie und Darstellung ausgearbeitet, welche alle großen Gemeinschaftsformen zur Wirtschaft in Beziehung setzt: von der Familie und der Hausgemeinschaft zum ‚Betrieb', zur Sippe, zur ethnischen Gemeinschaft, zur Religion (*alle* großen Religionen der Erde umfassend: Soziologie der Erlösungslehren und der religiösen Ethiken, – was Tröltsch gemacht hat, jetzt für *alle* Religionen, nur wesentlich knapper), endlich eine umfassende soziologische Staats- und Herrschafts-Lehre". Und dann folgt der selbstbewusste Nachsatz: „Ich darf behaupten, daß es nichts dergleichen giebt, auch kein ‚Vorbild'" (MWG II/ 8, S. 449 f.). Er schätzt den Umfang des Manuskripts auf 25 Bogen, also auf etwa 400 Druckseiten (im Format des Sammelwerks),[1] und er kündigt an, er werde die Inhaltsübersicht dieser ‚Theorie und Darstellung' in 14 Tagen schicken. Man kann vermuten, dass diese nicht überlieferte Inhaltsübersicht mit der am 2. Juni 1914 gedruckten Gliederung seines Beitrags weitgehend identisch war. Denn diese Gliederung entspricht ziemlich genau dem Inhalt, den Weber in seinem Brief an Paul Siebeck schildert. Das Überraschende: Es fehlt im Brief die ausdrückliche Erwähnung der Rechtsgemeinschaft und des Rechts. Diese Ausführungen sind jetzt offensichtlich der politischen Gemeinschaft und der Staats- und Herrschafts-Lehre zugeordnet. Denn am 8. Februar 1913 hatte Weber an Siebeck geschrieben: „Ich bin eifrig bei der Arbeit. Ich hoffe, der große Artikel: ‚Wirtschaft, Gesellschaft, Recht und Staat' wird das *systematisch* Beste, was ich bisher geschrieben habe" (MWG II/8, S. 87).

Schon am 3. November 1913 hatte Max Weber seinen Verleger wissen lassen, er habe seinen Beitrag „zu einer *Soziologie* ausgearbeitet, um Ersatz für *Bücher's* Minderleistung zu bieten", müsse daran aber noch arbeiten (MWG II/8, S. 344), und wenig später spricht er von ‚meiner Soziologie', denn dazu werde sein Beitrag zum „Ersten Buch", „obwohl ich ihn nie so *nennen* könnte" (MWG II/8, S. 349). Dass er trotz allem mit diesem Beitrag noch nicht fertig war, ergibt sich nicht nur aus diesen Äußerungen, sondern auch aus der Tatsache, dass er diesen Teil des „Ersten Buches" erst im Oktober 1914 in den Satz geben wollte, also nahezu ein Jahr nach diesen euphorischen Äußerungen gegenüber Paul Siebeck. Seine „geschlossene soziologische Theorie und Darstellung" war also noch keineswegs vollendet, trotz der ihm unerwartet geschenkten Zeit. Das zeigt sich nicht zuletzt auch daran, wie er auf Paul Siebecks Vorschlag, von vornherein auch eine

---

[1] Wenig später spricht er allerdings bereits von 30 Bogen, also von weiteren 80 Seiten (MWG II/8, S. 468), und am 15. März 1914 heißt es gar: „*Mein* Beitrag muß, da v. Wieser *auch* wieder ganz anders ist, als ich dachte, gründlich umgestaltet werden" (MWG II/8, S. 553).

Separatausgabe seiner ‚Soziologie' ins Auge zu fassen, reagierte: „*Das* möchte ich mir vorbehalten. Ich möchte diesen Abschnitt so ausgestalten, daß er in der *zweiten* Auflage als Separatabdruck erscheinen könnte" (MWG I/24, S. 193). In der zweiten Auflage – das lag noch in ferner Zukunft. Denn für die erste Auflage hatte er noch am 19. Juni 1914 Ostern 1915 anvisiert (MWG II/8, S. 722).

Es gibt also nicht allein widrige äußere Umstände, sondern vor allem auch innere, kompositorische Gründe, die Weber daran hinderten, seinen Artikel druckfertig zu machen. Erstaunlich ist im Rückblick, dass in Webers Korrespondenz mit Siebeck zwar von Wirtschaft, Gesellschaft, Recht und Staat, nicht aber, mit Ausnahme des Briefes vom 30. Dezember 1913, von Religion die Rede ist. Allerdings schreibt er am 3. Juli 1913 an Heinrich Rickert, den er als Mitstreiter für die Werturteilsdebatte im *Verein für Sozialpolitik* gewinnen wollte und der dabei war, in der Zeitschrift *Logos* einen Aufsatz „Vom System der Werte" zu veröffentlichen: „Ich freue mich *sehr* auf Ihre Systematik, schicke Ihnen dann als Gegengabe das Mscr. *meiner* Religionssystematik" (MWG II/8, S. 262). Und später, Ende November 1913, nachdem er offensichtlich Rickerts Beitrag gelesen hatte, heißt es dann in einem weiteren Brief an diesen: „Ich würde Ihnen ganz gern *meine (empirische)* Casuistik der Contemplation und aktiven Religiosität schicken. Aber sie ist nur zu ¾ abgetippt" (MWG II/8, S. 411).[2] Das zeigt, dass Mitte 1913 ein religionssoziologisches Manuskript existierte, an dem er aber vermutlich noch arbeitete. Dass Weber seinen Artikel inzwischen auf Religion ausgeweitet hatte, ist freilich nicht verwunderlich, denn er hatte sich spätestens seit der Veröffentlichung der Aufsatzfolge „Die protestantische Ethik und der ‚Geist' des Kapitalismus" kontinuierlich mit Religion beschäftigt.[3] Und vielleicht zählen zu den ‚weit wichtigeren Arbeiten', die er für seinen Artikel im „Ersten Buch" habe opfern müssen,[4] seine Studien über die Wirtschaftsethik der

---

[2] Rickerts Aufsatz „Vom System der Werte" war in demselben Heft der Zeitschrift *Logos* erschienen wie Webers Aufsatz „Über einige Kategorien der verstehenden Soziologie".

[3] Dazu auch der Artikel von Eckhard Otto, „Max Webers Vorstudien zwischen 1907 und 1914 zur Wirtschaftsethik des antiken Judentums von 1917–1920. Ein interpretatorisches Resümee anlässlich der ersten kritischen Edition in der Max Weber Gesamtausgabe", in: Erfurt: Verlag der gemeinnützigen Wissenschaften 1917, S. 75 ff.

[4] Man kann dabei auch an die Erfüllung des dritten Abschnitts der ursprünglichen Disposition von 1910, „Wirtschaft und Kultur. Kritik des historischen Materialismus" denken, die allerdings ursprünglich, wie oben gezeigt, durch seine Kritik an Stammler motiviert gewesen sein dürfte. Als weitere wichtige Arbeit kommt auch seine Soziologie der Kulturinhalte infrage. Denn in dem Zusatz zu dem zitierten Brief an Paul Siebeck vom 30. Dezember 1913 heißt es: „*Später* hoffe ich Ihnen dann einmal eine Soziologie der Cultur-*Inhalte* (Kunst Litteratur, Weltanschauung) zu liefern, außerhalb *dieses* Werkes als selbständigen Ergänzungsband" (MWG II/8, S. 450). Mit Werk ist das Sammelwerk gemeint.

Weltreligionen, die im Zusammenhang mit dieser Aufsatzfolge stehen und deren ursprüngliche Entstehungszeit wohl gleichfalls in das Jahr 1913 fällt.

Weber strebt also eine ‚geschlossene soziologische Theorie und Darstellung' zwar an, doch ist diese zu Beginn des Jahres 1914, trotz des euphorischen Briefes an Siebeck vom 30. Dezember 1913, offensichtlich noch nicht vollendet. Ihm blieb dafür allerdings noch fast ein Jahr Zeit, denn der Druck des Artikels sollte, wie gezeigt, erst im Oktober 1914 beginnen, und seine Veröffentlichung war für Ostern 1915 vorgesehen. Am 21. Juni 1914 heißt es in einem Brief an Georg von Below, „ich werde wohl im Winter anfangen, einen ziemlich umfangreichen Beitrag zum ‚Grundriß der Sozialwissenschaften' drucken zu lassen, der die Form der politischen Verbände vergleichend und systematisch behandelt". Und er betont, die Aufgabe seiner Soziologie sei es, diese vergleichende und systematische Analyse zu leisten, um das Spezifische eines Phänomens zu ermitteln. Dann erst komme die Geschichtswissenschaft ins Spiel, die zeigen müsse, wie das Spezifische zu erklären sei (MWG II/8, S. 723 f.). Der Ausbruch des Krieges aber machte auch diesen Zeitplan zunichte. Der noch unvollendete Artikel wanderte in die Schreibtischschublade, bis Weber 1918 für Vorlesungen in Wien wieder auf das Manuskript, besser: auf die Manuskripte, zurückgriff und ab 1919 an die Neufassung seines ‚alten, dicken Manuskripts' ging.

Ich gehe davon aus, dass Max Weber zu Ostern 1912 noch keine systematische und vergleichende Herrschafts- und Religionssoziologie ausgearbeitet hatte, dass die Entstehung beider vielmehr überwiegend in die Zeit von Ostern 1912 bis Juli 1914 fällt. In dieser Zeit ändern sich auch Titel und Gliederung seines Beitrags. Aus „Wirtschaft und Gesellschaft" wird „Die Wirtschaft und die gesellschaftlichen Ordnungen und Mächte", aus den drei Gliederungspunkten werden acht. Obgleich Weber, wie gezeigt, Büchers Minderleistung als Hauptgrund für seine Erweiterung angibt, muss man dies cum grano salis nehmen. Denn es geht ihm keineswegs nur um eine Kompensation von Karl Büchers schmalbrüstigem Wirtschaftsstufenmodell. Er findet auch eine Reihe anderer Beiträge entweder unzulänglich oder zwar gut, aber zu knapp, oder einfach in der Darstellung misslungen. Ein interessantes Beispiel dafür ist, wie er am 29. Juni 1913 auf den Beitrag von Heinrich Sieveking über die Geschichte der gewerblichen Betriebsformen reagiert,[5] eine Reaktion, die etwas über die von ihm präferierte Darstellungsweise verrät. Nachdem er Sievekings Beitrag kritisiert und dieser

---

[5] Diesen Beitrag sollte ursprünglich Karl Bücher übernehmen. In mühseligen Korrespondenzen und auch schwierigen persönlichen Besuchen musste Weber den großen alten Mann, dessen Leistungsfähigkeit seit dem Tode seiner Frau sehr gelitten hatte, davon überzeugen, die ihm zugedachten Themen an Jüngere abzugeben, was beim „Handel", nicht aber bei den „Wirtschaftsstufen" gelang. Weber fühlte sich Bücher gegenüber verpflichtet. Dieser war in

darauf geantwortet hatte, schreibt er an ihn abermals, nun aus der Warte des Rezipienten: „Ich fühlte mich als *Leser, Publikum* und fragte mich: es wäre eine angenehme Nachhilfe für den Leser, wenn er die einzelnen *Typen* in einer Form und ‚Stufenfolge' vorgeführt erhielte, die sie ihm zunächst in ihrer *typischen, consequentesten* Form vor Augen stellt, obwohl sie, – das muß ich Ihnen natürlich völlig zugeben, – historisch in solcher ‚Reinheit' sich eventuell nicht finden, jedenfalls aber – auch das gebe ich Ihnen völlig zu – durch politische (und noch andre) Bedingungen oft, meist sogar, eine *faktische* Entwicklungsreihe erzeugt wird, welche mit der theoretischen ‚Stufenfolge' der reinen Typen nicht harmoniert" (MWG II/8, S. 254 in Verbindung mit S. 217 f.). So war Weber in seinen „Entwicklungsbedingungen des Rechts" verfahren. Man kann also erwarten, dass er in seiner Herrschafts- und Religionssoziologie in ähnlicher Weise verfährt.

----

der Planungsphase des *Handbuchs* eine treibende Kraft gewesen, und er stand auch in einem besonderen Verhältnis zu der Familie Siebeck. Einer der Söhne wurde von ihm promoviert.

Herrschaft systematisch 6

Bei der Untersuchung der Texte über die Gemeinschaften machte ich bereits den Versuch, Rechts- und Herrschaftssoziologie miteinander zu verknüpfen. Daran schließe ich jetzt an. Das dort Gesagte gilt es weiter zu vertiefen. Denn wir besitzen nicht nur zwei Fassungen der Herrschaftssoziologie, eine Vorkriegs- und eine Nachkriegsfassung, die Vorkriegsfassung geht auch über das hinaus, was bisher entwickelt ist.

Als ‚Übergangstext' wählte ich oben den Text „Herrschaft". Es ist derjenige Herrschaftstext, der dem Kategorienaufsatz am nächsten steht (MWG I/22-4, S. 126 ff.). In diesem Text sagt Weber ausdrücklich, Herrschaft habe etwas mit dem Legitimitätsproblem zu tun, und dieses Problem sei schon bei der Betrachtung der Rechtsordnung begegnet (ebd., S. 347). Es müsse aber in seiner Bedeutung allgemeiner betrachtet werden. Er betont also nicht zuletzt die Folge, die zwischen Rechts- und Herrschaftssoziologie besteht.

Diese allgemeinere Betrachtung besteht darin, dass Weber beim Gemeinschaftshandeln – so der aus dem Kategorienaufsatz bekannte Begriff – zunächst zwischen Macht und Herrschaft, dann zwischen Herrschaft kraft Interessenkonstellation und Herrschaft kraft Autorität, bei der Herrschaft kraft Autorität zwischen charismatischer, traditionaler und legaler Herrschaft unterscheidet, wobei für die letzte Unterscheidung das jeweils in Anspruch genommene Legitimitätsprinzip, der dadurch erzeugte Legitimitätsglaube, zunächst maßgebend ist. Die legitimierte Befehlsgewalt eines ‚Herrschers' oder einer ‚Herrschaft' muss aber immer auch administriert werden. Webers Herrschaftssoziologie ist vor allem auch Verwaltungssoziologie.

Schon in dem kurzen Text „Herrschaft" ist auf diesen Sachverhalt verwiesen. Hier zeigt er, wie in einem Herrschaftsverband aus der Selbstverwaltung über die Honoratiorenverwaltung die bürokratische Verwaltung, man sollte besser sagen, die hauptamtliche und berufsmäßige Verwaltung im weitesten Sinne wird. Es

W. Schluchter, *Empirische Geltungslehre*, Studien zum Weber-Paradigma, https://doi.org/10.1007/978-3-658-41189-3_6

scheint, als habe er tatsächlich an diesen Basistext den Text über die moderne bürokratische Verwaltung direkt angeschlossen, und zwar in Analogie zu dem Vorgehen im zweiten Rechtstext, bei dem er auch mit den modernen Verhältnissen beginnt.

In dem Text über Bürokratie, in der MWG überschrieben mit „Bürokratismus" (MWG I/22-4, S. 157 ff.), findet sich auch ein Abschnitt, der sich mit dem Zusammenhang zwischen der modernen Verwaltung und der modernen Rechtsordnung beschäftigt. Hier greift Weber noch einmal seine Unterscheidung zwischen kontinentaler und englischer Rechtsentwicklung auf. Hatte er im Text „Die Entwicklungsbedingungen des Rechts" betont, der Unterschied dieser für den modernen Kapitalismus gleichermaßen förderlichen Rechtsentwicklungen, des statute law und des case law, hänge vor allem mit dem Denken der Rechtshonoratioren zusammen (theoretisch versus empirisch), so betont er jetzt die Bedeutung der politischen Herrschaftsverhältnisse für diese auseinanderlaufenden Rechtsentwicklungen. In Kurzform werden die in den „Entwicklungsbedingungen des Rechts" vorgetragenen Aussagen über das formal-rationale Recht wiederholt. Jetzt aber weist Weber darauf hin, mit ursächlich für die Divergenz zwischen England und dem Kontinent seien auch die äußeren Verhältnisse gewesen, die Tatsache, dass in England die politische Entwicklung von der Vielfalt zur Einheit, auf dem Kontinent aber von der Einheit zur Vielfalt tendiert habe. Die für den rationalen Kapitalismus wichtige Rechtssicherheit aber schafften in Grenzen beide Rechtstraditionen: sowohl das englische case law als auch das kontinentale statute law.

Dies sei, so Weber hier, auf den ihnen gemeinsamen *formalen* Charakter ihrer Rechtsbegriffe und die dadurch ermöglichte *rationale* Rechtsfindung zurückzuführen. Denn auch die dem empirischen Denken entstammende englische Justiz sei formal, wenn auch „nicht durch Unterordnung unter rationale Begriffe, sondern durch Heranziehen von ,Analogien' und in Anlehnung an und Ausdeutung von *konkreten* ,Präjudizien'" (MWG I/22–4, S. 188). Diese empirische Justiz aber sei scharf zu scheiden von einer Kadi-Justiz, die unformal bleibe, weil sie nach konkreten ethischen oder anderen praktischen Werten urteile, aber auch von einer charismatischen Justiz, die sich auf konkrete Offenbarungen in Gestalt von Orakeln, Gottesurteilen oder Prophetien stütze. Hier werden also die Rechtstypen in Anspruch genommen, die Weber in den „Entwicklungsbedingungen des Rechts" entwickelt hatte und die er nun bei der Ausarbeitung seiner Herrschaftssoziologie benutzt (und sogar, im Fall von England, weiter präzisiert).

Dass es sich um dieses Folgeverhältnis zwischen Rechts- und Herrschaftssoziologie handelt, erst Recht, dann Herrschaft, nicht aber um das Umgekehrte oder auch nur um eine Parallelaktion, ergibt sich meines Erachtens aus den folgenden Kapiteln der Herrschaftssoziologie, aus den Ausführungen über die patrimonialen und feudalen Strukturformen der Herrschaft, in denen Weber deren Reichtum entwickelt, der weit über das hinausgeht, was er unter dem Titel Kadi-Justiz in den „Entwicklungsbedingungen des Rechts" beschrieben hatte. Dort hatte er bei traditionaler Herrschaft lediglich zwischen patriarchal und ständisch unterschieden und bei den Verbandsformen zwischen Imperium und Theokratie. Jetzt werden die Strukturformen traditionaler Herrschaft erheblich erweitert, jetzt kommen neue, auch rechtlich relevante Verbandsformen ins Spiel. Neben die Unterscheidung zwischen patriarchaler und patrimonialer Herrschaft tritt die zwischen arbiträrem und stereotypiertem Patrimonialismus, vor allem aber die zwischen Patrimonialismus und Feudalismus, dieser wiederum unterschieden nach seiner pfründnerischen (Pfründenfeudalismus) und lehensartigen Gestalt (Lehensfeudalismus). Diese verschiedenen Strukturformen traditionaler Herrschaft unterscheiden sich zwar in erster Linie danach, wie sich in ihnen das Verhältnis von Herrn und Verwaltungsstab gestaltet (Appropriation der Verwaltungs- und Militärmittel durch den Verwaltungsstab oder Expropriation davon). Aber gerade die verschiedenen Lösungen, die sich für die Struktur der Verwaltungsstäbe und für das spannungsreiche Mit- und Gegeneinander von Herrn und Verwaltungsstab historisch gefunden haben, sind ja rechtlich von Bedeutung. Dies führt zu einer Erweiterung der Verbände um solche, die in den „Entwicklungsbedingungen des Rechts" noch nicht oder nur am Rande vorkamen, wie etwa um den Lehensverband oder den Ständestaat. Damit kommen zugleich Rechtsformen ins Spiel, die mit dem Begriff Kadi-Justiz nicht zureichend zu erfassen sind.

Wenn nach Weber die traditionale Herrschaft ganz allgemein durch das Doppelreich von Heiligkeit der Tradition sowie Willkür und Gnade des Herrn charakterisiert ist, dann ist wahrscheinlich, dass sich „fast überall eine dem Recht nach labile, faktisch aber sehr stabile Ordnung (bildet), welche den Bereich der freien Willkür und Gnade des Herrn zugunsten des Bezirks der Bindung durch die Tradition zurückschiebt" (MWG I/22-4, S. 257). Dies verlangt eine gewisse Verrechtlichung sozialer Beziehungen. Weber scheint allerdings weniger an Verrechtlichung, als vielmehr an Stereotypierung zu denken. Denn die Ordnungen, die so entstehen, mögen den Bereich der Willkür und Gnade des Herrn zwar beschränken, sie binden den Herrn aber letztlich nicht. Allerdings kann sich so im Rahmen traditionaler Herrschaft eine genossenschaftliche Rechtsbildung entwickeln, bei der „eine sehr starke faktischen Bindung des Herrn an seine eigenen Verfügungen" entsteht und bei der unter Umständen die „Interessengenossen" zu „Rechtsgenossen" werden, die in ihrer Gesamtheit „dem Herrn, zunächst

nur gelegentlich, dann regelmäßig als eine geschlossene Einheit" gegenübertre-
ten (MWG I/22-4, S. 258). Dieser Mechanismus scheint in den verschiedenen
Strukturformen traditionaler Herrschaft sehr verschieden ausgeprägt.

Von den verschiedenen Arten patriarchaler und patrimonialer Herrschaftsbeziehungen sind nun aber die feudalen Herrschaftsbeziehungen zu unterscheiden.
Weber definiert „Lehensfeudalität" als einen „‚Grenzfall' der patrimonialen Struktur in Richtung der Stereotypisierung und Fixierung der Beziehungen von Herrn
und Lehensträgern" (MWG I/22-4, S. 380). Der Lehensverband und der Ständestaat standen in den Rechtstexten noch nicht im Zentrum.[1] Immer wieder
zeigt sich: Die Herrschaftssoziologie geht bei der Charakterisierung rechtlicher
Konstellationen über die Rechtstexte hinaus.

Lehensverband und Ständestaat sind also besondere soziale Gebilde, die sich
nach ihrer rechtlichen Seite nicht einfach durch die Kategorie der Kadi-Justiz
charakterisieren lassen. Was aber genau ist ein Lehensvertrag, der dann auch
vergesellschaftet werden kann, so dass ein Ständestaat entsteht? Denkt man in den
Kategorien, die Weber in seinem zweiten Rechtstext entwickelt hatte, könnte man
an eine Kombination aus Zweckkontrakt und Statuskontrakt denken. Aber das
wäre vielleicht doch zu wenig. Der Lehensvertrag scheint vielmehr im Vergleich
zu diesen beiden Vertragstypen ein aliud.

Das Lehen ist nämlich kein reiner Zweckvertrag. Es geht nicht einfach um
Nützlichkeit, um ein lebenslängliches, vielleicht vererbliches Entgelt für „reelle
oder fiktive Dienste nach Art eines Amtseinkommens", sondern um eine perso-
nale Pflicht und eine Ehre, die Folge eines Treueversprechens sind. Der Vasall
ist, bezogen auf den Herrn, kein bloßer Pfründner. Das Lehen ist aber auch
kein reiner Statusvertrag, denn der Vasall ist kein Bruder. Er ist vielmehr in
einen Pflichtenkodex eingespannt, der ihm eine bestimmte Art von Lebensführung
abverlangt. Wie Weber schreibt: „Das Lehensverhältnis zwang, in seiner höchsten
Entwicklungsform, die scheinbar widersprechenden Elemente zusammen: einerseits streng persönliche Treuebeziehungen, andererseits kontraktliche Fixierung
von Rechten und Pflichten und deren Versachlichung durch Verknüpfung mit
konkreten Rentenquellen, endlich erbliche Sicherheit des Besitzstandes" (MWG
I/22-4, S. 389). Erblichkeit war freilich nicht ursprünglich. Wo sie aufkam,
wurde von dem Erbanwärter immer noch der Nachweis persönlicher Qualifikation
verlangt.

---

[1] Im zweiten Rechtstext ist vom Lehns- und Dienstrecht und von der Vergesellschaftung
der Privilegierten zur öffentlichen Korporation im Ständestaat unter dem Einfluss des römischen Korporationsbegriffs nur an einer Stelle die Rede, dort, wo es um die Anfänge des
öffentlichen Rechts geht. Aber unter der Vielzahl der behandelten Verbände kommt der
Lehensverband nicht vor. Siehe dazu MWG I/22-3, S. 298.

Weber beschreibt die im Lehensverhältnis angelegte Lebensführung als ritterlich, als Folge einer Erziehung, die am Ideal des Kulturmenschen orientiert sei, also weder einen Charismatiker erwecken noch einen Fachmenschen schulen wolle. Diese Erziehung zur ritterlichen Lebensführung stelle die „‚musische‘ Erziehung neben die zunächst vornehmlich militärisch-gymnastische", und so bilde sich „jener in sich höchst vielgestaltige Typus der ‚Kultivations‘-Erziehung aus, welche den radikalen Gegenpol gegen die ‚Fachbildung‘ der rein bürokratischen Struktur darstellt" (MWG I/22-4, S. 418). Erweckungspädagogik, Kultivationspädagogik und Fachschulung, das sind die drei Erziehungsmodi, die Weber in seinen vergleichenden Studien verwendet, und es ist nicht nur das okzidentale Rittertum, sondern auch zum Beispiel das chinesische Mandarinentum, das in seinen Augen ein Produkt solcher Kultivationserziehung ist.

Diese Betonung der ritterlichen Lebensführung im Lehensfeudalismus, gar „die Zusammenfassung der Lehensträger zu einer Rechtsgenossenschaft" im Ständestaat (MWG I/22-4, S. 411), verweist auf die kulturelle Überformung eines ökonomischen Gewaltverhältnisses. Es geht also tatsächlich hier nicht allein um Herrschaft kraft Interessenkonstellation, sondern um Herrschaft kraft Autorität. Stärker, als dies in den Abschnitten über „Bürokratismus" und „Patrimonialismus" der Fall ist, adressiert Weber im Abschnitt über „Feudalismus" die Legitimationsproblematik. Wo eine dem Lehensfeudalismus ähnliche Überformung des Gewaltverhältnisses existiere, würden die sozialen Beziehungen legitimiert und dadurch stabilisiert. Interessanterweise betont Weber, die feudale Treuebeziehung zwischen Herrn und Vasall habe eine zweifache Wurzel: zum einen die allgemeine Pietätsbeziehung des Hauses, die allerdings aus dem häuslichen Kontext gelöst sei, zum anderen die Veralltäglichung eines charismatischen Verhältnisses, von dem her erst bestimmte spezifische Aspekte der Treuebeziehung „ihren systematisch richtigen ‚Ort‘ finden" könnten (MWG I/22-4, S. 380). Im Lehensvertrag, und nicht nur hier, gingen also traditionale und charismatische Herrschaft eine Verbindung ein.

Weber hat die charismatische Herrschaftsbeziehung immer wieder als die revolutionäre Kraft in der Geschichte bezeichnet, die hauptsächlich von innen heraus revolutioniere, anders als die bürokratische Herrschaftsbeziehung, die dies nur von außen her tue. Die charismatische Herrschaftsbeziehung durchbreche den Alltag, der normalerweise die Beziehungen der Menschen untereinander bestimmt. Es seien deshalb Fälle von Not, in denen Charismatiker Erfolg hätten, weil sie Auswege aus dieser Not versprächen. Und sie versprächen dies nicht nur, sie bewiesen auch in den Augen der Notleidenden, dass sie der Notsituation gewachsen seien. Sie bewiesen dies durch außergewöhnliche Taten, seien sie physisch oder geistig. „Es steht geschrieben, ich aber sage euch", dies sei die Formel, mit der sich der Anspruch des Charsismatikers gegenüber den Notleidenden am besten beschreiben lasse. Dies aber heiße zugleich, dass die Notleidenden den Herrschaftsanspruch des Charismatikers anzuerkennen hätten und ihm bedingungslos folgen müssten. Ihm Gefolgschaft zu leisten werde für sie eine Pflicht.

Es geht bei charismatischer Herrschaft also um eine situationsspezifische Gnadengabe eines Herrn und um den Glauben der Gefolgschaft an die erlösende Kraft, die von ihr ausgeht. Eine solche Beziehung ist strukturell labil. Sie ist es vor allem deshalb, weil sie zwar den Alltag durchbricht, damit aber auch die üblichen Stützen des Alltags verliert, vor allem die Familienbindung und die eigene ökonomische Versorgung. Die charismatische Herrschaftsbeziehung ist gewissermaßen gegenüber der weiteren Umwelt, in der sie wirkt, parasitär. Das gilt zumindest für den charismatischen Führer selbst, aber auch für seinen Verwaltungsstab, dem geradezu verboten ist, routinemäßig zu wirtschaften oder im Familienverband zu leben. Wer nicht Vater und Mutter (oder Haus und Hof) verlässt, so kann man mit der Schrift sagen, kann nicht Jünger eines charismatischen Führers sein.[2] Dieser schafft eine Gemeinschaft, die aus ihm bedingungslos ergebenen Jüngern besteht und die sich von Beute oder Liebesgaben ernährt, also alles Alltägliche verachtet. Diese charismatische Gemeinschaft kommt spätestens in Schwierigkeiten, wenn der charismatische Führer stirbt und eine Nachfolge sich nicht aufdrängt, abgesehen davon, dass auch schon zu Lebzeiten des Führers die Bewährung seiner Gnadengabe ausbleiben kann und er damit seine Legitimation verliert.

Weber hat mehrere Texte zum Charismatismus in den Jahren 1912 und 1913 geschrieben. Sie sind in der Max Weber-Gesamtausgabe alle der Herrschaftssoziologie zugeordnet, obgleich sie natürlich auch für die Religionssoziologie relevant sind. Sie fügen sich jedoch zu keinem kohärenten Ganzen. Was Weber freilich in allen Texten beton, ist die strukturelle Labilität dieses Herrschaftsverhältnisses und der dadurch ausgelösten Transformationsproblematik. Weber spricht ganz allgemein von dem Antagonismus zwischen Charisma und Alltag. Aber er spricht auch davon, dass sich Außeralltägliches und Alltägliches häufig durchdringen. Von Veralltäglichung, auch von Versachlichung des Charismas ist in diesen Texten die Rede (siehe etwa MWG I/22-4, S. 469). Ein Beispiel für solche Durchdringung bei traditionaler Herrschaft ist nun der okzidentale Lehensfeudalismus, wie Weber ihn im Rahmen seines Idealtypus traditionale Herrschaft als einen Subtypus beschreibt.

---

[2] Dazu Lukas 14, 26 und Markus 10, 29 f.

Folgt man der kompetenten Darstellung von Edith Hanke, der Herausgeberin des Bandes I/22-4 der Max Weber-Gesamtausgabe, so ist Max Weber „im Laufe des Jahres 1913 der Durchbruch zu einer umfassenden Herrschaftssoziologie gelungen" (ebd., S. 67). Das heißt zugleich, dass aus einer soziologischen Staatslehre, einer Soziallehre des Staates im Sinne von Georg Jellinek, eine soziologische Herrschaftslehre wird. Der Staat ist nur ein Herrschaftsverband unter anderen, zudem ein Gebilde nur der Neuzeit. Und Herrschaft ist auch nicht auf die politischen Verbände beschränkt. Doch die politischen Verbände stehen zweifellos in der Herrschaftssoziologie zunächst im Zentrum. Dem entspricht die Zuordnung des zweiten Rechtstextes, der „Entwicklungsbedingungen des Rechts", in der Disposition von 1914 zum politischen Verband.

Beim Vergleich zwischen Rechts- und Herrschaftssoziologie fällt Edith Hanke auf, „daß Weber in der Frühfassung seines Rechtsmanuskriptes noch nicht auf das Problem der Legitimität der Herrschaft eingeht und den Charisma-Begriff nicht zur Beschreibung von nicht-rationalen Prozessen der Rechtsfindung und Rechtsschöpfung verwendet" (MWF I/22-4, S. 80 f.). Wenn dem so ist – und ich bin ebenfalls dieser Meinung –, dann muss dies allerdings nur denjenigen verwundern, der die Texte über Recht und Herrschaft *nicht* in eine Folge bringt. Zwar ist der verbandsbezogene Herrschaftsbegriff in den Rechtstexten schon vorbereitet, doch weder ist die Legitimationsproblematik noch sind alle relevanten Verbände im zweiten Rechtstext bereits entfaltet. Die Herrschaftssoziologie bringt in beiden Hinsichten eine Vertiefung und Erweiterung.

Religion systematisch   7

Von den vier Texten über Charisma – „Charismatismus", „Umbildung des Charisma", „Erhaltung des Charisma", „Staat und Hierokratie" – scheint der letzte die größte Nähe zum zweiten Rechtstext zu haben. Er erinnert, rein äußerlich, an die Passagen über Imperium und Theokratie aus den „Entwicklungsbedingungen des Rechts". Der Begriff Imperium wird von Weber freilich in seinen Texten über Herrschaft nicht (mehr) verwendet. Dieser Begriff taucht nur an einer Stelle auf, und zwar im Zusammenhang mit der für den Okzident charakteristischen Gegenüberstellung von imperium und sacerdotium (MWG I/22-4, S. 532). Statt vom Imperium spricht Weber in der Herrschaftssoziologie vom Patrimonialstaat, illustriert unter anderem am alten Ägypten und am kaiserlichen China, doch darauf natürlich nicht beschränkt (MWG I/22-4. S. 321 ff.), und er betont hier für die Rechtsbildung das „Nebeneinander von unzerbrechlicher Traditionsgebundenheit einerseits und andererseits eines Ersatzes rationaler Regeln durch ‚Kabinettsjustiz' des Herrn und seiner Beamten" (MWG I/22-4, S. 314). Diese Beamten aber entwickeln eine „Appropriationstendenz" (MWGI/22-4, S. 321). In Patrimonialstaaten wirken zentrifugale Kräfte, „vom haushörigen Patrimonialbeamten bis zum Tributärfürsten und bis zum nur nominell abhängigen Teilkönig" (MWG I/22-4, S. 343). Immer ist die Macht des Zentrums bedroht. Das Patrimonialbeamtentum ist freilich nicht von der Art des Fachbeamtentums, wie wir es von modernen Staaten kennen. Denn für jenes Beamtentum gilt: „Statt der bürokratischen ‚Sachlichkeit' und des auf der abstrakten Geltung gleichen objektiven Rechtes ruhenden Ideals der Verwaltung ‚ohne Ansehen der Person' gilt das gerade entgegengesetzte Prinzip. Schlechthin alles ruht ganz ausgesprochenermaßen auf ‚Ansehen der Person', d. h. auf der Stellungnahme zu dem konkreten Antragsteller und seinem konkreten Anliegen auf rein persönlichen Beziehungen, Gnadenerweisen, Versprechungen, Privilegien" (MWG I/22-4, S. 314).

© Der/die Autor(en), exklusiv lizenziert an Springer Fachmedien Wiesbaden   73
GmbH, ein Teil von Springer Nature 2023
W. Schluchter, *Empirische Geltungslehre*, Studien zum Weber-Paradigma,
https://doi.org/10.1007/978-3-658-41189-3_7

Die Überschrift „Staat und Hierokratie" verweist nun auf ein anderes Konfliktfeld, auf das zwischen zwei Arten von Verbänden, den politischen und den religiösen. Heute diskutieren wir dies als das Verhältnis von Staat und Kirche, doch die (okzidentale) Gegenüberstellung von imperium und sacerdotium und ihr konfrontativer Ausgleich im berühmten Investiturstreit zeigen, dass dies, ähnlich wie das Konfliktfeld zwischen Herrn und Verwaltungsstab, ein Grundproblem auch traditionaler Ordnungskonfigurationen ist. Sobald sich politische und religiöse Ordnung voneinander trennen – man hat dies mit der sogenannten Achsenzeit verbunden –,[1] entsteht das Problem der Vermittlung zwischen ihnen. Die naheliegenden Lösungen: Cäsaropapismus, Theokratie oder ein mehr oder weniger vermittelter Dualismus, der den politischen und den hierokratischen Verband zu einem mehr oder weniger friedlichen Ausgleich bringt.

Nach Weber existieren bereits für den „primitiven Menschen" außeralltägliche Mächte, die auf sein Leben einwirken und ihm nützen oder schaden können. In seiner Religionssoziologie spricht er von einer Verdoppelung der Welt. Die Dinge sind nicht nur, sie bedeuten auch etwas. Es gibt eine natürliche und eine symbolische Welt. Diese sind nach dem Weltbild des „primitiven Menschen" kausal miteinander verbunden. Wer in der natürlichen Welt etwas tut, löst eine positive oder negative Reaktion in der symbolischen Welt aus. Diese symbolische Welt ist bevölkert mit übernatürlichen Gewalten, deren Übernatürlichkeit ausschließlich darin besteht, „daß sie nicht jedermann zugänglich, sondern an ihren persönlichen oder sachlichen Träger geknüpft sind. Magische und Heldenqualitäten sind nur besonders wichtige Fälle solcher spezifischen Gewalten" (MWG I/22-4, S. 514).

Ähnlich wie hier in der Herrschaftssoziologie, beginnt Weber auch in seiner Religionssoziologie mit dieser Beobachtung. Man kann auch sagen: Er beginnt mit der These von der Verzauberung der Welt. Die Welt ist doppelt, bestehend aus dieser Welt und einer Hinterwelt, sei diese als Unter- oder Überwelt vorgestellt, die in Wechselwirkung stehen. Kommt es in einer Gemeinschaft zu besonderen Ereignissen, seien sie sozial (z. B. Krieg) oder natürlich (z. B. Dürre), die ihre Existenz gefährden, so trete sofort „das Charisma des Helden oder Zauberers in Funktion" (MWG I/22-4, S. 514). Sobald die Gefährdung als chronisch wahrgenommen werde, entstehe aus dem charismatischen Helden der König und aus dem charismatischen Zauberer der Priester und damit auch der mögliche Konflikt zwischen politischer und hierokratischer Gewalt.

---

[1] Dazu unter anderem die Arbeiten von Shmuel N. Eisenstadt. Siehe etwa S. N. Eisenstadt, *Die Vielfalt der Moderne*, Weilerswist: Velbrück Wissenschaft 2000. Ferner: *Kulturen der Achsenzeit. Ihre Ursprünge und ihre Vielfalt*, Teil 1 und Teil 2. Herausgegeben von S. N. Eisenstadt, Frankfurt a. M.: Suhrkamp 1987.

Charisma ist also ursprünglich nicht nur eine persönliche Eigenschaft, sondern es kann auch Sachen zugeschrieben werden. Im magischen Weltbild handeln nicht nur Personen. Der in Magie befangene Mensch glaubt, dass – etwa wegen eines Tabubruchs – ein natürliches Ereignis auf die Vergeltung der Hinterwelt zurückzuführen sei. Natur- und Ausgleichskausalität bilden für ihn eine Einheit. Man sucht die Götter, Geister und Dämonen der HInterwelt zu zwingen oder zu bestechen. Die Beziehung zu ihnen ist gewissermaßen instrumentell. Aber sie ist auch gefährlich, weshalb es des Zauberers als Mediator bedarf. Aus Magie wird dann Religion, wenn im Verhältnis von Welt und Hinterwelt statt Zwang und Bestechung Bitte und Verehrung die Oberhand gewinnen. Damit wird die allmähliche Trennung von Natur- und Ausgleichkausalität vorbereitet und die Kluft zwischen Welt und Hinterwelt vertieft.

Auch das Charisma hat für Weber eine Entwicklung. Charismatische Herrschaft trete keineswegs, wie man meinen könnte, „lediglich auf primitiver Entwicklungsstufe" auf. Freilich, so seine These, wo institutionelle Dauergebilde entstünden und den Alltag regelten, trete das Charisma zurück. Während ursprünglich alles Gemeinschaftshandeln, welches „über den Bereich der traditionellen Bedarfsdeckung in der Hauswirtschaft hinausgeht, in charismatischer Struktur" auftrete, erfasse der Alltag immer mehr Bereiche (MWGI/22-4, S. 513). Wenn Webers Generationsgenosse Émile Durkheim sagte, am Anfang sei alles Religion gewesen, so könnte man mit Weber in Analogie dazu sagen: Am Anfang war alles Charisma.[2]

Wo Zwang und Bestechung in Bitte und Verehrung übergehen, wird aus dem Zauberer der Priester,[3] aus der magischen Manipulation der Kultus. Aber die Infusion der Religion mit Magie bleibt. Sie setzt sich fort bis hin zu den christlichen Sakramenten. Die religiöse Entzauberung der Welt heißt für Weber deshalb: Entmagisierung der Heilswege, gesinnungsethische Verinnerlichung des religiösen Glaubens, „prinzipielle Systematisierung des religiös Gesollten" (MWG I/22-2, S. 369), auch heilige Gesinnung statt heiligem Recht. Die Bedingungen, unter denen es dazu kommt, sucht er in vergleichender Perspektive zu ermitteln. Zu ihnen gehört auch die Säkularisierung des Rechts. Denn „die heiligen Bücher sowohl der Inder wie des Islam, der Parsen wie der Juden und ebenso die klassischen Bücher der Chinesen behandeln Zeremonial- und Ritualnormen und Rechtsvorschriften völlig auf gleicher Linie. Das Recht ist ‚heiliges' Recht.

---

[2] In MWG I/22–4, S. 514, heißt es: „Jedes aus dem Gleise des Alltags herausfallende Ereignis läßt charismatische Gewalten, jede außergewöhnliche Fähigkeit charismatischen Glauben aufflammen, der dann im Alltag wieder an Bedeutung verliert."

[3] Über die verschiedenen Rollen, die dann entstehen, die Kap. 2 und 4 in MWG I/22-2, S. 157 ff.

Die Herrschaft religiös stereotypierten Rechtes bildet eine der allerwichtigsten Schranken für die Rationalisierung der Rechtsordnung und also der Wirtschaft" (MWG I/22-2, S. 368). Nur im Okzident löste sich das Recht nach langen Kämpfen aus religiöser Bindung, wurde säkularisiert und damit auf formal-rationale Bahnen gelenkt.

Die Beziehung zwischen Welt und Hinterwelt ist im magischen Weltbild also nicht nur instrumentell, sie ist auch gefährlich. Nur der Experte weiß, wie mit der Hinterwelt umzugehen ist. Daher der Zauberer als Mediator. Aber auch der Wunsch des Laien nach persönlicher Teilhabe an der Hinterwelt ist mächtig. Ihr Ort ist die Orgie als eine Gelegenheitserscheinung, die auch dem Laien eine solche Teilhabe temporär ermöglicht, die man deshalb auch als ein charismatisches Ereignis bezeichnen kann.

Weber schildert den religiösen Entzauberungsprozess auf dem Hintergrund der Vertiefung der Kluft zwischen Welt und Hinterwelt und als eine Art Umkehr der Antriebsrichtung vom Diesseits auf das Jenseits. Es entstehen metaphysische Weltbilder, nach denen die Hinterwelt ihren fluiden Charakter verliert und Ewigkeitswert gewinnt. Die Welt wird theozentrisch oder kosmozentrisch interpretiert, entweder regiert von einem überpersönlichen Schöpfergott oder von einer unpersönlichen immanenten Ordnung. Aus der doppelten Welt entsteht der Gegensatz von Transzendenz und Immanenz, Notwendigkeit und Kontingenz.

Wie hatte Weber am 30. Dezember 1913 an seinen Verleger Paul Siebeck geschrieben? Er habe auch die religiösen Gemeinschaften in eine Beziehung zur Wirtschaft gesetzt, „*alle* großen Religionen der Erde umfassend: Soziologie der Erlösungslehren und der religiösen Ethiken, – was Tröltsch gemacht hat, jetzt für *alle* Religionen, nur wesentlich knapper". Alle großen Religionen, damit sind Konfuzianismus und Daoismus, Hinduismus und Buddhismus, auch Jainismus, Judentum, Christentum und Islam gemeint. Allerdings schränkt Weber sofort ein: Nicht alle der Genannten seien auch Erlösungsreligionen, und im Fall des Konfuzianismus zweifelt er gar, ob man ihn überhaupt als Religion bezeichnen könne. Zudem sei nicht jede dieser großen Religionen auch eine Weltreligion. So nicht das Judentum, welches aufgrund seines im Laufe der Geschichte entwickelten Antiproselytismus immer nur eine begrenzte Anzahl von Bekennern um sich versammelt habe. Es gibt also nach Weber Erlösungsreligionen, die keine Weltreligionen, und Religionen, die kein Erlösungsreligionen sind.

Dennoch spielen alle der genannten ‚großen Religionen' sowohl in Max Webers Religionssystematik als auch in seinen vergleichenden Studien zur Wirtschaftsethik der Kulturreligionen eine zentrale Rolle. Sie dienen nicht zuletzt auch der Idealtypenbildung, die bekanntlich heuristischen Zwecken dient. Es geht um den Grad der Annäherung eines Phänomens an den idealisierten Standard. Und so läuft die Religionssystematik auf den Aufweis basaler Alternativen im religiösen Feld hinaus.

Das gilt zunächst für die metaphysischen Weltbilder. Sie unterscheiden sich danach, wie die Beziehung zwischen transzendenter und immanenter Welt interpretiert wird. Weber erwähnt drei Alternativen, die er als ontologischen, ethischen oder spirituellen Dualismus bezeichnet. Daran werden weitere Unterscheidungen angeschlossen, so das Theodizee- bzw. das Kosmodizeeproblem, also das Problem der Diskrepanz von Schicksal und Verdienst.

Dies lässt sich anhand der folgenden Übersichten zusammenfassend darstellen.

Weltbild

Ontologisch	Ethisch	Spirituell
Ewig-zufällig	Gut-böse	Rein-unrein
Wiedergeburt	Erbsünde	Kampf zwischen Licht und Finsternis
Ewige Ruhe	Paradies	Welt des Lichts

Rechtfertigung

Karma	Prädestination	Kampf zwischen Licht und Dunkel
Selbsterlösung	Gottes Gnade	Sieg des Lichts über das Dunkle, Unreine und Böse
Früher Buddhismus	**Asketischer Protestantismus**	**Zoroastrismus**

Weber führte von diesen drei reinen Typen der Erlösungsreligionen nur zwei aus, nämlich den frühen Buddhismus und den asketischen Protestantismus, beide auch in Gestalt von Entwicklungsgeschichten, die er dann im Rahmen seiner vergleichenden Studien zur Wirtschaftsethik der Kulturreligionen vorlegt. Längere Ausführungen über den Zoroastrismus sind nicht überliefert. Zarathustra sprach bei Weber also nicht.

Selbst bei einem Anhänger einer Erlösungsreligion muss dessen Religiosität natürlich nicht konsequent systematisiert und gesinnungsethisch verinnerlicht sein. Sie kann auch ein ritualistisches oder gesetzesethisches Handeln zur Folge haben, das gesinnungsethischen Ansprüchen nicht genügt. Aber nur Erlösungs-religionen, so muss man Weber wohl interpretieren, haben das Potential zu konsequenter Systematisierung und zu gesinnungsethischer Sublimierung. Man kann auch sagen: Sie haben das Potential, den Gläubigen zur axiologischen Kehre zu motivieren, ihn zu einer Gesamtpersönlichkeit zu machen, die nicht länger außengeleitet, sondern innengeleitet ist. Denn, so Weber, die religiöse Gesin-nungsethik, die ‚heilige Gesinnung', kann „von innen heraus revolutionierend" wirken (MWG I/22-2, S. 369). Was dann zählt, ist nicht mehr so sehr die ein-zelne Handlung, als vielmehr die sinnhafte „Gesamtbeziehung der Lebensführung auf das religiöse Heilsziel", das in der Erlösung aus den Kontingenzen dieser Welt besteht (ebd.).

Diese Fähigkeit, von innen heraus zu wirken, an die Stelle des heiligen Rechts die heilige Gesinnung zu setzen, sei freilich, so Weber weiter, mit einer „wesent-lich verschärften und ‚verinnerlichten' Problematik" verbunden. Denn dadurch nehme „die innere Spannung des religiösen Postulats gegen die Realitäten der Welt .. in Wahrheit nicht ab, sondern zu" (ebd.). Im 11. Abschnitt seiner Reli-gionssystematik behandelt Weber diese Spannungen unter dem Titel „Religiöse Ethik und ‚Welt'", die man als die erste Version der 1915 veröffentlichten und 1920 revidierten „Zwischenbetrachtung" aus den *Gesammelten Aufsätzen zur Religionssoziologie* ansehen kann. Denn Weber zeigt in diesem Text, wie eine religiöse Gesinnungsethik in Konflikt geraten kann mit dem Eigenrecht und der Eigengesetzlichkeit der verschiedenen Wertsphären und Lebensordnungen der Welt. Er verweist auf die Konflikte mit Familie und Nahverbänden, mit der Wirt-schaft, der Politik, der sexuell-erotischen und der ästhetischen Sphäre. Verglichen mit der „Zwischenbetrachtung" fehlt hier noch der Konflikt mit der modernen Wissenschaft. Sonst läuft die Argumentation zwischen der Religionssystematik und den Aufsätzen parallel.

Weber formuliert in der „Zwischenbetrachtung" allerdings einen Zusammen-hang noch deutlicher als in seiner Religionssystematik: Die Tatsache nämlich, dass es nicht nur beim heiligen Recht, sondern auch bei der heiligen Gesinnung Alternativen gibt. Der nach Erlösung strebende Gläubige kann auf verschiedenen Wegen sein Heil suchen und sich deshalb auch verschieden zu dieser Welt stellen. Er kann sein Heil entweder mittels Askese und Handeln oder mittels Mystik und Kontemplation erstreben, und er kann seine religiös motivierte Weltablehnung entweder in Gestalt einer Weltabwendung (außerweltlich) oder einer Weltzuwen-dung (innerweltlich) vollziehen. Dies führt zu den folgenden Alternativen, die Weber vermutlich im Auge hatte, als er Heinrich Rickert schrieb, er wolle ihm demnächst seine empirische Typologie von Askese und Kontemplation schicken.

Denn an dieser Typologie, in der „Zwischenbetrachtung" dann konsequent entwickelt, kann man ablesen, dass nicht jede heilige Gesinnung in einen unlösbaren Konflikt mit den Ordnungen der Welt führen muss.

Erlösungsreligiös motivierte Weltverhältnisse

Heilsweg Weltbezug	Askese/Handeln	Mystik/Kontemplation
innerweltlich	Weltbeherrschung	Schickung in die Welt
außerweltlich	Weltüberwindung	Weltflucht

Von diesen vier Möglichkeiten interessierte sich Weber bekanntlich früh vor allem für die erlösungsreligiös motivierte Weltbeherrschung. Ihr hatte er in seiner Studie „Die protestantische Ethik und der ‚Geist' des Kapitalismus" aus den Jahren 1904 und 1905 ein literarisches Denkmal gesetzt. Jetzt sieht er offensichtlich auch Alternativen dazu. Freilich hat in seinen Augen nur der asketische Protestantismus den religionsgeschichtlichen Entzauberungsprozess zu einem Höhepunkt geführt. Denn er entwertet alle Mediatoren, die zwischen dem überweltlichen Schöpfergott und der heiligen Gesinnung des Gläubigen vermitteln könnten. Der Entzauberungsbegriff war in dieser Studie von 1904 und 1905 allerdings noch nicht entwickelt. Er wird im Jahre 1913 zum ersten Mal gebraucht und setzt das Kapitel „Die Entstehung der Religionen" aus der Religionssystematik voraus.

1913 ist auch das Jahr, das Hans G. Kippenberg, der Herausgeber von MWG I/22-2, als Antwort auf die Frage nennt, wann Webers Religionssystematik wohl niedergeschrieben wurde. Der Text sei vermutlich 1913 aus religionswissenschaftlichen Studien hervorgegangen, die Max Weber „mit großer Intensität" betrieben habe. Bei Prüfung von Webers Quellen habe er keinen einzigen Titel gefunden, „der aus dem Zeitraum nach 1913" stammt. Das Jahr 1913 sei also mit großer Wahrscheinlichkeit als das Jahr anzusehen, in dem Max Weber seine Religionssystematik verfasste (siehe MWG I/22-2 S. 85 bzw. S. 89). Das heißt freilich auch für Kippenberg nicht, dass Weber seine religionssoziologischen Erkenntnisse erst 1913 gewonnen hätte. Nein: Spätestens seit 1904 ist Religion für Weber ein zentraler Bestandteil seiner Beschäftigung mit Fragen, die in eine universalgeschichtliche Richtung weisen und die schließlich in sein Doppelprojekt, die Religionssystematik und die vergleichenden Studien zur Wirtschaftsethik der Kulturreligionen, mündeten.

Die Rolle des Rechts in der *Soziologie* von 1919/1920

Wie oben ausgeführt, machte sich Max Weber spätestens 1919 daran, sein dickes Manuskript, das er bei Kriegsbeginn in die Schublade gelegt hatte, zu überarbeiten. Sein Ziel war es, es zu straffen und ihm einen lehrhaften Charakter zu geben, entlang einer neu entworfenen Disposition. Leider ist diese Disposition nicht überliefert. Da Weber mitten in der begonnenen Arbeit an „meiner Soziologie", wie er sagte, starb, können wir nicht mit letzter Gewissheit sagen, welche definitive Gestalt dieses Werk angenommen hätte. Aus wenigen Vorausverweisen lässt sich allerdings erschließen, was Weber in welcher Reihenfolge zu behandeln gedachte. Dazu hätte auch eine Rechts- und eine Staatssoziologie am Ende seiner dann wohl tatsächlich „geschlossenen soziologischen Theorie und Darstellung" gehört.

Eines kann man freilich mit Sicherheit feststellen: In der Fassung von 1919/ 20 hatte die Rechtssoziologie ihre zentrale Stellung, die sie 1910 und teilweise auch noch 1914 hatte, verloren. Weber charakterisierte seinen Ansatz auch nicht mehr in erster Linie durch die Abgrenzung von der Jurisprudenz, wie es seine Auseinandersetzung mit Stammler in gewissem Sinne erzwang. Auch die Rechtsordnung in ihrer empirischen Bedeutung bildet nicht mehr den Bezugspunkt der Analyse. Der Name Stammler kommt zwar noch vor, aber eher nebenbei (MWG I/23, S. 181 und S. 184 f.).

Aus Gemeinschaftshandeln, dem Grundbegriff der frühen Phase, werden Handeln, soziales Handeln und soziale Beziehung (in der Spannung zwischen Orientierung und Vollzug). Einverständnishandeln verschwindet gänzlich, und aus Verband wird der Oberbegriff für Anstalt und Verein. Vergesellschaftung, einschließlich Zweckverein, bleibt erhalten, ihr steht jetzt aber Vergemeinschaftung gleichrangig gegenüber. Jene gilt als wert- oder zweckrational, diese als affektuell oder traditional fundiert. Überall, auch beim sozialen Gebilde, handelt es sich

W. Schluchter, *Empirische Geltungslehre*, Studien zum Weber-Paradigma, https://doi.org/10.1007/978-3-658-41189-3_8

ausschließlich um Chancen, um ein Mehr oder Weniger, trotz scharfer begrifflicher Unterscheidung um den fließenden Übergang, der empirisch zwischen Phänomenen tatsächlich besteht.

Sowohl der Kategorienaufsatz wie der erste Rechtstext „Die Wirtschaft und die Ordnungen" sind in das Kap. 1 der *Soziologie,* in die „Soziologischen Grundbegriffe", eingearbeitet und dabei teilweise verwandelt. An verhältnismäßig später Stelle dieses Kapitels, nach dem methodischen Teil, wird noch einmal, in § 3, die Differenz zwischen juristischer und soziologischer Betrachtung betont. Juristisch gesehen gelte bei einem Rechtssatz oder einem Rechtsverhältnis ein Entweder-Oder (MWG I/23, S. 179)[1], soziologisch gesehen dagegen ein Mehr oder Weniger, je nachdem, wieviel ‚Nachachtung' eine Rechtsnorm bei den Beteiligten faktisch finde. Es ist der uns bekannte Hinweis auf den Unterschied zwischen normativer und empirischer Geltung, man kann auch sagen: zwischen der Geltung und der Wirksamkeit einer Norm.

An der Unterscheidung zwischen faktischer Regelmäßigkeit und Regelmäßigkeit aus Regelgeleitetheit des Handelns wird festgehalten. Wie schon in „Die Wirtschaft und die Ordnungen", steht die Unterscheidung zwischen Sitte, Konvention und Recht im Mittelpunkt. Die Sitte, hier ergänzt um Brauch und Mode, aber auch „Interessenlage", stehen für die faktischen Regelmäßigkeiten des Handelns, Konvention und Recht für seine Regelmäßigkeit aus Regelgeleitetheit. Regelgeleitetheit ist jetzt mit dem Legitimitätsbegriff verbunden. Es handelt sich dabei nicht mehr um ein bloßes Legitimitätseinverständnis, um ein Als-ob, wie noch in den frühen Texten, sondern um die *Vorstellung* des Handelnden vom Bestehen einer legitimen Ordnung, sei diese bei Verletzung durch Missbilligung „innerhalb eines angebbaren Menschenkreises" (Konvention), sei diese durch Zwang, „durch ein auf Erzwingung der Innehaltung oder Ahndung der Verletzung gerichtetes Handeln eines *eigens* eingestellten *Stabes* von Menschen" (Recht), garantiert (MWG I/23, S. 186). Wichtig ist also das Sanktionsregime, das sich mit einer Ordnung verbindet, man kann auch sagen: die jeweilige institutionalisierte Garantie.

Blickt man auf die Legitimationsproblematik nicht aus der Perspektive der Ordnung, sondern aus der des Handelnden, so bedeutet Konvention und Recht eine Befolgung von Norm-Maximen, die sowohl innerlich wie äußerlich garantiert sein können: Innerlich entweder affektuell, wertrational oder religiös, äußerlich durch die zu erwartenden Konsequenzen, die mit ihrer Befolgung oder

---

[1] Die einschlägige Formulierung lautet: „Die für die *juristische* Betrachtung unvermeidliche Alternative: daß ein *Rechts*satz bestimmten Sinnes entweder (im Rechtssinn) gelte oder nicht, ein *Rechts*verhältnis entweder bestehe oder nicht, gilt für die soziologische Betrachtung also *nicht.*"

Nichtbefolgung vermutlich verbunden sind (MWG I/23, S. 185 f.). Man kann nun fragen: Wo bleibt die Zweck-Maxime? Sie fehlt hier zurecht, denn sie gehört nicht in diesen Geltungszusammenhang. Bei der Zweck-Maxime geht es um Klugheitsregeln, und diesem regelgeleiteten Handeln vorgelagert ist die Interessenlage, analog zu dem, was bei der Norm-Maxime die Sitte ist. Die in der Stammler-Kritik getroffenen Unterscheidungen zwischen Zweck- und Norm-Maximen und die Differenzierung der Normmaximen in Konvention und Recht bleiben also erhalten. Hier gibt es gegenüber dem Diskussionstand aus der Zeit vor dem Krieg keine Veränderung.

Dies gilt auch für die dritte Norm-Maxime, die wir in der Stammlerkritik kennengelernt haben, für die Sittlichkeitsmaxime. Weber betont auch in den „Soziologischen Grundbegriffen", dass Konvention, Recht und Sittlichkeit in einem normativen Gefüge stehen. Er spricht bei der dritten Art von Maximen hier allerdings nicht von Sittlichkeit, sondern von Ethik, und er unterstreicht, sie zu berücksichtigen sei für die Soziologie deshalb problemlos, weil „ein ‚ethischer' Maßstab" nur „eine spezifische Art von wertrationalem *Glauben* von Menschen als Norm an menschliches Handeln legt, welches das Prädikat des sittlich ‚Guten' in Anspruch" nehme (MWG I/23, S. 189). Solche (sittlichen) Normvorstellungen seien in der Regel nur innerlich garantiert. Man könnte in der Terminologie von „Die Wirtschaft und die Ordnungen" von einem Superadditum für eine konventionelle oder rechtliche Norm-Maxime sprechen. Für Weber als Soziologen sind allerdings die äußerlichen Garantien entscheidend. Sie sind besonders ausgeprägt beim Recht, weil zu seiner Durchsetzung, anders als bei Konvention und Sittlichkeit, ein *Erzwingungsstab* gehört.

Weber betont, die Legitimität könne einer Ordnung auf verschiedene Weise zugeschrieben werden: aufgrund des Glaubens an das immer Gewesene, aufgrund des affektuellen oder emotionalen Glaubens an das neu Offenbarte oder Vorbildliche, aufgrund des wertrationalen Glaubens an das gültig Erschlossene oder aufgrund des Glaubens an das verfahrensmäßig Korrekte (MWG I/23, S. 189 f.). Es handelt sich um vier Arten des Legitimitätsglaubens, denen die vier Rechtstypen, die ich oben unterschieden habe, zugeordnet werden können: das traditionale Recht der traditionalen Herrschaft, das geoffenbarte Recht der charismatischen Herrschaft, das Naturrecht und das positive Recht der legalen Herrschaft. An dieser Stelle ist also die Brücke zwischen Herrschafts- und Rechtssoziologie geschlagen. Weber fügt denn auch erläuternd hinzu: „Alles Nähere gehört (vorbehaltlich einiger noch weiter zu definierender Begriffe) in die Herrschafts- und Rechtssoziologie" (MWG I/23, S. 190).

Wir können also sagen: Der erste Rechtstext, ursprünglich betitelt „Die Wirtschaft und die Ordnungen", ist voll in die „Soziologischen Grundbegriffe" eingegangen. Für die oben genannte Rechtssoziologie bleibt also der Text „Die Entwicklungsbedingungen des Rechts". Ob er diesen unverändert in die Neufassung übernommen hätte, was allerdings angesichts der überarbeiteten Herrschaftssoziologie eher unwahrscheinlich ist, können wir nicht wissen. Wie Weber bei der Überarbeitung der Vorkriegsmanuskripte vorging, lässt sich an zwei Texten studieren, die sowohl in ihrer Vorkriegsfassung wie in ihrer Nachkriegsfassung überliefert sind: an dem Text über Herrschaftssoziologie und dem über Klassen und Stände, wobei die Überarbeitung des zweiten Textes wegen Webers Tod unvollendet blieb.

Max Webers Rechtssoziologie in der Diskussion

9

Wie wurde Max Webers Rechtssoziologie aufgenommen? Talcott Parsons sah in ihr den Kern der Weberschen Soziologie.[1] Gemessen daran bleibt die Beschäftigung mit diesem Werkteil eher bescheiden, auf das Interesse von Spezialisten beschränkt.[2] Das scheint sich inzwischen zu ändern. Ich konzentriere mich auf die neuere Diskussion.

Ich wähle dafür drei Positionen: Die Einleitung von Werner Gephart in den Teilband *Recht* der *Max Weber-Gesamtausgabe,* die Einladung von Hubert Treiber, die Rechtssoziologie Max Webers neu zu lesen, und den Versuch von Jens Petersen, die Webersche Rechtssoziologie mit der juristischen Methodenlehre zu verknüpfen. Ich gehe in dieser Reihenfolge vor.

Bevor ich auf die „Einleitung" von Werner Gephart in MWG I/22-3 eingehe, seien einige Bemerkungen zur Interpretation der Entstehungsgeschichte der beiden Rechtstexte durch ihn und seinen Mitherausgeber Siegfried Hermes vorgeschaltet. Die Herausgeber suchen ihre Rekonstruktion der Textgenese auf die Materialität der überlieferten Manuskripte, aber auch auf die Einarbeitung der Kategorien des Kategorienaufsatzes in die ursprünglichen Typoskripte zu gründen. Das Resultat dieser doppelten Bemühung aber bleibt leider diffus.

---

[1] Talcott Parsons, „Wertgebundenheit und Objektivität in den Sozialwissenschaften", in: Otto Stammer (Hg.), *Max Weber und die Soziologie heute,* Tübingen: J.C.B. Mohr (Paul Siebeck) 1965, S. 37 ff.: „Webers Rechtssoziologie ist, wie ich behauptete, der Schlüssel seiner Analyse politischer und wirtschaftlicher Phänomene." Ebd., S. 56. Zuvor schon: „Ich möchte behaupten, daß der Kern der substantiellen Soziologie Webers weder in der Darstellung der ökonomischen und politischen Probleme noch in der Religionssoziologie liegt, sondern in der Rechtssoziologie."

[2] Zum Stand der älteren Diskussion der Sammelband von Manfred Rehbinder und Klaus-Peter Tieck (Hg.), *Max Webers Rechtssoziologie,* Berlin: Duncker & Humblot 1987.

Die Herausgeber geben sich große Mühe, die Materialität der überlieferten Manuskripte zu beschreiben (Typoskripte, handschriftliche Korrekturen und Erweiterungen, Allogen, Arten von benutzten Schreibmaschinen, Federn, Tinten und Papiersorten usw.). Doch für die Aufklärung der zeitlichen Abfolge der Texte bringt dies so gut wie nichts. Sie meinen, es handle sich bei den überlieferten Manuskripten um „heterogene maschinen- und handschriftliche Textmassen", deren Durchleuchtung, wenn überhaupt, sowieso nur eine „relative Chronologie der Textschichtung" offenlegen könne, also „keine absolute zeitliche Zuordnung der differenten Schreibarten" erlaube (MWG I/22-3, S. 153). Dies ist nicht überraschend, denn Vergleichbares ergibt sich auch bei anderen Weber-Texten, von denen Manuskripte überliefert sind (siehe etwa MWG I/18, S. 81 ff.).

Die Herausgeber lassen es aber bei diesem zwar unbefriedigenden, aber naheliegenden Befund nicht bewenden. Sie wollen tiefer bohren und teilen dafür die Manuskripte in insgesamt 18 Textgruppen ein. Damit erwecken sie freilich den Eindruck, als gäbe es gewissermaßen 18 Bausteine, aus denen Weber dann seine beiden Manuskripte zusammengesetzt habe. Sie sprechen deshalb auch nicht zufällig von einer „eigentümlichen ‚Collagentechnik'" (MWG I/22-3, S. 144), gar von einem „Collagenwerk".

Der dadurch vermittelte Eindruck widerspricht nun allerdings allem, was wir über Webers Arbeitsweise aus anderen Zusammenhängen wissen. Er hat einmal Geschriebenes in der Regel nicht verworfen, sondern erweitert. Er arbeitete, sieht man von Sofortkorrekturen und Anpassungen aufgrund von Erweiterungen ab, gewissermaßen kumulativ und expansiv. Auch die an Manuskriptseiten angeklebten „Allogen" sind nicht, wie das Wort nahelegt, anderswo entstanden und dann übertragen, sondern einer Textproduktion geschuldet, bei der man bei vollgeschriebenen Seiten für eine Ergänzung oder Erweiterung keinen Platz mehr findet, so dass man gezwungen ist, entweder ein Blatt einzulegen oder ein Papierstück anzukleben (siehe etwa MWG I/22-3, S. 551). Die Älteren unter uns haben diese Art von Textproduktion vor der Erfindung des Schreibcomputers selbst noch praktiziert.

Auch der zweifellos richtige Versuch, die relative Chronologie wenigstens mittels der Einarbeitung der Kategorien des Kategorienaufsatzes in die ursprünglichen Manuskripte zu klären, geht ins Leere. Dies vor allem deshalb, weil keine Klarheit über die Entstehung des Kategorienaufsatzes besteht. Es wird zwar konstatiert, „Die Wirtschaft und die Ordnungen" und der § 2 der „Entwicklungsbedingungen des Rechts" seien früh entstanden und gehörten wohl einmal zusammen (MWG I/22-3, S. 251). Sie seien dann aber mit Hilfe der Kategorien des Kategorienaufsatzes überarbeitet und erweitert worden, und Weber habe diese Texte dann getrennt. Auch stellen die Herausgeber zu Recht fest, Weber habe den in den „Entwicklungsbedingungen" zentralen Begriff des Imperiums weder in seiner 1912/13 formulierten Herrschaftssoziologie aufgegriffen, noch in den Rechtstexten den in dieser Herrschaftssoziologie entwickelten „Herrschaftsbegriff" verwendet (MWG I/22-3, S. 265), also seine im Januar und Dezember 1913 gegenüber Paul Siebeck mit Stolz angekündigte Staats- und Herrschaftssoziologie in seinen Rechtstexten nicht benutzt. Für diesen erstaunlichen Sachverhalt sucht man in den „Editorischen Berichten" eine plausible Erklärung aber vergebens. Liegt dies nicht vielleicht doch daran, dass die Rechtssoziologie *vor* der Herrschaftssoziologie entstand? Am Ende dieser umständlichen Erörterungen über die relative Chronologie erfährt man schließlich, dass sich Webers Arbeit an den Rechtstexten praktisch über die gesamte Periode von 1909/10 bis 1913/14 erstreckt habe (MWG I/22-3 S. 187 f. in Verbindung mit S. 270). Damit aber weiß man nicht mehr, als was man zuvor auch schon wusste, nämlich, dass die beiden überlieferten Rechtstexte im Zusammenhang mit der Vorkriegsversion von „Wirtschaft und Gesellschaft" entstanden sind.

Allerdings gibt Werner Gephart in seiner „Einleitung" eine wichtige textbasierte Antwort auf die Entstehungsfrage, zwar nicht in zeitlicher, wohl aber in sachlicher Hinsicht. Man müsse, so die selbstgestellte Aufgabe, „den theoretischen Argumentationsweg durch die Darlegung der Textgenese und ihrer jeweils klaren Kompositionsidee freilegen, ihre Verwerfungen zeigen und in der Ausbreitung des rechtsvergleichend und universalhistorisch mobilisierten Rechtswissens seiner Zeit die Kontexte so erhellen, daß einzelne Sachverhalte nachvollziehbar werden" (MWG I/22-3, S. 3). Letzteres ist durch seine „Einleitung", vor allem aber durch die dichte Kommentierung der Texte, zweifellos geschehen. Ersteres aber ist hier von besonderem Interesse. Fragen wir also: Wie werden der theoretische Argumentationsgang und die Kompositionsidee anhand der Textgenese rekonstruiert?

Werner Gephart stellt fest, Weber füge in seine beiden Schriften zum Recht, in „außerordentlicher Kühnheit bis zur Unverständlichkeit", wie es heißt, „Epochen, Rechtskulturen, Rechtssysteme in ihren jeweiligen Bezügen zu Wirtschaft, Politik und Religion zu einem polyphonen Klang der Sphären der Moderne zusammen, aus denen sich die Eigenart des okzidentalen Rationalismus und dessen Entwicklungsmuster in paradigmatischer Weise" ergebe (MWG I/22-3, S. 3). Er spricht von einer großen „Metaerzählung über den juridischen Rationalismus im Okzident" (MWG I/22-3, S. 5), die er an anderer Stelle im Kern eine „Privatrechtsgeschichte des Okzidents" nennt (MWG I/22-3, S. 22). Er meint, Webers methodologisch motivierte Auseinandersetzung mit Stammler habe ihn wieder in den Bannkreis seiner ursprünglichen wissenschaftlichen Disziplin, in die Jurisprudenz, gezogen, und in einer kenntnisreichen Darstellung der rechtwissenschaftlichen Debatte der Zeit wundert er sich darüber, dass Weber Kantorowicz so viel intellektuellen Kredit gegeben habe, wo ihm doch, juristisch gesehen, Kelsen eigentlich viel näher stand. Gepharts überzeugender Versuch einer „wissenschaftsgeschichtlichen Rahmung" der Weberschen Rechtstexte führt ihn zu diesem Ergebnis: „Weber greift für den im Recht sowohl rechtsdogmatisch wie rechtshistorisch bewanderten Juristen einen selbstverständlichen Wissensfundus auf. Im Spannungsfeld einer Überwindung der Stammlerschen Konfusion von Faktizität und Normativität auf der einen Seite und der Kritik einer soziologistischen Reduktion des Rechts auf der anderen Seite, wie sie von der Freirechtsschule gepflegt wurde, bezieht Weber seine rechtssoziologische Position. Dabei setzt seine Grundannahme von der Eigengesetzlichkeit der Sphären den Blick auf das Recht als einen Kulturtatbestand frei, dessen innere Eigendynamik nicht ohne Bezüge zu anderen Sphären, den Sphären der Herrschaft, der religiösen Mächte und der wirschaftlichen Ordnungen zu erfassen ist" (MWG I/ 22-3, S. 29, siehe auch S. 41 f.).

Nun ist zunächst klar: Weber interessiert sich nicht für Stammler, den Juristen, sondern für Stammler, den Sozialtheoretiker. Auffällig an Gebharts Analyse ist zudem die Verwendung des Begriffs ‚Sphäre'. Von Sphärenfrevel ist gar die Rede, gegen den Weber sich gewandt haben soll. Hier sind freilich zwei Sachverhalte zu unterscheiden. Abgesehen davon, dass Weber, wenn überhaupt, allenfalls und schon gar nicht in diesen Texten von *Wert*sphären spricht, ist ‚Sphärenfrevel' bei der Leugnung der kategorialen Differenz von normativer und empirischer Geltung ein anderer als bei der Missachtung der Eigengesetzlichkeit von Wertsphären. Das Erste gilt nicht nur für das Recht, sondern für alle Wertsphären, das Zweite verlangt eine Differenzierungstheorie, aus der sich ergibt, wie im historischen Verlauf Ordnungen in Figurationen aufeinander bezogen sind. Damit ist aber kein logisches, wie im ersten Fall, sondern ein historisches Problem aufgeworfen. Denn nicht nur das Recht ist ein „Kulturtatbestand", auch die Wirtschaft, die Herrschaft, die Religion sind es, und keineswegs sind die Wertsphären in historischer Perspektive immer nach eigenen Gesetzen ausdifferenziert. Entscheidend ist, dass es Weber in der Auseinandersetzung mit Stammler nicht nur um eine empirische Rechtslehre und schon gar nicht um eine Differenzierungstheorie geht, sondern um die Grundbegriffe einer verstehenden Soziologie, an denen er, wie gezeigt, auch in der Nachkriegsfassung von *Wirtschaft und Gesellschaft,* seiner *Soziologie,* festhält. Zumindest „Die Wirtschaft und die Ordnungen" lassen sich zwar als eine „Soziologisierung der Rechtsbetrachtung" verstehen (MWG I/22-3, S. 62), sie sind aber nicht der Beginn einer „Metaerzählung" über den juristischen Rationalismus im Okzident'.

Es ist allerdings nun von größter Bedeutung, was Werner Gephart auf der Ebene der überlieferten Texte und Textschichten nachweist: dass das Typoskript von „Die Wirtschaft und die Ordnungen" ursprünglich wohl isoliert war; dass Weber dann die Kategorien des Kategorienaufsatzes in das Typoskript einarbeitete, den Text dabei erweiterte und mit dem zweiten Teil des Kategorienaufsatzes verzahnte (das Letzte ist meine Hinzufügung, die aber durch Rückverweise auf den Kategorienaufsatz in dem revidierten Text „Die Wirtschaft und die Ordnungen" gestützt wird, was die Herausgeber selbst zeigen); dass dann dieser Text durch ein dem späteren § 2 der „Entwicklungsbedingungen" unterliegendes Typoskript fortgesetzt wurde (MWG I/22-3, S. 652 ff.), und zwar ganz im Sinn des Stoffverteilungsplans von 1910. Dann habe Weber diese zunächst verfolgte Kompositionsidee aufgegeben. Ein Teil des Fortsetzungstyposkripts wurde dem späteren § 1 der „Entwicklungsbedingungen" (MWG I/222-3, S. 662 ff.), der andere dem späteren § 2 der „Entwicklungsbedingungen" zugeschlagen und beide Paragraphen mittels der Kategorien des Kategorienaufsatzes revidiert und erweitert. Diese im Nachhinein kompliziert erscheinende Umstellung habe Weber deshalb vorgenommen, weil ihn jenseits der Kritik an Stammler inzwischen ein neues Thema interessiert habe: „Maß und Art der *Rationalität* des Rechts" (MWG I/22–3, S. 61).

Dies ist nun tatsächlich eine richtungweisende Einsicht. Auf dem Weg von der Stammlerkritik von 1906/07 und ihrer Fortsetzung bis zur Ausarbeitung von „Die Wirtschaft und die Ordnungen" und der ‚Verselbständigung' der „Entwicklungsbedingungen des Rechts" liegt offenbar eine Entdeckung Max Webers. Marianne Weber hat sie in ihrer Biographie auf die Jahre 1910/1911 datiert. Sie besteht darin, dass der in den Studien über den asketischen Protestantismus konstatierte moderne ökonomische Rationalismus kein isoliertes Phänomen ist, sondern dass sich der Rationalismus der modernen okzidentalen Welt in den verschiedenen ‚Sphären' niederschlägt und dass sich dieser moderne okzidentale Rationalismus sowohl von dem Rationalismus der asiatischen als auch von dem der antiken Welt unterscheidet, ein Sachverhalt, der sich, so Webers Meinung, selbst an der arationalen Wertsphäre der Musik nachweisen lasse.[3]

Werner Gephart konstatiert deshalb zu Recht, mit der textlichen Verselbständigung der „Entwicklungsbedingungen" habe sich die ursprüngliche Problemstellung, wie sie sich in „Die Wirtschaft und die Ordnungen" findet, auf die der Rationalisierung des Rechts verlagert (MWG I/22-3, S. 65). Es gehe jetzt nicht mehr in erster Linie um das Verhältnis von Recht und Wirtschaft, sondern um

---

[3] Dazu Marianne Weber, *Max Weber. Ein Lebensbild,* Tübingen: J.C.B. Mohr (Paul Siebeck) 1926, S. 348–351, und über die Rolle der Musik für diese Entdeckung unten Teil 2.

die Darlegung der Bedingungen, die das Entstehen des modernen formal rationalen Rechts ermöglichten. Deshalb würden auch neue Mächte in den Umkreis der
Analyse des Rechts mit einbezogen, neben der Wirtschaft vor allem die Religion
und die Politik.

Werner Gephart scheint geneigt, in diesem Zusammenhang von einer Entzauberung des Rechts zu sprechen, in Analogie zu dem, was Weber später
den religions- und den wissenschaftsgeschichtlichen Entzauberungsprozess nennt.
Freilich hat Weber den Begriff der Entzauberung in den Rechtstexten an keiner
Stelle verwendet, weder vor Einarbeitung der Kategorien des Kategorienaufsatzes
noch danach.

Im Werk Max Webers taucht der Entzauberungsprozess zum ersten Mal im
Jahre 1913 auf, und zwar im ersten Teil des Kategorienaufsatzes, also in jenem
Teil (I–III), der nach meiner Interpretation im Sommer 1913 geschrieben wurde.
Da ich davon ausgehe, dass der zweite Teil des Kategorienaufsatzes (IV–VII)
gemäß Fußnote drei bis vier Jahre zuvor entstanden ist, überrascht es mich
nicht, dass der Begriff „Entzauberung" selbst in den überarbeiteten Rechtstexten noch nicht erscheint. Denn diese Überarbeitungen liegen offenbar früher als
diese begriffliche Erfindung von 1913. Vergleichbares konnten wir ja bereits für
das Verhältnis der Rechtstexte zur Herrschaftssoziologie feststellen. Obgleich sich
zumindest in den überarbeiteten „Entwicklungsbedingungen" der Akzent von der
Wirtschaft auf die Politik verschiebt, werden die Typen der legitimen Herrschaft
noch nicht verwendet. Werner Gephart wundert sich zu Recht darüber, weshalb Weber seine Ausführungen über das Charisma in seinem zweiten Rechtstext
„nicht zu einer der Herrschaftsform des Charismas vergleichbaren typologischen
Dichte" ausarbeitete (MWG I/22-3, S. 77) – und man kann sich auch wundern,
weshalb er im ersten Rechtstext bei Analyse eines ähnlichen Sachverhalts – wie
entstehen neue Rechtsregeln? – nicht einmal von Charisma spricht. Man kann
also, Werner Gephart folgend, schließen, dass sich in den Rechtstexten zwei Fragestellungen überlagern, die auch in einer zeitlichen Folge liegen: die nach dem
prinzipiellen Verhältnis von Recht und Wirtschaft aus soziologischer Perspektive und die nach den Entwicklungsbedingungen des formal rationalen Rechts
im Okzident. Daraus folgere ich: Erst entstehen die Rechtstexte und die Texte
über die Gemeinschaften und Verbände (Disposition *Handbuch*), dann die Texte
über Herrschafts- und Religionssoziologie (Disposition *Grundriß*), verbunden mit
einer Trennung der Rechtstexte gemäß ihrer unterschiedlichen Fragestellung und
der Zuordnung des zweiten Rechtstextes zum politischen Verband.

Auch Hubert Treiber äußerst sich am Beginn seiner Studie über Webers Rechtssoziologie zu Datierungsfragen.[4] Er folgt dabei im Wesentlichen der Darstellung von Gephart/Hermes in den Editorischen Berichten zu MWG I/22-3 (vgl. Treibers Zusammenfassung auf S. 10). An späterer Stelle heißt es bei ihm, die Arbeit an der Rechtssoziologie – gemeint sind jetzt immer die „Entwicklungsbedingungen" – reiche wohl ins Jahr 1911 zurück und die „Typoskripttexte" seien wohl „Anfang/Mitte 1913 entstanden", die „,handschriftlichen Be- und Ausarbeitungen'.. wohl ‚zwischen Ende 1913 und Mitte 1914' niedergeschrieben". Da wundere es doch sehr, so Treiber, dass die mittelalterliche okzidentale Stadt, die Weber ja bereits vor dem Krieg behandelt habe, in der Rechtssoziologie kaum vorkomme, „obwohl ihre Rolle hinsichtlich der Rationalisierung von Recht keine unbedeutende" sei.[5] Ich wundere mich freilich darüber nicht, denn es kommt ja nicht allein die „Stadt" in den „Entwicklungsbedingungen" kaum vor, sondern auch nicht die Herrschafts- und die Religionssoziologie, jedenfalls nicht in dem Maße, wie es zu erwarten wäre, wenn sie bei Niederschrift der „Entwicklungsbedingungen" schon vorgelegen hätten. All diese Widersprüche verschwinden, sobald man bei der Fragestellung zwischen „Die Wirtschaft und die Ordnungen" und den „Entwicklungsbedingungen" unterscheidet und ihre Entstehung gemäß Kategorienaufsatz *vor* die der Herrschafts- und Religionssoziologie legt (was partielle Überschneidungen natürlich nicht gänzlich ausschließt).

Doch wichtiger als die Datierungsfragen sind die Sachfragen. Und hier bietet nun Treibers Studie ein ungewöhnlich reiches Material. Nicht nur, dass er Webers Gedankengang in den „Entwicklungsbedingungen" sauber rekonstruiert, er stellt Webers Ansatz auch in die rechtswissenschaftlichen Debatten seiner Zeit und unserer Gegenwart, so dass Webers Text mitunter zum Stichwortgeber für rechtsgeschichtliche Exkurse wird, die weit ausgreifen und sowohl sein Anregungspotential als auch seine Zeitbedingtheit zeigen. Das sind Beispiele bewundernswerter Gelehrsamkeit.

Ich konzentriere mich in der Folge auf drei Sachverhalte, die aus meiner Sicht für die allgemeine Diskussion eine Rolle spielen: 1. Die Charakterisierung von Webers rechtssoziologischem Ansatz; 2. die Rekonstruktion der Rechtstypologie, mit der Weber arbeitet; 3. die Unterscheidung von vier Entwicklungsstufen des Rechts und des Rechtsgangs, wie sie Weber an einer Stelle seiner „Entwicklungsbedingungen", wie oben zitiert, vorgeschlagen hat.

---

[4] Hubert Treiber, *Max Webers Rechtssoziologie – eine Einladung zur Lektüre*, Wiesbaden: Harrassowitz Verlag 2017, S. 3–10.

[5] Ebd., S. 122. Die Zitate im Zitat entstammen den Editorischen Berichten von Gephart/Hermes.

Der erste Punkt ist schnell abgehandelt. Für die Charakterisierung von Webers rechtssoziologischem Ansatz wählt Treiber nicht wie Gephart in erster Linie „Die Wirtschaft und die Ordnungen", also nicht Webers Auseinandersetzung mit Stammler, sondern die „Soziologischen Grundbegriffe". Dass dies berechtigt ist, weil Weber „Die Wirtschaft und die Ordnungen" in die „Soziologischen Grundbegriffe" einarbeitet, habe ich oben dargelegt. Dabei betont Treiber die Herkunft von Webers Geltungsbegriff aus dem südwestdeutschen Neukantianismus (Wilhelm Windelband) und den nichtetatistischen Charakter seines Rechtsbegriffs, weil dieser bei Weber zwar verbandsbezogen ist, der Anstaltsstaat aber, historisch gesehen, nur ein politischer Verband unter anderen ist. Und selbst dort, wo der Staat den Rechtsgang weitgehend in die Hand genommen hat, bleibt ein Pluralismus von nichtstaatlichen Rechtsträgern bestehen. Allerdings rückt Treiber Webers rechtssoziologischen Ansatz näher an Ehrlich heran, als dies bei Gephart der Fall ist – und als es vielleicht Weber selbst lieb gewesen wäre.

Die Punkte zwei und drei hängen zusammen. Allerdings stellt sich mit diesem Zusammenhang auch ein Problem. Zunächst hält Treiber fest, Webers durchaus heterogene Ausführungen in seiner Rechtssoziologie ließen sich „zu einer historisch unterlegten ‚Theorie' der Rationalisierung des Rechts und seiner Entwicklungsbedingungen" zusammenführen (S. 26). Dafür bedürfe es zweier „Bausteine": eines Maßstabs für das Rationalitätsniveau des jeweiligen Rechts und einer idealtypischen Entwicklungskonstruktion, die Stufen oder Stadien des dabei erreichten Rationalitätsniveaus in eine Folge bringe. Dabei seien inner- und außerjuristische Verhältnisse zu unterscheiden, mit einem Akzent auf den innerjuristischen. Hier seien insbesondere die juristischen Trägerschichten zu beachten und die Rechtsprodukte, die Folge ihres Wirkens sind (S. 26 f.).

Beim ersten Baustein, den Arten oder Typen des Rechts nach Rationalitätsniveau, hat man sich bisher meist an die Unterscheidungen irrational-rational und formal-material gehalten und mittels Kreuztabellierung von vier Rechtstypen gesprochen: etwa vom primitiven oder geoffenbarten Recht (irrational-formal), vom traditionalen Recht (irrational-material), vom Vernunftnaturrecht (rational-material) und vom gesatzten oder positiven Recht (rational-formal). Diese vier Rechtstypen habe auch ich oben entwickelt. Treiber hält nun diese Typologie für unzureichend. Denn hierbei würde eine wichtige Unterscheidung bei Weber unterschlagen: die zwischen formal und formell, von material und materiell. Entscheidend sei hier Webers Satz: „Formell mindestens relativ rational ist jedes formale Recht", mit der er auf den Unterschied zwischen formell und formal hinweise. Obgleich Weber diese Unterscheidungen selbst nicht immer konsequent beachte, seien sie für eine Rechtstypologie nach Rationalitätsniveaus von zentraler Bedeutung. Dem kann ich nur zustimmen. Ich habe oben diese Unterscheidungen in die Begriffe des „Wie" und des „Was", des „Verfahrens" und des „Inhalts" des Rechts gekleidet. Ähnlich verfährt Treiber, der bei formell von „Rechtsgang/Verfahren", bei materiell von „Recht" spricht (S. 36 f.).

Freilich hat Treibers Typologie trotz dieser Übereinstimmung einen anderen Zuschnitt. Zunächst gibt es bei ihm nur einen Typus des irrationalen Rechts, nämlich das primitive Recht, das Weber auch als formalistisch bezeichnet, weil Rechtsschöpfung und Rechtsfindung vorwiegend auf der formellen Seite liegen, ohne dass Normen ins Spiel kämen (Orakel, Gottesurteil etc.). Daneben existieren für Treiber zwei rationale Typen des Rechts, die er sowohl in formeller als auch in materieller Hinsicht unterscheidet: das rational-materiale Recht, bei dem die Offizialmaxime (formelle Seite) mit nichtrechtlichen Norm- und Zweckmaximen (materielle Seite) verbunden ist, und das rational-formale Recht, das die Verhandlungsmaxime (formelle Seite) mit der Kasuistik oder dem System von Rechtssätzen (materielle Seite) kombiniert. So gesehen können englisches und kontinentales Recht (case law und statute law) gleichermaßen als rational-formal gelten. Diese Sicht teile ich. Die ausführliche Behandlung des englischen Rechts gehört überhaupt zu den Vorzügen von Treibers Studie (vgl. auch die Gegenüberstellung S. 96).[6]

Dennoch habe ich Zweifel, ob diese Typologie tatsächlich die Vier-Felder-Tafel überbietet. Denn man sieht sofort, dass auch in dieser Typologie eine Schwierigkeit steckt. Zum einen ist nicht unmittelbar einleuchtend, wie man mit der Gegenüberstellung von Verhandlungs- und Offizialmaxime auf der formellen Seite den entscheidenden Unterschied zwischen einem formal-rationalen und einem material-rationalen Recht begründen kann. Der Unterschied zwischen diesen Verfahrensmaximen betrifft doch eher das Rechtsgebiet als das Rechtsniveau (z. B. Zivilrecht gegenüber Strafrecht). Zum andern gäbe es gemäß dieser Typologie beim material-rationalen Recht auf der materiellen Seite keinerlei Rechtsnormen. Allerdings drückt sich darin weniger eine Verkürzung von Treibers Ansatz, als vielmehr eine solche von Webers Ansatz aus.

---

[6] Damit kann übrigen das von David Trubeck aufgebrachte sogenannte England-Problem, das in der Sekundärliteratur herumgeistert, als erledigt betrachtet werden (Treiber, S. 100–102). Weber betont bekanntlich, dass der rationale Gewerbekapitalismus unter beiden Rechtssystemen gedeihe. Denn dieser ist eben nicht ausschließlich rechtlich bedingt. Freilich denkt er in Bezug auf die Rechtskultur eher kontinental-europäisch. Jens Petersen formuliert scharf: „Dabei schätzte Weber zumindest die englische Jurisprudenz in einer geradezu chauvinistisch anmutenden Weise durchaus gering". Vgl. Jens Petersen, *Max Webers Rechtssoziologie und die juristische Methodenlehre*, Tübingen: Mohr Siebeck, 3. Aufl. 2020, S. 47.

Denn tatsächlich tendiert Max Weber in den „Entwicklungsbedingungen" noch dazu, die Spannung zwischen formaler und materialer Rationalisierung nicht rechtsimmanent zu verstehen, wie er es später, in seiner Wirtschaftssoziologie, für die kapitalistische Wirtschaft getan hat. Wenn er von materialer Rationalisierung spricht, scheinen bei ihm tatsächlich in der Rechtssoziologie immer nichtrechtliche Maximen im Spiel (ethische, zweckmäßige, politische). Ein Recht gilt ihm nur dann als formal-rational, wenn „ausschließlich eindeutige generelle Tatbestandsmerkmale materiellrechtlich und prozessual beachtet werden" (MWG I/22-3, S. 304). Und seine Studie soll ja zeigen, „wie die an der Rechtsbildung beteiligten Mächte – (die inner- und außerjuristischen im Sinne von Treiber, kann man hinzufügen) – auf die *formellen* Qualitäten des Rechts einwirkten" (MWG I/22-3, S. 305, Hervorhebung von mir). Es scheint ihm also bei seiner Analyse in erster Linie auf die Berechenbarkeit im Rechtsgang, man kann auch sagen: auf die Rechtssicherheit, nicht auf die rechtsimmanente Spannung zwischen Rechtssicherheit und Gerechtigkeit anzukommen. Aber schon bei seiner Behandlung des Vernunftnaturrechts muss er beide Gesichtspunkte zulassen, dem er ja in § 7 seiner Studie große Bedeutung für die okzidentale Rechtsentwicklung zugemessen hat.

Hubert Treiber legt, der oben zitierten ‚evolutionstheoretischen' Passage von Weber folgend, nun seiner Darstellung der Entwicklung des Rechts und des Rechtsgangs vier solcher Stufen zugrunde: die charismatische Rechtsoffenbarung durch Rechtspropheten (Stufe 1); die empirische Rechtsschöpfung und Rechtsfindung durch Rechtshonoratioren oder die Kautelar- und Präjudizienrechtsschöpfung (Stufe 2); die Rechtsoktroyierung durch weltliche Imperien und theokratische Gewalten (Stufe 3); die fachmäßig, auf Grund literarischer und formal logischer Schulung sich vollziehende Rechtspflege durch Rechtsgebildete oder Fachjuristen (Stufe 4) (siehe den Überblick auf S. 42). Diese vier Stufen lassen sich aber nicht ohne Weiteres den Rationalitätsniveaus (Typen) zuordnen. Man sieht auch nicht, welchen Anteil eine bestimmte Stufe für das Erreichen eines bestimmten Rationalitätsniveaus besitzt. Denn nicht nur das Vernunftnaturrecht in seiner formalen und materialen Variante lässt sich *beiden* Rationalitätsniveaus, dem formalen und dem materialen, einfügen. Auch die erste Rechtsstufe, das irrationale Recht, stellt sich verschieden dar, je nachdem, ob man sie als magischen Formalismus oder mit der Rechtsoffenbarung eines Moses oder eines Muhammads charakterisiert. Und schließlich ist die dritte Stufe vor allem dadurch gekennzeichnet, dass hier ein endemischer Konflikt zwischen Willkür und Landrecht waltet. Er lässt sich durch den Typus des rational-materialen Rechts nur unzureichend charakterisieren. Denn gerade der Kadi-Justiz haftet ein Element der Willkür an.

Das heißt nun natürlich nicht, dass Hubert Treiber die vier Entwicklungsstufen des Rechts nicht gehaltvoll beschriebe. Im Gegenteil: Durch Ausgriffe auf Webers Religions- und Herrschaftssoziologie, aber auch durch die Einbeziehung anderer Rechtstheoretiker und Rechtshistoriker entsteht ein komplexes Bild der okzidentalen Rechtsentwicklung, die Weber wohl so oder ähnlich vor Augen stand. So kann man trotz dieser systematischen Inkonsistenzen und trotz der Unklarheiten in der Datierungsfrage Hubert Treibers Einladung, Max Webers Rechtssoziologie erneut zu lesen, nur begrüßen. Sie regt zum besseren Verständnis dieses schwierigen Textes an.

Dies gilt auch für die Studien von Jens Petersen, der sich freilich von vornherein auf Datierungsfragen nicht einlässt. Petersens Interesse richtet sich hauptsächlich darauf, was sich für einen Juristen aus Webers Rechtssoziologie für das eigene Fach lernen lässt. Es geht ihm dabei um die juristische Methodenlehre im Spannungsfeld von Begriffsjurisprudenz, Interessenjurisprudenz (Philip Heck) und der Rechtssoziologie Max Webers. Die Ausgangsfrage lautet deshalb: Welcher Nutzen lässt sich aus Webers Rechtssoziologie für die juristische Methodenlehre ziehen? Die Vermutung, dass es einen solchen Nutzen gäbe, gründet Petersen auf die Tatsache, dass Weber als ein ausgebildeter Jurist mit der juristischen Methodenlehre vertraut war, dass er seinen eigenen soziologischen Ansatz nicht zuletzt auch mit Blick auf die juristische Methodenlehre formulierte (S. 5 f.). Petersen will freilich, eingedenk Max Webers Mahnung, mit dieser Bezugnahme eines Juristen auf die Rechtssoziologie keinen Methodensynkretismus begehen.

Im Mittelpunkt steht also Webers Sicht der juristischen Methode, die er seiner Trennungsabsicht zugrunde legte, als er davon sprach, die Rechtswissenshaft habe es mit dem objektiv richtigen, die Soziologie aber mit dem subjektiv gemeinten Sinn zu tun, Rechtswissenschaft sei eine dogmatische, Soziologie eine empirische Disziplin. Das Spannende ist dabei freilich nicht die Trennung, sie ist schnell ausgesprochen. Das Spannende ist trotz dieser Trennung das Zusammenspiel zwischen den beiden kategorial getrennten Ebenen. Bereits in seiner berühmten zweiteiligen Studie „Die protestantische Ethik und der ‚Geist' des Kapitalismus" aus den Jahren 1904 und 1905 (MWG I/9) hatte Weber nicht einfach nur die empirisch-historische Seite des Vorgangs beleuchtet, sondern auch die dogmatische, indem er sich intensiv mit den Grundlagenschriften des asketischen Protestantismus und ihrer wichtigsten theologischen Interpreten beschäftigte. Er hielt den Durchgang durch dieses ‚theologische Material' für unverzichtbar im Rahmen des von ihm verfolgen empirisch-historischen Projekts. Freilich musste er sich dabei auf ein Gebiet begeben, das ihm ‚von Haus aus' fremd war. Er

betonte deshalb immer wieder, er sei in diesen ‚theologischen Sachen' ein Dilet-
tant. Das ist im Fall der Rechtssoziologie anders. Hier ist er Fachmann auch
für die andere Seite, in der juristischen Methodenlehre seiner Zeit ausgebildet,
der die Erkenntnisse der Rechtswissenschaft für seine soziologischen Zwecke
zu nutzen weiß. Schon seine Handlungstheorie, über die ich im Zusammenhang
mit seiner Stammlerkritik berichtete, ist von der Strafrechtstheorie seiner Zeit
beeinflusst. Schuldfähigkeit, Vorsatz, Handlungsfreiheit, Zurechnung einer Handlung auf einen Verursacher, Verantwortlichkeit, all dies sind letztlich Begriffe mit
einem juristisch-soziologischen Doppelsinn.

Es sind bei dieser Bezugnahme auf die Jurisprudenz von vornherein zwei
Gesichtspunkte zu unterscheiden: Webers Stellungnahme zur juristischen Methodenlehre damals, der Nutzen seiner Rechtssoziologie für die juristische Methode
heute. Beide Gesichtspunkte sind in Petersens Studie im Spiel. Dabei ist der erste
Gesichtspunkt für die Weberforschung gewichtiger als der zweite. Er vor allem
dient dem besseren Verständnis von Max Webers Position insgesamt.

Jens Petersen sieht es als ein großes Verdienst von Max Webers Rechtssoziologie an, „die Rationalität des Rechts in den Vordergrund gestellt zu haben"
(Petersen, S. 37). Für Weber, den Soziologen, ist die Rationalität des Rechts
zweifellos eine historische Frage, aber er geht auch darüber hinaus. Es ist ja kein
Zufall, dass er an den Beginn seiner Erörterungen über die Entwicklungsbedingungen des Rechts einen Idealtypus der Rechtsschöpfung und der Rechtsfindung
setzt, der dem dogmatisch gedachten modernen formal-rationalen Recht ähnelt.
Er bedient sich dafür jener fünf Postulate, die oben ausführlich zitiert wurden, und
die der Begriffsjurisprudenz nachempfunden sind. Darin steckt zunächst auch die
klassische juristische Methodenlehre, wie sie einmal gepflegt wurde, in Webers
Gegenwart allerdings bereits in die Kritik geraten war.

Man sollte sich klarmachen: Weber verfährt hier wie in seiner Studie über
den asketischen Protestantismus. Dort hatte er die Prädestinationslehre als dogmatische Voraussetzung an den Beginn seiner historischen Wirksamkeitsanalyse
gestellt. Diese Lehre war freilich nicht für alle Strömungen dieser Glaubens-
richtung bestimmend. Dies gilt für die Begriffsjurisprudenz ebenso. Schon an
der Entwicklung von Rudolf von Jhering lässt sich zeigen, wie diese klassische
Methodenlehre sich unter dem Druck des Lebens wandelt (ebd., S. 55). Neben
der Logik des Fachmanns kommen die Interessen des Laien ins Spiel.

Petersen sieht in der Interessenjurisprudenz, wie sie von Philipp Heck initi-
iert wurde, eine Gegenbewegung zur Begriffsjurisprudenz. Er selbst bezeichnet
die Begriffsjurisprudenz auch als Konstruktions-, ja als Prinzipienjurisprudenz,
womit freilich bereits eine Weiterentwicklung der Begriffsjurisprudenz bezeichnet

sei, der in seinen Augen auch der Jurist Weber letztlich folge. Denn bei ihm stünden im juristischen Denken das Generalisieren und Abstrahieren, die „Reduktion der für die Entscheidung des Einzelfalls maßgebenden Gründe auf ein oder mehrere ‚Prinzipien‘" im Vordergrund (ebd., S. 43). Auch der Jurist Weber denke an die „‚Herausläuterung‘ von Rechtssätzen" und an deren Wechselwirkung mit den Tatbeständen sowie an eine Kasuistik, die auch ähnliche Fallgestaltungen zulasse und bei der in der „synthetischen Arbeit der Konstruktion" (ebd., S. 50) ein bloßes Analogisieren, ein parataktisches und anschauliches Assoziieren vermieden werde (ebd., S. 48). An späterer Stelle der Studie heißt es, Weber vertrete eine „aufgeklärte Form der Konstruktionsjurisprudenz" (ebd., S. 104 f.), wenngleich sein Insistieren auf logischer Konsistenz, deduktiver Strenge, präziser Sprache und Berechenbarkeit wiederum nichts anderes zum Ausdruck bringe „als das damals zumal im Zivilrecht vorherrschende Rechtsideal der ‚Pandektenwissenschaft‘" (ebd. S. 52).

Wie auch immer: Jedenfalls sah Weber, der Soziologe, die Begriffsjurisprudenz auch kritisch. Diese Kritik teilte er mit vielen seiner Zeitgenossen, so mit den Vertretern der Interessenjurisprudenz und der Freirechtsbewegung. Doch gehört er nicht schon deshalb der einen oder der anderen Richtung an. Zwar gibt es zwischen Philipp Heck und Max Weber äußerliche Gemeinsamkeiten – sie hatten denselben Lehrer (Levin Goldschmidt) und den gemeinsamen Auftritt auf dem Soziologentag in Frankfurt –, doch eine Referenz auf Heck sucht man im Weberschen Werk vergebens. Und trotz seines Lobes für Kantorowicz blieb Weber jedenfalls gegenüber Eugen Ehrlich auf Distanz. Petersen versucht denn auch gar nicht, Webers Rechtssoziologie mit einer dieser beiden Strömungen gleichzusetzen. An ein „Primat der Lebensforschung und Lebenswertung" (Heck) glaubt weder Weber, der Soziologe, noch Weber, der Jurist.

Dies schließt natürlich nicht aus, dennoch von Konvergenz zu sprechen. Sie kann zumindest als Arbeitshypothese fruchtbar sein (siehe vor allen ebd., S. 68). Bei der Interessenjurisprudenz und der Freirechtsschule handelt es sich um Bewegungen, die jedenfalls der Rechtssoziologie den Weg bereiteten, wobei aber zwischen einer soziologisierenden Rechtswissenschaft und einer Rechtssoziologie, die der Rechtswissenschaft gegenübersteht, zu unterscheiden ist (siehe treffend ebd., S. 98). Weil Weber die Begriffsjurisprudenz zwar kritisierte, sie aber nicht einfach durch Soziologie ersetzen wollte, konnte er die Rechtssoziologie in einen fruchtbaren Dialog mit der Rechtswissenschaft bringen und zugleich einem Methodensynkretismus entgehen.

Für die juristische Methodenlehre war es nun nach Petersen entscheidend, diese Impulse der innerjuristischen Kritik an der Begriffsjurisprudenz aufzunehmen, die Entgegensetzung von Konstruktion und Interesse aufzuheben und zur Synthese zu bringen (ebd., S. 105). Petersen sieht daher, bezogen auf die juristische Methodenlehrer, eine Linie von der Begriffsjurisprudenz über die Interessenjurisprudenz zur Wertungsjurisprudenz. Damit wird auch die Vorstellung vom lückenlosen Recht und vom Richter als einem Subsumptionsautomaten überwunden. Es wandelt sich auch der Begriff der Konstruktion. Petersen hebt hervor, „dass auch die richtig verstandene Wertungsjurisprudenz Begriff und Konstruktion nicht pauschal abqualifiziert, sondern einen harmonischen Gleichlauf durch wertungsmäßige Fundierung" erstrebe (ebd., S. 91). Damit sind wir bei der Frage nach Webers möglichem Beitrag zur juristischen Methode heute angelangt.

Petersen stellt fest, Weber habe über seine Zeit hinausgeblickt (ebd., S. 105). Dies ist deshalb in diesem Zusammenhang überraschend, weil er zugleich Weber, dem Juristen, wegen dessen Insistieren auf der Logisierung des Rechts eigentlich die „Unzulänglichkeit der nicht wertungsorientierten, ‚reinen' Begriffs- und Konstruktionsjurisprudenz" vorhält (ebd., S. 83). Denn bei der Gegenüberstellung von juristischer und soziologischer Betrachtungsweise spreche er bei der juristischen vom „strikten Entweder-Oder" der Geltung eines Rechtssatzes (ebd., S. 84). Zudem habe er das maßgebende Rechtsdenken mit der Auffassung des Rechts „als eines in sich logisch widerspruchslos und lückenlos geschlossenen Komplexes von ‚Normen', die es ‚anzuwenden'" gelte, identifiziert (ebd., S. 91 mit Bezug auf Weber, MWG I/22-3, S. 582 f.). Stützt man sich auf diese Äußerungen, so scheint er Weber von der Wertungsjurisprudenz jedenfalls weit entfernt zu sehen. Inwiefern blickt Weber also tatsächlich, an diesem Maßstab gemessen, über seine Zeit hinaus?

Petersen nimmt dafür den Drittschutz bei Ermächtigungsnormen in Anspruch. Weber habe solche Drittbetroffenheit (Reflexwirkung) auf Anhieb gesehen, „so dass man, wenn er überhaupt einseitig der Begriffs- und Konstruktionsjurisprudenz zugerechnet werden soll, bei ihm Ansätze finden kann – die in die moderne Wertungsjurisprudenz weisen, ohne sie freilich vorwegzunehmen" (ebd., S. 104). Solche ‚Neuerung' wäre allerdings eher bescheiden. Wichtiger scheint mir Webers Rückzug von der Verabsolutierung des logisch richtigen Rechts, die Verdrängung des Primats der Logik, die Petersen erwähnt (siehe die Überschriften ebd., S. 89 bzw. S. 92). Denn Weber hat auf dogmatischer Ebene nicht an ein in sich kohärentes, logisch widerspruchsfreies System geglaubt. Wenn immer er über Werte redet, redet er über Wertkonflikte, über Inkohärentes und Widersprüchliches, über Antinomien, die ihm als nicht auflösbar gelten. Wenn dies aber für die Wertsphären allgemein gilt, warum sollte es beim Rechtssystem anders sein? Es geht auch hier um Güterabwägungen, und diese setzen Wertung voraus.

Wenngleich es sein mag, dass sich in Webers Rechtssoziologie ganze Absätze finden, „die ebenso gut in einem großen juristischen Lehrbuch ihren Platz finden könnten" (ebd., S. 118), die Trennung von ideeller und empirischer Geltung ist für ihn unhintergehbar. Juristische und soziologische Betrachtung bleiben zweierlei. Dies gilt auch für die Typenbildung, die Petersen in seiner instruktiven Studie am Ende behandelt: Der Idealtypus in der Soziologie und der Normstrukturtypus in der Jurisprudenz haben nur den Begriff Typus gemein. Der Idealtypus dient der kausalen Zurechnung, der Normstrukturtypus der Subsumption des Falls unter eine Regel. Die Ebenen bleiben getrennt. Freilich bleibt das Problem ihrer Verbindung. Jedenfalls bliebe eine Rechtsdogmatik eher ‚blind', die zwar logisch geschlossen, aber von der Parallelwertung in der Laiensphäre gänzlich abgeschnitten wäre, also vom Billigkeitsgefühl des Bürgers gänzlich getrennt.

Jens Petersen entwickelt seine von umfassender Weber-Kenntnis getragene Studie ohne Bezugnahme auf die Herrschaftssoziologie. Das ist verständlich, denn auf die juristische Methodenlehre und Webers Beitrag dazu kommt es ihm an. Da ich dagegen auch an der Entstehung von Webers Rechtstexten interessiert bin, kann ich diesen Aspekt nicht ausblenden. Deshalb zum Abschluss noch einmal ein Blick auf den Zusammenhang von Rechts- und Herrschaftssoziologie.

Ausblick: Die Verbindung von Rechts- und Herrschaftssoziologie

Schon in zwei Zusammenhängen habe ich auf die Verbindung von Rechts- und Herrschaftssoziologie hingewiesen: bei der Beziehung des Kategorienaufsatzes zum Text „Die Wirtschaft und die Ordnungen" und bei der Einarbeitung dieses Textes in die „Soziologischen Grundbegriffe" von 1919/20, in denen die Legitimationsproblematik entfaltet ist. Als Schlüssel für diese Verknüpfung diente zunächst der kurze Text „Herrschaft" (MWG I/22-4, S. 126–149), vermutlich der früheste Text, in dem Max Weber seine berühmten drei Typen der legitimen Herrschaft entwickelt, die ja zunächst, wie die übrigen Texte aus der Vorkriegsfassung zum *Handbuch/Grundriß* auch, mit Beginn des Krieges im August 1914 in seine Schreibtischschublade wanderten und dort wohl unangetastet verblieben, bis er einige davon für sein Probesemester in Wien im Sommersemester 1918 herausholte und dann ab 1919 an ihrer Neufassung arbeitete, woraus die ersten Kapitel seiner *Soziologie* entstanden sind (MWG I/23). Die erste Veröffentlichung der drei Typen legitimer Herrschaft findet sich allerdings in der „Einleitung" zu den Studien über die „Wirtschaftsethik der Weltreligionen", im Herbst 1915 in ihrer ersten Fassung erschienen, aber vermutlich bereits 1913 niedergeschrieben (MWG I/19, S. 119–126).[1] Dort spricht er von der „charismatischen Autorität", der „*traditionalistischen* Autorität" und von dem rationalen Typus der Herrschaft, dessen historisch wichtigste Spielart die „*bureaukratische* Herrschaft" sei (MWG I/19, S. 120 ff.). (Diese Schlusspassage der „Einleitung" mit einigen terminologischen Vorbemerkungen ist in petit gesetzt und vermutlich erst 1915, während des Druckes, in den Text gekommen.)

---

[1] In diesem Text findet sich übrigens auch der Entzauberungsbegriff, den Weber seit 1913 verwendet. Siehe MWG I/19, S. 114.

W. Schluchter, *Empirische Geltungslehre*, Studien zum Weber-Paradigma, https://doi.org/10.1007/978-3-658-41189-3_10

Weber betont in diesem Text, die charismatische Herrschaft, „die auf dem Glauben an die Heiligkeit oder den Wert des Außeralltäglichen" ruhe, und „die traditionalistische (patriarchale) Herrschaft, die auf den Glauben an die Heiligkeit des Alltäglichen sich" stütze, hätten in „früher Vergangenheit" alle Herrschaftsbeziehungen unter sich aufgeteilt. Erst später sei die rationale Herrschaft hinzugekommen, „die Unterwerfung nicht kraft Glaubens und Hingabe an charismatisch begnadete *Personen:* Propheten und Helden, auch nicht kraft heiliger Tradition und der Pietät gegen den durch Traditionsordnung bestimmten persönlichen Herren, sondern die *un*persönliche Bindung an die generell bezeichnete *sach*liche ‚Amtspflicht', welche ebenso wie das korrespondierende Herrschaftsrecht: – die Kompetenz – durch *rational gesatzte* Normen (Gesetze, Verordnungen, Reglements) fest bestimmt sind." Hier erst sei Herrschaft mittels „formell korrekt gesatzte(r) und verkündete(r) *Regel"* legitimiert worden (MWG I/19, S. 125). Hält man sich diese Formulierungen vor Augen, so verbindet Weber mit seiner Typologie also auch eine entwicklungsgeschichtliche These. Am Ende einer langen Entwicklung steht der „legale Typus der Herrschaft" (ebd., S. 124), den man, bezogen auf den politischen Verband, auch Rechtsstaat nennen kann.

Charismatische Herrschaft, traditionale Herrschaft, legale Herrschaft, das sind die drei reinen Typen, von denen Weber allerdings einschränkend sagt, ein empirisches Herrschaftsgebilde müsse keineswegs einem dieser Typen entsprechen. Man müsse sie vielmehr auch kombinieren und Übergänge zwischen ihnen zulassen, wenn man mit ihnen arbeiten wolle. Zudem gelte es, Subtypen zu konstruieren, nur dann werde man der empirischen Vielfalt der Herrschaftsverhältnisse einigermaßen gerecht. Ob solche Typologien aber tatsächlich zweckmäßig seien, das könne nur ihre Fruchtbarkeit in der empirisch-historischen Forschung zeigen. Nicht zuletzt deshalb war Weber auch um eine Verfeinerung seiner Herrschaftstypologie über die drei reinen Typen hinaus bemüht.

Blickt man zunächst auf die drei reinen Typen, so spielen auf der abstrakten Ebene, wie bereits gezeigt, zwei Unterscheidungen bei ihrer Konstruktion eine wichtige Rolle: die zwischen alltäglich und außeralltäglich und die zwischen persönlich und sachlich. Die charismatische Herrschaft gilt Weber als außeralltäglich und persönlich, die traditionale als alltäglich und persönlich, die legale aber als alltäglich und unpersönlich (oder sachlich). Man sieht daran sofort, dass die Kombination außeralltäglich und unpersönlich (oder sachlich) fehlt. Es ist nun interessant, dass Weber diese vierte Möglichkeit von Beginn an keineswegs ausschloss. Unter dem Titel „Umbildung des Charismas", aber, wie oben gezeigt, auch in anderen Texten zum Charisma, beschreibt er zwei Vorgänge, die nach seiner Sicht bei charismatischer Herrschaft wegen ihres volatilen Charakters – Wirtschaftsfremdheit und Organisationsschwäche – regelmäßig eintreten:

entweder die genuin charismatische Herrschaft veralltäglicht sich, geht also in die traditionale oder in die legale Herrschaft über, oder sie entpersönlicht, versachlicht sich, nimmt, wie Weber sagt, eine institutionelle Wendung, so dass daraus ein Dauergebilde entsteht, in dem das ‚charismatische Feuer' überlebt. Im ersten Fall geht das Charisma also verloren, im zweiten bleibt es erhalten. Es nimmt in unpersönlicher Gestalt den Charakter eines Gentils-, Amts- oder Verfahrenscharismas an (MWG I/22-4, S. 526, wo Weber von einer „Anheftung" des Charismas „an ein soziales Gebilde als solches" spricht).

Wir können deshalb nicht nur zwischen drei, sondern zwischen vier reinen Typen der Herrschaft unterscheiden: der traditionalen, der legalen Herrschaft (beide alltäglich), der personalen charismatischen und der institutionellen charismatischen Herrschaft (beide außeralltäglich). Interessanterweise fügte Weber in die zweite Fassung der oben zitierten „Einleitung" in die „Wirtschaftsethik der Weltreligionen" 1919/20 einen Passus ein, der auf den hier behaupteten Zusammenhang zwischen Herrschafts- und Rechtssoziologie verweist. Es heißt nämlich nach dem zitierten Passus, demzufolge der Glaube an die Heiligkeit des Alltäglichen (traditionalistisch) und der Glaube an die Heiligkeit des Außeralltäglichen (charismatisch) in der Vergangenheit alle Herrschaftsbeziehungen unter sich aufteilt hätten, jetzt: „‚Neues' Recht konnte in den Kreis des kraft Tradition Geltenden nur durch Charismaträger: Orakel von Propheten oder Verfügungen von charismatischen Kriegsfürsten, eingefügt werden" (MWG I/19. S. 122). Und es wird dann auch hier von ihm neben die Veralltäglichung des Charismas seine Versachlichung kraft Regelbindung gesetzt. Ferner wird zwischen zwei Arten der Rationalisierung unterschieden: Denn es gelte „zwischen der *materialen* Rationalisierung der Verwaltung und Rechtspflege durch einen Patrimonialfürsten, der seine Untertanen utilitarisch und sozialethisch beglückt so, wie ein großer Hausherr seine Hausangehörigen, und der *formalen* Rationalisierung durch die von geschulten Juristen geschaffene Durchführung der Herrschaft allgemeinverbindlicher Rechtsnormen für alle ‚Staatsbürger'" zu unterscheiden (MWG I/19, S. 124). Die Geburt des modernen okzidentalen Staats und der okzidentalen Kirchen sei vor allem Juristenwerk. Mit dem „Siege des *formalistischen* juristischen Rationalismus", so Weber weiter, sei „im Okzident neben den überkommenen Typen der Herrschaften der *legale* Typus der Herrschaft" getreten (MWG I/19, S. 124). Es ist nicht schwer, hinter diesen Ausführungen drei Typen des Rechts zu erkennen, die ich oben unterschieden habe: das geoffenbarte Recht (charismatische Herrschaft), das überkommene Recht mit seiner Kadi-Justiz (traditionale Herrschaft) und das formal-rationale moderne Recht (legale Herrschaft), das Folge der von Juristen vorangetriebenen formalen Rationalisierung von Rechtsschöpfung, Rechtsfindung und Verwaltung ist.

Wo aber bleibt der vierte Rechtstypus, das Naturrecht? Hierfür bieten sich nun die Hinweise auf die Versachlichung des Charismas an. Denn Weber spricht im Zusammenhang mit den Menschen- und Bürgerrechten von der „charismatischen Verklärung der ‚Vernunft' (die ihre charakteristische Ausdruckweise in ihrer Apotheose durch Robbespierre fand" (MWG I/22-4, S. 679), was zumindest eine gewisse Entpersönlichung des Charismas nahelegt. Denn die Vernunft kennt Regeln, an die sich derjenige, der sich auf sie beruft, binden muss. Sie stehen dem Charismatiker nicht zur freien Verfügung. In den „Entwicklungsbedingungen des Rechts" hatte Weber, wie oben ausgeführt, zwei Varianten des Naturrechts unterschieden: die lex naturae in Gestalt des stoischen Naturrechts, die das Christentum als Brücke zur Welt nutzte, und das Vernunftnaturrecht als den „Inbegriff der unabhängig von allem positiven Recht und ihm gegenüber präeminent geltenden Normen", „welche ihre Dignität nicht von willkürlicher Setzung zu Lehen tragen": Hier ist die lex naturae „die spezifische Legitimationsform der *revolutionär* geschaffenen Ordnungen" (MWG I/22-3, S. 595 f.). Hier gilt Recht kraft seiner immanenten Qualitäten als legitim, die „einzig consequente Form der Legitimität eines Rechts, welche übrig bleiben kann, wenn religiöse Offenbarungen und autoritäre Heiligkeit der Tradition und ihrer Träger fortfallen" (ebd.). Darin steckt ein Element von Außeralltäglichkeit.

Man kann diese Überlegungen im folgenden Schema veranschaulichen (genuines Charisma als Ausgangspunkt von Veralltäglichung und Versachlichung).

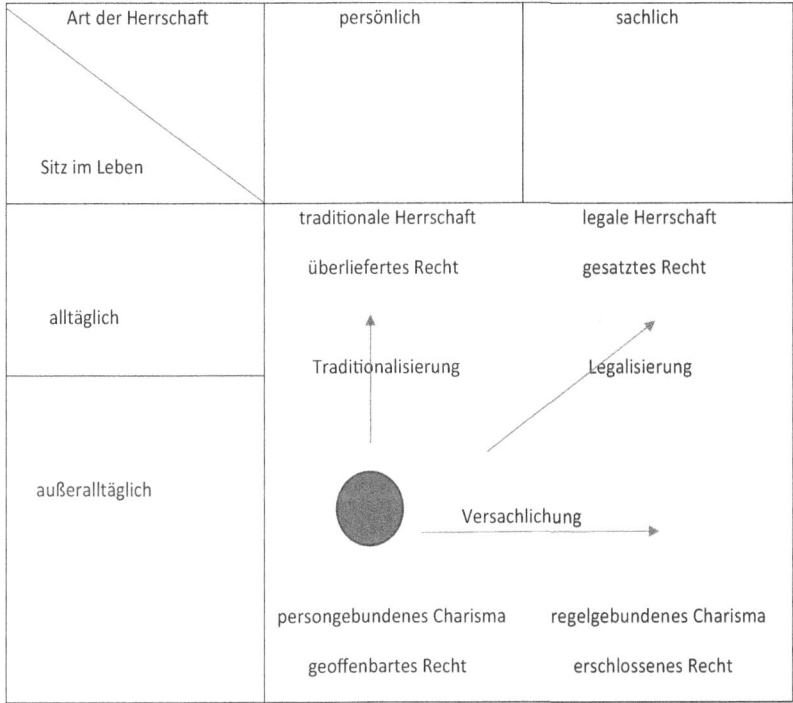

Art der Herrschaft	persönlich	sachlich
Sitz im Leben		
alltäglich	traditionale Herrschaft überliefertes Recht ↑ Traditionalisierung	legale Herrschaft gesatztes Recht ↗ Legalisierung
außeralltäglich	⬤ Versachlichung ⟶ persongebundenes Charisma geoffenbartes Recht	regelgebundenes Charisma erschlossenes Recht

Max Webers Rechts- und Herrschaftssoziologie sind also aufeinander bezogen, aber mit großer Wahrscheinlichkeit in Sequenz entstanden. Und zumindest die Texte zum Recht gehören zu den frühesten, die er für das *Handbuch der politischen Ökonomie* formuliert. So erklärt sich für mich auch der Brief, den er am 23. Januar 1913, also etwa ein Jahr nach dem ursprünglich vereinbarten Abgabetermin für die Beiträge zum *Handbuch der politischen Ökonomie* an den Verleger Paul Siebeck sendet. Darin heißt es, wie bereits zitiert: „Eine neue Karte B[ücher]'s stellt seinen Beitrag in 10–14 Tagen in Aussicht (Einleitung). *Dann* werde ich sehen, ob ich Ihnen *meinen* großen Beitrag (Wirtschaft und Gesellschaft – incl. Staat und Recht) jetzt in nächster Zukunft oder auch erst Ende April zusenden kann. Denn davon hängt das ab. Übrigens wird er, hoffe ich, zu den besseren oder besten Sachen gehören, die ich schrieb. Er giebt eigentlich eine *vollständige soziologische Staatslehre* im Grundriß und hat heißen Schweiß gekostet, das kann ich wohl sagen" (MWG II/8, S. 52 f.). Was könnte mit „Staat und Recht" anderes gemeint sein, als die Verbindung von Rechts- und Herrschaftssoziologie? Und noch deutlicher, wenig später, am 8. Februar 1913, nachdem Karl Bücher seine in Webers Augen allerdings dürftigen Einleitungsartikel in das *Handbuch* geliefert hatte, ebenfalls an Paul Siebeck: „Ich bin eifrig an der Arbeit. Ich hoffe, der große Artikel ‚Wirtschaft, Gesellschaft, Recht und Staat' wird das *systematisch* Beste, was ich bisher geschrieben habe, grade weil ich ihn jetzt *Büchers's* wegen umarbeiten mußte und noch bis Anfang Mai damit zu thun habe (länger nicht)" (MWG II/8, S. 87). Letzteres sollte sich freilich als Illusion erweisen: Es wurde eine Geschichte, die nicht zu Ende kam.

Teil II

Ergänzende theoretische und historische Betrachtungen zu Max Webers Werk

Bewusstseinsphilosophie und Soziologie

Zu den Grundlagen einer verstehenden Soziologie

> *„Max Weber hat keine Philosophie gelehrt; er war eine Philosophie"*
>
> *Karl Jaspers, 1932*

11.1 Dieter Henrichs ursprüngliche Einsicht

In den Jahren 1949/50 machte sich ein junger Philosoph daran, einen „großen Mann", wie es im Motto der Schrift heißt, von unangemessenen philosophischen Ansprüchen freizusprechen. Es ging ihm um die Rolle, die der Neukantianismus, insbesondere der Heinrich Rickerts, in der sogenannten Wissenschaftslehre Max Webers spielt. Er suchte zu zeigen, dass Webers Ansatz zwar mit Rickertschen Begriffen formuliert sei, etwa mit der Unterscheidung zwischen Natur- und Kulturwissenschaft oder den Begriffen heterogenes Kontinuum, Wertbeziehung und historisches Individuum, dass er sich aber von der Erkenntnistheorie Rickerts völlig freihalte, dass er sich, „bei engstem Zusammengehen mit Rickert in der Methodologie doch in deren Begründung sich völlig von Rickert und der philosophischen Position des Neukantianismus entfernt" (Henrich 1952, S. 5).[1]

---

zuerst in Manfred Frank und Jan Kunes (Hg.), *Selbstbewusstsein. Abhandlungen zur Philosophie*, Berlin: J. B. Metzler 2022, S. 393–410.

[1] Rickert unterscheidet selbst zwischen Erkenntnistheorie und Methodologie, die bei ihm zwar zusammenhängen, zugleich aber auch dazu ermutigen, die beiden jedenfalls perspektivisch zu trennen. Weber selbst sprach übrigens tatsächlich von Methodologie der Sozialwissenschaften, als er 1917 beim Verleger Paul Siebeck anfragte, ob eine Sammlung seiner Aufsätze „im Archiv, bei Schmoller, im Logos etc." möglich sei. Dass sie dann, übrigens abweichend von seiner Zusammenstellung, von Marianne Weber unter dem Titel *Gesammelte*

W. Schluchter, *Empirische Geltungslehre*, Studien zum Weber-Paradigma, https://doi.org/10.1007/978-3-658-41189-3_11

Der junge Philosoph leugnete also keineswegs den Einfluss, den Rickert auf Max Weber hatte. Er kannte bereits das Bekenntnis, das Weber im April 1902 aus Florenz an Marianne Weber schrieb: „Rickert habe ich aus, er ist *sehr* gut, zum großen Teil finde ich darin Das, was ich selbst, wenn auch in logisch nicht bearbeiteter Form, gedacht habe" (MWG II/3, S. 826). Das hatte Weber zuvor schon in anderem Zusammenhang ähnlich formuliert. Als es 1896 in Freiburg nach dem Weggang von Alois Riehl um die Wiederbesetzung des Lehrstuhls für Philosophie ging, suchte Weber mit Hilfe eines Sondervotums Rickert zur Professur zu verhelfen, und zwar mit dem Argument, dass die bisher publizierten Teile von dessen Schrift *Grenzen der naturwissenschaftlichen Begriffsbildung*[2] für ihn große Bedeutung für seine Position im Methodenstreit der deutschsprachigen Nationalökonomie besitze[3]. Allerdings scheint er sich 1902/03, während eines Aufenthalts in Nervi, einem Ort nahe Genua, in interessanter Weise von Rickerts Wertbeziehungslehre zugleich zu lösen.[4] Wäre dies tatsächlich der Fall – die überlieferten Ausführungen sind nicht eindeutig –, so läge dies freilich ganz auf der Linie, die der junge Philosoph in seiner Dissertation verfolgt.

Denn seine These ist, dass Rickert die Methodenlehre der Wissenschaften in der Erkenntnistheorie gründe, während Weber sie gerade aus deren Zusammenhang löse. Dass Weber die Wandelbarkeit der Gesichtspunkte betone, mit denen man das ‚heterogene Kontinuum' wirklichkeitswissenschaftlich zu bearbeiten habe, sei „eine Abweichung im Sinne eines näheren Eingehens" auf der Ebene der Methodenlehre, nicht aber der Erkenntnistheorie. In der Methodologie seien sich Rickert und Weber allerdings weitgehend einig. Die transzendente Geltung von Werten und die wissenschaftliche Objektivität einer wertbeziehenden Erkenntnis werde von Weber nicht bezweifelt. Hier lägen Rickert und Weber auf einer Linie, wenn auch ihr Streben gewissermaßen in verschiedene Richtungen

---

Aufsätze zur Wissenschaftslehre veröffentlicht wurden, entspricht nicht Webers Absicht. Er sprach außer von Methodologie noch häufiger von Logik und Methodik der Sozialwissenschaften. Es ist übrigens ein weitverbreitetes Missverständnis, der Titel „Wissenschaftslehre" stamme von Marianne Weber. In Wirklichkeit stammt er vom Verlag. Rickert warnte davor, diesen Titel zu verwenden. Er gemahne an Fichte, was hier ganz abwegig sei. Der Verlag entschied sich dennoch für den Titel, weil *Gesammelte Aufsätze zur Wissenschaftslehre* kürzer als *Gesammelte Aufsätze zur Methodologie der Sozialwissenschaften* sei und deshalb besser auf den Buchrücken passe. Zu Webers Briefen siehe MWG II/9, S. 649 und MWG II/10, S. 833. Siehe auch Schluchter 2016, 256, Fn. 27.

[2] Rickert 1902. Die ersten drei Kapitel wurden 1896 veröffentlicht, die Kap. 4 und 5 zusammen mit den ersten drei Kapiteln 1902. Das Urteil im Brief bezieht sich auf die Kap. 4 und 5, das Sondervotum auf die Kap. 1 bis 3.

[3] MWG I/13, 572, und Schluchter 2020, S. 163.

[4] Dazu MWG I/7, S. 623–626.

gehe, der eine hin zu, der andere weg von einer bestimmten Erkenntnistheorie (Henrich, 1952, S. 34 f., im Original gesperrt).

Denn Webers Streben ziele überhaupt nicht auf eine Erkenntnistheorie, sondern auf eine Anthropologie. Er wolle eine Lehre vom Kulturmenschen als einem vernünftigen Wesen, das zur Freiheit bestimmt sei, und dies unter den Bedingungen des unhintergehbaren Wertekonflikts. Die scheinbar disparaten, meist nicht abgeschlossenen Texte, die Marianne Weber unter dem Titel *Gesammelte Aufsätze zur Wissenschaftslehre* zusammengestellt habe, bildeten tatsächlich eine Einheit, die in dieser Anthropologie wurzle, und dies schließe, angesichts von Webers Bekenntnis zur Wertfreiheit in den empirischen Wissenschaften, erstaunlicherweise eine Ethik mit ein. Dem Kulturmenschen sei aufgegeben, zur Persönlichkeit zu werden, sich an überpersönliche Werte zu binden, ein Leben klar, redlich und konsequent zu führen, sich den Paradoxien gewachsen zu zeigen, in die sich das bewusste Leben notwendigerweise verstricke. Erst eine Ethik schließe also die Einheit von Webers Wissenschaftslehre ab. Daran zeige sich zugleich, dass die Mäeutik einer Kulturwissenschaft im Dienst sittlicher Mächte stehen könne: „Also ist für Max Weber der Mensch als vernünftiges Wesen, der Mensch als mögliche Persönlichkeit und der Mensch als Träger und Gegenstand der verstehenden Wissenschaft ein und derselbe Begriff" (Henrich 1952, S. 109, im Original gesperrt). Freilich, das Vernünftige sei deshalb nicht schon wirklich, das Wirkliche deshalb nicht schon vernünftig. Es handle sich dabei nur um Tendenzen, denen mächtige Tendenzen entgegenstehen. Denn die Tendenz zur Vernünftigkeit sei „für den empirischen Menschen mit der übermächtigen Gefahr der Unvernunft verbunden" (Henrich 1952, S. 103 f., im Original gesperrt). Es gebe keine Verbürgung dafür, dass der Kampf für Vernunft und Freiheit immer erfolgreich sei. Um diesem Sachverhalt Rechnung zu tragen, könnte man an Hegels Formulierung in seiner Vorlesung zur Philosophie des Rechts von 1819/20 denken, das Vernünftige *werde* wirklich und das Wirkliche *werde* vernünftig.[5] Der junge Interpret von Webers Wissenschaftslehre kannte diese Version von Hegels berühmter Formel damals allerdings noch nicht. Er sah aber unabhängig davon in diesen Texten zu einer Methodologie der Sozialwissenschaften eine Mäeutik am Werk, die in seinen Augen auf Hegel verweise (Henrich 1952, S. 104, Fußnote).[6] Weber eher ein Hegelianer als ein Kantianer? Zu Kant hat er sich bekannt, zu Hegel allerdings eher nicht.

---

[5] *Hegels Philosophie des Rechts. Die Vorlesung von 1819/20 in einer Niederschrift.* Hg. von Dieter Henrich, Frankfurt a. M.: Suhrkamp 1983, S. 15 f.

[6] Hier heißt es: „Das Prinzip seiner Wissenschaftslehre jedoch und fast alle konkreten Ausführungen seiner Methodologie sind trotz erklärter Gegnerschaft mit dem System Hegels aufs engste verbunden. Das zeigt sich schon darin, daß Webers Begriff der Vernunft sich am

Der junge Philosoph sieht also Webers Lehre von der Wirklichkeitswissenschaft, von der wertfreien empirischen Forschung, zugleich mit einer Ethik verbunden. Er charakterisiert sie als eine Ethik der Evidenz, ähnlich der Ethik Kants. Es ist eine Ethik, die Forderungen an vernünftige Wesen formuliert, intellektuell redlich zu sein und sich an Werte zu binden. Tatsächlich legte Weber den allergrößten Wert darauf, die Dignität ethischer Werte von der anderer Kulturwerte zu sondern. Erstere richteten sich an unseren Verstand, Letztere an unser Gefühl. Weber kämpft gegen die „Kombination von ethischem Evolutionismus und historischem Relativismus", wie er besonders in der historischen Schule der Nationalökonomie verbreitet war (MWG I/7, S. 145 ff.), und er beruft sich dabei nicht zufällig auch auf Kant als einen wichtigen Gewährsmann. Am Ende der Explikation des jungen Philosophen steht also die These von der Einheit von Methodologie und Ethik bei Weber: „Die Ethik gehört also mit zur Methodenlehre der Geschichtswissenschaft. *Denn der gesamte Gehalt der Wissenschaftslehre läßt sich in der Einsicht zusammenfassen, daß nur die sittlich-praktische Menschenvernunft Geschichte versteht*" (Henrich 1952, S. 131).

Der junge Philosoph war Dieter Henrich. Er rettet also einen Nicht-Philosophen vor der Philosophie? Kein Zweifel: Dieser Rettungsversuch war berechtigt, denn Weber hat sich nicht als Philosoph verstanden. Aber die Verteidigung des Nichtphilosophen durch den jungen Philosophen zeigt zugleich: Der Webersche Ansatz reicht trotz allem in eine philosophische Dimension. Ihn von einer bestimmten Philosophie zu befreien, heißt zugleich, ihn für eine andere zu öffnen. Gerade Webers Anthropologie muss einer philosophischen Fundierung fähig, aber auch bedürftig sein. Es ist meine These: Diese Fundierung lässt leicht finden – in Dieter Henrichs inzwischen ausgearbeiteter Philosophie.

Um dies zu verdeutlichen, muss zunächst die Problemsituation geschildert werden, die inzwischen in der Soziologie eingetreten ist und die sich natürlich fundamental von der im Jahre 1950 unterscheidet. Webers verstehende Soziologie ist heute ein soziologisches Forschungsprogramm unter mehreren. Ich gehe zunächst schematisch auf diese Problemsituation ein, um Webers Forschungsprogramm zu verorten.[7] Dann komme ich auf eine mögliche philosophische Fundierung von Webers Anthropologie zurück.

---

besten mit den Begriffen Hegels beschreiben läßt als der Geist, der aus dem bloßen An-sich-sein zur für-sich-seienden Bewußtheit gelangt." Die erklärte Gegnerschaft hat freilich mit Erkenntnistheorie zu tun. Denn Weber wendet sich nicht nur gegen die Abbildheorie, sondern auch gegen den Emanatismus. Wichtig war hier die Dissertation von Emil Lask. Siehe Lask 1902.

[7] Das habe ich ausführlich entwickelt in Schluchter 2015.

11.2 Die Problemsituation in der Soziologie

Die gegenwärtige Problemsituation in der Soziologie lässt sich mit Hilfe eines Vorschlags von Niklas Luhmann charakterisieren.[8] Er meinte, eine Theoriebildung müsse mit einer Differenz und nicht mit einer Identität beginnen, statt mit der Hegelschen Identität von Identität und Differenz mit der Luhmannschen Differenz von Identität und Differenz. Am Beginn jeder Theoriebildung stehe also eine Unterscheidung, die als Leitdifferenz für die Theorieentwicklung dienen könne. Sie ermögliche, richtig getroffen, eine Supertheorie. Eine Supertheorie habe den Anspruch, das Ganze eines Faches zu erschließen. Eine solche Supertheorie in der Soziologie sei die Systemtheorie.

Laut Luhmann hat sich diese Supertheorie über die Differenzen Ganzes-Teil und System-Umwelt zu der von Identität-Differenz entwickelt. In dieser neuesten, von ihm vertretenen Version gehe es auch um Selbstreferenz. Mit der autopoietischen Wende habe die Systemtheorie alle anderen Theoriebildungen in der Soziologie überboten. Gegenüber einer solchen Theorie selbstreferentieller, autopoietischer Systeme blieben alle übrigen Theorieansätze in der Soziologie unterkomplex. Der Autor ist deshalb der Meinung, sie ließen sich, sauber reformuliert, allenfalls noch als Bereichstheorien verwenden. Zu einer Supertheorie jedenfalls taugten sie nicht (Luhmann 1984, S. 15 ff.).

Luhmann suchte damit die heutige Soziologie auf eine systemtheoretische Perspektive spezieller Art zu verpflichten. Das konnte natürlich nicht unwidersprochen bleiben, denn lange kam die Soziologie ohne die systemtheoretische Begrifflichkeit aus. Man denke nur an die lange Reihe von Handlungstheorien, meist mit Strukturtheorien verbunden. Auch bei ihnen spielt Selbstreferenz eine Rolle. Denn sie stellen das zur Selbstreflexion fähige Subjekt in den Mittelpunkt. Es lässt sich also kaum bestreiten, dass die meisten Theorien, die in der Soziologie Schule gemacht haben, eher dieser als der systemtheoretischen Perspektive folgten. Sogar Talcott Parsons, der sich schließlich zum Systemtheoretiker entwickelte, entschied sich in seinem Frühwerk für einen handlungstheoretischen Bezugsrahmen, den „action frame of reference", innerhalb dessen die Handlung als die kleinste real konstituierte Einheit gilt. Folgt man ihm, so erfordert die Analyse dieser Einheit einen *Handelnden* mit einem Ziel in einer *Situation,* die in Bedingungen, die ihm nicht verfügbar sind, an die er sich also nur anpassen kann, und Wahlmöglichkeiten unterteilt ist. Um diese nutzen zu können, bedarf es normativer Standards und geeigneter Mittel, damit eine Definition der Situation für den Handelnden entsteht (Parsons 1961, S. 44 ff.). Dabei stellt sich bei Kopräsenz

---

[8] Zum Folgenden Schluchter 2000, S. 86 ff.

anderer Handelnder das Problem der doppelten Kontingenz, welche die Handelnden zu bewältigen haben. Folgt man Luhmanns Überlegung zur Leitdifferenz, so hätte diese hier also Handelnder-Situation zu lauten, wobei die Situation neben anderen Handelnden strukturelle, institutionelle und kulturelle Elemente umfasst.

Die Problemsituation in der Soziologie lässt sich also in einem ersten Schritt als Konkurrenz zwischen systemtheoretischen und handlungstheoretischen Ansätzen beschreiben. Das Werk Max Webers gehört zweifellos nicht der ersten, sondern der zweiten Richtung an (Schwinn 2013). Doch bildet diese Richtung keine Einheit. Sie umfasst sehr verschiedene Strömungen, die sich unter anderem danach unterscheiden lassen, wie sie das Entstehen des zur Selbstreflexion fähigen Subjekts interpretieren. George Herbert Mead hat dafür einen vielbeachteten Vorschlag gemacht. Er unterscheidet in diesem Zusammenhang zwischen einer sozialen und einer individuellen (individualistischen) Theorie des Selbst, je nachdem, wem der Betrachter logische Priorität einräumt, dem Sozialen oder dem Individuellen: „The latter theory takes individuals and their individual experiencing – individual minds and selves – as logically prior to the social process in which they are involved, and explains the existence of that process in terms of them; whereas the former takes the social process of experience or behavior as logically prior to the individuals and their individual experiencing which are involved in it, and explains their existence in terms of that social process" (Mead 1934, 222 f.).

Diese beiden Richtungen scheinen auch eine Affinität zu philosophischen Schulen zu haben: Die eine ist bewusstseinstheoretisch-intentionalistisch, die andere sprachtheoretisch-interaktionistisch orientiert.

Folgt man diesem Vorschlag von George Herbert Mead, so lassen sich Ansätze danach unterscheiden, ob sie dem Individuum oder der ‚Gesellschaft' logische Priorität einräumen. Dass die ‚Gesellschaft' historisch dem Individuum vorausgeht, ist natürlich trivial. Nicht trivial dagegen ist die Frage, ob wir eine Handlungstheorie auf einer Subjekttheorie oder auf einem apriorischen Interaktionismus aufbauen, und ob wir es bei dieser Alternative belassen. Schließlich existiert die weitere Möglichkeit, dass Individuelles und Soziales gleichursprünglich sind.

Wie auch immer, jedenfalls gehört die Soziologie Max Webers in die bewusstseinstheoretisch-intentionalistische Richtung. Doch ist sie hier keineswegs allein. Ihr wichtigster Konkurrent innerhalb dieses Theorietyps ist die Theorie der rationalen Wahl, die sogenannte „rational choice theory", wie sie vor allem im Rahmen der Ökonomik entwickelt wurde. Hier steht der an technischen Regeln orientierte Nutzenkalkulierer im Vordergrund. Weber hat dieses Modell schon früh durch die normative Regelorientierung erweitert (Zweck-Maxime und

Norm-Maxime). Ich spreche deshalb bei ihm von regelgeleitetem Handeln, wobei nicht allein technisch-praktische, sondern auch normativ-praktische Regeln eine Rolle spielen.

Wir können also zwischen system- und handlungstheoretischen Ansätzen unterscheiden, innerhalb der handlungstheoretischen Ansätze zwischen interaktionistischen und subjekttheoretischen Ansätzen, innerhalb der subjekttheoretischen wiederum zwischen Ansätzen des nutzenkalkulierenden und des regelgeleiteten Handelns. Dies ist in dem folgenden Diagramm ausgedrückt (Abb. Aktuelle Problemlage, nach Schluchter 2005, S. 12).

Webers Soziologie lässt sich also als eine Theorie des regelgeleiteten Handelns im Rahmen der Leitdifferenz Handelnder-Situation interpretieren. Sie repräsentiert ein besonderes soziologisches Forschungsprogramm.

Aktuelle Problemlage

Kriterien	Positionen		Gemeinsamkeiten
1. System – Umwelt oder Handelnder – Situation	Systemtheorie	Handlungstheorie	Sinn, Mutualismus, doppelte Kontingenz, Verstehen
2. Transzendental-pragmatik oder Bewusstseinstheorie	Theorie des kommunikativen Handelns	Theorie des subjektiv sinn-haften Handelns	Sprach- und handlungsfähige Akteure, Vergesellschaftung und Vergemeinschaftung als Individuierung, Mehrebenen-analyse
3. Praxis oder Poiesis	Theorie des regelgeleiteten Handelns	Theorie des nutzenkalkulierenden Handelns	rationale Wahlhandlungen nach Maximen, Idealisierung

Gemäß diesem Schema verstehe ich die Webersche Soziologie als eine Theorie des regelgeleiteten Handelns im Kontext variierender Makro- und Mesokonfigurationen. Entscheidend auf der Mikroebene ist

a. der Unterschied zwischen einem Handeln nach Regeln und einem Handeln nach der Vorstellung von Regeln;

b. der Unterschied zwischen der Regelmäßigkeit des Handelns als Folge von Gewohnheit und der Regelmäßigkeit des Handelns als Folge von Regelgeleitetheit;

c. der Unterschied zwischen der Orientierung an technisch-praktischen und an normativ-praktischen Regeln, wobei im Fall der technisch-praktischen Regeln Handlung und Handlungsfolge quasi automatisch, im Fall normativ-praktischer Regeln Handlung und Handlungsfolge über Sanktionen vermittelt sind.

11.3   Anthropologische Prämissen

Als Ausgangspunkt einer Anthropologie, die dem Weberschen Ansatz adäquat ist, wähle ich die Subjekt-Objekt-Spaltung (Karl Jaspers). Der Mensch führt sein Leben im Selbst- und Weltbezug. Beide sind gleichursprünglich. Beide sind opak. Beide bleiben dem Menschen letztlich unverfügbar. Seine Ausgriffe auf das Selbst und auf die Welt sind begrenzt. Was der Mensch ist, was die Welt umfasst, bleibt ihm für immer letztlich ein Rätsel. Selbstbezug ist nicht gleichbedeutend mit Selbstmacht, Weltbezug nicht mit Macht über die Welt.

Die Gleichursprünglichkeit von Selbst- und Weltbezug impliziert, dass sich beide aneinander entwickeln. Das Selbst wird, und in dem Maße, wie es wird, wird mit ihm seine Welt. Der Weltbezug, das In-der-Welt-sein, entfaltet sich in drei Zusammenhängen: als Natur-, Sozial- und Kulturbezug.

Der Mensch ist ein Natur-, Sozial- und Kulturwesen. Als Naturwesen kennzeichnet ihn Körperlichkeit. Als Körper unterliegt er den Gesetzen der Natur, die für alle Lebewesen gelten, als Körper mit einem Selbst den Gesetzen einer spezifischen materiellen und symbolischen Welt. Die Subjekt-Objekt-Spaltung entfaltet sich als Zivilisierung und Kulturalisierung des Körpers, der für das Selbst Leib ist. Dies schließt Moralisierung mit ein. Diese Prozesse haben eines gemeinsam: Das übergreifende Moment des Weltbezugs ist der Sinnbezug.

Die Subjekt-Objekt-Spaltung ist also selbst ein Produkt und nicht ursprünglich. Ursprünglich ist die Vertrautheit des Subjekts mit sich selbst (Dieter Henrich). Diese Vertrautheit mit sich selbst liegt dieser Spaltung noch zugrunde. Sie ist weder Wissen noch Repräsentation von etwas, also nicht Erkenntnis, wohl aber Kenntnis. Sie lässt sich transzendental begründen, als die Bedingung der Möglichkeit von Subjektivität.

Die weberianische Soziologie ist in diesem Sinne subjekttheoretisch fundiert und als Handlungs-, Ordnungs- und Kulturtheorie gegen den apriorischen Interaktionismus gerichtet (Manfred Frank). Sie ist auch nicht primär sprachphilosophisch, sondern bewusstseinsphilosophisch fundiert. Weder erklärt sie Selbstsein aus Mitsein noch Individuelles aus Kollektivem. Ich habe die weberianische Soziologie deshalb in meinen *Grundlegungen der Soziologie* eine strukturalistisch-individualistische verstehende Soziologie genannt (Schluchter 2015). Sie verlangt ein Makro-Mikro-Makro-Modell, man kann auch sagen: ein Mehrebenenmodell, der Erklärung, welches die beiden Seiten des Weltbezugs, die materielle und die symbolische, in Rechnung stellt (Zwei-Seiten-Modell).

Die weberianische Soziologie ist dabei vergleichend und entwicklungsgeschichtlich ausgerichtet. Leitend ist die Vorstellung von der antinomischen Struktur des menschlichen Lebens, wie Karl Jaspers sie an Grenzsituationen erläuterte. Wenn Kant sagt: das „Ich denke" muss alle meine Vorstellungen begleiten können, so sagt die weberianische Soziologie in Analogie dazu: Das „Ich beabsichtige" muss alle meine Handlungen begleiten können. Sie grenzt also reaktives Sich-Verhalten von sinnhaftem Sich-Verhalten oder Handeln ab. Sie behandelt, in empirischer Einstellung, Gründe als Handlungsursachen. Von einem solchermaßen definierten Handlungsbegriff geht sie zu dem Begriff der Handlungskoordination über und entwickelt mögliche Konstellationen auf der Meso- und Makroebene bei Beachtung der Differenz zwischen materieller und symbolischer Welt. Dies verlangt zugleich eine Theorie des Verstehens, die zwischen Textverstehen und Handlungsverstehen unterscheidet. Handlungsverstehen ist ihr erklärendes Verstehen. Damit wird Handlungsfreiheit im Sinne von Wahlfreiheit unterstellt, die unter variierenden Bedingungen geübt wird. Diese Bedingungen sind im Situations- als einem Strukturbegriff zusammengefasst (daher *strukturalistisch*-individualistische verstehende Soziologie).

Diese Exposition einer solchen Soziologie gilt es nun zu fundieren. Dazu werde ich die subjekttheoretische Grundlegung dieser Soziologie erläutern, die bewusstseinsphilosophisch angelegt ist. Dieser Ausgangspunkt ist noch vorsoziologisch. Er ist aber die Voraussetzung dafür, dass man den Zugang zu einer angemessenen soziologischen Handlungs- Ordnungs- und Kulturtheorie nicht von vornherein verfehlt.

11.4 Subjekttheoretische Grundlegung

In seiner *Psychologie der Weltanschauungen*[9] entwickelt Karl Jaspers den Begriff der Grenzsituation, der für die frühe Existenzphilosophie richtungweisend wurde. Die Grenzsituation zeigt den Menschen in der Subjekt-Objekt-Spaltung und in

---

[9] Jaspers verweist auf Hegels *Phänomenologie des Geistes* als ein Vorbild für seine Studie und auf Kant, Kierkegaard, Nietzsche und Max Weber als Lieferanten ihres Baumaterials (Jaspers 1988a, 12–14).

dem Bewusstsein von der antinomischen Struktur, der das bewusste Leben unterliegt. Zwar könne der Mensch, so Jaspers, den damit gesetzten Spannungen durch
die Flucht in das mystische Erlebnis ausweichen. Doch solange er wach bleibe,
solange er sich in der Subjekt-Objekt-Spaltung halte, führten ihn sein Streben
nach dem Ganzen „an die Abgründe der Widersprüche", eben in die Antinomien (Jaspers 1988a, S. 231). Zwar müssten sich nicht alle Gegensätze, die das
Leben bereithalte, zu Antinomien auswachsen, doch sie würden es dann, wenn
sie „unter den Gesichtspunkt des Absoluten und des Wertes" kämen (Jaspers
1988a, S. 232). Immer zwinge der Ausgriff auf das Ganze, auf das Unendliche,
in die Grenzsituation. Unendlichkeit, Ganzheit, Grenze, Antinomie, sie gehörten
zusammen. Ein Entrinnen daraus gebe es für den Menschen nicht. Der bewusste
Mensch sehe sich diesem Dilemma gegenüber: „Wenn er – sei es im Denken,
sei es im Selbsterfahren, Selbstgestalten, sei es im Handeln und Schaffen – über
die Widersprüche hinaus zu Lösungen strebt, so erreicht er nur eine Auflösung
der eigentlich flachen Widersprüche, die keine waren, vertieft dagegen gerade
angesichts der Unendlichkeiten, gerade an den ihm jeweils erreichbaren Grenzen
die Gegensätze zu *Antinomien, d. h.* zu Unvereinbarkeiten, die ihm endgültig,
wesenhaft für das Dasein in der Subjekt-Objekt-Spaltung erscheinen müssen"
(Jaspers 1988a, S. 231). Eine Versöhnung, eine Auflösung der Wertkollisionen,
eine Überwindung der Gleichzeitigkeit von Wertschöpfung und Wertvernichtung,
so kann man dieses Argument zusammenfassen, sei dem endlichen Menschen
nicht vergönnt.

Jaspers entfaltet die antinomische Struktur im Blick auf die Subjekt-Objekt-
Spaltung: „Der aktuelle – denkende, fühlende, handelnde – Mensch steht
gleichsam zwischen zwei Welten: vor ihm das Reich der Gegenständlichkeiten,
hinter ihm die Kräfte und Anlagen des Subjekts" (Jaspers 1988a, S. 233). Entsprechend hat die antinomische Struktur zwei Seiten, die des Objekts und die
des Subjekts, die Antinomien für das Denken und Erkennen sowie das Werten und Handeln des Menschen einerseits, die Antinomien für seine Triebe
und Strebungen, für seine charakterologische Entwicklung, andererseits (Jaspers
1988a, 231–240). Beide Seiten verbänden sich zu einem „weltanschaulich gefaß-
ten Leben" (Jaspers 1988a, 280). Es verlaufe in der Regel gewohnheitsmäßig,
ohne dass seine antinomische Struktur ins Bewusstsein tritt. Denn zumeist sei „in
*unmittelbarer Selbstverständlichkeit eine Einigkeit zwischen Individuum und dem
Gehäuse* der Objektivitäten vorhanden", weil man „die Einrichtungen der Gesellschaft, die ethischen Imperative, wie sie durch die Sitte gelten, ebenso wie die
Naturgegebenheiten als absolut undiskutierbar" ansehe (Jaspers 1988a, S. 280 f.).
Erst die Reflexion löse diese Selbstverständlichkeit auf, führe aber letztlich in die
antinomische Situation.

Nun will ich nicht behaupten, Max Weber habe die Vorschläge von Jaspers als eine kongeniale philosophische Formulierung seines Ansatzes verstanden. Wie Weber auf Jaspers' *Psychologie der Weltanschauungen* über eine äußerliche Anerkennung hinaus inhaltlich reagierte, wissen wir nicht. Wie Dieter Henrich berichtet und wie der Briefwechsel zwischen Hannah Ahrend und Karl Jaspers dies bestätigt, habe Jaspers in einem Exemplar seines Buches über die Weltanschauungen Webers mündliches Urteil darüber festgehalten. Es lautet: „Es hat sich sehr gelohnt, ich wünsche Ihnen weitere Produktivität."[10] Auch zeigt die Wirkungsrichtung eher von Weber auf Jaspers denn von Jaspers auf Weber.[11] Es ist aber auffällig, wie stark Jaspers mit seinen Überlegungen zur Subjekt-Objekt-Spaltung und zur antinomischen Struktur sich dem Weberschen Denken nähert. Man braucht nur an die „Zwischenbetrachtung" oder an „Wissenshaft als Beruf" zu denken, um davon überzeugt zu sein.

In der „Zwischenbetrachtung", durch die Max Weber seine Studie über Konfuzianismus und Taoismus mit der über Hinduismus und Buddhismus verbindet, erörtert er ausführlich die möglichen Wertkollisionen, die zwischen einer Brüderlichkeitsethik und dem Eigenrecht der verschiedenen Wertsphären und Lebensordnungen auftreten können (MWG I/19, S. 478 ff., bes. S. 483 ff.), in „Wissenschaft als Beruf" spricht er vom entzauberten modernen Polytheismus, in dem der Wertkonflikt herrscht (MWG I/17, S. 101). Auch vom Verflachenden des Alltags, von der Tendenz des so dahinlebenden Menschen, sich den Zwang zur Wahl zwischen todfeindlichen Werten nicht einzugestehen, ist an zentraler Stelle die Rede. Freilich, das bewusste Leben, so Weber, zwinge zu solcher Wahl: „Die aller menschlichen Bequemlichkeit unwillkommene, aber unvermeidliche Frucht vom Baum der Erkenntnis aber ist gar keine andere als eben die: um jene Gegensätze wissen und also sehen zu müssen, daß jede einzelne wichtige Handlung und daß vollends das Leben als Ganzes, wenn es nicht wie ein Naturereignis

---

[10] Siehe Jaspers 1988b, 8. Henrich zeigt, wie Jaspers über Weber erst zur Philosophie kam. Zu dem Zitat der Brief von Karl Jaspers an Hannah Arendt vom 29. April 1966 in: Hannah Arendt/Karl Jaspers, *Briefwechsel 1926–1969*. Hg. von Lotte Köhler und Hans Saner, München und Zürich: Piper, 2. Aufl., 1987, S. 671 ff., bes. S. 828. Danach schildert Jaspers den Vorgang wie folgt: „Als Max Weber zum letzten Mal von uns ging, April 1920, sagte er in der Dämmerung an der Haustür zu mir: ,Ihr Buch verleitet zum Blättern, ich habe noch nicht alles gelesen'. (Selbstverständlich!). ,Es hat sich sehr gelohnt' (Wahrhaftig?) ,Es hat sich *sehr* gelohnt. – Ich danke Ihnen für das Buch, ich *danke* Ihnen.' Pause. ,Ich wünsche Ihnen weitere Produktivität. – An anderer Stelle werde ich mich über das Buch noch äußern'."

[11] Eine Ausnahme bildet zweifellos die *Allgemeine Psychopathologie* von Karl Jaspers, die 1913 erschien und für Webers Verstehenstheorie wichtig wurde. Sie erlebte schon 1920 eine zweite Auflage, für deren Übersendung sich Weber in einem letzten Briefe bei Jaspers bedankt. Siehe MWG II/10, S. 1101.

dahingleiten, sondern bewußt geführt werden soll, eine Kette letzter Entscheidungen bedeutet, durch welche die Seele, wie bei Platon, ihr eigenes Schicksal: – den Sinn ihres Tuns und Seins heißt das – *wählt*" (MWG I/12, S. 470).

Man kann die Selbstmacht des Subjekts bestreiten, ohne deshalb die Auffassung, dass es immer schon sich seiner gewiss sei, preiszugeben. Dies hat Dieter Henrich in einer Vielzahl von Analysen gezeigt, mit denen er in das Phänomen der Subjektivität eindringt. Es sind Analysen, in denen er einen transzendentalphilosophischen mit einem existenzphilosophischen Ansatz verbindet.[12] Ausgangspunkt ist die cartesianische Vergewisserung, dass selbst der radikalste Zweifel immer noch die Selbstbeziehung des denkenden Subjekts impliziert.[13] Selbstgewissheit, die ursprüngliche Vertrautheit mit sich selbst, und Selbstmacht sind dabei nicht dasselbe: „So verbindet sich mit der Selbstgewissheit im Dasein das Wissen von *Grenzen* im Wesen dessen, der in solcher Selbstgewissheit steht" (Henrich 2007, S. 25).

Kant lehrt in der „Kritik der reinen Vernunft", das ‚Ich denke' müsse alle meine Vorstellungen begleiten können,[14] Fichte in seinem „Versuch einer neuen Darstellung der Wissenschaftslehre", dass man das Ich nicht als bloßes Subjekt betrachten dürfe, sondern als Subjekt-Objekt, ferner: dass man vergeblich nach dem Bande zwischen beiden suche, „wenn man sie nicht gleich ursprünglich in ihrer Vereinigung aufgefaßt hat."[15] Daraus folgt, dass die Subjekt-Objekt-Spaltung keine zweistellige, sondern eine dreistellige Relation darstellt. Das Verhältnis zu einem Objekt ist immer zugleich ein Verhältnis zu sich selbst.

Diese dreistellige Relation liegt den Untersuchungen von Dieter Henrich über Subjektivität zugrunde. Er interpretiert die Grundkonstellation, der zufolge das Subjekt-Objekt-Verhältnis zugleich ein Selbstverhältnis ist, allerdings nicht, wie noch Kant und Fichte, statisch, sondern dynamisch, als Entfaltung der Subjektivität im Zusammenspiel eines Bewusstseins von sich, des Wissens von der Welt und des Personseins in einer von anderen Personen mitbewohnten Welt. Es sind demnach drei Prozesse, die bei der Bildung des Subjekts ineinandergreifen und seine diachrone Identität erzeugen: „(1) Alles in der Welt Wirkliche ist im Horizont eines Ganzen zu begreifen, das sich auf verschiedene Weise artikuliert – aber so, dass sich das Subjekt in jedem neuen auf diese Welt bezogenen Gedanken als dasselbe durchhält. (2) Als Person ist das Subjekt selbst in der Welt lokalisiert.

---

[12] Siehe hauptsächlich Henrich 2007, S. 140 und S. 349.

[13] Descartes 1958, bes. Zweite Meditation, 3.

[14] Kant 1975, Band 3, B 132 (§ 16: Von der ursprünglich-synthetischen Einheit der Apperzeption).

[15] Fichte 1962, S. 112 f.

Es greift als Akteur in sie ein und muss zwischen den Weisen, in denen es sich in seinem Mitsein und in seinem Handeln verwirklicht, eine Identitätsbalance ausbilden. (3) Im Wissen davon, dass sich das Subjekt weder selbst begründen noch auch aus der Welt begreifen kann, ist es zu einer Verständigung über seinen Grund auf dem Wege, um in dessen Licht seine Welt und sein Leben insgesamt zu verstehen" (Henrich 2007, S. 92).

Dieter Henrich betont dabei, es gelte zwischen Person und Subjekt zu unterscheiden. Denn wir seien beides, und „das eine nur, sofern wir das andere" sind. Wir verstünden uns „gleich ursprünglich als einer unter den anderen und als der Eine gegenüber der ganzen Welt."[16] Man kann auch sagen: Wir sind Person unter anderen Personen in Raum und Zeit sowie Subjekte mit einer eigenen Geschichte, also Einzelne und Besondere, Resultat einer Singularisierung einerseits, einer Individuierung andererseits.[17]

Folgt man diesem Gedanken weiter, so hat man als Person einen Platz in der Welt, ist aber als Subjekt von allem radikal verschieden, auch von sich als Person. Die Subjekt-Objekt-Spaltung ist also doppelt, einmal zwischen Subjekt und Objekt, einmal im Subjekt selbst. Dies macht unsere Selbst- und Weltbeziehung dynamisch. Denn „aus der inneren Verfassung eines Wissens, das im Wissen eines Einzelnen von sich zentriert ist, geht ein doppelter Ausgriff hervor – der Ausgriff im Wissen auf das Ganze einer Welt und der zu ihm gegenläufig angelegte Ausgriff auf einen Grund der Subjektivität" (Henrich 2007, S. 143). Beide Ausgriffe unterliegen Limitationen: Weder das Ganze der Welt noch der Grund der Subjektivität erweisen sich für uns als gänzlich durchsichtig.

Zu dem Ausgriff auf das Ganze der Welt gehört auch das Wissen um den Mitmenschen. Selbstsein ist immer auch Mitsein. Doch ist es deshalb auch *aus* Mitsein, ist Subjektivität *aus* Intersubjektivität? Das muss ein subjekttheoretischer Ansatz, wie er hier verfolgt wird, bestreiten. Und Dieter Henrich liefert dafür ein entscheidendes Argument. Würde man Selbstsein als das Resultat von Interaktionen interpretieren, würde man ein entscheidendes Merkmal von Subjektivität verfehlen: dass man mit sich selbst immer schon vertraut ist, auch wenn man sich

---

[16] Henrich 1982, S. 137 f.

[17] Nach Kant ist der Gebrauch von Subjekt-Prädikat-Sätzen im Selbstbewusstsein begründet. 1. Bei der Aussage über Dinge und Ereignisse ist die Subjektstellung des Satzes der bestimmte Einzelne, der von anderen Einzelnen unterschieden ist. Das zeigt sich im Gebrauch der ersten Person singular (ich). 2. Bei Aussagen über beliebige Sachverhalte, die behauptet, begründet, widerlegt werden können, ist ebenfalls Selbstbewusstsein im Spiel. Denn wenn einer weiß, dass ihm etwas als behauptet, begründet, widerlegt erscheint, so „weiß er von sich" (mir). Dazu im Anschluss an § 16 der *Kritik der reinen Vernunft* Henrich 1982, S. 134–140.

nicht durchsichtig wird und in vielfältiger Weise von Beginn an mit Anderen und mit der Welt verflochten ist.

Gewiss muss das Subjekt im Laufe seines Lebens Kompetenzen erst erwerben, von der Sprachkompetenz bis zur Moralkompetenz, um nur diese zu nennen. Und dies kann nur in der Verflechtung von Selbtsein und Mitsein geschehen. Doch heißt dies nicht, dass man dem Mitsein, der ,Gesellschaft', Priorität bei der Entwicklung der Subjektivität einzuräumen hätte. Es heißt nur, dass zu zeigen ist, wie der Vollzug der Subjektivität „in den Weisen des Mitseins selbst mitvollzogen werden" muss (Henrich 2007, S. 179). Nur von der Subjektivität her kann der Mensch „die Einheit seines bewußten Lebens begreifen" (Henrich 2007, S. 179). Und weiter: „Weder ist das Selbstsein von einem ursprünglicheren Mitsein erwirkt noch ist es Folge einer Interaktion, die mit dem Selbstsein das als solches erfahrene Mitsein nach sich zieht" (Henrich 2007, S. 178).

Im Anschluss an Dieter Henrich hat Manfred Frank daraus eine scharfe Kritik am weitverbreiteten apriorischen Interaktionismus in Philosophie und Soziologie abgeleitet. Ausgangspunkt ist dabei die an die klassische Bewusstseinsphilosophie gerichtete kritische Frage: Ist „die Leistung unseres Bewusstseins, über den Gegenstand, auf den es sich richtet, immer auch sich selbst zu gewahren, unter dem Titel ,Reflexion' bzw. ,Selbstrepräsentation' angemessen erfaßt?" (Frank 2012, S. 11). Franks Antwort lautet: ,nein', denn man müsse, nicht zuletzt aufgrund der Einsichten von Dieter Henrich, füge ich hinzu, diesem reflexiven Bewusstsein, das vor allem von Kant herrührt, ein präreflexives Bewusstsein unterlegen, aus dem sich dieses reflexive Bewusstsein mittels Differenzierung allererst entwickeln könne. Problemgeschichtlich gesehen unterscheidet er deshalb die Linie Kant, Fichte, Schelling, Sartre und schließlich Henrich von der Linie Hegel, Mead und Habermas.[18]

Die Vorstellung eines präreflexiven Bewusstseins führt freilich noch hinter die Subjekt-Objekt-Spaltung von Jaspers, von der ich ausging. Sie macht aber deutlich, wie man die ursprüngliche Vertrautheit mit sich selbst trotz Ablehnung des Interaktionismus gewissermaßen nicht-egologisch begründen und daraus die Subjekt-Objekt-Spaltung als ein subjektives Bewusstsein zweiter Stufe verständlich machen kann. Die zweite Stufe wäre dann zwar äußerlich durch das In-der-Welt-sein stimuliert, aber mittels endogener Differenzierung in Ich, Person und Individuum gewonnen. Das reflexive Bewusstsein, das die Subjekt-Objekt-Spaltung und ein wissendes Subjekt voraussetzt, ruhte dann auf einem

---

[18] Dazu auch seine Sammlung *Selbstbewußtseinstheorien von Fichte bis Sartre*, hg. und mit einem Nachwort versehen von Manfred Frank, Frankfurt a. M.: Suhrkamp 1991, dort sein instruktives Nachwort S. 415 ff., bes. S. 583 ff.

impersonalen und vorbegrifflichen, unmittelbaren und nichtrelationalen Bewusstsein. Das präreflexive Bewusstsein wäre zwar Selbstkenntnis, nicht aber schon Selbst*er*kenntnis. Letztere führt offensichtlich in die Subjekt-Objekt-Spaltung, wobei aber die Selbstkenntnis niemals verlorengeht.

Wenn ich eingangs betone, die weberianische Soziologie sei subjekttheoretisch ausgerichtet und bewusstseinsphilosophisch fundiert, so liegen dieser Aussage diese Überlegungen zugrunde. Auch die von dieser philosophischen Richtung praktizierte transzendentale Methode ist einer weberianischen Soziologie nicht fremd. An zentraler Stelle seines Werks hat Weber selbst auf eine transzendentale Voraussetzung zurückgegriffen. Er bezeichnet sie als die transzendentale Voraussetzung jeder Kulturwissenschaft. Sie bestehe nicht darin, dass wir eine Kultur wertvoll finden, sondern darin, „daß wir Kultur*menschen sind,* begabt mit der Fähigkeit und dem Willen, bewußt zur Welt *Stellung* zu nehmen und ihr einen *Sinn* zu verleihen" (MWG I/7, S. 188 f.). Nicht zuletzt auch deshalb habe ich diese Soziologie in verschiedenen Zusammenhängen ‚kantianisierend‘ genannt.[19]

11.5   Die vierfache Bedeutung von Kulturbedeutung

Ich komme zurück auf Dieter Henrichs Dissertation, von der ich ausging. Darin verweist er auf die vierfache Verwendung der Begriffs Bedeutung, die sich bei Weber finde: 1. Kulturbedeutung im Sinne von Erkenntnisbedeutung, der Bedeutung also, die ein Beobachter einem Gegenstand zuschreibt; 2. Kulturbedeutung im Sinne von ontischer Bedeutung, der Bedeutung also, die ein Gegenstand von sich aus besitzt; 3. Kulturbedeutung im Sinne von Wertbedeutung, der Bedeutung also, die Wertideen füreinander haben; 4. Kulturbedeutung im Sinne von kausaler Bedeutung, der Bedeutung also, die Folge einer Zurechnung ist (Henrich 1952, S. 74 ff.). Die Notwendigkeit, diese vier Versionen von Bedeutung zu unterscheiden, folgt allerdings einer Einsicht Heinrich Rickerts. Sie besteht darin, dass zwischen dem endlichen Menschengeist und der unendlichen Fülle von Merkmalen, die jeden ‚Gegenstand der Erkenntnis‘ kennzeichnet, ein Hiatus besteht. Das heterogene Kontinuum der Wirklichkeit zwingt den Erkennenden dazu, ‚historische Individuen‘ als logisch unteilbare Einheiten zu bilden, was weder im Rahmen einer Abbildtheorie noch einer Emanationstheorie, sondern nur im Rahmen einer Korrespondenztheorie der Wahrheit erreicht werden kann.

---

[19] Siehe ausführlich Schluchter 1988, Band 1, Kap. I. 6; Schluchter 2005, I.i; Schluchter 2015, Kap. 3A.

Das jedenfalls scheint mir das Fazit, das Weber aus dem Anschluss an Rickerts Methodologie für seine eigene erkenntnistheoretische Position zieht. Deshalb ist in seinen Augen der Wirklichkeitswissenschaftler auch berechtigt, einem ‚naiven Realismus' zu folgen, so dass er tatsächlich weitergehende erkenntnistheoretische Fragen dahingestellt sein lassen kann. Aber damit wollte sich Weber am Ende doch nicht zufrieden geben. Er rang nicht nur um eine methodologische, sondern auch um eine erkenntnistheoretische Position. Es ist freilich keine, die mit der von Rickert identisch wäre. Darin stimme ich mit dem jungen Dieter Henrich überein. Doch die Überwindung des hiatus irrationalis zwischen Begriff und Begriffenem jenseits von Abbildtheorie und Emanatismus bleibt ein erkenntnistheoretisches Problem, das Weber für sich lösen wollte.[20] Insofern hinterlässt Dieter Henrichs ‚ursprüngliche Einsicht' in seiner Dissertation für die Weber-Forschung ein Problem. Wahr bleibt allerdings, darin ist dem jungen Philosophen zuzustimmen, dass Weber dieses Problem nicht mit Rickert lösen wollte. Und wahr bleibt auch, dass Japsers sich zu Recht empörte, als Rickert Weber seinen Schüler in diesen philosophischen Fragen nannte. Denn für Jaspers hat, wie das Motto dieser kleinen Betrachtung ausweist, Weber zwar keine Philosophie gelehrt, wohl aber eine gelebt, und zwar eine, die mit der Philosophie Rickerts tatsächlich nicht in Einklang stand.

---

[20] Zum Emanatismus vor allem Lask 1902.

Theorie und Geschichte des Rationalismus und der Rationalisierung

12

Max Webers Entwicklungsgeschichte des Okzidents

12.1 Vorbemerkung

Im Jahre 1917 veröffentlichte Max Weber sein Gutachten über eine „wertungs-freie Wissenschaft", welches er 1913 niedergeschrieben und im Januar 1914 im *Verein für Sozialpolitik* zur Diskussion gestellt hatte. Er ergänzte den Text von 1913 und gab ihm den Titel „Der Sinn der ‚Wertfreiheit' der soziologi-schen und ökonomischen Wissenschaften."[1] Darin beschäftigt er sich sowohl mit universitäts- und wissenschaftspolitischen als auch mit logischen, methodischen und werttheoretischen Fragen. Vor allem auf diese kommt es ihm an. In diesem Zusammenhang erwähnt er auch das Rationalitätsproblem, und zwar in seiner doppelten Bedeutung: als Voraussetzung dieser Wissenschaften und als einer ihrer Gegenstände. In diesem zweiten Zusammenhang heißt es: „Unser europäisch-amerikanisches Gesellschafts- und Wirtschaftsleben ist in einer spezifischen Art und in einem spezifischen Sinn ‚rationalisiert'. Diese Rationalisierung zu erklären und die ihr entsprechenden Begriffe zu bilden, ist daher eine der Hauptaufgaben unserer Disziplinen" (MWG I/12, S. 492).

---

zuerst in Andrea Maurer (Hg.), *Leidenschaft und Augenmaß. Zur Aktualität von Max Weber,* Frankfurt/New York: Campus Verlag 2021, S. 111–139.

[1] Die Texte Max Webers werden nach der Max Weber-Gesamtausgabe (MWG I, II und III, 1984–2020) zitiert. Die Gesamtausgabe umfasst drei Abteilungen: I. Schriften und Reden, Nr. 1 bis 25, darunter vier Doppelbände und fünf Teilbände (MWG I); II. Briefe, Nr. 1 bis 11, darunter drei Doppelbände (MWG II); III. Vorlesungen und Vorlesungsnachschriften, Nr. 1 bis 7 (MWG III). Der zitierte Aufsatz findet sich in MWG I/12, S. 445 ff. Die ursprüngliche Fassung von 1913 ist auch abgedruckt in Baumgarten 1964, S. 102 ff. Einzelne Bände sind auch als Max Weber Studienausgabe (MWS) veröffentlicht.

W. Schluchter, *Empirische Geltungslehre*, Studien zum Weber-Paradigma, https://doi.org/10.1007/978-3-658-41189-3_12

Es spricht wenig dafür, dass Max Weber bereits am Beginn seiner akademischen Karriere dem Rationalitätsproblem als Gegenstand seiner wissenschaftlichen Arbeit diese zentrale Bedeutung einräumte.[2] Als Jurist und als Ökonom wusste er zwar um das Rationalitätsproblem in diesen Disziplinen. Aber es stand für ihn zunächst nicht im Mittelpunkt. Die Konstruktion eines logisch geschlossenen Rechtssystems durch die Begriffsjurisprudenz oder die Konstruktion eines homo oeconomicus durch die reine ökonomische Theorie waren ihm zwar geläufig, doch verfolgte er andere Erkenntnisinteressen. Die historische Sicht herrschte vor. Noch in der schnell berühmt gewordenen Aufsatzfolge „Die protestantische Ethik und der ‚Geist' des Kapitalismus" aus den Jahren 1904 und 1905 betonte er mit Nachdruck, dass Rationalismus ein *historischer* Begriff sei. Er sei zudem ein Begriff, „der eine Welt von Gegensätzen in sich schließt" (MWG I/9, S. 177). Auch zeige die „Geschichte des Rationalismus *keineswegs* eine auf den einzelnen Lebensgebieten *parallel* fortschreitende Entwicklung" (ebd., S. 178). So habe etwa die Rationalisierung des Privatrechts ihren ersten Höhepunkt in der römischen Spätantike, die einer diesseitigen rationalen Philosophie aber erst im 18. Jahrhundert. Von einer einheitlichen Gesamtentwicklung des Rationalismus könne also selbst für den Okzident keine Rede sein (MWG I/9, S. 176–177).

Ich frage deshalb zunächst: Wie kam es zu der zentralen Rolle der Rationalitätsproblematik im Werk Max Webers? Das erfordert eine werkgeschichtliche Betrachtung (2). Daran schließt sich die Frage an: Wie lässt sich die von Weber aufgeworfene Rationalitätsproblematik systematisieren? Das erfordert eine systematische Betrachtung (3). Schließlich behandle ich die von Weber betonten Antinomien der Rationalisierung (4) und wende mich zum Schluss seiner Skizze der okzidentalen Sonderentwicklung und deren spezifisch geartetem Rationalismus zu (5).

12.2 Werkgeschichtliche Betrachtung

Ich beginne mit einer Äußerung aus dem Jahre 1908, einem Zeitpunkt, als Max Weber seine Protestantismusstudien mit der darin enthaltenen Überlegung zur Rationalitätsproblematik vorerst beiseitegelegt hatte (MWG I/9, S. 66 ff.). Andere

---

[2] Gerhard Dilcher weist in seiner Einleitung zu Webers Dissertation über die Geschichte der Handelsgesellschaften im Mittelalter darauf hin, dass dieser hier schon Aspekte der Rationalisierung in entwicklungsgeschichtlicher Betrachtung behandelt habe: 1. Die Rationalisierung im Sinne der Rechenhaftigkeit und 2. die historische Folge von (vorgegebener) Gemeinschaft und (gewillkürter) Gesellschaft. Er sagt aber zugleich, dass daraus erst später ein zentrales Paradigma geworden sei (s. MWG I/1: 60).

Projekte waren seit 1906 in den Vordergrund getreten,[3] und 1908 feierte Gustav Schmoller, das Haupt der jüngeren historischen Schule der Nationalökonomie in Deutschland, seinen 70. Geburtstag. Weber formulierte eine Glückwunschadresse, die folgende Passage enthält: „In einer Zeit des dürrsten ökonomischen Rationalismus haben Sie historischem Denken in unserer Wissenschaft eine Stätte bereitet, wie es sie in gleicher Weise und gleichem Maße bei keiner anderen Nation gefunden hatte und bis heute nicht hat. Das wissenschaftliche Bedürfnis der einzelnen Menschenalter pendelt auf dem Gebiete unserer Disziplin – wie Sie selbst oft genug markiert haben – zwischen theoretischer und historischer Erkenntnis hin und her. Gleichviel aber, ob es heute vielleicht an der Zeit ist, mehr die theoretische Seite zu pflegen – daß die Zeit für theoretische Arbeit wieder reif werden konnte, daß überhaupt ein mächtiger Bau voll Erkenntnis und historischer Durchdringung, psychologischer Analyse und philosophischer Gestaltung vor uns steht, den wir Jüngeren nun wieder versuchen dürfen, mit den Mitteln theoretischer Begriffsbildung weiter zu bearbeiten –, das alles danken wir schließlich vornehmlich Ihrer jahrzehntelangen, unvergleichlich erfolgreichen Arbeit" (MWG I/13, S. 108).[4]

Zwei Aussagen in dieser Passage sind hier von besonderem Interesse: Das Missfallen am „dürrsten ökonomischen Rationalismus" und das neue Interesse an der Theorie in der Nationalökonomie. Die Rückkehr zur Theorie, wie Max Weber sie verstand, hatte er zusammen mit Werner Sombart und Edgar Jaffé durch die Gründung des *Archivs für Sozialwissenschaft und Sozialpolitik* im Jahre 1904 eingeleitet.[5] Mit dem programmatischen Aufsatz „Die ‚Objektivität' sozialwissenschaftlicher und sozialpolitischer Erkenntnis" hatte er für sich die logischen und methodischen Voraussetzungen einer theoretischen und historischen Kulturwissenschaft geklärt (MWG I/7, S. 142 ff.). Mit den Protestantismusstudien suchte er, auf dem Hintergrund dieser Einsichten, die Leistungsfähigkeit einer historischen Kulturwissenschaft zu demonstrieren. Sie lassen sich auch als eine

---

[3] Weber führte seine methodologischen Erörterungen weiter, schrieb Chroniken über die bürgerliche Revolution in Russland und arbeitete seine frühen Studien über die Agrarverhältnisse im Altertum zu einem Text von Buchlänge aus. Schließlich begann er seine Studien über die Psychophysik der industriellen Arbeit.

[4] So Max Weber in seiner Ansprache am 24. Juli 1908 anläßlich der Feier von Gustav Schmollers 70. Geburtstag (nach stenographischer Aufnahme; als Handschrift gedruckt zuerst in Altenburg 1908: 67 f.; hier zitiert nach MWG I/13, S. 108).

[5] S. dazu das Geleitwort von Weber im *Archiv für Sozialwissenschaft und Sozialpolitik,* 19. Band, Heft 1, 1904: I–VII; hier zitiert nach MWG I/7: 125 ff. Über die Autorschaft des Geleitworts s. Peter Ghosh 2016, S. 133–195.

Abwendung vom „dürrsten ökonomischen Rationalismus" in der Nationalökonomie verstehen. Denn Weber sucht in diesen Studien unter anderem zu zeigen, dass der wirtschaftlich voll erzogene Mensch, wie er sich in seinen Theorievorlesungen aus der Zeit vor der Jahrhundertwende ausdrückt (MWG III/1, S. 122 f.), keineswegs, wie manche ‚reine Theoretiker' meinten, als Faktum vorausgesetzt werden dürfe, sondern als das Resultat eines langen Erziehungsprozesses verstanden werden müsse, der unter anderem in religiösen Voraussetzungen wurzle. Das sei zwar ein Rationalisierungsprozess, aber einer der besonderen Art. Es gehe dabei um die Umprägung des präkapitalistischen in den kapitalistischen Menschen, in den modernen Berufsmenschen, der seinen Beruf in innerweltlicher Askese praktiziert (MWG I/9, S. 167 ff.).

Weber stimmt in dieser Phase seines Schaffens Werner Sombart zu, soweit dieser „als Grundmotiv der modernen Wirtschaft überhaupt den ‚ökonomischen Rationalismus' bezeichnet" (MWG I/9, S. 175).[6] Die Rationalisierung auf dem Gebiet von Technik und Ökonomie habe „unzweifelhaft auch einen wichtigen Teil der ‚Lebensideale' der modernen bürgerlichen Gesellschaft" geprägt. Weber fügt aber sofort relativierend hinzu, dies sei nur *ein* Charakteristikum der modernen bürgerlichen Gesellschaft. Denn man könne „das Leben unter höchst verschiedenen letzten Gesichtspunkten und nach sehr verschiedenen Richtungen hin ‚rationalisieren'" (MWG I/9, S. 177). Und es wäre gänzlich verfehlt, wollte man etwa im asketischen Protestantismus, dessen kulturhistorische Bedeutung Weber herausgestellt und der aus seiner Sicht den ökonomischen Rationalismus mit bewirkt hatte, nur eine „‚Vorfrucht' rein rationalistischer Lebensanschauungen" sehen (MWG I/9, S. 176).

Weber verband mit seiner historischen Studie über den asketischen Protestantismus vor allem drei allgemeine Thesen: 1. Ideen können im Prozess ihrer Aneignung durch die Betroffenen ihre Wirkungsrichtung ändern; 2. Ideengeleitetes Handeln ist wie alles Handeln verstrickt in die Paradoxie der Wirkung gegenüber dem Wollen; 3. Rationalisierungsprozesse können sich nichtrationalen Bedingungen verdanken und schlagen oftmals in ihr Gegenteil um. Wer von Rationalisierung spreche, müsse immer die Gegenrichtung mit im Auge haben. Denn die Rechnung des Rationalismus gehe niemals voll auf.

Dies bedeutet nun freilich nicht, dass die Konstruktion eines streng rationalen Handelns durch die soziologischen und ökonomischen Wissenschaften ohne jeglichen Wert wäre. Man muss diesen Wert nur richtig verstehen. Wenn etwa

---

[6] Weber spricht von „oft glücklichen und wirkungsvollen Ausführungen" Sombarts (MWG I/9, S. 175). Bezug ist dessen zweibändiges Werk über den modernen Kapitalismus, dessen Band I: S. 391 ff., die Kapitelüberschrift „Die Ausbildung des ökonomischen Rationalismus" trägt.

die reine ökonomische Theorie mit dem homo oeconomicus, dem rein zweckrational Handelnden, rechne, verwende sie eine idealtypische Konstruktion, treffe aber keine empirische Feststellung. Diese Konstruktion bilde einen heuristischen Messpunkt, von dem das tatsächliche Handeln mehr oder weniger abweicht. Wie weit, das erst leite den Forscher auf die Empirie. Weber erläuterte diesen heuristischen Wert idealtypischer Konstruktionen in der Nationalökonomie auf dem *Ersten Deutschen Soziologentag* 1910 in einem Diskussionsbeitrag sehr treffend: „Das wirtschaftliche Prinzip – was besagt es? Es formuliert seine Urteile folgendermaßen: Wenn jemand seine gesamten jetzigen und künftigen Bedürfnisse mit der Allwissenheit eines Gottes kennte und gegeneinander abzuwägen in der Lage wäre, auf der einen Seite, – und wenn er mit der Allwissenheit eines Gottes auch die vorhandenen Vorräte und die notwendigen Arbeitsaufwendungen zur Deckung dieser Bedürfnisse an Gütern – potentielle und aktuelle: die sich ihrerseits ja auch darnach richten, welche Bedürfnisse so und so viele andere Menschen haben, die auch diese Güter haben möchten – wenn er das alles wüßte, – wie würde er dann, unter dem Prinzip der Deckung möglichst vieler seiner Bedürfnisse mit den vorhandenen Mitteln verfahren? Meine Herren, Sie sehen, daß nie in der Realität, niemals in der Wirklichkeit, ein Mensch sich in der Lage befindet: das gibt es einfach nicht. Ein derartiger nicht nur absolut rein rational handelnder, sondern zugleich auch allwissender Mensch existiert nicht. Dennoch, meine Herren, ist uns dieses theoretisch fingierte Handeln, ein reines Gedankengebilde, heuristisch wertvoll zu einer Analyse des wirklichen Handelns. Denn es läßt sich erfahrungsgemäß zeigen, daß das wirkliche Handeln gewisse Annäherungstendenzen an ein solch rein rationales Handeln zeigt, und zwar Annäherungstendenzen ganz besonders in einer Zeit des ökonomischen Rationalismus, wie der unsrigen" (MWG I/ 12, S. 289).

Diese Annäherungstendenzen, so kann man auf dem Hintergrund der Protestantimusstudien hinzufügen, muss der Historiker herausarbeiten, und dabei können ökonomische Faktoren nur eine Faktorengruppe unter mehreren sein. Man kann also sagen: Weber sucht zunächst den „dürrsten ökonomischen Rationalismus" vieler seiner Fachkollegen zu überwinden, indem er den Status ihrer Begriffe klärt (Rationalität als Voraussetzung) und ihre Annahme eines ‚ökonomischen Rationalismus' in historische Zusammenhänge einbettet (Rationalität als Gegenstand). Dabei behandelt er diesen ökonomischen Rationalismus, den er auch rationalen oder modernen Kapitalismus nennt, nach ‚Geist' und ‚Form'. In den Protestantimusstudien ging es ihm zunächst um die historische Herkunft des Geistes, genauer: des Geistes des modernen Kapitalismus, die Untersuchung der historischen Herkunft der Form, des kapitalistischen Systems, sollte folgen. Das freilich unterblieb.

Es gibt viele Vermutungen darüber, weshalb Weber seine begonnene historische Analyse des modernen rationalen Kapitalismus nicht zügig weiterführte. Er selbst nennt pragmatische Gründe. Es gibt aber möglicherweise auch einen prinzipiellen Grund. Dies jedenfalls legt Marianne Webers Biografie ihres Mannes nahe. Denn sie spricht von einer Entdeckung, die in die Zeit um 1910/1911 falle. Weber begann, stimuliert durch die neue Beziehung zu der Pianistin Mina Tobler, sich mit den rationalen und sozialen Grundlagen der okzidentalen Musik zu beschäftigen. Und er wurde dabei gewahr, dass selbst diese arationale Wertsphäre von Rationalisierung durchdrungen sei. Dies habe ihn, so kann man folgern, dazu geführt, Rationalität in einem sehr viel umfassenderen Sinne zu verstehen, als dies in den Protestantismusstudien noch der Fall war. Wie Marianne Weber schreibt: „Vor allem die abendländische Kultur wird in all' ihren Formen entscheidend bestimmt durch eine zuerst im Griechentum entwickelte methodische Denkart, der sich im Zeitalter der Reformation auch eine an bestimmten Zwecken orientierte methodische Lebensführung zugesellt: Diese Vereinigung von theoretischem und praktischem Rationalismus scheidet die moderne Kultur von der antiken, und die Eigenart beider scheidet die moderne abendländische von der asiatischen Kultur" (Marianne Weber, 1926, S. 348). Dann folgt der entscheidende Satz: „Für Weber bedeutet diese Erkenntnis der Besonderheit des okzidentalen *Rationalismus* und der ihm zufallenden Rolle für die abendländische Kultur eine seiner wichtigsten Entdeckungen" (Marianne Weber 1926, S. 348 f.), eine Entdeckung, so füge ich hinzu, welche die Rationalitätsproblematik gegenüber der Zeit davor erweitert (statt des ökonomischen jetzt der okzidentale Rationalismus) und ins Zentrum der kulturvergleichenden Betrachtung rückt (statt des modernen Rationalismus im okzidentalen Kulturkreis jetzt der Rationalismus in allen Kulturkreisen).

Nun ließe sich freilich einwenden, hier handle es sich um eine Deutung von außen und post festum. Mit Webers tatsächlicher Entwicklung habe dies wenig zu tun.[7] Doch dies wäre ein Irrtum. Tatsächlich schiebt sich bei Weber in der Zeit von 1910 bis 1914 die Rationalitätsproblematik als Gegenstand der Untersuchung in den Vordergrund. Dies kann man unter anderem an Texten zeigen, die überwiegend in diese Zeit fallen und deren Entstehungsgeschichte wir relativ

---

[7] Peter Ghosh etwa ist der Meinung, eine solche Entwicklung habe nicht stattgefunden, denn streng genommen seien die entscheidenden Themen und Einsichten bereits in den Protestantismusstudien von 1904/05 enthalten. Er formuliert: „Die Protestantische Ethik ist entschieden nicht nur eine historische Abhandlung, die eine begrenzte These entfaltet. Sie ist vielmehr eine Summa, ein Ausdruck von Webers Ansichten zu praktisch allen Themen, die ihn interessierten." (Ghosh 2014, S. 255).

genau kennen. Es handelt sich um die im Nachlass überlieferten Texte über das Recht (MWG I/23-3, MWS I/23-3).

Max Weber entschied sich 1908, dem Drängen des Verlegers Paul Siebeck nachzugeben und die Organisation und Redaktion des neu zu gestaltenden Schönbergschen *Handbuchs der politischen Ökonomie* zu übernehmen (MWG I/24). Dafür sah er auch einen Beitrag mit dem Titel „Wirtschaft und Gesellschaft" aus seiner Feder vor. Er wollte unter diesem Titel ursprünglich drei Themenbereiche behandeln. Den ersten widmete er dem Verhältnis von Wirtschaft und Recht. Weber wollte, im Gegenzug zu Rudolf Stammler (dazu schon MWG I/7, S. 487 ff., dann MWG I/23, S. 185 ff., MWS I/23, S. 23 ff.), erst das prinzipielle Verhältnis von Wirtschaft und Recht, dann die „Epochen der Entwicklung des heutigen Zustands" behandeln (WMG I/24, S. 145 f.). Der entscheidende Gesichtspunkt dabei ist: die formale Rationalisierung des modernen westlichen Rechts.

Weber brachte die beiden Manuskripte über das Recht, wie alle übrigen Manuskripte für die Vorkriegsfassung von „Wirtschaft und Gesellschaft", nicht bis zur Publikation. Er arbeitete daran in mehreren Phasen, wobei er vielfach veränderte, vor allem aber erweiterte. Da in diesem Fall die Originale überliefert sind, lassen sich daran begriffliche und thematische Verschiebungen im Zeitverlauf studieren. Es besteht kein Zweifel: Je weiter die Arbeit an diesen Manuskripten fortschreitet, desto stärker wird die Rationalitätsproblematik betont (MWG I/22-3, S. 61 ff.). Auch im Vorwort zum *Handbuch der politischen Ökonomie* aus dem Jahre 1914, welches man inzwischen in *Grundriß der Sozialökonomik* umbenannt hatte, findet sich die Rationalitätsproblematik an zentraler Stelle: „Es wurde von der Anschauung ausgegangen, daß die Entfaltung der Wirtschaft vor allem als eine besondere Teilerscheinung der allgemeinen Rationalisierung des Lebens begriffen werden müsse" (MWG I/24, S. 164), so wird jetzt die Tendenz dieses Kollektivunternehmens von Weber formuliert.[8]

Weber sucht dabei die Rationalitätsproblematik nicht nur in den verschiedenen Lebensbereichen auf – Wirtschaft, Recht, Staat, Religion, Wissenschaft, Kunst–, sondern auch in den verschiedenen Kulturkreisen, insbesondere, wie Marianne Webers Zeugnis belegt, auch außerhalb des Okzidents, in Asien. Weber entwirft zusammen mit der Arbeit an seinem Hauptbeitrag für den *Grundriß* Skizzen zur Wirtschaftsethik der Kulturreligionen, die er gleichzeitig mit diesem Beitrag veröffentlichen will. Dieser Plan verwirklicht sich nicht, denn mit Ausbruch des Krieges lässt Weber seine Manuskripte liegen. Er dient etwa ein Jahr in der Heidelberger Lazarettverwaltung. Als er wieder mit wissenschaftlicher Arbeit

---

[8] Dazu jetzt ausführlich Teil 1 dieses Bandes.

beginnt, fördert er zunächst nur die Skizzen, nicht den Hauptbeitrag zum *Grund-riß.* Aber an dem Doppelprojekt hält er fest. Es läuft auf eine Neufassung von *Wirtschaft und Gesellschaft* und eine auf vier Bände geplante Sammlung religionssoziologischer Aufsätze hinaus. Bei seinem Tod ist dieses Doppelprojekt noch unvollendet.[9] In beiden Projekten aber steht die Rationalitätsproblematik im Vordergrund. Sie wird in zwei Richtungen entfaltet: für die verschiedenen Wertsphären einerseits, für die verschiedenen Kulturkreise andererseits.

Mitte September 1919 schreibt Weber seine „Vorbemerkung" zu den *Gesammelten Aufsätzen zur Religionssoziologie.* Sie dient dazu, die überarbeiteten, aber immer noch nicht fortgesetzten Studien über den asketischen Protestantismus mit den Studien über die Wirtschaftsethik der Weltreligionen zusammenzubinden. Hier kommt das umfassende Verständnis der Rationalitätsproblematik zum Ausdruck, von dem die Rede war. Weber spricht hier von „einem spezifisch gearteten ‚Rationalismus' der okzidentalen Kultur", spezifisch deshalb, weil es Rationalisierungen „auf den verschiedensten Lebensgebieten in höchst verschiedener Art in allen Kulturkreisen gegeben" habe. Und er fügt hinzu: „Charakteristisch für deren kulturgeschichtlichen Unterschied ist erst: *welche* Sphären und in welcher Richtung sie rationalisiert wurden" (MWG I/18, S. 116) – und nicht zu vergessen: wer der Träger der jeweiligen Rationalisierung war. Der Okzident besitzt also, das ist Webers Meinung, kein Monopol auf Rationalismus und Rationalisierung. Er schuf vielmehr *eine* kulturhistorische Ausprägung der Rationalität unter mehreren möglichen. Deshalb nimmt sich Weber vor, „die besondere Eigenart des okzidentalen und, innerhalb dieses, des modernen okzidentalen, Rationalismus zu erkennen und in ihrer Entstehung zu erklären" (MWG I/18, S. 116). Die Grundbegriffe, die man dafür benötigt, werden von ihm in der Neufassung der theoretischen Teile der *Gesammelten Aufsätze zur Religionssoziologie,* also vor allem in der „Einleitung" und in der „Zwischenbetrachtung", sowie in der Neufassung von *Wirtschaft und Gesellschaft* präsentiert.

12.3   Systematische Betrachtung

Dass die Rationalitätsproblematik zumindest für Max Webers späte Soziologie zentral ist, wurde in der Sekundärliteratur oft hervorgehoben. Die Beiträge dazu reichen bis in die jüngste Zeit.[10] Dabei fiel immer wieder auf, dass Weber die Begriffe Rationalismus und Rationalisierung in der letzten Phase seines Schaffens

---

[9] Dazu ausführlich Schluchter 2016.

[10] So vor allem in Lateinamerika (vgl. dazu etwa Weisz 2013 und Sell 2013).

in geradezu inflationärer Weise verwendet. Hier scheint eine erstaunliche Diskrepanz zu bestehen zwischen der Bedeutung, die dem Thema in seiner späten Soziologie zukommt, und der Arbeit am Begriff. So stellt etwa Rogers Brubaker fest, Weber verwende die Begriffe Rationalismus und Rationalisierung in seinem Werk in nicht weniger als in 16 verschiedenen Bedeutungen.[11] Bliebe es bei solcher Bedeutungsvielfalt ohne systematische Begründung, so würde dies in der Tat ein erheblicher Mangel sein.

Bevor ich mich diesem möglichen Mangel zuwende, ist eine grundsätzliche Überlegung vorauszuschicken. Die Rationalitätsproblematik ist bei Weber von der Vernunftproblematik gelöst.[12] Er argumentiert historisch-empirisch, nicht philosophisch oder gar metaphysisch. In seiner Rationalitätstheorie bleiben die philosophischen und metaphysischen Fragen ausgeblendet. 1913, in jener Phase also, in der ich die Ausweitung der Rationalitätsproblematik verorte, illustriert Weber im Kategorienaufsatz sein Verständnis von Rationalität,[13] indem er den Zivilisierten dem Wilden gegenüberstellt. Was dem Zivilisierten die rationale Note gebe, sei zweierlei: „1. Der generell eingelebte Glaube daran, daß die Bedingungen seines Alltagslebens, heißen sie nun: Trambahn oder Lift oder Geld oder Gericht oder Militär oder Medizin, prinzipiell rationalen Wesens, d. h. der rationalen Kenntnis, Schaffung und Kontrolle zugängliche menschliche Artefakte seien, […] 2. die Zuversicht darauf, daß sie rational, d. h. nach bekannten Regeln und nicht, wie die Gewalten, welche der Wilde durch seinen Zauber beeinflussen will, irrational funktionieren, daß man, im Prinzip wenigstens, mit ihnen ‚rechnen‘, ihr Verhalten ‚kalkulieren‘, sein eigenes Handeln an eindeutigen, durch sie geschaffenen Erwartungen orientieren könne" (MWG I/12, S. 440).[14]

---

[11] Hierzu Brubaker 1984. Er konstatiert S. 1.: "Yet while Weber acknowledges, even emphasizes the many-sidedness of the idea of rationality, he frequently uses the term 'rational' without qualification and explanation. This practice places great demands on the reader, who may well become confused by Weber's apparently casual and unsystematic usage." Dann folgen die 16 verschiedenen Bedeutungen, ebd., S. 2. Er selbst macht einen interessanten Versuch der Klärung, der immer noch lesenswert ist.

[12] Dazu Herbert Schnädelbach 1984, sein Vorwort und seine Einleitung.

[13] Der Aufsatz „Über einige Kategorien der verstehenden Soziologie" war von Weber ursprünglich als eine Einleitung in „Wirtschaft und Gesellschaft" gedacht, wurde von ihm aber dann separat veröffentlicht. Er steht gewissermaßen am Beginn der Ausweitung der Rationalitätsproblematik (vgl. dazu MWG I/12: 389 und zur Interpretation Schluchter 2009, Kap. 6).

[14] Ähnlich formuliert Weber auch in dem als Broschüre publizierten Vortrag *Wissenschaft als Beruf*, unter dem Stichwort ‚intellektualistische Rationalisierung‘ und mit Bezug auf die Entzauberungsthese (s. MWG I/17, S. 86 f.).

Das sei der subjektiv gemeinte Sinn, den der Zivilisierte für sich konstruiere. Aber auch der Wilde konstruiere seinen subjektiv gemeinten Sinn. Dieser
führe, so kann man mit Webers Überlegung aus den „Religiösen Gemeinschaften"
hinzufügen, zu einem „mindestens relativ rationalen Handeln: wenn auch nicht
notwendig ein Handeln nach Mitteln und Zwecken, so doch nach Erfahrungsregeln" (MWG I/22-2, S. 121). Auch das magische Weltbild besitze also seine
spezifischen Erfahrungsregeln und eine damit verbundene spezifische Rationalität. Zwischen diesem und dem Weltbild des Zivilisierten liegt der Prozess, den
Weber als die Entzauberung der Welt bezeichnet, die Ersetzung der Magie durch
Wissenschaft. Dabei ist der Kategorienaufsatz von 1913 ein Text, in dem Weber
seine Grundbegriffe noch aus der Gegenüberstellung von Gesellschaftshandeln
und Einverständnishandeln aufbaut und die „Rationalisierung der Ordnungen
einer Gemeinschaft" sowie den allmählichen „,Ersatz' von Einverständnishandeln durch Vergesellschaftung" in der geschichtlichen Entwicklung herausarbeitet
(MWG I/12, S. 437). Hier steht also die Rationalitätsproblematik tatsächlich
im Zentrum. Die hierfür verwendete Begrifflichkeit, nicht aber die konstatierte
Entwicklungstendenz, gibt er später auf (MWG I/23, Einleitung, S. 36 ff.).

Überblickt man das Werk ab 1910, so springen im Zusammenhang
mit der Rationalitätsproblematik drei Begriffspaare ins Auge: zweckra-
tional/wertrational, formal-rational/material-rational sowie theoretisch-rational/
praktisch-rational. Interessanterweise tauchen diese drei Begriffspaare nicht
zusammen in einem Text auf, sondern sind auf Werkteile verteilt, und sie werden
auch nicht gleichmäßig im Werk verwendet: zweckrational/wertrational definiert
Weber hauptsächlich in den „Soziologischen Grundbegriffen", die den Kategorienaufsatz von 1913 ablösen und das Kapitel I der Neufassung von *Wirtschaft und
Gesellschaft* bilden; formal-rational/material-rational findet sich in den nachgelassenen Texten über das Recht, in Kapitel II und III der Neufassung von *Wirtschaft
und Gesellschaft*, nicht aber in Kapitel I von *Wirtschaft und Gesellschaft*, was
man erwartet hätte; theoretisch-rational/praktisch-rational schließlich taucht nicht
in *Wirtschaft und Gesellschaft*, sondern in den Aufsätzen zur Wirtschaftsethik der
Weltreligionen, insbesondere in der „Zwischenbetrachtung", auf. All dies spricht
tatsächlich zunächst nicht dafür, dass Weber für die Untersuchung der Rationalität
als Gegenstand ein kohärentes Begriffssystem entwickelt hätte. Offenbar herrscht
hier eine gewisse Beliebigkeit.

Doch bevor man vorschnelle Schlüsse zieht, sollte man auf die Definitionen
blicken, die sich zu diesen drei Begriffspaaren im Werk finden. Am klarsten ist
zweifellos Webers Definition von zweck- und wertrational. Sie ist Teil der Definition der Handlungsorientierungen. Ausgangspunkt der Begriffsentwicklung ist die
Frage, ob ein reaktives Sich-Verhalten oder ein sinnhaftes Sich-Verhalten, d. h. ein

Handeln, vorliegt. Ist es ein Handeln, so kann es gewohnheitsmäßig oder nicht gewohnheitsmäßig sein. Ist es nicht gewohnheitsmäßig, also keine bloße Routine, kann es spontan oder regelgeleitet erfolgen. Erfolgt es regelgeleitet, so kann es von Zweckmaximen oder von Wertmaximen (ursprünglich: Norm-Maximen) geleitet sein. In diesen letzten Fällen lässt sich das Handeln rationalisieren, woraus zweckrationales bzw. wertrationales Handeln entsteht. Dies führt Weber zu seinen bekannten Unterscheidungen zwischen gewohnheitsmäßigem, affektuellem (oder emotionalem), zweckrationalem und wertrationalem Handeln oder besser: zu diesen vier Orientierungen, von denen sich der Handelnde in seinem Handeln leiten lassen kann. Die beiden rationalisierungsfähigen Handlungsorientierungen aber werden wie folgt genauer erläutert: 1. die zweckrationale Orientierung „durch Erwartungen des Verhaltens von Gegenständen der Außenwelt und von andren Menschen und unter Benutzung dieser Erwartungen als ‚Bedingungen‘ oder als ‚Mittel‘ für rational, als Erfolg, erstrebte und abgewogene eigne Zwecke" und 2. die wertrationale Orientierung „durch bewußten Glauben an den – ethischen, ästhetischen, religiösen oder wie immer sonst zu deuten-den – unbedingten Eigenwert eines bestimmten Sichverhaltens rein als solchen und unabhängig vom Erfolg" (MWG I/23, S. 175, MWS I/23, S. 16).

Nicht ganz so eindeutig fällt die Definition von formal-rational und material-rational aus. Wie gesagt, kommt diese Unterscheidung hauptsächlich in der Rechts-, Wirtschafts- und Herrschaftssoziologie vor. In den „Soziologischen Grundkategorien des Wirtschaftens", also in Kapitel II der Neufassung von *Wirtschaft und Gesellschaft,* gibt Weber, bezogen auf das Wirtschaften, folgende Bestimmung. Als Grad der formalen Rationalität eines Wirtschaftens bezeichnet er „das Maß der ihm technisch möglichen und von ihm wirklich angewendeten *Rechnung"*; als Grad der materialen Rationalität dagegen das Maß, „in welchem die jeweilige Versorgung von gegebenen Menschen*gruppen* (gleichviel wie abgegrenzter Art) mit Gütern durch die Art eines wirtschaftlich orientierten sozialen Handelns sich gestaltet unter dem Gesichtspunkt bestimmter *(wie immer gearteter) wertender Postulate"* (MWG I/23, S. 251, MWS I/23, S. 59). Diese Definition gilt cum grano salis auch in Bezug auf Recht und Herrschaft. Immer geht es bei formaler Rationalität um Rechnung, allgemeiner: um Berechenbarkeit eines Vorgangs, letztlich um geregelte Verfahren, bei materialer Rationalität aber um die Bewertung der dadurch erzielten Resultate, wobei sich diese Bewertung auch auf die eingesetzten Mittel oder gar auf die damit verbundene Gesinnung erstrecken kann.

Mit der dritten Unterscheidung, zwischen theoretisch-rational und praktisch-rational, beschäftigt sich Weber vor allem in seinen religionssoziologischen Studien. Eine prägnante Stelle findet man in der „Zwischenbetrachtung" von

1915, eine Stelle, die unverändert in die Fassung von 1920 übernommen ist. Weber sagt hier, „das Rationale im Sinne der logischen oder teleologischen ‚Konsequenz' einer intellektuell-theoretischen oder praktisch-ethischen Stellungnahme hat nun einmal (und hat von jeher) Gewalt über die Menschen, so begrenzt und labil diese Macht auch gegenüber andern Mächten des historischen Lebens war und ist" (MWG I/19, S. 480). Er denkt dabei vor allem an Weltbilder, an überindividuelle Sinnzusammenhänge, in die Handlungsorientierungen und soziale Beziehungen bis hin zu Ordnungen und Verbänden eingebettet sind. Der Soziologe, der historische Sachverhalte aufklären will, muss immer auch Dogmatik des Sinns betreiben, wenn er den in Gruppen von Menschen verbreiteten subjektiv gemeinten Sinn erschließen möchte. Dies bleibt ein empirisches Unterfangen und darf nicht mit dem normativen Unterfangen verwechselt werden, das in der Suche nach dem objektiv richtigen oder gar metaphysisch wahren Sinn besteht (MWG I/23, S. 149, MWS I/23, S. 2).

Wir finden also durchaus mehr oder weniger präzise Definitionen für die drei Begriffspaare. Doch wie hängen sie zusammen? Gibt es einen solchen Zusammenhang überhaupt? Man könnte etwa vermuten, und dies wurde in der Sekundärliteratur auch oft behauptet, die ersten beiden Begriffspaare seien nur zwei Weisen, denselben Sachverhalt auszudrücken. Formal-rational sei ein anderer Ausdruck für zweckrational, material-rational für wertrational. Viele Formulierungen Webers scheinen diese Interpretation zu stützen. Ich gebe ein Beispiel aus der Erläuterung der oben zitierten Unterscheidung von formaler und materialer Rationalität in § 9 der „Soziologischen Grundkategorien des Wirtschaftens". Um den Begriff materiale Rationalität über das bereits Gesagte hinaus zu erläutern, führt Weber aus: „daß eben die Betrachtung sich mit der rein formalen (relativ) eindeutig feststellbaren Tatsache: daß zweckrational, mit technisch tunlichst adäquaten Mitteln, gerechnet wird, nicht begnügt, sondern ethische, politische, utilitarische, hedonische, ständische, egalitäre oder irgendwelche anderen Forderungen stellt und daran die Ergebnisse des – sei es formal noch so ‚rationalen', d. h. rechenhaften – Wirtschaftens wertrational oder material zweckrational bemißt" (MWG I/23, S. 251, MWS I/23, S. 60).

Hier scheinen die Begriffe zweckrational und formal-rational oder wertrational und material-rational tatsächlich austauschbar verwendet. Eine Differenz in der Sache besteht offenbar nicht. Ich bin nicht dieser Meinung. Um dies begründen zu können, muss man von der Interpretation zur Explikation übergehen. Explikation heißt, dass man der Problemstellung eines Autors folgt, nicht aber seiner Problemlösung. Will man in Webers Rationalitätsdebatte größere begriffliche Klarheit bringen, sollte man an den drei Begriffspaaren festhalten und sie in einen begründeten Zusammenhang bringen. Dafür ist eine Zwischenüberlegung erforderlich. Sie betrifft die Architektur der „Soziologischen Grundbegriffe".

Die Logik, die der Unterscheidung der verschiedenen Handlungsorientierungen zugrunde liegt, wurde bereits dargestellt. Doch Weber bleibt in den „Soziologischen Grundbegriffen" nicht bei den Handlungsorientierungen stehen, er geht zu den sozialen Beziehungen, Ordnungen und Verbänden über, zu einer Vielzahl sozialer Gebilde, die alle auf der Koordination von Handlungsorientierungen beruhen. Es handelt sich, bezogen auf diese, um emergente Phänomene, um eine Realität sui generis, die eine eigene Wirkung entfaltet. Wichtig ist, dass man diese Realität sui generis nicht substantialisiert.[15] Doch Koordinationen bilden gegenüber Orientierungen eine eigene Ebene, weshalb wir von einem Mehr-Ebenen-Modell sprechen.[16] Jede Ebene hat ihre spezifische Rationalität. Ich unterscheide deshalb die Rationalität der Handlungsorientierungen (zweckrational/wertrational) von der Rationalität der Handlungskoordinationen (formal-rational/material-rational). Beide sind in rationale Sinnzusammenhänge eingebettet, seien diese theoretisch-rational oder praktisch-rational (Abb. 12.1: Analytik der Rationalität)

Damit ist ein begriffliches Instrumentarium gewonnen, um Webers Aussage aus der „Vorbemerkung" genauer zu interpretieren, Rationalisierung habe es „auf den verschiedensten Lebensgebieten in höchst verschiedener Art in allen Kulturkreisen gegeben" (MWG I/18, S. 116). Ich trenne dabei die Aussage über die Lebensgebiete von der über die Kulturkreise, gehe also in zwei Schritten vor. Zunächst muss Klarheit darüber geschaffen werden, was mit der Rationalisierung auf den verschiedenen Lebensgebieten gemeint sein könnte. Um welche Lebensgebiete handelt es sich, und worin besteht ihre jeweilige Affinität zu Fragen der Rationalität?

Man muss zunächst feststellen, dass Weber den Gesellschaftsbegriff in ein Konzert von Wertsphären, Lebensordnungen und Lebensmächten auflöst. Gesellschaft ist kein Grundbegriff seiner Soziologie. In der Zeit von 1910 bis 1914, in welche die Erweiterung der Rationalitätsproblematik fällt, verändert er nicht zufällig den Titel seines Hauptbeitrags zum Grundriß der Sozialökonomik: Statt „Wirtschaft und Gesellschaft" heißt es jetzt „Die Wirtschaft und die gesellschaftlichen Ordnungen und Mächte". Damit ist es ein Titel, den man als die wirtschaftliche Ordnung und Macht in ihrem Verhältnis zu den übrigen

---

[15] Dies ist die entscheidende Differenz zu Durkheim und auch der Grund, weshalb Weber Kollektivbegriffe ablehnt und für eine individualistische Methode in der Soziologie plädiert.
[16] Dazu Schluchter 2009, S. 297 ff. und 2015, S. 192 ff.; s. auch 2017, S. 293 ff. und ferner 2018, S. 3 ff.

Art der Rationalität Ebene der Analyse	kognitiv	evaluativ
Sinnzusammenhang	theoretisch-rational	praktisch-rational
Koordination	formal-rational	material-rational
Orientierung	zweckrational	wertrational

Abb. 12.1 Analytik der Rationalität. (Quelle: Eigene Darstellung)

gesellschaftlichen Ordnungen und Mächten lesen kann. Die Wirtschaft ist eine gesellschaftliche Ordnung unter mehreren, und es gehört zu den Aufgaben einer Soziologie, das Verhältnis der Ordnungen untereinander, die Obstruktionen, Begünstigungen oder Indifferenzen, die zwischen ihnen herrschen, in historischer Perspektive zu bestimmen. Dabei geht es zum Beispiel um die Frage, welche Typen politischer Herrschaft den rationalen Kapitalismus gefördert haben und welche nicht (MWG I/23, Kap. III, MWS I/23, Kap. III).

Weber wollte 1914 einen Text über „Kategorien der gesellschaftlichen Ordnungen" schreiben (MWG I/24: 169). Das ist nicht geschehen. Ein gewisser Ersatz aber findet sich in der „Zwischenbetrachtung". Hier behandelt Weber die Spannungen, die zwischen einer religiösen Brüderlichkeitsethik, also der religiösen Wertsphäre und Lebensordnung, und den übrigen Wertsphären und Lebensordnungen bestehen. Dabei wird unterstellt, die jeweiligen Wertsphären und Lebensordnungen würden sich, bezogen auf ihren zentralen Wert, eigengesetzlich entwickeln und autonomisieren. Diese Annahme ist für die Differenzierung des Rationalitätsbegriffs zentral.

Weber unterscheidet dabei die Sphären Religion, Wirtschaft, Politik, Kunst, Erotik und Wissenschaft. Eine systematische Begründung für diese Auswahl gibt er nicht. Anders als sein Freund Heinrich Rickert, der eine Philosophie

Wertsphären, Lebensordnungen und Lebensmächte

Wert	Wertsphäre	Orientierung	Koordination	Koordinationsniveau	Schichtung	Entwicklungstendenz
Heil	religiös	affektuell und wertrational	material-rational	Beziehung – Ordnung – Verband	religiöse Virtuosen – religiöse Massen	religiöse Rationalisierung (Entzauberung)
Nutzen	ökonomisch	zweckrational	formal-rational	Beziehung – Ordnung – Verband	ökonomisch positiv Privilegierte – ökonomisch negativ Privilegierte	ökonomische Ratio-nalisierung (Markterweiterung)
Macht	politisch	zweckrational und wertrational	formal- und material-rational	Beziehung – Ordnung – Verband	politisch Herrschende – politisch Beherrschte	politische Rationalisierung (Machterweiterung)
Schön-heit	ästhetisch	affektuell	formal-nichtrational	Beziehung – Verband	Ästheten – Banausen	Sublimierung
Liebe	erotisch	affektuell	material-nichtrational	Beziehung	keine	Sublimierung
Wahr-heit	intellektuell	wertrational und zweckrational	material- und formalrational	Beziehung – Ordnung – Verband	Experten – Laien	theoretische und praktische Rationalisierung (Wissenserweiterung)

Abb. 12.2 Wertsphären, Lebensordnung und Lebensmächte. (Quelle: Darstellung nach Schluchter 2015, S. 311)

der Wertsphären entwickelt, verhält sich Weber gegenüber einem solchen Syste-matisierungsversuch skeptisch.[17] Dennoch folgt die „Zwischenbetrachtung" einer gewissen Logik, wie die obige Rekonstruktion sichtbar zu machen sucht. Ich gehe dabei von den sechs in der „Zwischenbetrachtung" genannten Wertsphä-ren aus, ordne ihnen jeweils einen zentralen Wert zu, frage nach der jeweiligen Orientierung, der jeweiligen Koordination, dem jeweiligen Koordinationsniveau (Beziehung, Ordnung, Verband), behandle die soziale Schichtung, die sie erzeu-gen, und betrachte die ihnen immanente Entwicklungstendenz. Hier geht es um die Frage, ob in ihnen Rationalisierung möglich und, wenn ja, welcher Art sie ist (Abb. 12.2: Wertsphären, Lebensordnung und Lebensmächte).

Folgt man dieser Rekonstruktion, so gibt es tatsächlich Rationalisierungen auf den verschiedenen Lebensgebieten von höchst verschiedener Art, wie dies Weber

---

[17] Vgl. dazu Heinrich Rickert 1913, S. 295 ff. sowie Max Webers Reaktion in einem Brief an Rickert von Ende November 1913, in dem er sich kritisch mit dessen Konstruktion aus-einandersetzt (MWG II/8, S. 408 ff.). Weber kündigt dort darüber hinaus an, er werde ihm seine „(empirische) Kasuistik der Contemplation und aktiven Religiosität schicken", womit wohl die spätere „Zwischenbetrachtung" gemeint ist.

in der „Vorbemerkung" herausgestellt hatte. Wie aber steht es mit den Kulturkreisen, von denen gleichfalls die Rede war? Man muss, um diese Frage beantworten zu können, etwas tiefer in die Religionssoziologie eindringen. Auch hierfür stellt die „Zwischenbetrachtung" wieder den Schlüssel bereit. Denn hier findet sich die folgende bemerkenswerte Aussage: „Und schließlich und vor allem muß und will ein religionssoziologischer Versuch dieser Art [gemeint ist die vergleichende Untersuchung der Wirtschaftsethik der Weltreligionen, Anm. W.S.] nun einmal zugleich ein Beitrag zur Typologie und Soziologie des Rationalismus selbst sein" (MWG I/19, S. 481, MWS I/19, S. 210).

In welchem Sinn kann eine vergleichende Religionssoziologie, die zudem auf die Wirtschaftsethik beschränkt ist, diesen Beitrag leisten? Hier ist das berühmte Zitat von der Weichenstellung von Bedeutung, das Weber in die „Einleitung" zur Wirtschaftsethik der Weltreligionen 1920 eingefügt hat: „Interessen (materielle und ideelle) nicht: Ideen, beherrschen unmittelbar das Handeln der Menschen. Aber: die ‚Weltbilder', welche durch ‚Ideen' geschaffen wurden, haben sehr oft als Weichensteller die Bahnen bestimmt, in denen die Dynamik der Interessen das Handeln fortbewegte" (MWG I/19, S. 101, MWS I/19, S. 11). Man kann also fragen, welches Weltbild welche Weiche in welchem Kulturkreis wie gestellt hat. Das begriffliche Instrumentarium dafür wird von Weber in der „Zwischenbetrachtung" präsentiert. Ein religiöses Weltbild kann dazu auffordern, die Welt zu bejahen oder sie zu verneinen, und wenn zu verneinen, sich ihr zuzuwenden oder sich von ihr abzuwenden, und dies wiederum im Handeln oder in der Kontemplation. Je nachdem, ob in einem Weltbild der Gläubige als ein Werkzeug oder als ein Gefäß des Göttlichen verstanden wird, ist er aufgefordert, ein aktives Leben, eine vita activa, oder ein kontemplatives Leben, eine vita contemplativa, zu führen. Je nach der Kombination der genannten Merkmale (Bejahung/Verneinung, Zuwendung/Abwendung, Werkzeug/Gefäß oder Handeln/Kontemplation) gewinnt man begrifflich fünf verschiedene Weltverhältnisse. Man kann sie, sofern sie aus der Teilnehmerperspektive logisch oder teleologisch konsequent konstruiert sind, Rationalismus der Weltanpassung, der Weltbeherrschung, der Weltflucht, der Weltüberwindung und der Schickung in die Welt nennen. Diese verschiedenen Arten des durch das Weltbild motivierten Rationalismus sind in der folgenden Übersicht zusammengestellt (Abb. 12.3).

Es ist nun eine der Thesen in Webers vergleichender Religionssoziologie, dass sich diese Weltverhältnisse in den verschiedenen Kulturkreisen in bestimmten Phasen ihrer Entwicklung besonders rein ausgeprägt finden, so zum Beispiel der Rationalismus der Weltanpassung im klassischen Konfuzianismus, der Rationalismus der Weltbeherrschung im Puritanismus (MWG I/19, S. 450 ff., MWS I/19, S. 193 ff.) oder der Rationalismus der Weltflucht im frühen Buddhismus (MWG

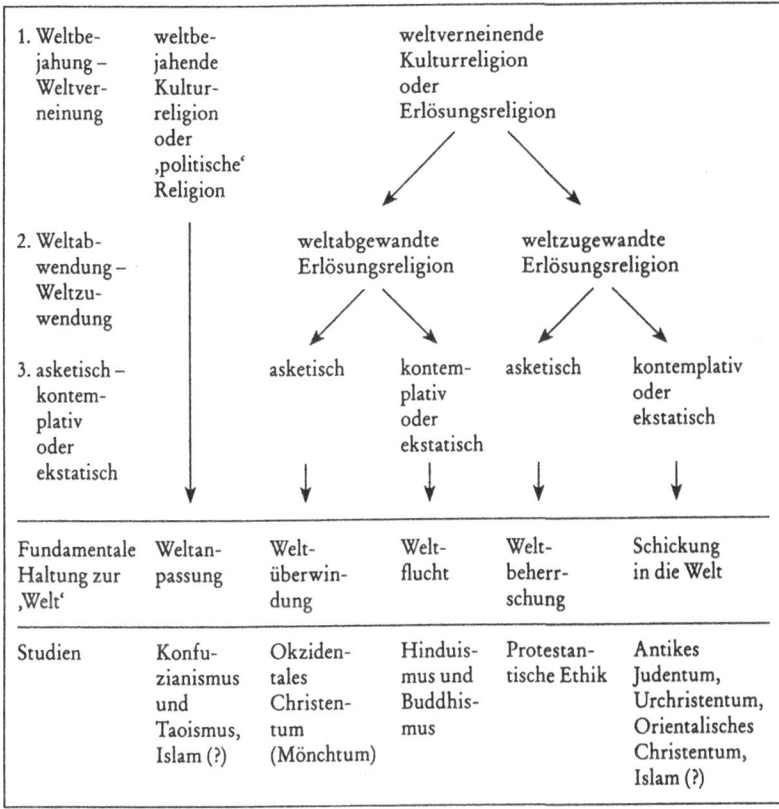

Abb. 12.3 Typologie religiös motivierter Weltverhältnisse bei religiösen Virtuosen. (Quelle: Darstellung nach Schluchter 1988, Band 2, S. 102)

I/20, S. 329 ff., MWS I/20, S. 156 ff.). Das führe ich hier nicht weiter aus.[18] Es soll nur gezeigt werden, dass Weber die Rationalitätsproblematik in seiner Religionssoziologie tatsächlich differenzierend unter den beiden von ihm genannten Gesichtspunkten entwickelt: für die verschiedenen Lebensgebiete einerseits, für die verschiedenen Kulturkreise andererseits.

---

[18] Dazu Schluchter 1988, Band 2; dort sind alle religionssoziologischen Studien Webers, die geschriebenen und die nur geplanten interpretiert bzw. rekonstruiert.

12.4   Die Antinomien der Rationalisierung

Ich suche hier die Fruchtbarkeit der ebenenspezifischen Untergliederung des Rationalitätsbegriffs zu untermauern, wie sie in Abb. 12.1 dargestellt wurde. Kehren wir nun zu dieser Übersicht zurück. Ihr dichotomer Aufbau führt zu einer weiteren wichtigen These: Im Mittelpunkt von Webers Theorie des Rationalismus und der Rationalisierung steht nicht die versöhnende Dialektik, sondern die auszuhaltende Antinomie. Oben wurde bereits angedeutet, dass nach Weber die Rechnung des Rationalismus nie voll aufgeht. Das lässt sich nun etwas schärfer fassen, indem ich diese Aussage auf die drei Ebenen beziehe. Ich diskutiere diese Aussage beispielhaft für die Wirkung von Sinnzusammenhängen, Handlungskoordinationen und Handlungsorientierungen. In all diesen Fällen zeigt sich: rational geschlossene Lösungen scheitern an der Wirklichkeit.

Dabei ist wieder zwischen Rationalität als Voraussetzung und Rationalität als Gegenstand zu unterscheiden. Die Idealtypen, mit denen Max Weber auch beim Rationalitätsproblem arbeitet, sind nicht die Wirklichkeit, sondern deren Umbildung unter Wertgesichtspunkten, die das Erkenntnisinteresse und die Gegenstandskonstitution leiten (theoretische Wertbeziehung im Sinn von Heinrich Rickert). Sie begründen die Perspektive des wissenschaftlichen Beobachters, und bei der Anwendung solcher Idealtypen können auch Mischtypen entstehen (MWG I/23, S. 527 ff., MWS I/23, S. 188 ff.). Aus der Perspektive des Teilnehmers dagegen erscheint das Rationale nur so lange rational, wie man nicht den Standpunkt wechselt. Tut man dies, so erscheint das vormals Rationale als irrational. Wenn ich hier von den Antinomien der Rationalisierung spreche, dann aus der Perspektive des Teilnehmers, nicht aus der des wissenschaftlichen Beobachters.

Suchen wir nach Beispielen, die sich auf die Analytik der Rationalität (Abb. 12.1) beziehen lassen. In seiner Religionssoziologie betont Weber, dass „mit zunehmender Rationalität der Weltbetrachtung" das „Bedürfnis nach einem ethischen ‚Sinn' der Verteilung der Glücksgüter unter den Menschen" wächst (MWG I/19, S. 94, MWS I/19, S. 7). Er nennt dies das Theodizeeproblem, das man, je nach dem Begriff des Göttlichen, auch zum Kosmodizeeproblem erweitern könnte (persönlicher Schöpfergott gegen unerschaffene ewige und immanente Ordnung). Es habe den Gläubigen in allen Erlösungsreligionen bedrängt. In der Menschheitsgeschichte sei es aber nur zu drei Gedankensystemen gekommen, die auf die Frage nach der Diskrepanz von Schicksal und Verdienst eine rational geschlossene Lösung gegeben hätten: die indische Karmalehre, der zarathustrische Dualismus und „das Prädestinationsdekret des Deus absconditus" (MWG I/19, S. 95, MWS I/19, S. 7). Es ist aber gerade die radikalisierte Prädestinationslehre im Calvinismus, die Weber in seinen Protestantismusstudien aus heuristischen Gründen in den Vordergrund stellt, um daran zu zeigen, welche Reaktionen diese rational geschlossene Konstruktion bei den Betroffenen auslöste. Um die unerträgliche Ungewissheit über ihr ewiges Heil loszuwerden, modifizierten sie diese rationale theoretische Konstruktion so, dass sie erträglicher wurde, aber auf Kosten ihrer rationalen Geschlossenheit. Ähnliches sucht Weber an mehreren Stellen seines Werkes an der Musiktheorie zu zeigen. Hier hätten die ästhetischen Bedürfnisse der Hörer dazu beigetragen, dass von der mathematisch rationalen Konstruktion der Tonleiter abgewichen worden sei.[19]

Noch schärfer bringt Weber die Gegenläufigkeit zwischen der formalen und der materialen Rationalisierung zum Ausdruck. Je weiter man die formale Rationalisierung steigere, sei es in der Wirtschaft, im Recht oder bei der politischen Herrschaft, desto stärker trete das Bedürfnis nach materialer Rationalisierung hervor. In seiner Rechtssoziologie beschreibt Weber dies unter anderem an dem Kampf zwischen den Vertretern der Begriffsjurisprudenz, die der formalen Rationalisierung des Rechts huldigen, und den Vertretern der Interessenjurisprudenz, die für eine materiale Rationalisierung eintreten.[20] Aber dieser rechtstheoretische

---

[19] Interessanterweise kommt Weber bei der Rationalitätsproblematik immer wieder auf die Musik zu sprechen, so schon im Kategorienaufsatz, aber auch in der Einleitung zur Wirtschaftsethik der Weltreligionen, im Wertfreiheitsaufsatz und natürlich in dem nachgelassenen Manuskript zur Musiksoziologie (MWG I/14). „Denn hier sollte nur an Hand der allereinfachsten Tatbestände daran erinnert werden, daß die akkordliche Rationalisierung der Musik nicht nur in steter Spannung gegenüber den melodischen Realitäten lebt, welche sie niemals restlos in sich zu schlingen vermag, sondern daß sie auch in sich selbst, zufolge der, distanzmäßig betrachtet, unsymmetrischen Stellung der Septime, Irrationalitäten birgt, welche in der erwähnten unvermeidlichen harmonischen Mehrdeutigkeit der Struktur der Molltonleiter ihren einfachsten Ausdruck finden." (MWG I/14, S. 153). In der Einleitung zur Wirtschaftsethik der Weltreligionen findet sich folgende bezeichnende Passage: „Die moderne Form der zugleich theoretischen und praktischen intellektuellen und zweckhaften Durchrationalisierung des Weltbildes und der Lebensführung hat die allgemeine Folge gehabt: daß die Religion, je weiter diese besondere Art von Rationalisierung fortschritt, desto mehr ihrerseits in das – vom Standpunkt einer intellektuellen Formung des Weltbildes aus gesehen – Irrationale geschoben wurde. Aus mehrfachen Gründen. Einerseits wollte die Rechnung des konsequenten Rationalismus nicht leicht glatt aufgehen. Wie in der Musik das pythagoreische ‚Komma' der restlosen tonphysikalisch orientierten Rationalisierung sich widersetzte und wie daher die einzelnen großen Musiksysteme aller Völker und Zeiten sich vor allem durch die Art und Weise unterschieden, wie sie diese unentfliehbare Irrationalität entweder zu überdecken oder zu umgehen oder umgekehrt in den Dienst des Reichtums der Tonalitäten zu stellen wußten, so schien es dem theoretischen Weltbild, noch weit mehr aber und vor allem der praktischen Lebensrationalisierung, zu ergehen." (MWG I/19, S. 102 f.; Textfassung von 1920).

[20] Vgl. über das Verhältnis von Begriffsjurisprudenz und Interessenjurisprudenz die scharfsinnige Arbeit von Jens Petersen 2014, S. 91 ff.

Streit zeige nur, wie stark letztlich formale und materiale Rechtsrationalisierung im modernen Rechtssystem in Spannung zueinander stehen. Je weiter die formale Rationalisierung getrieben werde, desto stärker melde sich das Bedürfnis nach der Bewertung ihrer Ergebnisse unter dem Gesichtspunkt materialer Postulate. Man kann dies als die Spannung zwischen Rechtssicherheit und Gerechtigkeit bezeichnen, die mit der Verwirklichung der modernen Rechtsidee verbunden ist.[21] Bekannt wurde der Ausspruch der ostdeutschen Bürgerrechtlerin Bärbel Bohley, die nach der vollzogenen deutschen Wiedervereinigung klagte: Wir suchten Gerechtigkeit und bekamen den Rechtsstaat. Das ist kein Zufall. Denn der Rechtsstaat beruht zu einem hohen Maße auf formaler Rationalität. Auch die kapitalistische Wirtschaft ist von Spannung durchzogen. Hier besteht sie zwischen Produktivitätssteigerung und Verteilungsgerechtigkeit.[22] Weber spricht deshalb davon, zwischen formaler und materialer Rationalität herrsche ein antinomisches Verhältnis. Die eine wächst auf Kosten der anderen. Es gibt nur Kompromisse, vollkommene Rationalität aber gibt es nicht.

Ähnliches kann man auch für die Handlungsorientierungen sagen. Erfolgsorientiertes und eigenwertorientiertes Handeln stehen an entgegengesetzten Polen, schließen streng genommen einander aus. Weber sagt ausdrücklich: „Vom Standpunkt der Zweckrationalität aus aber ist Wertrationalität immer, und zwar je mehr sie den Wert, an dem das Handeln orientiert wird, zum absoluten Wert steigert, desto mehr: irrational, weil sie ja um so weniger auf die Folgen des Handelns reflektiert, je unbedingter allein dessen Eigenwert (reine Gesinnung, Schönheit, absolute Güte, absolute Pflichtmäßigkeit) für sie in Betracht kommt" (MWG I/ 23, S. 176, MWS I/23, S. 17 f.).

Aber auch hier existieren aus der Teilnehmerperspektive Brückenschläge. So kann der zweckrational Orientierte nicht nur die Mittel gegen die Zwecke und die Zwecke gegen Nebenfolgen, sondern auch die Zwecke untereinander abwägen und damit Werte ins Spiel bringen. Oder der wertrational Orientierte kann auch die voraussehbaren Folgen seines Handelns berücksichtigen, etwa, wenn er sich nicht gesinnungsethisch, sondern verantwortungsethisch verhält.[23] Doch die antinomische Grundstruktur der beiden Arten der rationalen Orientierung bleibt in

---

[21] Man könnte auch an die Radbruch'sche Formel vom gesetzlichen Unrecht denken. Jedenfalls verlangt die moderne Rechtsidee nach Weber den Ausgleich zwischen Rechtssicherheit, Gerechtigkeit und Zweckmäßigkeit.

[22] Daraus leitet Weber übrigens den kapitalismusimmanenten Charakter des Sozialismus ab.

[23] Wenn dem nicht so wäre, müsste man Verantwortungsethik mit Zweckrationalität, Gesinnungsethik mit Wertrationalität identifizieren. Dass dies im Fall der Verantwortungsethik nicht stimmen kann, habe ich in Schluchter 1988, S. 165–338 zu zeigen versucht.

der Teilnehmerperspektive erhalten. Immer interessiert Weber bei der empirischen Betrachtung auch die Grenze der jeweiligen Rationalität.

12.5 Die okzidentale Sonderentwicklung

Fragen wir zum Schluss: Wie schlägt sich all dies in der Beschreibung des „spezifisch gearteten ‚Rationalismus' der okzidentalen Kultur" nieder? (MWG I/18, S. 116). Weber stellt am Ende seines Lebens die Eigenart dieser Kultur mit ihren Errungenschaften in helles Licht. Er spricht von Kulturerscheinungen von möglicherweise universeller Bedeutung und Gültigkeit, die im okzidentalen Kulturkreis zum ersten Mal auftraten und auf andere Kulturkreise ausstrahlten. Er nennt die westliche Wissenschaft (Natur- und Kulturwissenschaft), die westliche Kunst (Musik, Architektur, Malerei), die westliche Fachbürokratie, den westlichen modernen Anstaltsstaat, selbst das westliche Erziehungs- und Pressewesen, und natürlich die „schicksalsvollste Macht unseres modernen Lebens", den „*Betriebs*kapitalismus mit seiner rationalen Organisation der *freien Arbeit*", sowie seinen Träger, das abendländische Bürgertum (MWG I/18, S. 105, S. 114). In all diesen Kulturerscheinungen sieht er diesen spezifisch gearteten Rationalismus wirksam, der für den Okzident charakteristisch sei.

Ich halte zunächst fest: Weber sucht nicht etwa nach Defiziten der anderen Kulturkreise dem okzidentalen Kulturkreis gegenüber, sondern nach den Differenzen zu ihm. Sein Eurozentrismus ist nicht normativer, sondern heuristischer und begrifflicher Natur. Die anderen Kulturkreise dienen als Vergleichsobjekte, um die Eigenart des okzidentalen Kulturkreises herauszuarbeiten, nicht, um seine Höherwertigkeit ihnen gegenüber zu behaupten. Webers Universalgeschichte der Kultur bleibt eine Geschichte für den Okzident. Sie will sich über dessen Herkunft, Gegenwart und Zukunft verständigen. Sie ist zwar eurozentrisch, denn sie sieht die Universalgeschichte aus dieser einseitigen Perspektive. Aber sie bekennt sich dazu ausschließlich aus heuristischer und auch aus begrifflicher Notwendigkeit.[24]

Weber sieht diese Kulturgeschichte mit der Religionsgeschichte und mit wegweisenden institutionellen Erfindungen verbunden. Er sieht zudem als ihren entscheidenden Träger das abendländische Bürgertum an. Er gibt keine Erzählung, gar eine Megaerzählung, die von den Anfängen bis zur Gegenwart reichte,

---

[24] Auch ein Chinese, der über die Kulturgeschichte Chinas schriebe und den Westen als Kontrastfolie wählte, könnte sich diesem Zwang zur Einseitigkeit nicht entziehen. Auch er wäre zu einem heuristischen und begrifflichen Zentrismus, in diesem Fall zu einen Sinozentrismus, gezwungen. Ein schönes Beispiel dafür ist das in Deutschland sehr erfolgreiche Buch von Tingyang Zhao 2020.

sondern nennt Vorbedingungen, die erfüllt sein mussten, damit es zu der für den Westen charakteristischen Konstellation von sozialen Beziehungen, Ordnungen und Verbänden in seiner (und immer noch unserer) Gegenwart kam. Es geht um Weichenstellungen, historische Erbschaften und um Kontingenzen, um die Beschreibung eines Pfads, auf dem sich die okzidentale Entwicklung bewegte. Weber fragt zwar auch, warum eine ähnliche Entwicklung nicht auch in China oder in Indien stattfand, obgleich dort dafür ebenfalls günstige Bedingungen vorlagen (MWG I/18, S. 116). Aber er interessiert sich nicht für diese Entwicklungen um ihrer selbst willen. Vielmehr sagt er ausdrücklich, an den anderen Kulturkreisen betone er nur das, „was im *Gegensatz* stand und steht zur okzidentalen Kulturentwicklung." Seine vergleichenden Studien sind also „durchaus orientiert an dem, was unter *diesem* Gesichtspunkt bei Gelegenheit der Darstellung der okzidentalen Entwicklung wichtig erscheint" (MWG I/18, S. 117 f.). Sie ersetzen eine umfassende Analyse dieser alternativen Kulturentwicklungen nicht.

Was sind nun diese kulturellen, institutionellen und sozialen Erfindungen, die den Westen auf eine Entwicklungslinie von möglicherweise universeller Bedeutung und Gültigkeit brachten? Weber zählt sie an einer Stelle in seinem Werk nahezu vollständig auf. Es handelt sich um jene Stelle, an der er in seinen religionssoziologischen Aufsätzen von der asiatischen zur vorderasiatisch-okzidentalen Kulturwelt wechselt. Es ist zugleich die Stelle, an der er nach dem Werkplan für die *Gesammelten Aufsätze zur Religionssoziologie* von 1919 eine Skizze über die soziale Eigenart und die Entwicklung des europäischen Bürgertums in der Antike und im Mittelalter einfügen wollte.[25] Am 11. September 1919 schreibt er an Paul Siebeck, er habe diese Skizze „im Kopf fertig" (MWG II/10, S. 771). Er wollte sie *vor* die Behandlung des antiken Judentums stellen, als „die allgemeine Grundlage der occidentalen Sonderentwicklung". Niedergeschrieben hat er sie freilich nicht mehr.

Unabhängig davon aber hatte Weber bereits in seinem ersten Aufsatz über das antike Judentum aus dem Jahre 1917 festgestellt, die jüdische religiöse Ethik sei von einer weltgeschichtlichen Tragweite, was vor allem der Schöpfung des Alten Testaments, der jüdischen Bibel, zugerechnet werden müsse. Die paulinische Mission habe diese Schöpfung in das Christentum herübergerettet und dabei zugleich universalisiert. Weber führt aus: „Ohne die Übernahme des Alten Testamentes als heiligen Buches hätte es auf dem Boden des Hellenismus zwar pneumatische Sekten und Mysteriengemeinschaften mit dem Kult des Kyrios

---

[25] Webers Plan für die vier Bände der *Gesammelten Aufsätze zur Religionssoziologie* aus dem Jahr 1919 ist abgedruckt in MWG I/19, S. 28.

Christos gegeben, aber nimmermehr eine christliche Kirche und eine christliche Alltagsethik". Und weiter: „ohne die höchst besondersartigen Verheißungen des unbekannten großen Schriftstellers der Exilszeit, der die prophetische Theodizee des Leidens Jes. 40–55 verfaßt hat, insbesondere die Lehre vom lehrenden und schuldlos freiwillig als Sühneopfer leidenden und sterbenden Knecht Jahwes wäre trotz der späteren Menschensohn-Esoterik die Entwicklung der christlichen Lehre vom Opfertod des göttlichen Heilands in ihrer Sonderart gegenüber andern äußerlich ähnlichen Mysterienlehren nicht denkbar gewesen" (MWG I/21, S. 243, MWS I/21, S. 17 f.). Das sei die ursprüngliche Weichenstellung gewesen, und sie habe die vorderasiatisch-okzidentale Kulturentwicklung religionshistorisch gesehen von anderen Kulturentwicklungen getrennt. Weber unterstreicht, hierin müsse deshalb ein „Angelpunkt der ganzen Kulturentwicklung des Occidents und vorderasiatischen Orients" gesehen werden. Und weiter: „An geschichtlicher Bedeutung kann ihm nur die Entwicklung der hellenischen Geisteskultur und, für Westeuropa, des römischen Rechts und der auf dem römischen Amtsbegriff fußenden römischen Kirche, dann weiterhin der mittelalterlich-ständischen Ordnung und schließlich der sie sprengenden, aber ihre Institutionen fortbildenden Einflüsse auf religiösem Gebiet, also des Protestantismus, gleichgeordnet werden" (MWG I/21, S. 244, MWS I/21, S. 18).

Insgesamt also eine höchst komplexe Konstellation an Vorbedingungen, die nicht alle gleichzeitig und auch nicht in einer sie verknüpften Folge entstanden sind. Weber schlug die Brücke zwischen den Schöpfern der Bibel und den asketischen Protestanten des 17. Jahrhunderts mit Hilfe der Entzauberungsthese. Sie bezeichnet zunächst einen innerreligiösen Rationalisierungsprozess, der dann in einen von der modernen Wissenschaft getragenen außerreligiösen Rationalisierungsprozess übergeht.[26] In diesem ineinander verschränkten Doppelprozess verbinden sich religiöse Weltverneinung mit Weltzuwendung und der Vorstellung vom Werkzeugcharakter des Menschen, was letztlich zu einem religiösen, dann profanen Rationalismus der Weltbeherrschung führt. Es ist zugleich ein Prozess der Ausbildung einer zunächst außerweltlichen, dann innerweltlichen Arbeitsaskese, aus dem heraus sich das Berufs- oder Fachmenschentum entwickelt. Wie immer wieder zitiert, warnte Weber 1905, am Schluss seiner Studie über den asketischen Protestantismus, in starken Worten vor den fatalen Konsequenzen dieser ungeheuren Veränderung (MWG I/9, S. 422). Denn in eins mit diesem Berufsmenschentum sei ein Gehäuse für die neue Hörigkeit entstanden, ein Gehäuse aus formaler Rationalität, in dem die „äußeren Güter dieser Welt

---

[26] Zu den beiden Phasen des Entzauberungsprozesses, der religionsgetriebenen und der wissenschaftsgetriebenen Entwicklung s. Schluchter 2009, Kap. 1 und ders. Kap. IV.

zunehmende und schließlich unentrinnbare Macht über den Menschen" gewonnen hätten und ihn zu dem machten, was er als ein „Nichts" bezeichnet: zu „Fachmenschen ohne Geist und zu Genußmenschen ohne Herz" (MWG I/9, S. 423).

Ich breche hier ab, denn es bedürfte einer sehr viel umfassenderen Betrachtung, um Webers Analyse der okzidentalen Sonderentwicklung im Detail zu rekonstruieren. Vieles von dem, das sich verstreut über das Werk findet, hätte er vermutlich in dem geplanten Schlussband seiner *Gesammelten Aufsätze zur Religionssoziologie* über das westliche Christentum zusammengeführt. Vieles dazu findet man außer in den *Gesammelten Aufsätzen zur Religionssoziologie* in den beiden Fassungen von *Wirtschaft und Gesellschaft* sowie in der rekonstruierten Vorlesung *Abriß der univeralen Sozial- und Wirtschaftsgeschichte* aus dem Wintersemester 1919/20. Ich habe eine solche Rekonstruktion an anderer Stelle versucht.[27]

Ich halte fest: Die Rationalitätsproblematik steht im Zentrum von Webers Soziologie, wie sie sich, ausgehend von Studien über den asketischen Protestantismus, seit 1910 immer differenzierter entwickelt. Es geht um die Entfaltung dieser Problematik, die sich auf Ebenen, Bereiche und Kulturkreise erstreckt. Es geht aber vor allem auch um die jeweiligen Grenzen des Rationalismus und der Rationalisierung. Insofern kann man sagen, dass Weber bei der empirischen Betrachtung der Rationalitätsproblematik vor allem die Rationalität in der Vielheit ihrer Stimmen und in ihren paradoxen Folgen hervorhebt.

Nur noch einen Gedanken möchte ich anfügen. Er geht auf die zitierte Eröffnungspassage in der „Vorbemerkung" zu den *Gesammelten Aufsätzen zur Religionssoziologie* zurück (MWG I/18, S. 101). Mit Bezug darauf unterschied ich zwischen einem normativen, einem heuristischen und einem begrifflichen Eurozentrismus und plädierte dafür, den Status des ersten Begriffs von dem der beiden anderen Begriffe zu unterscheiden. Denn mit dem ersten Begriff drückt man aus, dass der Westen anderen Kulturkreisen überlegen ist, mit den beiden anderen Begriffen, dass er sich von ihnen unterscheidet. Hier geht es also nicht um Defizit, sondern um Differenz. Aber ist der mit dieser zweiten Perspektive verbundene Zentrismus Webers nicht inzwischen veraltet? Haben viele der Erscheinungen, die zuerst in der okzidentalen Kulturwelt auftraten, sich nicht weltweit durchgesetzt? Ist der Rationalismus der Weltbeherrschung nicht global geworden? Und hat er die Welt nicht an den Rand der Selbstzerstörung geführt? Weber sah ja nicht nur den modernen Kapitalismus, sondern auch den modernen Sozialismus an diese Rationalitätsform gebunden. Und bereits an der russischen

---

[27] Dazu Schluchter 1988, insbesondere Band 2.

Revolution von 1905 las er ab, dass Kapitalismus und Demokratie keineswegs immer ein Zwillingspaar sind (etwa MWG I/10, S. 269 f.). Kulturerscheinungen, die zum ersten Mal in der modernen okzidentalen Kulturwelt auftraten, haben sich zweifellos über die Welt verbreitet, sei es unfriedlich, als Kolonialismus und Imperialismus, sei es friedlich, mittels Adaption und Integration in das eigene kulturelle Erbe. Hat dies nicht zu der *einen* Moderne geführt, für deren Analyse eine kulturkreisgebundene Perspektive obsolet geworden ist?

Als Shmuel N. Eisenstadt gegen eine solche Vermutung von der *einen* Moderne sein Programm der „multiple modernities", der Vielfalt der Moderne, entwickelte, fühlte er sich interessanterweise dem Weberschen Ansatz verbunden.[28] Und dies in meinen Augen durchaus zu Recht. Er sah in Webers vergleichenden religionssoziologischen Studien mit ihrem Ziel einer Soziologie und Typologie des Rationalismus das Potential für eine vergleichende Kulturkreisanalyse,[29] die über den Westen hinausreicht. Er nutzte dabei nicht zuletzt den Weberschen Hinweis, dass zwischen der Entstehung und der Verbreitung einer Kulturerscheinung zu unterscheiden sei. Tatsächlich hatte Weber betont, der im Westen erfundene rationale Kapitalismus werde sich, bezogen auf die Konstellationen in seiner Zeit, in China vermutlich schneller als in Indien verbreiten und dabei die jeweilige kulturelle Überlieferung verändern (MWG I/19, S. 476 f.) Aber er führte diesen Gedanken nicht weiter aus. Er stellte zwar die Frage, warum in China und in Indien weder die kapitalistischen noch die wissenschaftlichen oder künstlerischen oder politischen Interessen in „diejenigen Bahnen der *Rationalisierung* ein[mündeten], welche dem Okzident eigen" seien (MWG I/18, S. 116). Aber er beantwortete diese Frage letztlich nicht. Trotz der monographischen Behandlung dieser Kulturkreise interessierte er sich für sie letztlich nur als Folien für die Charakterisierung der okzidentalen Sonderentwicklung (MWG I/18, S. 117 f.). Heute, nahezu 100 Jahre nach Weber, erscheint uns diese Perspektive als zu eng. Denn wir leben in einer Welt, die sich von der Webers grundstürzend unterscheidet. Dieser fürchtete zwar das von dem

---

[28] Hierzu besonders Shmuel N. Eisenstadt, *Comparative Civilizations and Multple Modernities. A Collection of Essays*, 2 Bände, Leiden 2003, bes. Nr. 20–22. Ferner ders., *Theorie und Moderne. Soziologische Essays,* Wiesbaden 2006, bes. S. 141–165, und ders., *Die Vielfalt der Moderne*, Weilerswist 2000, S. 9–45.

[29] Im Englischen wird der Webersche Begriff „Kulturkreis" in der Regel mit „civilization" wiedergegeben. Gemeint ist ein größeres Ganzes, das mehrere Staaten und Nationen umfassen kann. Eine treffende Beschreibung findet sich bei Émile Durkheim/Marcel Mauss, „Kurze Abhandlung über den Begriff der Zivilisation", in: *Berliner Journal für Soziologie* 2013, 22, S. 453–456.

rationalen Kapitalismus im Verein mit der rationalen Bürokratie errichtete „stahl-harte Gehäuse" (MWG I/9, S. 422), welches er schon in seinen Russlandschriften und später immer wieder als „das Gehäuse für die neue Hörigkeit" bezeichnete (MWG I/6, S. 69, MWG I/15, S. 464). Freilich sind die Bedrohungen, die uns heute bedrängen, mit dieser Formel nicht erfasst. Weber wusste noch nichts vom Totalitarismus, von der nuklearen Bedrohung der Menschheit, von den Möglich-keiten der Genmanipulation, von der Klimakatastrophe, von Überbevölkerung, Umweltzerstörung und Ressourcenverschwendung oder gar von den Folgen der Digitalisierung, um nur diese zu nennen, aber auch noch nichts von der Durch-dringung der überkommenen Kulturkreise mit Erfindungen der westlichen Welt. Folgt man Eisenstadt, so hat sich dadurch tatsächlich die Problemlage für verglei-chende Forschung gegenüber Webers Zeit verschoben. Denn die Moderne hat sich nicht mittels Verwestlichung vereinheitlicht, sie hat sich vielmehr mittels Hybri-disierung pluralisiert. Für Eisenstadt bilden die Gesellschaften des Westens nur noch eine Ausprägung der Moderne unter mehreren, und deshalb lassen sich die nichtwestlichen nicht mehr nur als Folien für die westliche Entwicklung behan-deln. Es bedarf vielmehr eines gegenüber Weber erweiterten Vergleichshorizonts und einer breiter angelegten Vergleichsstrategie. Dies ist zweifellos ein wichtiger Punkt, der aber auch bei Eisenstadt nicht dazu führt, Weber zu verlassen, sondern dazu, ihn weiterzudenken. Und dazu gehört für mich die Einsicht, dass man an einen heuristischen und begrifflichen Zentrismus gebunden bleibt. Es bedeutet für mich aber auch, Webers komplexe Rationalitätsdiskussion lebendig zu erhalten, und dies müsste gelingen, solange man, wie dieser, die Vielfalt der Rationalität, ihre Grenzen und ihre paradoxen Folgen im Auge behält.

Max Weber über Musik 13

13.1 Vorbemerkung

Am 21. Februar 1920 schrieb Max Weber an Karl Voßler, den Romanisten
und alten Heidelberger Bekannten, jetzt, nach Webers Wechsel von Heidelberg
nach München, auch neuer Kollege, der seit 1911 an der Ludwig-Maximilians-
Universität lehrte: „ – wir haben ('wir': Rothenbücher, Palyi, Cosack, Landauer,
Janetzky, Geiger, v. Aster, Schmitt, Clausing gelegentlich: Kroyer) hier eine
Art 'Eranos', ein Kränzchen, in dem alle 14 Tage jemand von uns spricht und
dann – ev. mehrere Mal nach einander – diskutiert wird. Stets: Samstag 9–11
auf dem *Staatswirtschaftl[ichen] Seminar,* in meinem Arbeitszimmer, Universität, parterre, hinten, Zimmer 131. Würde es Ihnen Vergnügen machen, einmal,
oder gar *dauernd,* mitzutun, so wäre das reizend. *Nächsten* Samstag soll ein
*musik*soziologisches Thema behandelt werden (Entstehung der Akkordharmonik
u. Polyphonie grade im *Abendlande, warum?*) u. ich werde die Besprechung
einleiten" (MWG II/10, S. 924). Damit sollte offensichtlich in München stattfinden, was acht Jahre zuvor bereits in Heidelberg stattgefunden hatte: Max
Weber suchte eine Diskussion seiner Gedanken über Musik im interdisziplinär
zusammengesetzten Kollegenkreis.[1]

---

[1] Zum Heidelberger Eranos jetzt umfassend Hubert Treiber, *Max Weber unter Anhängern
des Altphilologen Hermann Userer. Religionswissenschaft auf philologischer Basis im Heidelberger Gelehrtenkränzchen 'Eranos' 1904–1909*, Wiesbaden: Harrassowitz 2021. Das
Protokollbuch dieses Kreises reicht bekanntlich nur bis 1909. Es scheinen aber auch danach
noch Zusammenkünfte stattgefunden zu haben, so auch im Fall von Webers Vortrag über
Musiksoziologie. Das ergibt sich aus einem Brief Marianne Webers an ihre Schwiegermutter
am 12. Mai 1912: „Am vorigen Sonntag war hier bei uns der Eranos – du weißt das wissenschaftliche Kränzchen mit den alten Herren. Max hat 2 ½ Stunden wie ein Wasserfall über
die schwierigsten musiktheoretischen Dinge und Zusammenhänge mit wirtschaftlichen und

© Der/die Autor(en), exklusiv lizenziert an Springer Fachmedien Wiesbaden
GmbH, ein Teil von Springer Nature 2023
W. Schluchter, *Empirische Geltungslehre*, Studien zum Weber-Paradigma,
https://doi.org/10.1007/978-3-658-41189-3_13

Dieser Einladung zu einem „Münchener Eranos"[2] war aber offensichtlich bereits im Sommer 1919 eine Veranstaltung über Musik im Rahmen von Max Webers Münchener Seminar vorausgegangen. Schon im Juli 1919 hatte er seine Frau gebeten, die „schwarze Mappe" aus Heidelberg mitzubringen, in der seine Musiksoziologie stecke, und am 10. August schrieb er an Mina Tobler, er habe jetzt „das ‚Musik-Soziologie-Manuskript' wieder in die Hand bekommen und Ihrer gedenken müssen" (MWG II/10, S. 716 f.). Am selben Tag ging er gegenüber Else Jaffé auf den Charakter dieses Manuskripts, die Seminarsitzung antizipierend, näher ein: „Die ‚Musik' wird recht mangelhaft werden. Denn Mar[ianne] hat nur den Teil mitgenommen, auf dem stand: ‚definitiv' (= druckfertig), nicht aber die Hauptsache: die Notizen für die Fortsetzung, die erst das ‚Soziologische' brachten" (MWG II/10, S. 715). Folgt man dem Bericht von Karl Löwenstein, der an diesem Seminar teilnahm und von dem Weber vermutete, er sei der einzige gewesen, der von seinen Ausführungen etwas verstanden habe, so behandelte Max Weber in diesem Seminar hauptsächlich diese „Fortsetzung".[3]

In dem zitierten Brief an Mina Tobler führte Weber aus, das Manuskript sei wohl wegen des Krieges liegen geblieben und es falle ihm heute schwer, es fortzusetzen, denn es sei viel Neues erschienen und das Problem inzwischen auch von anderen aufgeworfen worden. Das klingt so, als sei das Thema für ihn inzwischen abgetan. Doch diese Vermutung wäre voreilig. Ihr steht nicht nur der Brief an Voßler entgegen. Es ist auch kaum zufällig, dass in der „Vorbemerkung" zu

---

soziologischen Dingen geredet. Die Leute ersoffen fast in seiner Fülle und ich mußte schließlich sie und den wartenden Spargel durch einen Machtspruch erlösen." Zitiert nach M. Rainer Lepsius, *Max Weber und seine Kreise, Essays*, Tübingen: Mohr Siebeck, S. 223.

[2] Karl Voßler trat wohl dem Münchener Eranos bei. Denn am 15. April 1920 schieb Weber an Else Jaffé: „morgen aber: ‚Dozenten-Seminar' … mit Voßler als Referenten." (MWG II/10, S. 1008).

[3] Dazu Karl Löwenstein, „Persönliche Erinnerungen an Max Weber", in: *Max Weber zum Gedächtnis*. Herausgegeben von René König und Johannes Winckelmann, Köln und Opladen: Westdeutscher Verlag 1963, S. 48 ff. Er schreibt, Max Weber habe im Juni 1912 in Heidelberg ihm, dem „andächtig Lauschenden, einige Quadern seiner Musiksoziologie" aufgetürmt, und er fährt dann fort: „Ich habe ihn im letzten Sommer (1919), manches Jahr später, die gleichen Dinge wieder in einer Seminarsitzung in München vortragen hören und wohl auch damals nicht, obwohl in seiner geistigen Schulung um vieles vorgeschritten, die Kühnheit ganz begriffen, mit der das stärkste Gefühlsphänomen des menschlichen Wesens, die Musik, hier mit den rationalen Mitteln einer ordnenden historischen und soziologischen Begriffsbildung erfaßt werden sollte", und er spricht dann von der „weitgespannten Problemkette, die von den mythologischen Fürstenhöfen der griechischen Frühzeit bis zu den Zellen irischer und byzantinischer Mönche, von den siamesischen Musikinstrumenten über päpstliche Musikdekrete bis zu den Ganztonskalen der Modernen führte" (ebd. S. 49).

den *Gesammelten Aufsätzen zur Religionssoziologie,* im September 1919 niedergeschrieben, die polyphone Akkordharmonik des Okzidents eine wichtige Rolle spielt (MWG I/18, S. 103).

Tatsächlich ist Webers Ausflug in die Musikgeschichte mehr als die Marotte eines Dilettanten. Es spricht auch wenig dafür, dass dieser Ausflug 1919/20 für ihn nur noch bloße Erinnerung war. Das überlieferte Textfragment aus der Zeit vor dem Krieg hat freilich weder in der Musikwissenschaft noch in der Geschichte des Werkes übermäßige Beachtung gefunden. Das haben die wichtigsten Interpreten dieses Teilstücks, Christoph Braun und Ludwig Finscher, überzeugend dargelegt.[4] Dieses mangelnde Interesse ist sehr zu bedauern. Denn auch in diesem Textfragment geht es Weber um die Fragen, die seine universalhistorischen Forschungen ganz allgemein anleiten: Worin besteht die Besonderheit einer Erscheinung und was hat zu ihr geführt? Die erste Frage lässt sich nur im Vergleich, die zweite nur mittels plausibler kausaler Zurechnungen beantworten. Diese beiden Fragen sind für Weber zugleich solche nach einer spezifischen Rationalität. Es spricht sogar einiges dafür, dass Weber auf die Rationalitätsproblematik nicht zuletzt durch sein Studium der okzidentalen Musik gestoßen wurde. Das Textfragment über Musik markiert also eine wichtige Weichenstellung in der Entwicklung seines Werkes und ist von systematischer Bedeutung für die Art und Weise, wie er diese Rationalitätsproblematik adressiert.

Ich werde in der Folge den beiden genannten Fragen nachgehen und stütze mich dabei hauptsächlich auch auf die Beiträge von Christoph Braun und Ludwig Finscher. Bevor ich auf den werkgeschichtlichen und systematischen Zusammenhang eingehe, seien einige biographische Hinweise zu Max Webers Beziehung zur Musik vorangestellt.

13.2 Das Klavier, das bürgerliche Möbel

Hausmusik war in den gebildeten bürgerlichen Klassen im 19. Jahrhundert weit verbreitet. Vor allem die höheren Töchter sollten durch musikalische Fertigkeiten ihre Heiratschancen verbessern, aber auch bei den jungen Männern gehörte neben den antiken Sprachen und dem Studium der Klassiker der Musikunterricht zu einer gediegenen Ausbildung. Referenzkulturen waren nicht nur die griechische

---

[4] Dazu hauptsächlich die Einleitung von Christoph Braun und Ludwig Finscher in MWG I/15, S. 1–126; Christoph Braun, *Max Webers ‚Musiksoziologie‘,* Lilienthal: Laaber 1992. Siehe auch Steffen Sigmund, „Die rationalen und soziologischen Grundlagen der Musik (1921)", in: Hans-Peter Müller/Steffen Sigmund (Hg.), *Max Weber Handbuch. Leben-Werk-Wirkung,* 2., aktualisierte und erweiterte Aufl., Stuttgart: J. B. Metzler 2020, S. 386–393.

und römische Antike, sondern auch die Weimarer und die Wiener Klassik. Wer immer in den gebildeten bürgerlichen Klassen aufwuchs, sah sich mit diesen kulturellen Überlieferungen konfrontiert.

Auch Max Weber wurde in seiner Jugend im Klavierspiel unterrichtet. Wie weit er es dabei brachte, ist allerdings nicht bekannt. Er erwies sich schon früh als ein Kopfmensch, fähig, eher gedankliche als emotional-seelische Kathedralen innerlich zu errichten. Über bewegende Musikerfahrungen jedenfalls erfährt man in den Jugendbriefen und auch in den Briefen aus den frühen Erwachsenenjahren so gut wie nichts. Immerhin zitiert Marianne Weber in ihrem *Lebensbild* einen Brief der Großmutter, die über die Fortschritte des gerade 10-Jährigen nicht nur im Latein, sondern auch im Klavierspiel berichtet: „Max hat schon ein höheres Streben, das Latein spricht ihn sehr an, und er freut sich täglich von neuem über die Vokabeln und ist glücklich, wenn man ihn überhört, hat auch noch nie ein Wort mit einem anderen verwechselt". Und weiter: „daß er mit den Nachbarkindern herumtollt und rote Backen gekommen hat, ist erfreulich. Dabei findet er noch Zeit nachmittags ½ Stunde Klavier zu üben, was er seit kurzem bei einem hiesigen Lehrer angefangen hat und mit Leidenschaft betreibt, seine Finger sind geläufig und sein Gehör scheint gut."[5]

Mit dem höheren Streben ist es dann letztlich beim ‚Latein' geblieben. Nicht die Musik trug den Sieg davon, sondern die Wissenschaft. Immerhin zeigt der reife Max Weber ein beachtliches Musikverständnis, wenn ihm die Musik auch vermutlich nicht „sichtbar in Spiralen durch den Leib" ging, wie er es von seinem Freund Georg Simmel berichtet (MWG II/7, S. 58). Als er im Januar 1911 wieder einmal in Charlottenburg weilte und sich dem Berliner Kulturleben hingab, wusste er seine musikalischen Erlebnisse gegenüber seiner Frau in folgende Worte zu fassen: „Beethoven 1. Symphonie, Strauß (dirigierte Selbst u. wundervoll). Don Quixote, ein tolles Dings, voll Geist u. fabelhafter Tonmalerei, aber wohl ohne ‚Ewigkeitswerth', dann als Erholung Haydn, Symphonie B-Dur". Und am Tag darauf, nach einem Abend mit Beethoven: „die 5 Sonaten von Beethoven für Clavier und Cello waren wunderbar schön, – Opus *5* und dann Opus *102*, der ganze Beethoven lag dazwischen von dem unbefangenen Coloratur-frohen Künstler der Hayden'schen Schule an bis zu dem einsam am Felsen lehnenden tiefen leidenschaftlichen und beherrschten Menschen, der aller Herrlichkeit der Welt die tiefe klangvolle ernste Stimme entgegensetzt: ,Ja es ist schön, ich weiß was dran ist,- aber auch was nicht dran ist'" (MWG II/7, 57 f.) Und schließlich faszinierte ihn auch eine Aufführung der „Salome", der das Publikum mit Unverständnis

---

[5] Marianne Weber, *Max Weber. Ein Lebensbild. Mit einem Essay von Guenther Roth.* München: Pieper 1984, S. 43.

begegnet war: „Daß so etwas musikalisch überhaupt gemacht werden *kann,* ist doch eine große Sache, wennschon die Tonmalerei fast bis ins Kleinliche geht. Aber es ist genial und *keineswegs* unverständlich, Einiges direkt sehr schön, die Behandlung der Blasinstrumente [viel]fach wundervoll" (MWG II/7, S. 60). So urteilt jedenfalls kein musikalischer Banause. Viele Briefe ließen sich zitieren, in denen Weber seine Hörerfahrungen beschreibt.

Dennoch hält sich Webers Musikverständnis gewissermaßen im bildungsbürgerlichen Rahmen: Bach, Haydn, Beethoven, Mozart, die Romantiker, auch Strauß, der „große Richard", wie er einmal schrieb (MWG II/10, S. 133), doch wenig Experimentelles. Selbst Bruckner oder Mahler, ganz zu schweigen von der Neuen Wiener Schule, scheinen fern. Allerdings nicht so Wagner. Hier ist das Urteil freilich ambivalent. Er schätzt den „Tristan" und die „Meistersinger", nicht aber den „Parzifal" und den „Ring des Nibelungen". Aber auch diese ambivalente Haltung fällt nicht aus dem Rahmen. Man denke nur an Nietzsche. Bei Weber hat sie allerdings weniger einen musikalischen, als vielmehr einen inhaltlichen Grund. Als er im August 1912 innerhalb weniger Tage Wagners „Parzifal" und Mozarts „Cosi fan tutte" hört und sieht, schreibt er an die Mutter aus München: „Der ,Parzifal' ist ein Werk, welches *nicht* mehr die volle Künstlerschaft Wagner's verkörpert. Und die Anmaßung, dass man *dies* als ein *religiöses* Erlebnis empfangen und auf sich wirken lassen solle, lehnt man natürlich ab. Das ist einfach lächerlich. Mozart's ,Cosi fan tutte', 2 Tage später, hier im Residenztheater, war ein Eintauchen in reiner Schönheit dem gegenüber, trotz des frivolen Sujets./ Dagegen war gestern der ,Tristan' etwas *ganz* Großes, wie man es sehr selten hat, von großer menschlicher Wahrheit – es fehlt eben hier all das über- und außermenschliche Beiwerk – und unerhörter musikalischer Schönheit. Es ist, mit den ,Meistersingern', die wir voriges Jahr hier hörten, das einzige wirklich ,Ewige', was Wagner geschaffen hat" (MWG II/7, S. 643 f.). Zuvor hatte er schon gegenüber seinem Schüler Karl Löwenstein geäußert: „Zu meiner Schande gestehe ich: Bayreuth *(Parsifal)* ist vollständig durch die unerhört glänzende Darbietung gestern (Mozart im Residenz-Theater) ausgelöscht" (MWG II/7, S. 640). Schönheit, ob in sinnlichem oder ästhetischem Gewande, war für Max Weber zweifellos ein hoher Wert.

Was aber hat es mit dem ,bürgerlichen Möbel' auf sich? Es taucht im Haushalt der Webers zweimal auf. Einmal wird ein Klavier verkauft, einmal wird eines gekauft. Der Verkauf geht an Robert Michels, der Kauf an Marianne Weber, aus Anlass ihres Geburtstags am 2. August 1911, als Geschenk von Max an sie. Es wird freilich schnell klar, dass mit dem Kauf mehr gemeint war als Ersatz für das zuvor verkaufte Möbel. Marianne Weber formuliert ihre Beziehung zu dem überraschenden Geburtstagsgeschenk treffend so: „Es zieht die steifen Finger wohl zu den Tasten, aber mir ist doch so, als sei das Klavier eigentlich für Tobelchen da und als hätten wir uns ein Stück von ihr ins Haus genommen. Ich *freue* mich darauf, wenn sie die Seele des zierlichen Dings aufweckt" (MWG II/7, S. 253, Fn. 6).

Das Tobelchen – damit ist Mina Tobler gemeint, Spross einer Züricher Akademikerfamilie, unter anderen von Conrad Ansorge, einem Schüler von Franz Liszt, musikalisch ausgebildet, seit 1905 Klavierlehrerin in Heidelberg, Liedbegleiterin, Konzertpianistin und Komponistin. Emil Lask hatte sie mit den Webers bekannt gemacht. Sie musizierte öfter in Heidelberger Professorenhäusern, nun auch in der Ziegelhäuser Landstraße 17, und sie begleitete die Webers auf musikalischen Reisen. Beim Kauf des Steinway-Pianino war ihr Rat gefragt.[6] Weber sagte einmal gegenüber Marianne, sie sei „der *wenigst anstengende* Mensch unserer Bekanntschaft" (MWG II/7, S. 478). Nachdem ihre Versuche, einen ihr adäquaten Partner zu finden, gescheitert waren, entwickelte sich seit 1911/12 zwischen ihr und Max Weber eine intime Beziehung, sicherlich auch vermittelt über die gemeinsame Liebe zur Musik. Der Funke zwischen Max Weber und Mina Tobler sprang wohl im August 1912 in München bei der bereits zitierten Aufführung von Mozarts ‚Cosi fan tutte' über. Jedenfalls erscheint dies Weber im Rückblick so (MWG II/ 10, S. 117 und S. 120).[7]

Die Beziehung war freilich von Beginn an für Mina Tobler ohne Zukunft (wie später für Max die Beziehung zu Else Jaffé). Sie war auch asymmetrisch. Weber, 16 Jahre älter, nannte sie nicht zufällig meist das Tobelkind. Nachdem er ihr zu ihrem 34. Geburtstag die zweibändige Ausgabe von Gottfried Kellers *Der grüne Heinrich* geschenkt hatte, nannte er sie mitunter auch, an eine Romangestalt erinnernd, Judith. Weber genoss die Samstagsbesuche in Minas Wohnung in der Bismarckstraße in Heidelberg, die er den goldenen Himmel nennt. Dort scheint ihm Mina regelmäßig vorgespielt zu haben – hauptsächlich Mozart, Schubert, Schumann und Chopin –, und er fördert ihre Bildung – hauptsächlich Plato. Webers Briefe an sie sind nur teilweise überliefert, die von Mina an ihn fehlen ganz. Nur ihre Briefe an Dritte geben Einblick in ihren Gefühlszustand.[8] Weber empfand die tiefe Zuneigung, die Mina ihm entgegenbrachte, zweifellos

---

[6] Am 26. Juli 1911 hatte Weber an seine Schwester Lilli geschrieben: „Grüße Mama sehr, – erzähle ihr, daß ich heimlich zu Mariannes Geburtstag ein sehr schönes Steinway-Pianino durch Frl. Tobler (die sie kennt) Vermittlung gekauft habe und Marianne damit überraschen werde" (MWG II/7, S. 253).

[7] Zur Beziehung zwischen Max Weber und Mina Tobler siehe M. Rainer Lepsius, „Mina Tobler, die Freundin Max Webers", in: ders., *Max Weber und seine Kreise. Essays,* Tübingen: Mohr Siebeck 2016, S. 210 ff.

[8] Dazu die oben zitierte einfühlsame Studie von M. Rainer Lepsius.

als ein Geschenk, das ihn kurzzeitig von der „‚Arbeits'-Eisdecke" befreite, die auf ihm lastete (MWG II/10, S. 811). Als der Abschied von Heidelberg (und von ihr) vollzogen war, bekennt er: „Aber Heidelberg, der goldene Himmel da droben in jenem andren Stübchen, und doch auch der Neckar und die kleine Stadt als solche, – ja das war eben doch und wird *immer* sein: die Höhezeit des Lebens, trotz der Schrecknisse der letzten Jahre und mancher schwieriger Stunden (gesundheitlich)" (MWG II, S. 660 f.). Und wenig später bekennt er, er habe sich oft Vorwürfe gemacht, „auch in den Zeiten des blühenden Glückes, – daß ich Dein junges starkes Leben *überhaupt* mit meinem alten und – das *ist* kein bloßer ‚Wahn' – vorzeitig *alternden* (in *diesen* Hinsichten alternden) verknüpfte" (MWG II/10, S. 687). Für Mina war es wohl die Liebe ihres Lebens. Aber sie blieb letztlich unerfüllt.

Es wäre freilich voreilig, würde man Max Webers Interessen an Musiktheorie und Musiksoziologie auf die Begegnung mit Mina Tobler zurückführen. Diese Interessen hatten in erster Linie einen wissenschaftsimmanenten Grund. Weber war an der Klärung des Verhältnisses von naturwissenschaftlicher und kulturwissenschaftlicher Erkenntnis gelegen. Schon 1904 lobt er Karl Voßler dafür, dass dieser in einer Schrift über Positivismus und Idealismus in der Sprachwissenschaft „den ‚Wurzelgräbern' und Sprachbanausen so entschieden zu Leibe geht und so überzeugend das Recht und die Notwendigkeit kulturgeschichtlicher *Deutung* selbst in den scheinbar rein physiologisch bedingten Vorgängen des Lautwandels" dargelegt habe (MWG II/4, S. 418). Und 1911 betont er Karl Voßler gegenüber, der sich erneut zu dieser Problematik geäußert hatte: „Sobald man annehmen darf: daß kulturgeschichtliche Dinge: die Frage, ob Sänger und Dichter oder Denker (Rechts- oder Gottgelehrte) einen Sprachkörper formten, auch auf diese Lautwandelentwicklung mitbestimmend eingewirkt haben, ist man doch wieder in einem Gebiet, wo man atmen kann" (MWG II/7, S. 359). Weber lobt Voßler dafür, dass dank seiner Beiträge zur Sprachwissenschaft „das Zeitalter der bloßen physiologischen Glottologie zu Ende" gehe (ebd., S. 360), und er betont, wie wichtig und erfreulich ihm die von Voßler verfolgte Fragestellung für seine eigenen wissenschaftlichen Interessen sei (ebd., S. 358).

Das Verhältnis von Natur und Kultur, das ließ sich auch auf die Musik übertragen. Und diese Übertragung lag besonders nahe, nachdem Hermann Helmholtz 1863 seine einflussreiche *Lehre von den Tonempfindungen als physiologische Grundlage für die Theorie der Musik* vorgelegt hatte.[9] Hält man diese Vorgabe mit Webers Äußerung seiner Schwester gegenüber zusammen, er „werde über

---

[9] Hermann Helmholtz, *Lehre von den Tonempfindungen als physiologische Grundlage für die Theorie der Musik,* Braunschweig: Friedrich Vieweg & Sohn 1863.

Musik*geschichte* wohl etwas schreiben. D. h. *nur:* über gewisse *soziale* Bedingungen, aus denen sich erklärt, daß nur wir eine ‚harmonische' Musik haben, obwohl andre Culturkreise ein viel feineres *Gehör* und viel mehr intensive Musik-*Cultur* aufweisen", was man dem Mönchtum zuschreiben müsse (MWG II/7, S. 638 f.), so kann man bei Weber eine ähnliche Fragestellung wie bei Voßler vermuten. Es geht bei seinem Ausflug in die Musik also auch um ein methodisches Problem. Tatsächlich behandeln die Herausgeber von Webers nachgelassenem Manuskript im Rahmen der Max Weber-Gesamtausgabe diesen Text (besser: diese Texte) als „die Fortsetzung (bzw. Korrektur) des Helmholtz'schen physikalisch-physiologischen ‚Grundlagen'-Werkes mit ethnologischen bzw. universalhistorischen Mitteln" (MWG I/14, S. 41). Es geht also, wie schon bei Helmholtz, um den Zusammenhang von physikalisch-physiologischer Natur und historisch-ästhetischer Kultur.

13.3   Die musikalische Ratio

Man kann die Ausgangsfrage auch etwas anders formulieren: Warum sind aufgrund gedanklicher Probleme bestimmte formale ästhetische Werte entstanden? Warum kann die Antwort auf diese Frage aber nicht einfach in einem Verweis auf die innere Logik der Tonskala bestehen? Weber konstatiert zunächst: „Alle harmonisch rationalisierte Musik geht von der Oktave (Schwingungsverhältnis 1:2) aus und teilt diese in die beiden Intervalle der Quint (2:3) und der Quart (3:4)." Wenn man aber von einem Anfangston in Oktaven, Quinten und Quarten auf- oder absteige, komme man, physikalisch gesehen, niemals auf denselben Ton zurück (gemessen in Schwingungen). Daran zeige sich das schon von den Griechen entdeckte diatonische oder pythagoreische Komma, an dem die Rationalisierung des Tonmaterials seine Grenze habe. Und Weber weiter: „Diese unveränderliche Sachlage und der fernere Umstand, daß die Oktave durch überteilige Brüche nur in zwei ungleich große Intervalle zerlegbar ist, sind die Grundtatsachen aller Musikrationalisierung" (MWG I/14, S. 141).

Alle harmonisch rationalisierte Musik – Weber konstatiert zunächst eine tonphysikalische Grundproblematik, die dazu zwinge, dem Tonmaterial ganz allgemein eine innere Konsistenz abzugewinnen. Das müsse nicht notwendigerweise wie in der akkordharmonischen Musik geschehen. Er stellt aber zugleich fest, dass die Rationalisierung der Tonskala, wie immer sie betrieben werde, niemals zu einer rational geschlossenen Einheit führe (MWG I/14, S. 149). Hinzu komme, dass zwischen „der *Richtigkeitsrationalität* eines Handelns" und dem empirischen

Handeln, zwischen Ratio und Leben, in der Regel eine Differenz, ja eine entwicklungsdynamisch folgenreiche Spannung bestehe (MWG I/12, S. 402). Die Art, wie diese Spannung historisch wirke und wie „dies Entwicklungsmoment sich zu den soziologischen Einflüssen z. B. in einer konkreten Kunstentwicklung" verhalte, wolle er demnächst an der Musikgeschichte erläutern, so formuliert er es 1913 (MWG I/12, S. 403, Fn 2). Seine Überlegungen zur Musikrationalisierung gehören also auch in diesen methodischen Zusammenhang.

Es geht einerseits also um ein tonphysikalisches Problem (Rationalisierung der Tonleiter), andererseits aber auch um die kulturellen Interpretationen, die sich daran anschließen lassen und die sich daran faktisch angeschlossen haben. Und bei der Rationalisierung der Tonleiter sieht Weber prinzipiell zwei Möglichkeiten: die Rationalisierung mittels des Distanz- oder die mittels des Harmonieprinzips. Die eine hat in der Pentatonik, die andere in der akkordharmonischen Musik ihre ‚Vollendung'. Und dies verbindet Weber zugleich mit der Frage, die in ähnlicher Form auch seine übrige Forschung ab 1910 leitet: Warum sind gerade bei uns „aus der immerhin ziemlich weit verbreiteten Mehrstimmigkeit sowohl die polyphone wie die harmonisch-homophone Musik und das moderne Tonsystem" entstanden? Und zwar *nur* bei uns, „im Gegensatz zu anderen Gebieten mit einer – wie namentlich im hellenischen Altertum, aber auch z. B. in Japan – mindestens gleichen Intensität der musikalischen Kultur" (MWG I/14, S. 232).

Weber geht also davon aus, dass ursprünglich die Pentatonik universell verbreitet gewesen sei (MWG I/14, S. 158). Denn bei den meisten einfach rationalisierten Tonskalen hätte man sich damit begnügt, „nur eine Tondistanz, regelmäßig einen Ganzton, innerhalb der beiden ‚diazeuktischen' Quarten" einzufügen (MWG I/14, S. 158). Auch habe selbst noch in der alten christlichen Kirche und genauso bei den „älteren Tragikern der Hellenen und der bürgerlich rationalen konfuzianischen Musiklehre" eine Antipathie gegenüber der Chromatik geherrscht (MWG I/14, S. 159). Schließlich könne man sich auch nicht einfach auf die Melodik berufen. Denn die Melodik sei „zwar harmonisch bedingt und gebunden, aber auch in der Akkordmusik, nicht harmonisch deduzierbar" (MWG I/14, S. 150).

Weber konstatiert also nicht allein die immanenten Schranken der Rationalisierung unserer akkordharmonischen Musik, sondern auch die Unwahrscheinlichkeit ihrer Entstehung. Und die immanenten Schranken der Rationalisierung bleiben auf die rein tonphysikalische Ebene nicht beschränkt. Wie bereits gesagt, verweist Weber darüber hinaus auf die Spannung, die zwischen der musikalischen Theorie und dem Leben bestehe. Er geht auf die Hörbedürfnisse der Menschen ein. Diese favorisierten die Temperierung, die Raffinierung der Melodik durch die Enharmonik. Erst die Temperierung habe denn auch der akkordharmonischen Musik „die

volle Freiheit" gebracht (MWG I/14, S. 251). Denn die „gleichschwebende Temperierung" habe die freie Transposition und vor allem die „freie Akkordbildung"
ermöglicht, eine Entwicklung, die „theoretisch unter dem Einfluss Rameaus, praktisch besonders durch die Wirkung von J. S. Bachs ‚Wohltemperiertem Klavier'
und seines Sohnes Schulwerk endgültig" zum Sieg gelangt sei (MWG I/14,
S. 249 f.)

Webers Problemstellung lässt sich aber auch noch von einer anderen Seite
beleuchten. Bereits 1910, gelegentlich einer Debatte über das Verhältnis von
Technik und Kultur auf dem Soziologentag der *Deutschen Gesellschaft für Soziologie,* als er noch am Beginn seiner musiksoziologischen Betrachtungen stand,
bemerkte er, Beethoven habe bestimmte Konsequenzen seiner eigenen musikalischen Auffassung nicht zu ziehen gewagt, „weil die volle chromatische Tonleiter,
wie sie die Ventiltrompeten haben, den Blasinstrumenten zu seiner Zeit noch
fehlte". Allerdings habe schon Berlioz gezeigt, dass technische Mängel dieser Art überwunden werden könnten, und auch Beethoven selbst habe letztlich
seine „größten Neuerungen *ohne* alle instrumental- und orchestral-*technischen*
Änderungen" geschaffen (MWG I/12, S. 234). Die Instrumententechnik sei zwar
mitunter eine beschränkende Bedingung für den Komponisten, aber sie könne
dessen Formwillen letztlich nicht entscheidend begrenzen: „...was er an ‚Technik' braucht und haben *kann, schafft* er sich, nicht aber die Technik ihn" (MWG
I/12, S. 234 f.).

Bemerkungen dieser Art zeigen Webers Zweifel, ob, wie er formuliert, „das
innere Bedürfnis nach dieser spezifisch modernen Art der musikalischen Ausspra-
che und ob der zugleich sinnlich-emotionale und intellektualistische Charakter
dieser tonmalerischen Musik, der doch das Entscheidende ist, als ein Produkt technischer Situationen verstanden werden" dürfe. Und die Antwort lautet:
Eben doch nur sehr bedingt. Denn Weber will überhaupt jegliche monokausale
Zurechnung vermeiden. Das macht sein Diskussionsbeitrag auf dem Soziologentag unzweideutig klar. Denn er endet mit der Feststellung: „Wenn wir uns die
Kausalkette vorlegen, so verläuft sie immer bald von technischen zu ökonomischen und politischen, bald von politischen zu religiösen und dann ökonomischen
usw. Dingen. An keiner Stelle haben wir irgend einen Ruhepunkt" (MWG I/12,
S. 236).

Dennoch ist die Instrumententechnik nicht ohne Bedeutung. Sie spielt auch
eine entscheidende Rolle bei der Temperierung, von der bereits die Rede war.
Im Unterschied zu den Streichinstrumenten lässt sich nämlich bei den Tas-
teninstrumenten die tonphysikalische Differenz z. B. zwischen Ges und Fis
nicht wiedergeben (physikalisch zwei Töne, harmonisch einer). Weil die tonphysikalische Rationalisierung zwingend das „fatale ‚Komma'" produziere, sei

„schon Anfang des 16. Jahrhunderts für die spezifisch okzidentalen Instrumente mit fester Stimmung: die Tasteninstrumente, eine teilweise Temperierung herrschend" gewesen (MWG I/14, S. 248 f.). Ohne Enharmonik, ohne enharmonische Verwechslung auch beim Hörer, keine moderne akkordharmonische Musik.

Die Raffinierung der Melodik durch die Enharmonik ist für Weber also ein wichtiger Entwicklungsfaktor. Sie ist teilweise technisch (Tasteninstrumente), teilweise kulturell (Hörgewohnheit) bedingt. Weber erwähnt noch die Notenschrift, die er gleichfalls zu den Entwicklungsfaktoren der okzidentalen „musikalischen Ratio" rechnet. Aber was immer man an technischen Faktoren sonst noch aufzählen mag, entscheidend ist etwas anderes: „Die Beziehung zwischen musikalischer Ratio und musikalischem Leben gehört zu den historisch wichtigsten variierenden Spannungsverhältnissen in der Musik" (MWG I/14, S. 253).

13.4 Eine Musiksoziologie?

Die Herausgeber von Webers Studie im Rahmen der Max Weber-Gesamtausgabe markieren an dieser Stelle, verglichen mit dem überlieferten Text, einen größeren Absatz. Denn hier endet möglicherweise das Manuskript, das Weber, wie wir aus dem Briefwechsel wissen (MWG II/10, S. 715), für druckfertig hielt. Was folgt, ist tatsächlich nur eine Skizze. Doch beginnen an dieser Stelle „die Arbeiten für die Fortsetzung, die erst das ‚Soziologische'" bringen sollten, tatsächlich? Zweifel sind angebracht. Denn Weber hatte bereits davor zwischen einer Rationalisierung der Musik von außen (Musikinstrumente) (MWG I/14, S. 243) und einer Rationalisierung von innen (Melodik) unterschieden (MWG I/14, S. 246) und betont, die Temperierung liege „einer ohnehin wesentlich melodisch distanzmäßig orientierten Musik sehr nahe" (MWG I/14, S. 248). Und dann zusammenfassend: „‚Temperierung' war auch das letzte Wort unserer akkordharmonischen Musikentwicklung" (MWG I/14, S. 248).

Wie immer man die Teilung des überlieferten Textes in ‚das Rationale' und ‚das Soziologische' beurteilt, sicher ist, nach der Darlegung der musikalischen Ratio fehlt genau genommen ‚das Soziologische'. Die restlichen etwa 20 Seiten jedenfalls sind kein Ersatz dafür. Sie lassen allenfalls erahnen, worauf Weber seine soziologische Analyse ausrichten wollte: auf die Instrumentenentwicklung und auf musikalische Organisationsformen wie Chor, Orchester, Streichquartett einerseits, auf die musikalischen Virtuosen und Rezipienten andererseits.

Über die Instrumentenentwicklung wurde bereits im Zusammenhang mit der Temperierung gesprochen (äußere und innere Rationalisierung, die sich wechselseitig stützen). Insofern ist die Abgrenzung der beiden Teile tatsächlich nicht strikt. Doch jetzt geht es nicht mehr nur um die Tasteninstrumente, sondern auch um die Streichinstrumente und um die Orgel. Aber alles bleibt doch sehr skizzenhaft. Bei den Streichinstrumenten betont Weber den geigenartigen Charakter ohne und mit Resonanzboden und sieht Letzteres als eine abendländische Erfindung, die seit dem 18. Jahrhundert mit Violine, Bratsche und Cello die Orchesterentwicklung ermöglicht. Der Orgel misst er eine kontinuierliche Entwicklung seit der Antike und eine zentrale Rolle für die Rationalisierung der Mehrstimmigkeit und der kirchlichen Kunstmusik zu. Besondere Aufmerksamkeit schenkt er dem Klavier, das im Clavichord und dem Cembalo seine Vorläufer habe und mit dem Hammerklavier zum Schul-, Begleit-, Dilettanten- und Virtuoseninstrument werde. Es sei zu jenem ‚bürgerlichen Möbel‘ geworden, von dem eingangs bereits die Rede war. Denn „unsere exklusive Erziehung zur modernen harmonischen Musik wird ganz wesentlich von ihm getragen“ (MWG I/14, S. 278). Und Weber fügt hinzu: „Auch nach der negativen Seite insofern, als die Gewöhnung an die Temperierung unserem Ohr – dem Ohr des *rezipierenden* Publikums – sicherlich in melodischer Hinsicht einen Teil jener Feinheit genommen hat, welche dem melodischen Raffinement der antiken Musikkultur das entscheidende Gepräge gab“ (MWG I/14, S. 278).

Unsere akkordharmonische Musik sei ein Produkt des Mönchtums, so hatte es Max Weber an seine Schwester geschrieben. Und tatsächlich taucht das Mönchtum in diesen letzten Seiten an verschiedenen Stellen auf. Das gilt für die Entwicklung der Orgel, aber auch für die Entwicklung des Clavichords, „aller Wahrscheinlichkeit nach eine Mönchserfindung“ (MWG I/14, S. 271). Auch beim Cembalo habe es seine Hände im Spiel gehabt (MWGI/14, S. 272). Aber insgesamt bleiben die variierenden Trägergruppen der Musikentwicklung vage und die Rezipienten eher im Dunkeln. Eine Musiksoziologie im umfassenden Sinne bietet dieser Teil des Textes jedenfalls nicht.

Theodor Kroyer, Mitglied von Max Webers Münchener „Eranos“ und erster Herausgeber des nachgelassenen Manuskripts, hatte dieses mit „Die rationalen und soziologischen Grundlagen der Musik“ überschrieben. Das trifft die Zweiteilung des Textes nicht einmal so schlecht. Allerdings weckt der Titel auch falsche Erwartungen, weil er suggeriert, neben den rationalen seien auch die soziologischen Grundlagen ausführlich entwickelt. Dies aber ist nicht der Fall. Was der überlieferte Text allerdings bietet, ist ein Einblick in Webers Denken in der Zeit von 1910 bis 1913. Die Rationalitätsproblematik tritt ins Zentrum sowie die okzidentale Sonderentwicklung, diese nicht auf die Ökonomie (Gewerbekapitalismus der formell freien Arbeit) beschränkt. Dass der Okzident gerade in einer arationalen Wertsphäre eine Entwicklung nahm, die sich von der der anderen Kulturkreise unterscheidet, war eine wichtige Einsicht, die Weber auf den Weg zu seiner späten

Soziologie brachte[10]. Das hat nicht zuletzt Marianne Weber in ihrer Biographie bezeugt.[11]

13.5 Die Musik als Teil einer autonomen Wertsphäre

Es ist denn auch kein Zufall, dass Weber in der „Vorbemerkung" zu den *Gesammelten Aufsätzen zur Religionssoziologie* vom September 1919 der akkordharmonischen Musik universelle Bedeutung und möglicherweise sogar universelle Gültigkeit zusprach. Zuvor hatte er bereits in seiner systematischen Religionssoziologie (MWG I/22-2, S. 410 ff.) und in der berühmten „Zwischenbetrachtung", mit der er seine Studien über Konfuzianismus und Taoismus mit denen über Hinduismus und Buddhismus verbindet (MWG I/19, S. 499 ff.), die Erlösungsreligion in ihrer höchsten Form der Instrumentalmusik als der „'innerlichsten' der Künste" antagonistisch gegenübergestellt (MWG I/19, S. 501). Wie immer sich religiöse und musikalische Entwicklung wechselseitig stimuliert haben mögen – und die ursprünglichen Beziehungen, so Weber, waren äußerst intime – und wie immer sich Religion und Musik wechselseitig nützlich gewesen sein mögen – und die religiöse Propaganda, so Weber, wusste sich der Musik zu bedienen, wie umgekehrt die Musik der Religion (Kirchenmusik) –, spätestens im ‚intellektualistischen Zeitalter' traten sie auseinander. Je stärker sich beide Seiten eigengesetzlich entwickelten, desto tiefer wurde die Spannung, die zwischen ihnen entstand. Aus der Perspektive der konsequenten Erlösungsreligion musste das musikalische Erleben letztlich als eine „vorgetäuschte, verantwortungslose Surrogatform des ernsten religiösen Erlebens" erscheinen, aus der Perspektive des Künstlers und des ästhetisch Rezipierenden die religiös-ethische Norm als „Vergewaltigung des eigentlich Schöpferischen und Persönlichen" (MWG I/19, S. 501). Trotz aller Bündnisse, die zwischen ihnen bestanden, habe gerade die Virtuosenreligiosität am inneren Gegensatz zur Musik festgehalten, „sowohl in ihrer aktiv asketischen wie in ihrer mystischen Wendung, und zwar um so schroffer, je mehr sie entweder die Überweltlichkeit ihres Gottes oder die Außerweltlichkeit der Erlösung betonte" (MWG I/19, S. 502).

Eine Surrogatform des religiösen Erlebens – dazu konnte Musik tatsächlich werden, wie Weber nicht zuletzt an Richard Wagner wahrnahm. Er warnte auch

---

[10] Dazu ausführlich Wolfgang Schluchter, *Max Webers späte Soziologie*, Tübingen: Mohr Siebeck 2016.

[11] Marianne Weber, *Max Weber. Ein Lebensbild. Mit einer Einleitung von Guenther Roth*, München: Pieper 1989, S. 348 f.

davor, den prinzipiellen Gegensatz zwischen Ethik und Ästhetik zu verwischen, „ethisch gemeinte Werturteile in Geschmacksurteile um(zu)formen)" (MWG I/19, S. 501), weil dies einer rationalen Wertdiskussion nicht zuträglich sei. Freilich war Weber auch der Meinung, die arationalen Wertsphären seien für den modernen Menschen nicht zuletzt deshalb so attraktiv, weil sie so etwas wie eine innerweltliche Erlösung versprächen, zumindest vorübergehend, indem man so den „kalten Skeletthänden rationaler Ordnungen" wie der „Stumpfheit des Alltags" (MWG I/19, S. 507) entgehen könne.

Es ist naheliegend, hinter solchen Aussagen mehr als nur nüchterne wissenschaftliche Feststellungen zu vermuten. In ihnen spiegelt sich auch Max Webers Lebensgefühl. Zweifellos brachten ihm die von Musik geprägten Begegnungen mit Mina Tobler solche Momente innerweltlicher Erlösung, Erlösung von dem ständigen Kampf gegen die Krankheit, aber auch Erlösung von lastendem Arbeitszwang. Als die Hinwendung zu Mina Tobler abklang und die zu Else Jaffé erblühte, reflektierte Max Weber in seinen Briefen an die beiden immer wieder seine Lebenskonflikte. Es sind kompromisslose Selbstanalysen in erstaunlicher Offenheit. Einmal stellt er gegenüber Else Jaffé die Frage, ob er vielleicht nur „ein „‚celebraler' Liebender" sei, der mit dem Gehirn liebe? Er hoffe dies natürlich nicht. Doch er gesteht: „Niemand kennt sich – aber: die lebens*feindliche* Macht, *die* ist das ‚Gehirn', als solches spüre ich es, da hat es mir manchen Streich gespielt, dieser Eisschrank – und nur das ist freilich wahr: daß ich diesen Eisschrank oft als letzte, letzte *Rettung* brauchte, Jahre lang, als etwas: das immerhin ‚rein' war, gegen die Teufel, die mit *mir* ihr Spiel hatten, als ich krank war (auch wohl vorher) – und wenn eine Sehnsucht da wäre, so wäre es: Erlösung von der Gewalt dieses ‚Eisheiligen', so heilig er ist und gegen so Manches er und nur er mich schützen konnte" (MWG II/10, S. 514). Und wenig später, wiederum an Else Jaffé: „Aber versteh auch: kein Mensch, auch die nächsten nicht, sieht und fühlt die maßlose *Qual* der Arbeit, von der ich doch nicht lassen kann, ohne zu verderben. Aber es ist eine Technik der *ständigen* Überlistung der eigenen unglaublichen Zustände, die allen Atem benimmt, und die – seit jener gründlichen ‚Verkorksung' – in ständiger Feindschaft ausgerechnet mit der Körperlichkeit lebt. Es ist dann immer jene ‚Spaltung' da, die das quellende Leben zu einem tückischen Todfeind des Geistigen macht" (MWG II/10, S. 585 f.).

Die Spaltung zu überwinden, und sei es nur für Augenblicke, das war die Sehnsucht. Es ist die Sehnsucht nach Schönheit, sei sie ästhetisch oder sinnlich, hier durch Mina Tobler bzw. Else Jaffé personifiziert. Sie jedenfalls versprach Momente innerweltlicher Erlösung, nicht aber die Wissenschaft.

13.6 Ausblick

Was lässt sich aus Max Webers hinterlassenem, unvollendetem Text über die Musik für das Gesamtwerk lernen? Er ist vor allem werkgeschichtlich von Bedeutung, weil er offensichtlich an der Schwelle zur dritten Phase von Webers Entwicklung steht. Nachdem er in der zweiteiligen Studie „Die protestantische Ethik und der ‚Geist' des Kapitalismus" den modernen Betriebskapitalismus mit seiner formell freien Arbeit unter dem Gesichtspunkt seiner Kultur analysiert hatte, traf er mit der akkordharmonischen Musik auf eine weitere Erscheinung, die ihn vermutlich davon überzeugte, dass der okzidentale Kulturkreis insgesamt gegenüber anderen Kulturkreisen eine Besonderheit aufweist. Es ging offenbar nicht mehr nur um eine zufällige Ansammlung von besonderen Einzelerscheinungen, sondern um ein Muster, das nur ein Kulturkreisvergleich offenbart und diesen deshalb verlangt. Was dieses Muster bestimmte, war eine besondere Rationalitätsproblematik, die sich zwar bereichsspezifisch entfaltete, aber doch einen gemeinsamen Nenner hatte. Damit waren die Weichen für die vergleichenden und entwicklungsgeschichtlichen Studien gestellt, die Max Weber seit 1910 mit wachsender Intensität betrieb. Dies führte schließlich zu jener viel diskutierten und auch kritisierten „Vorbemerkung" zu den *Gesammelten Aufsätzen zur Religionssoziologie,* in der Max Weber von Kulturerscheinungen von möglicherweise universeller Bedeutung und Gültigkeit spricht, die nur der Okzident hervorgebracht habe. Eine der wichtigsten dieser Kulturerscheinungen aber war für ihn neben dem modernen Kapitalismus die akkordharmonische Musik.

Max Weber und der Heidelberger Gelehrtenkreis

14

14.1 Heidelberg um 1900

An der Wende vom 19. zum 20. Jahrhundert zählte Heidelberg gemäß der Volkszählung vom 1. Dezember 1900 etwas mehr als 40.000 Einwohner. Seine Wirtschaft war handwerklich geprägt. Neben die Pferdebahn trat die Straßenbahn und neben den Brief das Telefon (435 Hauptanschlüsse). Das entsprach immer noch dem Bild einer Kleinstadt, einer Kleinstadt in der Provinz. Allerdings sah diese Kleinstadt auf ihren Straßen, Plätzen und in ihren Kneipen viele Ausländer (ca.1300), Russen, Engländer, Amerikaner, Japaner, auch Türken. Sie waren überwiegend jung. Denn diese Kleinstadt in der Provinz besaß eine Universität, die nicht nur über Baden, sondern auch über Deutschland hinaus bekannt war. Heidelberg wurde deshalb auch das ‚Weltdorf‘ genannt (Camilla Jellinek). Infolge des Universitätssterbens an der Wende vom 18. zum 19. Jahrhundert, das zu einer Reform des deutschen Universitätssystems zwang, war auch die Universität Heidelberg umgestaltet worden. Mit dem Übergang der politischen Macht von den Wittelsbachern auf die Zähringer hatte man aus einer Jesuitenuniversität eine Aufklärungsuniversität gemacht. Wie Friedrich Paulsen in seiner großangelegten *Geschichte des gelehrten Unterrichts auf den deutschen Schulen und Universitäten vom Ausgang des Mittelalters bis zur Gegenwart* konstatiert: „Romantik und Humanismus, spekulative Philosophie und Theologie, später auch die neuen historischen und naturwissenschaftlichen

---

zuerst in Ingo Rund und Heike Hawicks (Hg.), *Max Weber in Heidelberg,* Heidelberg: Universitätsverlag Winter 2022, S. 273–295.

Studien fanden hier (in Heidelberg) günstigen Boden und bereite Pflege"[1]. Für Paulsen kam diese Umgestaltung der Universität am Beginn des 19. Jahrhunderts praktisch einer Neugründung gleich.

An der Wende vom 19. zum 20. Jahrhundert blühte in Heidelberg aber auch eine ungewöhnliche kulturelle Vielfalt, sowohl auf religiösem wie auf säkularem Gebiet. Wir begegnen religiösen Gemeinschaften, bestehend aus Kulturprotestanten, konservativen Lutheranern, Katholiken, Altkatholiken und Juden, und säkularen Kreisen und Zirkeln, bestehend aus Dichtern, Künstlern und Wissenschaftlern, organisiert etwa im George-Kreis, im Thode-Kreis, im Janus-Kreis, im Eranos-Kreis. Diese waren mehr oder weniger eng mit der Universität verbunden[2]. Die Universität bildete zweifellos das geistige Zentrum dieser Vielfalt, doch Öffentliches und Privates gingen fließend ineinander über. Nicht zuletzt fand auch ein Teil der universitären Lehre in den Villen der wohlbetuchten Ordinarien statt.

Zudem zeigte sich die Universität auch gegenüber dem Stadtpublikum offen. Manche Vorlesung zog außer dem studentischen auch ein städtisches Publikum an. So wird etwa von Kuno Fischer, dem bekannten Philosophen, berichtet, er habe stets im größten Hörsaal der Universität lesen müssen, weil der Wunsch, ihn zu hören, nicht zuletzt auch bei Bürgern der Stadt groß war. Der ‚Geist von Heidelberg' entwickelte sich durch die Kreuzung intellektueller und sozialer Kreise, wie man mit einem Theorem von Georg Simmel sagen kann[3].

---

[1] Friedrich PAULSEN, *Geschichte des gelehrten Unterrichts auf den deutschen Schulen und Universitäten vom Ausgang des Mittelalters bis zur Gegenwart*, 3., erweiterte Auflage, hg. und mit einem Anhang fortgesetzt von Rudolf LEHMANN, zwei Bände, Berlin/Leipzig 1921, zweiter Band, S. 248.

[2] Dazu der schöne Aufsatz von Friedrich Wilhelm GRAF, „Puritanische Sektenfreiheit versus lutherische Volkskirche. Zum Einfluss Georg Jellineks auf religionsdiagnostische Deutungsmuster Max Webers und Ernst Troeltschs", in: *Zeitschrift für neuere Theologiegeschichte* 9 (2002), S. 43–66.

[3] Siehe dazu auch Hubert Treiber/Karol Sauerland (Hgg.), *Heidelberg im Schnittpunkt intellektueller Kreise. Zur Topographie der ‚geistigen Geselligkeit' eines ‚Weltdorfes': 1850–1950*, Opladen 1995.

14.2   Der Eranos-Kreis

Ein Kreis in Heidelberg war der bereits erwähnte Eranos, der für Max Weber eine besondere Bedeutung hatte. Er tagte regelmäßig seit 1904. Bekanntlich war Weber mit Wirkung vom 1. Oktober 1903 aufgrund einer schweren Krankheit trotz einer gewissen Rekonvaleszenz von seinem Heidelberger Ordinariat zurückgetreten. Er blieb der Universität zwar formal über eine Honorarprofessur verbunden, hatte aber weder Sitz noch Stimme in der Fakultät, und er las auch nicht, betreute keine Studenten mehr. Er verstand sich fürderhin als Privatgelehrter. Umso mehr lockte ihn der Gedankenaustausch im universitätsbezogenen kleinen Kreis, wie es der Eranos war. Hier konnte man auch Arbeiten, mit denen man beschäftigt war, vortragen und kritisch diskutiert finden. Das war nicht unwichtig, besonders für eine Person, die aus dem üblichen Universitätsbetrieb faktisch ausgeschieden war.

Den Eranos hatten Gustav Adolf Deissmann, ein Theologe, und Albrecht Dietrich, ein klassischer Philologe, ins Leben gerufen. Der Name nimmt wohl auf Homers Odyssee Bezug. Dort ist Eranos ein einfaches Mahl in einem Kreis regelmäßig teilnehmender Personen. Der Heidelberger Eranos gab sich eine Satzung, die diesem Gedanken Rechnung trug. Man wollte während der Vorlesungszeit einmal im Monat an einem Sonntag reihum zusammenkommen, die Sitzung sollte von 18 bis 23 Uhr dauern, mit einem Vortrag des jeweiligen Gastgebers beginnen und gegen 20.30 Uhr durch ein bescheidenes Mahl unterbrochen werden, worauf dann der Rest des Abends dem Gespräch gewidmet war. Über Vortrag und Diskussion hatte man ein Protokoll zu fertigen. Das übergeordnete Thema des Kreises lautete: Die Erforschung der Religionen und der Religion[4].

Der Kreis umfasste außer den Genannten Vertreter der verschiedensten geisteswissenschaftlichen Fächer. Drei Teilnehmer möchte ich für meine Zwecke herausheben. Es handelt sich um den Juristen Georg Jellinek, den Theologen Ernst Troeltsch und eben den hier im Mittelpunkt stehenden Nationalökonomen Max Weber. Sie waren in dieser Reihenfolge an die Universität Heidelberg berufen worden, hatten aber bereits vor Gründung des Eranos wissenschaftlich intensiv kommuniziert. Um ein bekanntes Wort von Friedrich Wilhelm Graf zu zitieren: Sie verband eine Fachmenschenfreundschaft, die weit über das hinausging, was man normalerweise zwischen Kollegen an einer Universität findet.

---

[4] Zum Eranoskreis ausführlich Hubert TREIBER, „Der ‚Eranos' – Das Glanzstück im Heidelberger Mythenkranz?", in: Wolfgang Schluchter und Friedrich Wilhelm GRAF (Hg.), *Asketischer Protestantismus und der ‚Geist' des modernen Kapitalismus. Max Weber und Ernst Troeltsch,* Tübingen 2005, S. 75–153. Die Vorträge im Eranos sind auf den Seiten 150–153 aufgezählt.

Diese Fachmenschenfreundschaft wurde also nicht erst durch den Eranos gestiftet, sie fand darin allerdings ein Forum, das ihrem Geist entsprach[5].

Die Entscheidung Max Webers, sich aus dem Universitätsbetrieb zurückzuziehen, hatte natürlich zur Folge, dass die äußeren Karrieren der drei Genannten sich sehr verschieden entwickelten. Georg Jellinek, der noch einer älteren Generation angehörte, hatte 1904 seine Hauptwerke bereits veröffentlicht und damit internationale Anerkennung erworben[6]. Ernst Troeltsch, der mit Weber Generationsgleiche, erwies sich nach der Jahrhundertwende schnell als ein ‚shooting star‘. Jellinek und Troeltsch hatten große Lehrerfolge und wachsenden inneruniversitären Einfluss. Beide zogen mit ihrer Lehrtätigkeit viele Ausländer an, beide wurden zeitlich versetzt zu Prorektoren der Universität gewählt. Troeltsch vertrat sogar einige Zeit die Universität in Badens erster Kammer[7]. Hinzu kam bei ihm eine enorme Publikationstätigkeit, so dass ihn der Verleger Paul Siebeck schon früh zu einer Veranstaltung Gesammelter Schriften ermutigte. Hält man sich all dies vor Augen, so scheint das Urteil von Peter Ghosh nicht unplausibel: „If today the best-known denizen of the early 20th century Heidelberg is unquestionably Max Weber, we can equally be certain that this was not the case a hundred years ago. At that date the most celebrated members of the University were Ernst Troeltsch, an outstanding figure within the international Protestant community, and the lawyer Georg Jellinek"[8].

Wie kam es zu dieser Bedeutungsverschiebung über die Jahre? Das soll mich in der Folge beschäftigen. Aus einer ähnlichen Ausgangslage entwickelten sich drei Werke, die über die Zeit eine ganz unterschiedliche Wirkung entfalteten. Webers Werk gelangte schließlich zu Weltruhm, aber dieser Weltruhm kam spät, und er ist erst heute, hundert Jahre nach seinem Tod, nicht zuletzt mit Abschluss der historisch-kritischen Gesamtausgabe, vermutlich auf seinem Höhepunkt angelangt.

---

[5] Treiber spricht in Bezug auf alle Mitglieder von einem Freundeskreis. Zum Begriff Fachmenschenfreundschaft, der ursprünglich auf das Verhältnis Weber-Troeltsch gemünzt war, Friedrich Wilhelm GRAF, „Fachmenschenfreundschaft. Bemerkungen zu Max Weber und Ernst Troeltsch", in: Wolfgang J. MOMMSEN/Wolfgang SCHWENTKER (Hg.), *Max Weber und seine Zeitgenossen,* Göttingen/Zürich 1988, S. 313–336.

[6] Siehe vor allem Georg JELLINEK, *System der subjektiven öffentlichen Rechte,* Aalen: Scientia 1971 (1. Aufl. 1892, 2. Aufl. 1905) und DERS., *Allgemeine Staatslehre,* Darmstadt: Wissenschaftliche Buchgesellschaft 1960 (1. Aufl. 1900, 2. Aufl., 1905).

[7] Die Badische Verfassung sah im Rahmen eines Zwei-Kammer-Systems in der ersten Kammer zwei Vertreter der Landesuniversitäten vor.

[8] Peter GHOSH, *Max Weber in Context. Essays in the History of German Ideas c. 1870–1930,* Wiesbaden: Harrasowitch 2016, S. 83.

Wodurch wurden die drei, trotz verschiedener fachlicher Verankerung, zu intensivstem Gedankenaustausch außerhalb und dann auch innerhalb des Eranos angeregt? Friedrich Wilhelm Graf hat dafür vier ‚Gemeinsamkeiten' benannt:

1. Sie schätzten interdisziplinäre Forschung in einer Zeit wachsender wissenschaftlicher Spezialisierung.
2. Sie pflegten einen neoidealistischen Denkstil in einer Zeit verbreiteter positivistischer und materialistischer Überzeugungen.
3. Sie erkannten die Bedeutung der Religion und der Religionen für die Entwicklung der Moderne.
4. Sie beschäftigten sich mit den Grundproblemen der politischen Ordnung in Deutschland, die in einer Art Scheinkonstitutionalismus stecken geblieben war[9].

Tatsächlich kann man die ähnliche Ausgangslage auch so zusammenfassen: Alle drei waren wissenschaftlich an der Entwicklung einer (theoretischen und historischen) Kulturwissenschaft und politisch an einer (liberalen) Reform der Reichsverfassung von 1871 interessiert. Der 1903 als Nachfolger von Kuno Fischer berufene Wilhelm Windelband, der schon lange mit Georg Jellinek befreundet war und der gleichfalls dem Eranos-Kreis beitrat, verstärkte zweifellos die von den dreien geteilte und im Eranos-Kreis verfolgte neoidealistische Tendenz.

Was genau lässt sich nun zu der Beziehung zwischen den drei Genannten sagen? Ich diskutiere dies in Bezug auf Max Weber und behandle seine Beziehung zu Georg Jellinek getrennt von der zu Ernst Troeltsch. Die Beziehung zwischen Troeltsch und Jellinek lasse ich beiseite, obgleich sie keineswegs unwichtig ist[10].

14.3 Georg Jellinek und Max Weber

Als Max Weber den Ruf nach Heidelberg erhalten hatte – wohl unerwartet, denn auf der Berufungsliste stand er nur auf Platz drei –, wandte er sich an Georg Jellinek in der Hoffnung, dass „das Zusammenwirken mit Ihnen sich ganz

---

[9] Dazu GRAF, „Puritanische Sektenfreiheit", S. 47–50. Graf spricht von Strukturelementen.

[10] Graf sagt zu Recht: „Im Theorieprogramm stehen sich Troeltsch und Jellinek näher als Troeltsch und Weber und auch Weber und Jellinek", ebd., S. 61.

besonders angenehm gestalten wird"[11]. Dass er diese Hoffnung aussprach, hatte freilich zunächst keinen persönlichen, sondern einen institutionellen Grund. Als Nachfolger von Karl Knies sollte Weber zusammen mit Georg Jellinek das Staatswissenschaftliche Seminar leiten, das eine Brücke zwischen Jurisprudenz und Nationalökonomie bildete. Etwa 15 Jahre später sehen wir diese Hoffnung Webers tatsächlich wissenschaftlich und persönlich auf das Schönste erfüllt. Nach Jellineks Tod im Januar 1911, gelegentlich der Hochzeit von dessen Tochter Dora, bekannte Weber, „wie sehr zu dem, was mir das Schicksal überhaupt gönnte zu leisten, wesentliche Anregungen mir gerade von seinen großen Arbeiten kamen". Und er fuhr dann fort: „Um nur einige Einzelheiten zu berühren; die Scheidung naturalistischen und dogmatischen Denkens im ‚System der subjektiven öffentlichen Rechte' für methodische Probleme, die Prägung des Begriffs der ‚sozialen Staatslehre' für die Klärung der verschwimmenden Aufgaben der Soziologie, den Nachweis religiöser Einschläge in der Genesis der ‚Menschenrechte' für die Tragweite des Religiösen überhaupt auf Gebieten, wo man sie zunächst nicht sucht"[12].

Es ist nicht schwer, die Früchte dieser Anregungen im Werk Max Webers zu finden: seine Abgrenzung des subjektiv gemeinten vom dogmatisch richtigen oder metaphysisch wahren Sinn und sein Insistieren auf dem kategorialen Unterschied zwischen empirischer und dogmatischer Forschung; sein Ausbau der sozialen Staatslehre zu einer umfassenden, vergleichenden Herrschaftssoziologie, die an dem Unterschied zwischen empirischer und normativer Geltung festhält; sein Nachweis religiöser Einschläge in der Genesis des modernen Betriebskapitalismus, ohne die man dessen ursprüngliche Dynamik nicht versteht. Diesen letzten Punkt stellte Weber im Eranos direkt zur Debatte. Denn er hielt am 5. Februar 1905, zwischen der Veröffentlichung des ersten und des zweiten Teils seiner später berühmt gewordenen Studie „Die protestantische Ethik und der ‚Geist' des Kapitalismus," einen Vortrag mit dem Titel „Die protestantische Askese und das moderne Erwerbsleben"[13].

Tatsächlich hatte Jellinek den Weg zu einer solchen Verknüpfung von religiösen mit säkularen Phänomenen gewiesen. In einer verfassungsrechtlichen Schrift, 1895 in erster, 1904 in zweiter, erweiterter Auflage erschienen, rechnete er die Entstehung der Menschenrechte nicht den Philosophen der Aufklärung, sondern den puritanischen Sekten, nicht der französischen Revolution, sondern

---

[11] Brief vom 12. Dezember 1896, in: MWG II/3, S. 247.

[12] MWG I/13, S. 252. Die Tischrede stammt vom 21. März 1911. Jellinek war am 12. Januar 1911 gestorben.

[13] Siehe MWG I/9, S. 218–221.

der amerikanischen Revolution, nicht 1789, sondern 1776 zu. Mehr noch, er ging sogar so weit, die entscheidende Rolle dieser Revolutionen für die Entstehung der Menschenrechte zu relativieren: „Was man bisher für ein Werk der Revolution gehalten hat, ist in Wahrheit eine Frucht der Reformation und ihrer Kämpfe"[14], heißt es in dieser Schrift. Damit gab er ein Beispiel für den Einfluss religiöser Orientierungen auf die Gestaltung der modernen Rechtsordnung mit ihren subjektiven Freiheitsrechten. Was Jellinek für ein vertieftes Verständnis der Genesis der modernen Rechtsordnung geleistet hatte, suchte Weber nun für die moderne ökonomische Ordnung, den Betriebskapitalismus, zu tun. Damit war zugleich klargestellt, dass man Religionen nicht generell als rückständig, als modernisierungsfeindlich behandeln dürfe, wie bei Positivisten und Materialisten üblich, sondern dass sie auch eine vorwärtsweisende Rolle übernehmen können, wenn auch vielleicht mitunter unbeabsichtigt. Das gilt für jegliches Handeln von Menschen und Menschengruppen: Die Folgen des Handelns können der Absicht fremd oder gar entgegengesetzt sein.

Es wäre freilich falsch, wollte man die Anlage von Webers berühmter und schnell umstrittener Studie auf Jellineks Beitrag zurückführen. Zum einen war Weber nicht allein an der Religion, sondern allgemeiner an der Frage interessiert, wie Ideen in der Geschichte wirken können. Zum anderen fehlte in Jellineks Studie die genauere Beschreibung der Mechanismen, wie es zur Wirksamkeit religiöser Ideen in der Geschichte kommt. Weber betonte denn auch in der Auseinandersetzung um seine Studie, er habe nie beansprucht, den Zusammenhang von asketischem Protestantismus und dem Geist des modernen Kapitalismus, besser: der modernen Berufsidee, als Erster entdeckt zu haben, denn dieser Zusammenhang sei sowohl den Älteren wie etwa William Petty als auch anderen heutigen Wissenschaftlern, wie etwa Eberhard Gothein, gleichfalls ein Mitglied des Eranos, längst bekannt gewesen. Sein innovativer Beitrag betreffe nicht die Feststellung des Zusammenhangs, sondern nur die Art und Weise, wie er zu erklären sei[15].

Tatsächlich scheint Jellineks Einfluss auf Weber bei den beiden anderen Punkten größer. Jellinek hatte mit seiner Theorie von der „Doppelnatur des Staates" dafür plädiert, eine empirische Seite des Staates von einer dogmatischen Seite zu

---

[14] Georg JELLINEK, *Die Erklärung der Menschen- und Bürgerrechte. Ein Beitrag zur modernen Verfassungsgeschichte,* Leipzig 1895, S. 42.

[15] MWG I/9, S. 588. Ausführlich Wolfgang SCHLUCHTER, *Mit Max Weber,* Tübingen 2020, S. 233 ff., insb. S. 240. Ferner Eberhard Gothein, *Die Wirtschaftsgeschichte des Schwarzwaldes und der angrenzenden Landschaften, Bd. 1: Städte- und Gewerbegeschichte,* Straßburg 1892.

trennen, sie aber gleichrangig zu behandeln[16]. Als sich Jellinek im Jahre 1909 mit dem Gedanken trug, in Heidelberg eine Akademie für internationales Recht und vergleichende Politik zu gründen, und dabei auch Webers Rat suchte, wohl auch auf seine Mitwirkung hoffte, reagierte dieser in einem Brief in bezeichnender Weise: „*Mich* würde die Sache nur etwas angehen, wenn etwa ein Institut für – der *Name* ist mir gleichgültig – ‚Allgemeine Staats- und Gesellschaftslehre‘ (oder so etwa) geschaffen würde, bei dem natürlich *auch* die (ganz unentbehrliche) juristische Seite, aber doch dem *Haupt*zweck nach eben die ‚Soziallehre‘ betrieben würde.“[17] Und er betonte in der weiteren Korrespondenz über dieses Projekt (das dann allerdings nicht zustande kam), dass zudem dafür eine vergleichende Perspektive unerlässlich sei[18].

Die Soziallehre des Staates zu entwickeln, und dies in vergleichender Perspektive, darauf richtete sich also um 1910 Max Webers Interesse. Und dafür hatte Jellinek mit seiner voluminösen *Allgemeinen Staatslehre,* zuerst 1900, dann in zweiter Auflage 1905 erschienen, den Grund gelegt. Denn er unterschied nicht nur die Soziallehre des Staates als eine Kausalwissenschaft mit Geltung kraft Zurechnung von der Staatsrechtslehre als einer Normwissenschaft mit Geltung kraft Zwangs, sondern auch beide von der Politik als Praxis mit Geltung kraft Anerkennung. Vor allem war für Weber dabei Jellineks Aussage wichtig: „Die juristische Erkenntnisweise des Staates hat die soziale zu ergänzen, ist aber in keiner Weise mit ihr zu vermengen“[19]. Und dies gelte erst recht für die dritte Säule, die Politik. Das sah Weber ähnlich, und er folgte Jellinek auch noch in einem anderen wichtigen Punkt. Dieser hatte nämlich betont, man dürfe weder in der Soziallehre noch in der Rechtslehre das zu analysierende Geschehen vom Menschen lösen, es substantialisieren, auch dort nicht, wo das Rechtssubjekt nicht als eine natürliche, sondern als eine juristische Person, als ein Kollektiv, gedacht werden müsse. Weber hat dies später als seine individualistische Methode bezeichnet, die der Tatsache Rechnung trage, dass nicht nur das Rechtsverhältnis, sondern dass alle sozialen Verhältnisse in ihrem Bestand vom Handeln der Beteiligten abhängig sind.

Aus der Sicht der Soziallehre ist das Rechtsverhältnis ein Herrschaftsverhältnis, und dies gilt auch für die Rechtslehre. Hier stellt sich freilich die zusätzliche Frage, wie im Recht Zwang mit Anerkennung zusammenhängt. Jede Revolution warf beispielsweise die Frage auf, wie „ein Seinsollendes durch Überzeugung

---

[16] Georg Jᴇʟʟɪɴᴇᴋ, *Allgemeine Staatslehre,* S. 50.

[17] MWG II/6, S. 18, S. 50.

[18] Es war auch als ein deutsch-amerikanisches Projekt gedacht.

[19] Jᴇʟʟɪɴᴇᴋ, *Allgemeine Staatslehre,* S. 138.

von seiner Rechtmäßigkeit unmittelbare Rechtskraft gewinnen konnte"[20]. Jellinek neigte dazu, sich hier auf die These von der normativen Kraft des Faktischen
zu stützen. Allerdings beschäftigt ihn auch der umgekehrte Vorgang, die faktische
Kraft des Normativen, man könnte auch sagen, die klassische Naturrechtsfrage,
wie das Naturrecht mittels Positivierung Rechtskraft gewinnen kann. Allgemein
gesprochen, geht es dabei sowohl um die faktische wie um die normative Legitimation von Herrschaft. Die Legitimation von Herrschaft beschäftigt auch Max
Weber, der dabei aber die für Jellinek wichtige normative Betrachtung aus dem
Umkreis seiner sich entwickelnden verstehenden Soziologie verbannt.

14.4 Ernst Troeltsch und Max Weber

Georg Jellinek war für Weber der väterliche Freund, Troeltsch der Altersge-
nosse. Mit dem Altersgenossen steht man selbst bei Freundschaft doch immer
auch in Konkurrenz. Dennoch sind Weber und Troeltsch eine lange Strecke
ihres Weges gemeinsam gegangen, wenngleich sie sich niemals als eine Art
Arbeitsgemeinschaft verstanden. Als man nach der Veröffentlichung von Webers
zweiteiliger Abhandlung „Die protestantische Ethik und der ‚Geist' des Kapitalismus" und von Ernst Troeltschs Arbeiten über die Bedeutung des Protestantismus
für die Entstehung der modernen Welt von der Weber-Troeltsch-These oder der
Troeltsch-Weber-These, mitunter auch von der Heidelberger Schule sprach (zu
der man dann auch noch Eberhard Gothein und Hans von Schubert, ein weiteres
Eranos-Mitglied, rechnete), wandte sich insbesondere Weber gegen eine solche
Bezeichnung. Er sah sich in seinen eigenen religionsgeschichtlichen Analysen
keineswegs von Troeltsch abhängig.

Tatsächlich betonte Weber von Beginn an, dass er und Troeltsch mit ihren
religionsgeschichtlichen Arbeiten verschiedene Ziele verfolgten: Troeltsch, der
Theologe, interessiere sich in erster Linie für die Lehren, er, der Nationalökonom,
in erster Linie für deren Wirkung. Troeltsch verfolge letztlich ein normatives, er
ein wirklichkeitswissenschaftliches Projekt. Es besteht kein Zweifel: Troeltsch
wollte die Bedeutung des Protestantismus für die moderne Welt nicht allein
ursächlich, sondern auch normativ verstanden wissen, und zwar nicht des Altpro-
testantismus, sondern des Neuprotestantismus, jenes Protestantismus, den Weber
im zweiten Teil seiner Studie asketischen Protestantismus nennt. Dieser gilt Troeltsch zugleich als die höchste Ausprägung einer personalistischen Religion, die

---

[20] Ebd., S. 349.

das Christentum in seiner langen Geschichte erreicht hat. Und dies meint er nicht nur in Bezug auf das Christentum, sondern auf die Religionen insgesamt.

In seiner aus einem Vortrag hervorgegangenen Schrift *Die Absolutheit des Christentums und die Religionsgeschichte,* zuerst 1902, in erweiterter Form 1912 erschienen,[21] behandelt Troeltsch den Protestantismus tatsächlich als den Höhepunkt der bisherigen Religionsentwicklung, sucht sich aber von einem Dogmatismus wie von einem Hegelianismus in Gestalt eines inklusiven Stufenmodells gleichermaßen fernzuhalten. Das gelingt ihm dadurch, dass er den Absolutheitsanspruch gleichsam historisiert, einmal intern, indem er das Wesen des Christentums nicht ein für alle Mal festlegt, sondern es sich in wechselnden, einander dementierenden historischen Gestaltungen entwickeln lässt, einmal extern, indem er auch den anderen Weltreligionen ein ähnliches Entwicklungspotential wie dem Christentum zuspricht, freilich verbunden mit dem Hinweis, dass bisher nur das Christentum in Gestalt des Neuprotestantismus diese personalistische Religion voll realisiert habe. Anders als Weber treibt Troeltsch also nicht einfach Religionsgeschichte oder Religionssoziologie, sondern er sucht aus der Geschichte normative Erkenntnisse zu gewinnen, wie es im Vorwort zur ersten Auflage der genannten Schrift heißt[22]. Dem ist Weber von vornherein nicht gefolgt.

Jenseits dieser Differenz in der normativen Frage gibt es freilich zwischen den Arbeiten von Weber und Troeltsch viele Berührungspunkte, wobei Weber in allen Fragen der Theologie Troeltsch als den Fachmann, sich selbst aber als den Dilettanten versteht. Dies ist angesichts der Intensität, mit der Weber sich im zweiten Teil seiner Studie mit den dogmatischen Grundlagen des asketischen Protestantismus beschäftigt, gewiss eine Untertreibung. Denn er liest sich nicht nur in die historischen Quellen ein, sondern macht sich auch mit zeitgenössischen Interpretationen, etwa der von Schneckenburger und der von Ritschl, bekannt. Auch konnte er mit seinem organisationssoziologischen Vorschlag, zwischen Kirche und Sekte zu unterscheiden – in die Kirche werde man hineingeboren, in die Sekte könne man nur kraft Bewährung hineingelangen –, Troeltschs religionsgeschichtliche Studien bereichern. In *den Soziallehren der christlichen Kirchen und Gruppen,* in denen Troeltsch seine über die Jahre entstandenen Studien zu den verschiedenen Phasen des Christentums zusammenstellte – zu der alten Kirche,

---

[21] Ernst TROELTSCH, *Kritische Gesamtausgabe,* Band 5, hg. von Trutz RENDTORFF in Zusammenarbeit mit Stefan PAUTLER, Berlin/New York 1998. Trutz Rendtorff schreibt in seiner Einleitung, die Absolutheitsschrift sei „repräsentativ für die Fragestellung, die der Theologe und Philosoph Ernst Troeltsch zeitlebens bewegt hat", sie habe „die Bedeutung eines *Schlüsseltextes* im Oevre von Ernst Troeltsch", S. 1 f.

[22] Ebd., S. 9.

dem mittelalterlichen Katholizismus, dem Protestantismus (unterteilt in Luthertum und Calvinismus), den Sekten und dem Mystizismus oder Spiritualismus –, machte er von Webers Unterscheidung Gebrauch.

14.5 Der „jour" und die Ziegelhäuser Landstraße 17

Ich wechsle die Szene. Der letzte Eintrag im Protokollbuch des Eranos trägt das Datum 3. Januar 1909. Der Kreis löste sich auf. Manches, was sich in ihm entwickelt hatte, ging wohl in die neu gegründete Heidelberger Akademie der Wissenschaften über, weniger inhaltlich als vor allem personell[23].

Doch es sollte sich bald ein neuer Kreis bilden. Der äußere Anlass: Die Webers zogen in die Ziegelhäuser Landstraße 17, in das großelterliche Haus. Doch sie zogen nicht allein, die Troeltschs zogen mit ihnen. Die Webers wohnten im ersten, die Troeltschs im zweiten Stock.

Das großzügig angelegte Haus lud dazu ein, Gäste zu empfangen. Es entwickelte sich der „jour", ein offenes Haus während der Vorlesungszeit an Sonntagnachmittagen, unter der Parole „akademische Geselligkeit".

Der „jour" war dem Salon des 19. Jahrhunderts nachempfunden. Dieser wurde freilich in der Regel von einer schönen und reichen Frau geführt. Das war hier anders. Im Mittelpunkt stand ein von vielen als genial eingestufter, äußerst gastfreundlicher, aber auch scharf urteilender Mann. Es gab keine Satzung wie im Eranos, alles war auf die Bedürfnisse Max Webers zugeschnitten. Er bestimmte den Rhythmus der Zusammenkünfte, er bestimmte den Ton.

Das großzügig angelegte Haus hatte Georg Friedrich Fallenstein 1846/47 mit dem Geld seiner zweiten Frau, Emilie Souchay, Max Webers Großmutter, bauen

---

[23] Vier Mitglieder es Eranos-Kreises gehörten zu den Gründungsmitgliedern der Philosophisch-historischen Klasse: Friedrich von Duhn, Eberhard Gothein, Ernst Troeltsch und Wilhelm Windelband. Max Weber wurde eine außerordentliche Mitgliedschaft angeboten, die er aber nicht annahm. Er beklagte die Rückwärtsgewandtheit des Gründungskonzepts. Es enthalte zu viel Historismus (den man im Eranos gerade überwinden wollte), man habe die systematischen staats- und gesellschaftswissenschaftlichen Disziplinen unberücksichtigt gelassen. Angesichts der Übermacht von Historikern und Philologen kämen die Erkenntnisinteressen der Vertreter dieser Fächergruppe unter die Räder, es sei denn, man würde für sie eine eigene Klasse oder Unterklasse einrichten, in der man dann auch systematische Forschung auf quantitativer Grundlage zu Gegenwartsfragen betreiben könne. Siehe dazu Webers Brief an Leo Königsberger vom 7. August 1909, in MWG II/6, S. 212–221. Zur Gründungsgeschichte der Akademie Eike WOLGAST, „Die Heidelberger Akademie der Wissenschaften – Gründung und Entwicklung", in: Volker SELLIN (Hg.), *Das Europa der Akademien*, Heidelberg 2010, S. 9 ff., insb. S. 16–24.

lassen. Es war zum Zeitpunkt seiner Errichtung eines der wenigen Häuser an der „Heidelberger Riviera", wie man die der Altstadt gegenüberliegende sonnige Neckarseite mit dem herrlichen Blick auf die Alte Brücke, die Heiliggeistkirche und das Schloss mitunter nennt. Es beherbergte von Beginn an außergewöhnliche Persönlichkeiten, so etwa Georg Gottfried Gervinus, einen der Göttinger Sieben, Mitglied der Heidelberger Versammlung, die als Vorparlament für die Frankfurter Paulskirche wirkte, der er dann auch angehörte. Er betätigte sich zugleich als Lehrer von Helene Fallenstein, die später Max Weber sen. heiratete. Mit ihrem Mann zog sie nach Erfurt, wo Max und Alfred Weber geboren wurden, dann nach Charlottenburg, wo die Familie sich weiter vergrößerte. Ihr Lebenskreis festigte sich, doch die Sehnsucht nach dem Elternhaus in Heidelberg blieb erhalten. Wenn möglich, kehrte sie besuchsweise zurück. In dem Haus wohnte vorübergehend auch Levin Goldschmidt, der bedeutende Handelsrechtler, der später Max Webers Doktorvater in Berlin werden sollte, lange Zeit Adolf Hausrath, verheiratet mit Helenes älterer Schwester, Theologe, Prorektor der Universität, Autor von ungewöhnlich erfolgreichen historischen Romanen, die er unter dem Pseudonym George Taylor veröffentlichte[24]. M. Rainer Lepsius hat dieses Haus als einen „Hort des liberalen Geistes des deutschen protestantischen Bildungsbürgertums" bezeichnet[25]. Auch die Webers und die Troeltschs repräsentierten diesen Geist.

Der „jour" wurde schnell zu einer Institution, die über Heidelberg hinaus ausstrahlte. Daran nahmen Max Webers Kollegen aus Heidelberg und von auswärts teil, vor allem aber aufstrebende junge Wissenschaftler und Intellektuelle, darunter auch Frauen. Wie wir aus Zeugnissen von Teilnehmern wissen, las Max Weber mitunter auch aus seinen in Arbeit befindlichen Studien. Im Mittelpunkt jedoch stand die Diskussion, nicht auf Fachfragen beschränkt.

Max Weber war kurz vor Übersiedlung in das großelterliche Haus zwei Verpflichtungen eingegangen: Er beteiligte sich intensiv an der Gründung der *Deutschen Gesellschaft für Soziologie,* die er zu einer Art Forschungsgemeinschaft ausbauen wollte, und er ließ sich von Paul Siebeck, seinem Verleger, dazu

---

[24] Guenther Roth bemerkt, diese ungewöhnliche Tätigkeit sei der Tatsache geschuldet gewesen, dass er nur wenige Theologiestudenten hatte. Dazu Guenther ROTH, *Max Webers deutsch-englische Familiengeschichte 1800–1950,* Tübingen 2001, S. 12. Er war mit seinen Romanen wohl erfolgreicher als mit seiner Wissenschaft. Die Hausraths wohnten seit 1870 im Haus, und nach dem Tod von Emilie Souchay-Fallenstein kaufte Hausrath das Haus, in dem er bis zu seinem Tode im Jahr 1909 wohnte. Er lebte also nahezu 40 Jahre in diesem Haus. Siehe ebd., S. 335–354.

[25] M. Rainer LEPSIUS, *Max Weber und seine Kreise. Essays,* Tübingen 2016, S. 159. In diesem Buch finden sich in dem Essay „Kulturliberalismus, Kulturprotestantismus, Kulturfeminismus. Das Max-Weber-Haus in Heidelberg, Ziegelhäuser Landstraße 17" alle Bewohner des Hauses aufgeführt und charakterisiert.

überreden, ein in dessen Verlag erschienenes *Handbuch der politischen Ökonomie* neu zu konzipieren und organisatorisch zu betreuen. Während Weber sich aus der *Deutschen Gesellschaft für Soziologie* bald wieder zurückzog, schließlich sogar austrat, beschäftigte ihn das Handbuch für den Rest seines Lebens. Man kann mit Fug und Recht sagen: Mit der Entscheidung, diese Verpflichtung zu übernehmen, wurden zugleich die Weichen für Webers Hauptwerke gestellt. Darin nahm er die Impulse auf, die Jellinek und Troeltsch gesetzt hatten, verwandelte sie aber in eine Konzeption, die beiden gegenüber, und nicht nur ihnen gegenüber, neu war. Am 30. November 1913 schreibt Weber an seinen Verleger einen Brief, der diese Originalität ungeschminkt beansprucht: „Ich habe eine geschlossene soziologische Theorie und Darstellung ausgearbeitet, welche alle großen Gemeinschaftsformen zur Wirtschaft in Beziehung setzt; von der Familie und der Hausgemeinschaft zum ‚Betrieb‘, zur Sippe, zur ethnischen Gemeinschaft, zur Religion (*alle* großen Religionen der Erde umfassend: Soziologie der Erlösungslehren und der religiösen Ethiken – was Troeltsch gemacht hat, nur wesentlich knapper), endlich eine soziologische Staats- und Herrschafts-Lehre. Ich darf behaupten, daß es noch *nichts* dergleichen giebt, auch kein Vorbild"[26].

Was von Beginn des Jahres 1910 bis Ende des Jahres 1913 in der Ziegelhäuser Landstraße 17 geschaffen wurde, ist zum Zeitpunkt des Briefes freilich noch ein Torso. Weber rang noch um dessen endgültige Gestalt. Aber die Fundamente waren gelegt, und sie wiesen in zwei Richtungen: in Richtung auf eine systematische Untersuchung der Wirtschaft und der wirtschaftlichen Mächte auch in ihrem Verhältnis zu den übrigen gesellschaftlichen Ordnungen und Mächten, den politisch-rechtlichen, den religiösen, den künstlerischen, den erotisch-sexuellen und den wissenschaftlichen, und in Richtung einer vergleichenden Betrachtung der Wirtschaftsethik der Weltreligionen, die nicht nur das Christentum umfasste, sondern auch Konfuzianismus, Hinduismus, Buddhismus, Judentum und Islam mit einbezog.

Doch kehren wir zunächst zurück zum „jour" und was er für den Heidelberger Gelehrtenkreis bedeutete. Er hatte nämlich auch eine Seite, die man nicht unterschlagen sollte. Er zeigt Max Weber als Mentor, als einen geistigen Führer, dem am Fortkommen der begabten jungen Wissenschaftler, die in der Ziegelhäuser Landstraße 17 verkehrten, sehr gelegen war[27].

---

[26] MWG II/8, S. 449 f.

[27] Seine geistige Führerschaft ist auch von Studenten bezeugt, sofern sie in Kontakt mit ihm kamen. Ein schönes Beispiel dafür ist Karl Löwenstein. Als er im 4. Semester war, wollte er Marianne Weber besuchen, die ihn wegen ihrer Rolle in der Frauenbewegung interessierte. Als er in der Ziegelhäuser Landstraße anklopfte, empfing ihn statt ihrer Max Weber. Der freundliche Empfang durch den Hausherrn war für Löwenstein ein lebensentscheidendes

Ich greife zwei Fälle heraus, Georg Lukásc und Karl Jaspers. Beide gehörten, wie Emil Lask, Gustav Radbruch, Friedrich Gundolf, Ernst Bloch oder Hans Walter Gruhle, um nur diese zu nennen, zum vielversprechenden wissenschaftlichen Nachwuchs, der in der Ziegelhäuser Landstraße 17 verkehrte, und alle rangen letztlich um eine akademische Karriere in einem hart umkämpften Feld. Weber, obgleich praktisch aus der Universität ausgeschieden, hatte in universitären Angelegenheiten immer noch großen Einfluss. Der Hebel waren sein Nachfolger Eberhard Gothein, dann auch sein Bruder Alfred, der, nach dem Weggang von Karl Rathgen, 1907 in Heidelberg einen zuvor von Max Weber erkämpften Lehrstuhl für Nationalökonomie und Finanzwissenschaft, später erweitert um Soziologie, übernommen hatte, und Heinrich Rickert, der Wilhelm Windelband nachgefolgt war und mit dem Weber eine alte Freundschaft verband. Hatte Weber sich erst einmal vom intellektuellen Potential einer Person überzeugt, so konnte diese auf seine Unterstützung rechnen. Dann agierte er auch diplomatisch, sondierte geschickt den für den Kandidaten günstigsten Weg.

Der Ungar Georg Lukács war von Berlin, wo er unter dem Einfluss von Georg Simmel gestanden hatte, nach Heidelberg gekommen. Er hatte sich als Schriftsteller bereits einen Namen gemacht, dachte aber an eine Habilitation in Philosophie. Weber sprach von dem „ganz ungewöhnlich begabten jungen Ungarn", der auf dem Gebiet der Religions- und Kulturphilosophie an einem vielversprechenden Ansatz arbeite[28]. Aber im Kreis der Heidelberger Philosophen warf man ihm Essayismus vor. Weber tat alles, um ihn auf den richtigen Weg zu bringen, förderte seine später berühmt gewordene Schrift *Theorie des Romans* und besuchte ihn in Budapest im Kreis seiner Familie. Vermutlich versuchte er ihn dazu zu bringen, sein wegen des Krieges, aber auch wegen der Konstellation Windelband-Lask abgebrochenes Habilitationsprojekt wieder aufzunehmen. Tatsächlich kehrte

---

Erlebnis. Wie er in seinen Memoiren ausführt: „Er empfing mich mit freundlicher Güte, und ich war von Anfang an von seiner gewaltigen Persönlichkeit in Bann geschlagen. Eine große Gestalt, das ständig von Gewitter überzogene Gesicht, von einem dunklen Bart eingerahmt, in den sich graue Fäden mischten, die edle Stirn, ein wunderbar melodisches Baritonorgan, das ein so vollkommenes und dabei gefälliges Deutsch von sich gab, wie ich es bis dahin niemals vernommen hatte, und vor allem, was er mir bei dieser ersten Begegnung bot, die Darlegung seiner Musiksoziologie, an der er damals arbeitete, all das war geeignet, den jungen Besucher völlig aus den Angeln zu heben. Nach fast zwei Stunden verließ ich ihn buchstäblich trunken und völlig außer mir..." Löwenstein nahm dann regelmäßig am ‚jour' teil (den Hinweis auf die zitierte Passage verdanke ich Oliver Lepsius). Vgl. dazu auch Karl LOEWENSTEIN, „Persönliche Erinnerungen an Max Weber", in: *Max Weber: Gedächtnisschrift der Ludwig-Maximilians-Universität München zur 100. Wiederkehr seines Geburtstages 1964,* hg. von Kurt ENGISCH et al., Berlin 1966, S. 27 ff.

[28] MWG II/9, S. 56.

Lukács nach Heidelberg zurück. Aber auch der dann unternommene zweite Versuch, nun unter Heinrich Rickert, scheiterte. Schließlich musste Weber Lukács, wie er sagt, an die (sozialistische) Politik verloren geben. In seinem letzten Brief an ihn zeigte er sich von der eingetretenen Entwicklung bitter enttäuscht. Er schließt mit dem Wunsch, Lukács möge „den Aufgaben wiedergegeben werden, die Sie selbst und die Ihre Fähigkeiten Ihnen gestellt haben"[29]. Aber Lukács war endgültig auch wissenschaftlich auf einem anderen Weg[30].

Bei Karl Jaspers liegt der Fall anders. Hier ging es zunächst um die Beseitigung institutioneller Hürden, welche die Karriere des aus Webers Sicht hochbegabten jungen Wissenschaftlers behinderten. Jaspers war von Haus aus Mediziner und wollte sich mit seiner großen Studie über Psychopathologie an der Philosophischen Fakultät der Universität Heidelberg habilitieren. Dafür musste die Fakultät zwei Entscheidungen treffen, die von dem bis dahin Üblichen abwichen: 1. Man kann sich auch mit einem Dr. med. an der Philosophischen Fakultät habilitieren; 2. man kann sich für Psychologie habilitieren, für ein Gebiet, das bislang stets mit Philosophie verbunden war. Weber war Mitglied der Fakultätskommission, die über diese strukturellen Fragen zu entscheiden hatte. Und es ist kein Zweifel: Die Lösung, für die er eintrat, war davon geleitet, die akademische Laufbahn von Karl Jaspers zu ebnen. Dieser wurde tatsächlich 1913 an der Philosophischen Fakultät mit Zustimmung Wilhelm Windelbands mit seiner großen Arbeit *Allgemeine Psychopathologie*[31] für Psychologie habilitiert und 1916 mit einer außerordentlichen Titularprofessor für Psychologie versehen. Er wuchs dann immer stärker in die Philosophie hinein. Es entwickelte sich bei ihm ein Denken im Blick auf Max Weber, wie Dieter Henrich treffend formulierte.[32] Später nannte Jaspers Max Weber den „größten, edelsten, geistesmächtigsten Deutschen", der ihm in seinem Leben begegnet sei.

---

[29] MWG II/10, S. 962. Später fand man im Schließfach einer Heidelberger Bank, welches Lukács bei seinem Weggang von Heidelberg hatte einrichten lassen, zwei Manuskripte, die den beiden Phasen seiner Bemühung um Habilitation an der Philosophischen Fakultät der Universität Heidelberg entsprechen. Sie sind veröffentlicht als Georg LUKÁCS, *Heidelberger Philosophie der Kunst* (1912–1914), Darmstadt/Neuwied 1974, und DERS., *Heidelberger Ästhetik (1916–1918)*, Darmstadt/Neuwied 1974.

[30] Lukács schrieb an Aufsätzen zur Vitalität des Marxismus, die er wenig später gesammelt veröffentlichte als Georg LUKÁCS, *Geschichte und Klassenbewußtsein. Studien über marxistische Dialektik*, Berlin 1923.

[31] Karl JASPERS, *Allgemeine Psychopathologie. Für Studierende, Ärzte und Psychologen*, Berlin 1913. Die zweite, erweiterte Auflage erschien 1920. Darauf reagierte Weber mit einem seiner letzten Briefe. Siehe MWG II/10, S. 1101.

[32] Siehe Karl JASPERS, *Max Weber. Gesammelte Schriften. Mit einer Einführung von Dieter Henrich*, München/Zürich 1988.

Der Ausbruch des großen Krieges änderte natürlich vieles. Zuvor war schon Gustav Radbruch durch seine Berufung nach Königsberg aus dem Kreis ausgeschieden. Der hochbegabte und enorm produktive Philosoph Emil Lask fiel dem Krieg früh zum Opfer, Weber wurde Leiter der Heidelberger Lazarettverwaltung und zog sich vorübergehend von wissenschaftlicher Arbeit zurück. Troeltsch erhielt einen Ruf nach Berlin und verließ mit seiner Familie die Ziegelhäuser Landstraße 17. An seiner Stelle zog zunächst sein Nachfolger auf dem Lehrstuhl, der Theologe Georg Wobbermin, danach der Staatsrechtler Richard Thoma, der Nachfolger von Georg Jellinek, in den oberen Stock ein. Im Herbst 1915 begann Weber zwar wieder wissenschaftlich zu arbeiten, aber er förderte zunächst nur die Religionssoziologie, nicht *Wirtschaft und Gesellschaft*. Zudem zog es ihn immer stärker in die Politik. Das politische Engagement wuchs und wuchs, so dass sich die Frage stellte, ob Wissenschaft oder Politik seine eigentliche Berufung sei. Karl Jaspers, der nicht nur als Mensch, sondern auch als Psychiater Weber kannte – Weber hatte für ihn eine Selbstanalyse angefertigt –, soll gegenüber Marianne Weber geäußert haben, es sei schade um jeden Tag, „den dieser Max Weber für politische Dinge verschwendet"[33]. Tatsächlich siegte am Ende die Wissenschaft über die Politik.

Dies war freilich mit Webers Austritt aus dem Heidelberger Gelehrtenkreis verbunden. Er kehrte, nicht zuletzt aus ökonomischen Gründen – der Krieg hatte das einst beachtliche Familienvermögen erheblich angegriffen, auch die Webers hatten in großem Umfang Kriegsanleihen gezeichnet –, auf ein Ordinariat zurück. Doch er tat dies nicht in Heidelberg, sondern in München. Dass er unter mehreren, auch besseren Möglichkeiten, etwa in Bonn, ausgerechnet München wählte, hatte freilich letztlich keinen wissenschaftlichen, sondern einen privaten Grund. In der Nähe von München wohnte Else Jaffé, geborene Richthofen mit ihren Kindern, mit der ihn eine lange unterdrückte Liebe verband, die sich nun verwirklicht hatte. Marianne Weber traf übrigens die Entscheidung, nach München zu gehen, für ihn, und sie kannte dabei den wahren Grund, der ihn in diese Stadt zog[34].

---

[33] MWG II/9, S. 382, Editorische Vorbemerkung. Später würdigte Jaspers allerdings Max Weber gerade auch als Politiker, und diese Seite Webers war wohl auch Vorbild für seine eigenen politischen Interventionen nach dem Zweiten Weltkrieg. Siehe etwa Karl JASPERS, Max Weber. *Politiker-Forscher-Philosoph*, wiederabgedruckt in: JASPERS, *Max Weber*, S. 49 ff., DERS., *Philosophische Autobiographie*, München/Zürich 1977, S. 66 ff., bes. S. 69; sowie DERS., *Wohin treibt die Bundesrepublik?*, München 1966.

[34] Dazu der Brief von Marianne Weber an Else Jaffé vom 9. Juni 1920, abgedruckt in MWG II/10, S. 31.

Wichtig für Weber war freilich auch, dass in der Bestimmung seines Lehrauf-
trags Gesellschaftswissenschaft an erster Stelle genannt wurde. Weber bekannte
sich jetzt als Soziologe, für den die Nationalökonomie nachrangig geworden war.
Sieht man von der Beziehung zu Else Jaffé ab, so hätte er die Rückkehr auf
ein Ordinariat (jetzt für Soziologie) wohl auch in Heidelberg haben können. Er
wurde hier immer noch als inaktiver ordentlicher Professor geführt. Als er im
Jahre 1917 über ein Probesemester in Wien mit der Möglichkeit anschließender
Berufung verhandelte, wurde auch Heidelberg aktiv. Es ist interessant, was der
Dekan der Philosophischen Fakultät, Eberhard Gothein, gegenüber dem Ministerium über Max Weber zu sagen wusste: Er habe epochemachende Leistungen auf
dem Gebiet der Soziologie erbracht, auf einem Gebiet, das die Fakultät ausgebaut
zu sehen wünsche. Es sei nicht zuletzt der „unermüdlichen wissenschaftlichen
Arbeit von Max Weber zu danken, die unserer Universität von Neuem einen
großen und dauernden Einfluß im gesamten Gebiet der Geisteswissenschaften
sichert."[35] Weber hätte also nur ja sagen müssen, und auch die inzwischen durch
den Krieg drängend gewordenen ökonomischen Fragen hätten sich in Heidelberg
lösen lassen. Doch Weber unterließ jeden Versuch in diese Richtung[36].

Die Ziegelhäuser Landstraße 17 war vor Webers Weggang nach München
allerdings noch einmal ein wichtiger Ort der Begegnung. Hier fand am 3. und
4. Februar 1919 die Gründung der Heidelberger Vereinigung, einer „Arbeitsgemeinschaft für eine Politik des Rechts", statt. Weber war in seinen politischen
Reden während der Kriegszeit für einen Verständigungsfrieden ohne Annexionen

---

[35] Zitiert nach Wolfgang SCHLUCHTER, *Max Webers späte Soziologie,* Tübingen 2016, S. 244.

[36] Mit Schreiben vom 9. Juni 1919 an das Badische Ministerium des Kultus und Unterrichts in Karlsruhe formulierte Weber, er habe von der Münchener Berufung keine Mitteilung
gemacht (also auch keine Bleibeverhandlung angeregt), „weil ich es für ausgeschlossen halten mußte, daß das Ministerium noch weiter, als s. Z. geschehen, entgegenkommen könne
und dürfe, nur um mich für ein nicht unbedingt unentbehrliches Fach hier zu halten. Ich hätte
bei der Finanzlage des Staates Bedenken tragen müssen, dies anzunehmen, mit so erhebli-
chen Zweifeln an der Möglichkeit, den Münchener Ansprüchen gerecht zu werden, ich auch
dorthin gehe" (MWG II/10, S. 633). Ein nahezu gleichlautendes Schreiben ging an demselben Tag an die Philosophische Fakultät der Universität Heidelberg, allerdings mit dem
Zusatz, dass er „*sehr* ungern" aus Heidelberg weggehe, und zwar nicht allein deshalb, weil
ernste Zweifel habe, der neuen Aufgabe in München gewachsen zu sein, sondern „außerdem
auch in Erinnerung an zwei Jahrzehnte Gemeinschaft mit hochgeachteten Kollegen, denen
ich in jeder Hinsicht zu dauerndem Dank verpflichtet bin" (MWG II/10, S. 634). Unter der
Leitung des Dekans Carl Neumann ließ die Fakultät Max Weber wiederum wissen, dass er,
sollte er in München Schwierigkeiten haben, jederzeit an die Fakultät zurückkehren könne.
Daraufhin bedankte sich Weber am 11. Juli aus München „für die mir in so liebenswürdiger
und ehrender Art gegebene Zusage, evtl. wieder in den Verbund der dortigen, mir lieben und
unvergesslichen Universität eintreten zu dürfen" (MWG II/10, S. 684).

eingetreten. Die Waffenstillstandsverhandlungen hatten seine Hoffnung auf einen solchen Frieden bitter enttäuscht. Nun versuchte eine Gruppe liberal gesinnter Bürger – Wissenschaftler, Militärs, Diplomaten, Unternehmer – auf Initiative des letzten Reichskanzlers des Kaiserreichs, Prinz Max von Baden, die Entente an ihre Verpflichtung zu erinnern, die sie mit Wilsons 14 Punkten eingegangen war, und sie verbanden dies mit der Forderung, die Frage der Kriegsschuld bei Öffnung aller Archive von einer unparteiischen Untersuchungskommission klären zu lassen. Die aus der Versammlung hervorgegangene Resolution „Für eine Politik des Rechts" blieb freilich wirkungslos[37].

Der Weggang nach München änderte Max Webers Lebenszuschnitt. Von außen und im Rückblick zu urteilen, scheint die Entscheidung für München nicht unbedingt die glücklichste gewesen zu sein. Zunächst für Marianne Weber nicht, die sehr wohl wusste, dass dies eine Intensivierung der Beziehung zwischen Max Weber und Else Jaffé bedeutete[38], und die darüber hinaus gezwungen war, ihr gerade errungenes Mandat in der badischen verfassunggebenden Nationalversammlung zurückzugeben (was allerdings bei einer Entscheidung für Bonn ebenfalls der Fall gewesen wäre). Dann aber auch für Max Weber nicht, der die mit dem Ordinariat verbundene Lehr- und Verwaltungsbelastung physisch nur schwer ertrug (was bei einer Entscheidung für Bonn anders gewesen wäre). Aber auch die äußeren Umstände des neuen Lebens ließen zu wünschen übrig. Das Ehepaar kam in beengte und arbeitsfeindliche Wohnverhältnisse[39], Max litt unter dem Münchener Klima, die Stadt war in einem kriegsähnlichen Zustand und kämpfte mit Versorgungsproblemen. Zudem trat Max Weber in einen Kollegenkreis ein, der ihm politisch teilweise feindlich gesinnt war, was sich nicht zuletzt bei seiner Wahl in die Bayerische Akademie der Wissenschaften äußerte[40]. Auch

---

[37] Siehe dazu den Editorischen Bericht und den Text der Erklärung in MWG I/16, S. 523 ff. Die Liste derer, die die Erklärung schließlich unterzeichneten, liest sich wie ein Who's Who der liberalen Politik, ebd., S. 521.

[38] Der oben zitierte Brief von Marianne Weber an Else Jaffé vom 9. Juni 1920 beginnt mit den Worten: „Als Max mir die Entscheidung zuschob, ob wir nach München oder nach Bonn gehen wollten, habe ich München gewählt, obwohl ich vollkommen klar voraussah, unter welchem Stern dann sei Dasein gerückt werden würde." MWG II/10, S. 31.

[39] Nach Übergangslösungen endete das Ehepaar schließlich in der See-Str. 3C. Von dieser sagt Weber gegenüber Mina Tobler: „Alles gegenüber Heidelberg ins ,Bürgerliche' transponiert. Kleine Zimmer, Kachelöfen, Blick auf Ställe oder kleine einstöckige Häuschen oder Rückwände oder ins Grüne." Und dann: „Aber freilich: *Heimweh* giebt es nach Heidelberg, bei Marianne und – vollends – bei mir, obwohl ich dazu schweige. Das war die hohe Zeit des Lebens, jetzt gilt es die ,andre' zu bestehen" (MWG II/10, S. 850 f.).

[40] Weber wurde in der Ballotage mit 20 weißen gegen 16 schwarze Kugeln zugewählt. Das ist bei Zuwahlen im Grunde ein inakzeptables Ergebnis. Dass Weber dennoch die Wahl

fehlte der Heidelberger Gelehrtenkreis, ein Netzwerk, das hier erst wieder neu aufgebaut werden musste, wofür der Eranos und der „jour" das Vorbild abgaben. Schließlich stellte sich die Frage, wie sich wohl die Konstellation Else Jaffé, Max Weber, Marianne Weber, Alfred Weber auf lange Sicht weiterentwickeln würde. Denn Marianne wollte nicht von Max, Else nicht von Alfred lassen, mit dem sie seit einem Arrangement im Jahre 1910 trotz räumlicher Distanz eng verbunden war[41].

In München, wo Weber großen Lehrerfolg hatte, war ihm dann auch nur noch etwa ein Jahr Lebenszeit beschieden, um seine in zwei Richtungen weisenden Großprojekte weiterzutreiben. Zu einem Abschluss kam es nicht mehr. So stehen am Ende dieses ungewöhnlichen Lebens tatsächlich zwei Torsi: Dreieinhalb Kapitel der *Soziologie* (von acht geplanten Kapiteln) waren zum Zeitpunkt des Todes im Druck, so auch der Band 1 der *Gesammelten Aufsätze zur Religionssoziologie* (von der auf vier Bände angelegten Sammlung), wobei ein zweiter Band zumindest in Teilen weitgehend druckreif war. Die drei Bände *Gesammelte Aufsätze zur Religionssoziologie,* die Marianne Weber später herausgab, folgen bereits nicht mehr streng der Disposition, die Max Weber 1919 für diese Sammlung vorgegeben hatte. Große Teile dieser Sammlung waren auch noch nicht geschrieben, so nicht die über das Urchristentum, das talmudische Judentum, den Islam, das orientalische Christentum und das Christentum des Okzidents.

14.6 Der Mythos von Heidelberg

Als im Wintersemester 1925/26 ein junger amerikanischer Student mit dem Namen Talcott Parsons nach Heidelberg kam, um hier Wirtschaftswissenschaften zu studieren, wunderte er sich über einen Toten, dessen Namen in aller Munde war, von dem er aber zuvor noch nie etwas gehört hatte, weder in den USA noch an der *London School of Economics,* wo er zunächst studiert hatte. Dieser Name war der Max Webers, der, so die Vermutung des jungen Studenten, offenbar ein bedeutender Gelehrter gewesen war. Davon konnte er sich Schritt für Schritt

---

annahm, ist angesichts seines ausgeprägten Ehrgefühls eigentlich ein Wunder. Er interpretierte die Gegenstimmen vermutlich als politisch, nicht als wissenschaftlich motiviert. Dazu ausführlich Friedrich Wilhelm GRAF/Edith HANKE, *Bürgerwelt und Sinnenwelt. Max Weber in München,* München 2020, S. 91 ff., bes. S. 97. Ferner Webers Briefe an Karl von Amira vom 22., 23. und 29. August 1919, MWG II/10, S. 731 f., S. 737 ff. bzw. S. 750 f. Siehe auch den Brief an Hans Delbrück vom 8. Oktober 1919, MWG II/10, S. 804 f.

[41] Dazu die Einleitung in MWG II/10, bes. S. 28 ff. und Dieter Henrich in JASPERS, *Max Weber,* S. 24 ff.

überzeugen. Denn alle, mit denen er hauptsächlich zu tun hatte, Edgar Salin, Emil Lederer, Karl Jaspers, Heinrich Rickert, ganz zu schweigen von Alfred Weber, hatten diesen Geistesheroen gekannt[42]. Es existierte zudem ein „jour", auch „Geister Tee" (sic!) genannt, veranstaltet von der Witwe dieses Toten, von Marianne Weber, zu dem eingeladen zu werden für einen Studenten eine große Ehre bedeutete. Dort schien Max Weber immer noch präsent. Nach ihrer Rückkehr aus München und einem Zwischenaufenthalt in der Rohrbacher Straße war Marianne Weber im Dezember 1922 wieder in die frühere Wohnung in der Ziegelhäuser Landstraße 17 gezogen, wo sie bis zu ihrem Tode im Jahre 1954 wohnte. Sie richtete die Räume wieder so her, wie sie von 1910 bis 1919 gewesen waren. 1924 revitalisierte sie auch mit Hilfe der alten Freunde den „jour". Zu diesen Freunden gehörten Karl und Gertrud Jaspers, Hans Gruhle, Friedrich Gundolf, Marie-Luise Gothein, Marie Baum, Gustav und Lydia Radbruch, Camilla Jellinek und Alfred Weber. Verglichen mit der Zeit davor war der Kreis weiblicher geworden, wurde auch nicht mehr von einer Person dominiert. Nach dem Tee gab es einen Vortrag, häufig von einem Mitglied der Philosophischen Fakultät der Universität gehalten, und ausgiebige Diskussionen, in der Regel von Alfred Weber eingeleitet. Der Anfang der Wiederbelebung geriet freilich mühsam, wie Marianne Weber in ihren Lebenserinnerungen berichtet[43], aber der „jour" setzte sich ein zweites Mal durch. Er wurde wieder zu einer Einrichtung, die das intellektuelle und soziale Leben Heidelbergs mit prägte[44]. Zudem arbeitete Marianne Weber intensiv an der Sicherung des Werks. Sie edierte den Nachlass, sammelte die verstreuten Schriften und schrieb eine einflussreiche Biographie, die sich immer noch mit allem messen kann, was bisher an biographischen Versuchen vorliegt[45]. Noch freilich schien die Erinnerung an die Person das Werk zu überschatten. Max Weber galt als ein Mythos, als der Mythos von Heidelberg.

---

[42] Dazu Wolfgang SCHLUCHTER (Hg.), *Verhalten, Handeln und System. Talcott Parsons' Beitrag zur Entwicklung der Sozialwissenschaften,* Frankfurt a. M. 1980, S. 13–15.

[43] Marianne WEBER, *Lebenserinnerungen,* Bremen 1948, S. 194.

[44] Zu denen, die zum intellektuellen Profil des Kreises beitrugen, gehörten außer den bereits Genannten: Ludwig Curtius, Heinrich Zimmer, Hermann Ranke, Otto Regenbogen, Gustav Hartlaub, Carl Brinkmann, Arnold Bergstraesser, Emil Lederer, Jacob Marschak, Karl Mannheim, Eugen Täubler, Walter Jellinek, Marin Dibelius, Hans von Eckardt und Richard Benz. Siehe M. Rainer LEPSIUS, *Max Weber und seine Kreise,* S. 194. Lepsius beschließt diese Aufzählung mit der Feststellung, ebd.: „Viele von ihnen wurden 1933 von den Rassegesetzen betroffen, verloren ihr Lehramt oder mussten emigrieren. Der Kreis schrumpfte, die Öffentlichkeit wurde aufgegeben, Studenten nur in Einzelfällen eingeladen". Nach dem Zusammenbruch des Nazi-Regimes unternahm Marianne Weber einen dritten Versuch.

[45] Marianne WEBER, *Max Weber. Ein Lebensbild,* Tübingen 1926.

Es war Talcott Parsons, der entscheidend mithalf, den Weg Max Webers zu internationaler Reputation zu bahnen. Er übersetzte die Aufsatzfolge „Die protestantische Ethik und der Geist des Kapitalismus" von 1904/05 in der Fassung von 1920 und machte Weber damit 1930 mit einem Schlag in der englischsprachigen Welt bekannt[46]. Es folgten das Weber-Kapitel in seinem großen Werk *The Structure of Social Action* im Jahre 1937[47] und die Übersetzung der dreieinhalb Kapitel der *Soziologie* im Jahre 1947[48]. Schon 1946 war der Reader von Hans H. Gerth und C. Wright Mills, *From Max Weber: Essays in Sociology* erschienen[49]. Generationen von Studierenden arbeiteten bis heute mit diesem Reader. Die Folge: Zumindest der Name Max Weber ist nun jedem Studierenden der Soziologie in den USA bekannt[50].

Heute, am 100. Todestag, ist Max Weber längst eine Jahrhundertfigur mit einer Gesamtausgabe seines Werks in 47 Bandnummern und 54 Bänden, die wichtigsten davon übersetzt in alle Weltsprachen. Die weltweite, durchaus auch kritische Rezeption seines nach wie vor aktuellen Werks hat den Mythos ersetzt. So kann man mit Fug und Recht sagen: Jetzt gehört er nicht mehr nur dem Heidelberger, er gehört dem weltweiten Gelehrtenkreis an.

---

[46] Max WEBER, *The Protestant Ethic and the Spirit of Capitalism.* Translated by Talcott PARSONS, New York 1930. Zuvor war bereits der *Abriß der universalen Wirtschafts- und Sozialgeschichte* ins Englische übersetzt worden, der aber keinen Originaltext Webers darstellt, sondern eine Rekonstruktion seiner Vorlesung von 1919/20 aus Vorlesungsnachschriften, zudem ohne die wichtige grundbegriffliche Einleitung. Siehe MWG III/6, Einleitung. Man darf allerdings nicht glauben, das ‚Buch', als das die Aufsatzfolge zusammen mit der „Vorbemerkung" aus dem Band I der *Gesammelten Aufsätze zur Religionssoziologie* in Parsons' Übersetzung präsentiert wurde, sei ein publizistischer Erfolg gewesen. In den ersten Jahren hat der Verleger weniger als 500 Exemplare abgesetzt.

[47] Talcott PARSONS, *The Structure of Social Action. A Study in Social Theory with Special Reference to a Group of Recent European Writers,* New York 1937, Part III.

[48] Max WEBER, *The Theory of Social and Economic Organization.* Edited with an Introduction by Talcott PARSONS, New York 1947.

[49] H. H. GERTH/C. WRIGHT MILLS, *From Max Weber: Essays in Sociology,* New York 1946 (danach in zahllosen Auflagen verbreitet).

[50] Anders verlief übrigens die Rezeption in Japan. Hier wurde Weber schon früh rezipiert und seit den 20er Jahren bis heute kontinuierlich kommentiert. Dazu Wolfgang J. MOMMSEN/ Wolfgang SCHWENTKER (Hgg.), *Max Weber und das moderne Japan,* Göttingen 1999.

Der 15. Deutsche Soziologentag

15

15.1 Die Deutsche Gesellschaft für Soziologie

Die *Deutsche Gesellschaft für Soziologie* wurde 1909 gegründet. Sie verstand sich als eine Vereinigung zur Förderung einer werturteilsfreien theoretischen und empirischen Sozialwissenschaft. In gewissem Sinn war sie als Gegengründung zum *Verein für Sozialpolitik* gedacht, der seit 1872 die deutschsprachigen Ökonomen und Verwaltungsbeamten, auch Unternehmer, versammelte, um in Gestalt von Enqueten der Sozialpolitik im Kaiserreich eine wissenschaftliche Grundlage zu geben. Dieser Verein wurde von den Großordinarien der institutionalisierten Nationalökonomie dominiert. Einer der Gründungsväter der *Deutschen Gesellschaft für Soziologie* war der ‚Privatgelehrte‘ Max Weber, der sich von der neuen Gesellschaft mehr Theorie und eine davon angeleitete empirische Forschung erhoffte. Er verpflichtete sie auf das Wertfreiheitspostulat und skizzierte für sie ein Forschungsprogramm, das sich unter anderem auf das Zeitungs- und das Vereinswesen bezog. Auf dem „Ersten deutschen Soziologentag" im Herbst 1910 in Frankfurt a. M., der hauptsächlich von Max Weber konzipiert worden war, lag ein Schwerpunkt auf dem Verhältnis der jungen Disziplin Soziologie zu den etablierten Nachbardisziplinen. Man kann auch sagen: Man wollte ihre wissenschaftliche Reputation mittels Demonstration ihrer Kooperationsfähigkeit steigern.

Max Weber überließ das Schicksal der neuen Gesellschaft schnell anderen, trennte sich bald von ihr. Vor allem Ferdinand Tönnies kümmerte sich um sie und blieb der Gesellschaft bis zur Machtergreifung der Nationalsozialisten im Jahre 1933 als Vorsitzender treu. Dann übernahm Hans Freyer den Vorsitz, der die Gesellschaft ‚stilllegte‘. Nach dem 2. Weltkrieg wurde sie wiedergegründet, Leopold von Wiese war ihr erster Präsident. Ihm folgte Helmuth Plessner, dann

Otto Stammer, der für die Organisation des 15. Deutschen Soziologentages verantwortlich zeichnete. Dieser war für April 1964 in Heidelberg zu dem Thema „Max Weber und die Soziologie heute" vorgesehen.

In der deutschen Nachkriegssoziologie dominierten drei Schulen: die Kölner Schule um René König, die Frankfurter Schule um Theodor W. Adorno und Max Horkheimer, die ‚Leipziger' Schule um Hans Freyer, Arnold Gehlen und Helmuth Schelsky. Die ersten beiden Schulen wurden von Remigranten, die dritte wurde von ‚Daheimgebliebenen' geführt. Am Beginn der 60er Jahre trat eine jüngere Generation in Erscheinung, die ihr Studium bei der älteren, der ‚Weimarer' Generation mit Auslandsaufenthalten, vor allem in den USA, kombiniert hatte. Diese neue Generation, die sogenannte Flakhelfergeneration, hatte noch Nationalsozialismus, Krieg und Zusammenbruch, aber auch Wiederaufbau und das bundesrepublikanische Wirtschaftswunder sowie das Entstehen einer zweiten Republik bewusst erlebt.[1]

Die *Deutsche Gesellschaft für Soziologie* war zum Zeitpunkt des Heidelberger Soziologentags immer noch eine Honoratiorengesellschaft, in die man durch Kooptation aufgenommen wurde und in der sich Erfahrungen aus der Weimarer Republik, dem Nationalsozialismus, der aufsteigenden Bundesrepublik und der Internationalisierung der Soziologie in vielfältiger Weise überlagerten. Es gab den Konflikt unter den Alten zwischen denen, die das Land hatten verlassen müssen, und denen, die geblieben waren; es gab den Konflikt zwischen den Schulen, der sich nicht zuletzt um die Rolle der empirischen Sozialforschung und der Sozialphilosophie drehte; es gab den Konflikt der älteren, deutschen und der jüngeren, ‚amerikanisierten' Generation. Diese Konflikte brachen sich nicht zuletzt an der Figur Max Weber, dessen zu diesem Zeitpunkt noch kaum erschlossenes Werk

---

[1] Die drei Schulen unterschieden sich in ihren theoretischen Ansätzen, nicht aber in ihrer empirischen Orientierung. Sie alle wollten letztlich angewandte Aufklärung (Ralf Dahrendorf). Die Kölner Schule tendierte zu einer analytisch empirischen Soziologie, besonders bei den Jüngeren, die Frankfurter Schule zu einer dialektischen Soziologie, die mit ihrer empirischen Forschung die Wirklichkeit nicht verdoppeln, sondern kritisch beurteilen wollte, die ‚Leipziger' Schule in Gestalt von Schelsky zu einer transzendentalen Theorie der Gesellschaft, als Wirklichkeitswissenschaft konzipiert. Folgt man M. Rainer Lepsius, so hatte sich Mitte der fünfziger Jahre die Grundkonstellation der Nachkriegssoziologie in Köln, Frankfurt, Hamburg, Berlin, Freiburg und Göttingen herausgebildet: „Es handelt sich noch um einen kleinen Personenkreis, der gebildet wurde von Max Horkheimer und Theodor Adorno in Frankfurt, Helmuth Plessner in Göttingen, René König in Köln, Arnold Bergstraesser in Freiburg, Helmut Schelsky in Hamburg, Otto Stammer in Berlin". Siehe M. Rainer Lepsius, *Soziologie und Soziologen. Aufsätze zur Institutionalisierung der Soziologie in Deutschland,* Tübingen: Mohr Siebeck 2017, S. 100. In Frankfurt und Berlin wurden auch die ersten Diplomstudiengänge in Soziologie eingerichtet.

aus Anlass seines 100. Geburtstags Gegenstand des Heidelberger Soziologentags war.

15.2 Die Organisation des Kongresses

Dass man das Werk Max Webers zum Gegenstand einer *internationalen* Konferenz machte, war kein Zufall. Denn die Rezeption seines Werkes erfolgte zu diesem Zeitpunkt im In- und Ausland sehr verschieden: in Deutschland weit selektiver als im Ausland, insbesondere als in den USA. Es ist deshalb auch nicht verwunderlich, dass die Hauptreferate von ausländischen Wissenschaftlern gehalten wurden: von Talcott Parsons, Raymond Aron und Herbert Marcuse. Als Diskutanten hatte man zwar auch vor allem jüngere Deutsche eingeladen, aber selbst bei den Diskutanten war der Ausländeranteil noch beträchtlich.

Die thematischen Schwerpunkte, welche die Kongressleitung zur Diskussion stellte, entsprachen der *deutschen* Rezeptionslage des Werkes: die Methodologie (Wertfreiheit und der Positivismus), die Politik (plebiszitäre Führerdemokratie und der Nationalsozialismus), die Industriegesellschaft (Kapitalismus und Sozialismus im Konflikt). In der in Ost und West geteilten Welt vollzogen sich gerade mehrere Machtübergaben: Johnson folgte auf den ermordeten Kennedy, Breschnew auf Chruschtschow, Erhard auf Adenauer, Stoph auf Grotewohl, Brandt auf Ollenhauer. Der Auschwitz-Prozess hatte begonnen, die Antiatomkraft- und die Studentenbewegung hatten ihr Haupt erhoben, die Bonner Republik trat in eine Phase neuer politischer Kontroversen ein. Zwar war die Aussöhnung zwischen Frankreich und Deutschland dank dem 1963 geschlossenen Elysée-Vertrag besiegelt, doch der Beitritt Großbritanniens zur EG am Veto De Gaulles gescheitert. Die Atmosphäre, die während des Kongresses herrschte, war politisch aufgeladen: Weber diente als Katalysator für gesellschaftstheoretische und gesellschaftspolitische Entwürfe. Den einen galt er als Gewährsmann zukunftsweisender Forschung und liberaler Gesinnung, den anderen als Relikt aus einer fehlgelaufenen und bereits überwundenen oder doch zu überwindenden Vergangenheit.

Im Vergleich mit Deutschland war die Rezeption des Werks im Ausland andere Wege gegangen. Nicht die Methodologie und die Politik, sondern die Religions-, Rechts- und Herrschaftssoziologie standen dort im Vordergrund. Als kennzeichnend dafür kann das intellektuelle Portrait Max Webers von Reinhard Bendix aus dem Jahre 1960 gelten, in dem Webers Methodologie keinerlei Rolle spielt, wohl aber die Herrschafts- und Religionssoziologie.[2] Zuvor hatte schon Talcott

---

[2] Reinhard Bendix , *Max Weber: an intellectual portrait*, London: Heinemann 1960.

Parsons nach seinem Studienaufenthalt in Heidelberg in den 20er Jahren nicht nur die *Protestantische Ethik* ins Englische übersetzt, sondern auch in seinem Werk *The Structure of Social Action* das Wegweisende Max Webers weniger in seiner Methodologie als in seiner Religions-, Rechts- und Herrschaftssoziologie gesehen.[3] Die Religionssoziologie wurde auf dem Kongress zwar nicht gänzlich ignoriert, doch sie spielte nur eine Nebenrolle. Ich komme darauf zurück.

Der inhaltliche Teil des Kongresses wurde durch ein Referat von Ernst Topitsch aus dem Kreis der örtlichen Veranstalter eröffnet. Topitsch trug die Quintessenz seiner großen Studie über den Ursprung und das Ende der Metaphysik vor, die Weber für die Überwindung der Metaphysik, des intentionalistischen Weltbildes mit seinen sozio- oder technomorphen Verkürzungen, in Anspruch nahm. In seinen ideologiekritischen Studien – Stichwort Leerformeln – hatte Topitsch die gesamte Geschichte der abendländischen Philosophie von den Griechen bis Hegel als unwissenschaftlich verworfen und Max Weber als den Aufklärer gefeiert, der nicht zuletzt dank dem Wertfreiheitspostulat sich dem Sog des naturrechtlichen und des dialektischen Denkens entzogen habe.[4] Topitsch setzte damit einen Ton, der sich freilich in der Folge als nicht konsensfähig erwies.

15.3   Die Hauptvorträge

Den ersten Hauptvortrag unter dem Titel „Wertgebundenheit und Objektivität in den Sozialwissenschaften" hielt Talcott Parsons, zu diesem Zeitpunkt der vermutlich weltweit bekannteste Soziologe.[5]

Er hatte eine innere Bindung an Heidelberg. Hier war er in den 20er Jahren Student und promoviert worden. Er hatte Weber in den USA noch vor den Emigranten bekannt gemacht. Er hatte ihn aber zugleich als einen Baustein in sein eigenes umfassendes System einbezogen und dabei verwandelt. Später setzte in

---

[3] Talcott Parsons, *The Structure of Social Action. A Study in Social Theory with Special Reference to a Group of Recent European Writers,* Glencoe: The Free Press 1949 (zuerst 1937), S. 500–694.

[4] Siehe Ernst Topitsch, *Vom Ursprung und Ende der Metaphysik. Eine Studie zur Weltanschauungskritik,* Wien: Springer 1958; ferner ders., *Sozialphilosophie zwischen Ideologie und Wissenschaft,* Neuwied: Luchterhand 1961.

[5] Die in der Folge im Text in Klammern gesetzten Seitenangaben beziehen sich auf *Max Weber und die Soziologie heute. Verhandlungen des fünfzehnten deutschen Soziologentages.* Im Auftrag der Deutschen Gesellschaft für Soziologie herausgegeben von Prof. Dr. Otto Stammer, Tübingen: J. C. B. Mohr (Paul Siebeck) 1965.

den USA nicht zufällig eine Gegenbewegung zu seiner Weber-Rezeption unter dem Titel „Deparsonising Weber" ein.

Für seinen Vortrag in Heidelberg wählte Parsons eine wissenssoziologische Perspektive. Es sah Weber als einen Denker am beginnenden Ende des Systems europäischer Nationalstaaten und ihres Kolonialismus, als einen Denker, der bereits die damit verbundenen geistigen Schranken transzendiert. Seine Problemsituation habe darin bestanden, den deutschen Historismus, den angelsächsischen Utilitarismus und den französischen positivistischen Rationalismus zu überwinden, und all dies unter Einschluss des Marxismus. Webers sozialwissenschaftliche Methodologie und seine substantielle Soziologie seien auf dem Hintergrund dieser Problemkonstellation zu sehen.

Parsons präsentierte Webers Methodologie anhand der Begriffe Wertfreiheit, Wertbeziehung, generalisierte Theorie und Kausalerklärung sowie Verstehen. Er interpretierte Wertfreiheit als die Freiheit, „den Werten der Wissenschaft zu folgen, ohne sie durch andere Werte umzustoßen" (S. 46), die Wertbeziehung als die Einbettung auch des Wissenschaftlers in die allgemeine Kultur. Er minimierte den Gegensatz, den Weber zumindest in der zweiten Phase seiner Entwicklung, also seit 1903, zwischen Natur- und Kulturwissenschaften aufgerichtet hatte. Auch die Kulturwissenschaft, die mit Verstehen arbeite, vollziehe nach Parsons einen Erkenntnisprozess mittels einer allgemeinen Theorie jenes logischen Typs, wie er „sich in den Naturwissenschaften entwickelt hat" (S. 52). Weber habe sich in dieser Hinsicht gegen Historismus und Marxismus und für die Denkweise „insbesondere der englischen ökonomischen Theorie" entschieden (S. 52) und seine Methodologie gänzlich von jeglicher Erkenntnistheorie gelöst.[6]

Parsons leitete dann zu Webers substantieller Soziologie über. Er beginnt mit der Behauptung, „daß der Kern der substantiellen Soziologie Webers weder in der Darstellung der ökonomischen und politischen Probleme noch in der Religionssoziologie liegt, sondern in der Rechtssoziologie" (S. 54). Hier besonders zeige Weber seine Vermittlung von Ideal- und Realfaktoren: Ohne Bezug zur normativen Ordnung keine Soziologie. Nur so erreiche man den Begriff der legitimen Herrschaft, mit der Sonderstellung der rational-legalen Herrschaft gegenüber der traditionalen und der charismatischen und der Bedeutung der formalen Rationalität in evolutionärer Perspektive. Der Begriff der Legitimität sei das Bindeglied zwischen der Rechtsordnung und dem kulturellen System. Das Recht müsse als Kristallisationskern der Struktur von Gesellschaften gelten, und Webers Betonung

---

[6] Er folgt hier der These, die Dieter Henrich in seiner Dissertation *Die Einheit der Wissenschaftslehre Max Webers,* Tübingen: J C.B. Mohr (Paul Siebeck) 1952 entwickelt hatte.

der Bedeutung kultureller Faktoren, insbesondere der Religionen, sollte „sorgfäl-
tig von der Bedeutung unterschieden werden, die ich der Rechtssoziologie als
einem besonders wichtigen Gebiet bei der Erforschung der normativen Ordnung
sozialer Systeme und als dem Kern der genannten Weberschen Soziologie bei-
messe" (S. 59). Denn: „Je stärker das Recht expliziert ist, um so entwickelter
sind die Gesellschaften" (S. 59 f.).

Parsons sieht Weber also als den Überwinder des Trilemmas, welches er am
Beginn seines Vortrags geschildert hatte. Er formuliere eine vierte Position, aber
sie folge nicht einfach einer neuen Ideologie. Es sei eben kein Zufall, „daß man
Weber unmöglich politisch als ‚Konservativen' – im Sinne der älteren deutschen
Tradition – oder im ökonomisch-individualistischen Sinne als ‚Liberalen' oder als
‚Sozialisten' bezeichnen" könne. Letztlich repräsentiere er das Ende der Ideologie
(S. 62 f.).[7]

Parsons präsentiert Webers Werk also als einen neuen Anfang in der Sozio-
logie, den es weiterzuentwickeln gelte. An der auf den Vortrag folgenden
Diskussion fällt auf, dass sie sich, mit einer Ausnahme, ausschließlich auf
methodologische Fragen richtete, obgleich Parsons gerade die Verbindung von
Methodologie und substantieller Soziologie am Herzen lag. Die Ausnahme war
Jürgen Habermas, der Parsons' These bestritt, Weber habe das Ende der Ideologie eingeläutet. Ganz im Gegenteil: Weber habe „in der Periode des ersten
Weltkrieges das Bild der cäsaristischen Führerdemokratie auf der zeitgenössischen Grundlage eines nationalstaatlichen Imperialismus entworfen", und sein
„militanter Spätliberalismus" habe – wohl unheilvoll – auf die Weimarer Republik gewirkt. Denn „wirkungsgeschichtlich betrachtet, hat das dezisionistische
Element in Webers Soziologie den Bann der Ideologie nicht gebrochen, sondern verstärkt." Man könne nicht daran vorbei, dass Carl Schmitt „ein legitimer
Schüler", oder besser: „ein ‚natürlicher Sohn'" Max Webers sei (S. 81).

Das war gewissermaßen der Gegenton zu Ernst Topitsch, und der Gegensatz
bestimmte die folgenden Tage: Weber-Befürworter und Weber-Gegner formier-
ten sich. Das ging nun interessanterweise quer durch Generationen und Kulturen
und wurde durch das Thema des folgenden Hauptvortrages verstärkt. Denn dieses
lautete; „Max Weber und die Machtpolitik", und es wurde von Raymond Aron
behandelt. Im Vorfeld hatte es bereits eine heftige Debatte zu diesem Thema aus
Anlass von Wolfgang J. Mommsens Dissertation „Max Weber und die deutsche

---

[7] Vermutlich war dies eine Anspielung auf Daniel Bell, *The End of Ideology: On the
Exhaustion of Political Ideas in the Fifties.* Collier, New York 1960.

Politik" gegeben,[8] in der dieser Webers politische Reformagenda instrumentalistisch interpretierte, denn Weber habe auch seine Vorschläge zur Demokratisierung dem Ideal des deutschen Machtstaates untergeordnet. Aron schwenkte nun auf diese Linie ein.

Raymond Aron hatte sich seit langer Zeit mit der deutschen Soziologie beschäftigt. In einem frühen Werk *La sociologie allemande contemporaine,* ursprünglich 1935 und 1953 in deutscher Übersetzung erschienen,[9] teilte er die deutsche Soziologie in eine systematische und eine historische Richtung ein und präsentierte Max Webers Werk als eine Synthese beider, wobei er Max Weber als Politiker und Max Weber als Wissenschaftler gewissermaßen auf einer Linie behandelte. Zwar betonte er schon hier, Webers politisches Denken kenne kein System, es sei aber auch keine bloße Sammlung von Meinungen. Er ordnet dieses Denken gewissermaßen zwischen Machiavellismus und Idealismus ein. Weber sei zwar Nationalist, aber ihm liege die Selbstbestimmung des Individuums am Herzen. Wörtlich: „Möge jeder sein Ideal wählen und mit entfalteter Fahne zum Kampfe antreten, dieser Wettkampf von klarblickenden Helden und Völkern ist Webers politische Utopie."[10]

Jetzt, 1964, mitten im Kalten Krieg und im Aufbau einer Europäischen Gemeinschaft, sieht Aron Max Weber, den Politiker, anders. Er sei Machtpolitiker gewesen, der die Größe der deutschen Nation beschworen habe, und als solcher gehöre er der Vergangenheit an. Während er als Soziologe aktuell geblieben sei, habe er als Politiker schon in seiner eigenen Zeit häufig falsch gelegen. Vor allem habe er die „mögliche Trennung zwischen militärischer Macht und Wohlstand der Nationen" nicht erkannt (S. 120). Aron sieht in ihm jetzt nicht nur den Nachfahr Machiavellis, sondern auch den Zeitgenossen von Darwin und Nietzsches (S. 104), für welchen das politische Leben vor allem Kampf sei. Auch die inneren politischen Reformen, die er im Kaierreich und dann im Übergang zur Weimarer Republik gefordert habe, dienten letztlich der „Weltrolle der Nation" (S. 103). Zwar habe Weber den Machtstaat nicht um seiner selbst willen gewollt, sondern auch als Träger einer Kultur gesehen. Doch bleibe offen, welcher Art diese Kultur sein könnte. Gewiss gebe es die Bemerkung über die Aufteilung der zukünftigen Kultur in die „Konventionen der angelsächsischen ‚society'," die

---

[8] Wolfgang J. Mommsen , *Max Weber und die deutsche Politik 1890–1920,* Tübingen: J. C. B. Mohr (Paul Siebeck) 1959. Es folgten zwei weitere Auflagen.

[9] Siehe Raymond Aron, *Deutsche Soziologie der Gegenwart. Eine Einführung,* Stuttgart: Kröner 1953.

[10] Ebd., S. 128 f.

„lateinische ‚raison'" und die „russische Knute" (S. 107). Aber, so kann man folgern, der Platz Deutschlands bleibe in dieser Hinsicht leer.

Aron als Kenner des Werkes sieht natürlich, dass Webers Vorstellung vom Machtstaat als einem geschlossenen Nationalstaat nicht völkisch verengt ist. Die Bevölkerung, die auf dem Gebiet siedelt, auf dem der Staat das Monopol des legitimen physischen Zwangs erfolgreich ausübt, muss für Weber weder ethnisch noch religiös, noch sprachlich homogen sein. Weber antizipiert, was man in der neueren Soziologie als ‚imagined community' bezeichnet. Was den Demos verbindet, ist in erster Linie die Rechtsordnung und die Gemeinschaft, die dadurch gestiftet wird.

Aron sieht also im Kampf ums Dasein die eine philosophische Grundlage von Webers Machtpolitik. Die andere besteht für ihn in seiner Behauptung vom Polytheismus der Werte, die in einem Konflikt miteinander stehen. In diesen Zusammenhang gehöre auch Webers berühmte Unterscheidung zwischen Gesinnungs- und Verantwortungsethik. Damit aber richte er eine falsche Alternative auf. Denn diese Alternative enthalte die Gefahr, den „falschen Realisten" einen Vorwand für die Ablehnung aller Moral in der Politik zu liefern, und den „falschen Idealisten" einen Vorwand, alle Politik zu verurteilen, „weil sie nicht ihrem Ideal entspricht" (S. 119). Jedenfalls formuliere diese Ethik keine Maßstäbe, welche die Vorstellung von den „Machtinteressen des deutschen Volkes als Endziel" und des „Nationalstaats als höchste Form der politischen Gemeinschaft" beeinflussten. Deshalb habe Weber mit seiner politischen Theorie Verrat an sich selbst begangen. Denn, so Arons pathetischer Schluss: „Sein Leben und Denken haben zwei Werten gehorcht: Wahrheit und Adel der Gesinnung. Als Mensch und Philosoph hat Max Weber uns ein Erbe hinterlassen, das keine möglichen Irrtümer des Theoretikers der Machtpolitik beeinträchtigen" können (S. 120).

Aron zieht also eine scharfe Linie zwischen Webers wissenschaftlichem Werk und seinen politischen Stellungnahmen. Eine Brücke zwischen beiden, etwa durch Einbeziehung der Typen der Herrschaft, der Legitimationsproblematik, die Parsons so wichtig war, oder der Überlegungen zu Rechtsstaat und Demokratie in seiner Rechtssoziologie, erwägt er nicht. Damit hatte er, vermutlich ungewollt, die Debatte in Richtung auf die deutsche Vergangenheitsbewältigung verschoben. Hätte Weber tatsächlich, wäre er da noch am Leben gewesen, im Nationalsozialismus sein Ideal vom deutschen Machtstaat erfüllt gesehen, wie dies etwa von Carl Schmitt, aber auch von Martin Heidegger überliefert ist?

Die Diskussion, die sich an Arons Referat anschloss, kreiste tatsächlich mehr oder weniger explizit um diese Frage. Hans Paul Bahrdt betonte allerdings, dass Webers von Aron konstatierter heroischer Pessimismus weniger an Darwin und Nietzsche, als vielmehr an der Ausweglosigkeit seines Denkens liege. Er setzte sich kritisch mit Webers Bürokratisierungsthese auseinander und schlug so eine Brücke zum wissenschaftlichen Werk. Dies tat auch Wolfgang J. Mommsen, der zunächst einen Wandel in Webers Denken über den deutschen Machtstaat konstatierte: vom ökonomischen Imperialismus der frühen Zeit zum „Kampf um die Entscheidung über das Maß des deutschen Kultureinflusses in der Welt" im Krieg (S. 132). Er bezweifelte ebenfalls, dass man Webers theoretisches Werk von seinen politischen Äußerungen trennen könne, und er stimmte der These von Jürgen Habermas zu, dass Webers nationalimperialistisches Denken „in Carl Schmitts Dezisionismus eine einseitige radikale Fortbildung erfahren hat" (S. 135). Auch sei sich Weber mit Nietzsche einig, dass „alle herausragenden gesellschaftlichen und kulturellen Gestaltungen dem Werk einzelner großer Persönlichkeiten" zugeschrieben werden müssen. Im Übrigen kenne seine Herrschaftssoziologie keine illegitime Herrschaft, keine immanenten Legitimitätsschranken, also nirgends eine normative Korrektur. Freilich ist für Weber Macht nicht gleich Herrschaft, Herrschaft nicht gleich legitimer Herrschaft, und bei der legitimen Herrschaft die Aufrechterhaltung des Legitimitätsglaubens der Beherrschten an Bedingungen gebunden: Der Charismatiker muss sich bewähren, der erkorene Fürst die Heiligkeit der Tradition achten, der plebiszitäre Führer die Wiederwahl gewinnen (abgesehen davon, dass es plebiszitäre Führer*demokratie* heißt, nicht plebiszitäre Führer*diktatur*). Aron bemerkte selbst, man könne die Fünfte Republik in Frankreich durchaus als eine plebiszitäre Führerdemokratie bezeichnen. Und man kann sich fragen, ob Weber bei der Prägung dieses Begriffs nicht die US-amerikanische Verfassung vor Augen stand.

Nach diesem Verriss von Webers Machtstaatsdenken ließ der Aufschrei der Weber-Freunde nicht lange auf sich warten. Dieser galt allerdings weniger dem Referat von Aron als vielmehr der Habermas-Mommsen-These von der Webersohnschaft Carl Schmitts. Zunächst suchte Karl W. Deutsch zwischen Webers Denken in seiner Zeit und der Trag- und Reichweite seiner Ideen zu unterscheiden und eine quantitative Weiterentwicklung der Herrschaftssoziologie vorzuschlagen.[11] Dann ergriffen Eduard Baumgarten, der Neffe Max Webers, und Adolf Arndt, der Kronjurist der SPD, das Wort. Beide bestritten, dass Weber seinen Machtbegriff an Darwin und Nietzsche ausgerichtet habe, beide bestritten, dass Carl Schmitt ein legitimer Schüler Max Webers sei. Baumgarten betont die tiefe Loyalität Webers zu seinem Land bei fundamentaler Kritik an ihm, eine Haltung, die der des Sokrates gegenüber seinem Athen ähnle; Arndt zeigt am

---

[11] Deutsch geht davon aus, Webers bestimme Herrschaft als Chance des Gehorsams. Diese lasse sich als ein Interaktionsspiel von Fügungsrate, Übertretungsrate und Erzwingungsrate übersetzen und quantitativ messen, siehe S. 142 f.

Legitimationsbegriff und an dem Typus rational-legaler Herrschaft, dass Webers Denken „polar entgegengesetzt ist zu Carl Schmitt und zum Totalitarismus, der dann aufkam", und dass Webers Denken mit Deutschlands Verderben im Nationalsozialismus nichts zu tun hat.

Am Ende des zweiten Vortrags wurde also wieder über Herrschaft und Recht gesprochen, wie es Parsons erwartet hatte. Das Thema des dritten Vortrags, über „Industrialisierung und Kapitalismus", mit dem Herbert Marcuse betraut war, ließ darauf hoffen, dass endlich mehr von Webers substantieller Soziologie zur Sprache käme. Doch statt nüchterner Sachanalyse entfachte Marcuse ein ideologiekritisches Feuer, in dem Webers substantielle Soziologie, ja der ganze Weber, nun endgültig unterging.

Anders als Aron, machte Marcuse keinen Unterschied zwischen Max Weber, dem Wissenschaftler, und Max Weber, dem Politiker, zwischen der Art und Weise, wie Weber universalgeschichtliche und wie er deutsche Probleme behandelt. Beides, das Schicksal des Abendlandes und das Deutschlands, seien ihm zwar fragwürdig geworden, so Marcuse. Doch bleibe er im bürgerlichen Denken befangen. Dies zeige sich nicht zuletzt an seinem „gehässigen Kampf gegen die sozialistischen Versuche von 1918", weil der Sozialismus in Webers Augen angeblich „der Idee der abendländischen Vernunft und der Idee des Nationalstaats" widerspricht. So bleibe Weber letztlich ein Ideologe. Denn „was auch immer der Kapitalismus den Menschen antun mag, er ist vorerst und vor aller Wertung als notwenige Vernunft zu verstehen" (S. 161).

Marcuse operiert zunächst mit einer Reihe von Gleichsetzungen, von denen er behauptet, sie seien solche Webers: Vernunft gleich Rationalität, Rationalität gleich formale Rationalität, formale Rationalität gleich kapitalistische Rationalität. Damit ebnet er alle begrifflichen Differenzierungen ein, die sich bei Weber finden. Schon ein oberflächlicher Blick in die „Vorbemerkung" zu den *Gesammelten Aufsätzen zur Religionssoziologie* hätte genügt, um sich klarzumachen, dass dies unzulässige Verkürzungen sind. Diese kapitalistische Rationalität beruhe, so Marcuse weiter, auf zwei materialen Voraussetzungen, die von außen vorgegeben seien und die in seinem Vortrag in unterschiedlicher Phrasierung vorkommen: das Privateigentum an Produktionsmitteln und die formell freie Arbeit. So hatte Weber tatsächlich, übrigens in Übereinstimmung mit Marx, den modernen Kapitalismus, im Unterschied zu anderen historischen Formen des Kapitalismus, definiert. Mit dem Wandel des Kapitalismus zum Spätkapitalismus und mit dem Zerfall der Lebensführung innerweltlicher Berufsaskese, so Marcuse weiter, sei an die Stelle des Bürgertums als Träger der Entwicklung „das *Stigma produktiver*

Destruktion unter totaler Verwaltung" getreten (S. 165). Marcuse hatte ja gerade seine Studie *One-Dimensional Man* verfasst.[12]

Weber antizipiere einen solchen Zustand durchaus mit der Metapher vom stahlharten Gehäuse der neuen Hörigkeit, und insofern erkennt Marcuse an: „Der *wertfreie* Begriff der kapitalistischen Rationalität wird im Vollzug der Weberschen Analyse zum *kritischen* Begriff" (S. 166). Aber die Kritik mache bei Weber dann Halt, die Apologie in Gestalt der Verteidigung des Kapitalismus folge, zusammen mit der Denunziation der Alternative, die im Sozialismus zu finden sei.

Nun hatte Weber den rationalen Sozialismus bekanntlich als eine Folge des rationalen Kapitalismus gesehen, der mit großer Wahrscheinlichkeit an die Stelle der Konkurrenz von privatwirtschaftlicher und staatlicher Bürokratie das Monopol einer Parteibürokratie setze. Dies aber zerbreche nicht das Gehäuse der neuen Hörigkeit, so Weber, sondern verstärke es nur. Wenn Marcuse am Beginn seiner Rede fragt, was Weber wohl gesagt hätte, hätte er gesehen, „wie nicht der Westen, sondern der Osten die abendländische Rationalität im Namen des Sozialismus in ihrer extremsten Weise entfaltet" (S. 161), so kann man nur sagen: Weber hätte sich nicht gewundert. Denn genau dies hatte er ja mit seiner Sozialismuskritik vorausgesagt.

Marcuse hält also fest: Vernunft bleibe bei Weber „*bürgerliche* Vernunft – und sogar nur ein Teil von ihr, nämlich *kapitalistische* Vernunft" (S. 166). Dies an der inneren Entwicklung von Webers Werk zu zeigen, darauf richte sich sein Augenmerk. Er beginnt mit der Freiburger Antrittsrede, die Weber bekanntlich später verwarf, und rekonstruiert in höchst selektiver Weise. So sieht er in Webers Forderungen nach einer Demokratisierung der Reichsverfassung nur den Versuch, den vorbürgerlichen Staat zu überwinden und der bürgerlichen Klasse endlich zur Macht zu verhelfen, was aufgrund der Unreife des deutschen Bürgertums nicht wirklich gelinge. Deshalb gelte: „die der kapitalistischen Industrialisierung entsprechende Demokratie droht in die plebiszitäre Diktatur umzuschlagen; die bürgerliche Ratio beschwört das irrationale *Charisma*" (S. 167). Zwar habe Weber die Rolle des Proletariats realistischer als die meisten seiner Zeitgenossen beurteilt und die Entwicklung hin zum Spätkapitalismus antizipiert, doch solche Einsichten nicht, wie Marx, in der Struktur des Kapitalismus verankert. Im Rest des Vortrags variiert Marcuse immer wieder diese Grundposition. Er endet freilich mit einem überraschenden hoffnungsvollen Ausblick. Denn als politische Vernunft sei die technische Vernunft geschichtlich und sie lasse sich deshalb

---

[12] Siehe Herbert Marcuse, *One-Dimensional Man. Studies in the Ideology of Advanced Industrial Society,* Boston, Mass: Beacon Press 1964.

in ihrer Struktur verändern: „Als technische Vernunft kann sie zur Technik der Befreiung gemacht werden" (S. 180). Welch ein Glück!

Marcuses Vortrag wurde mit Begeisterung aufgenommen. Der Diskussionsleiter sprach von „ungewöhnlich lebhaftem Beifall" des, wie ich mich zu erinnern meine, vorwiegend studentischen Publikums. Das war bei den Diskutanten ganz anders. Hier kam es zu einer Art inneramerikanischem Streit.

Den Beginn machte Reinhard Bendix. Er wahrte die höfliche Form. Wenn der Vernunftbegriff Webers bürgerlich sei, so seine Frage, was ist dann der von Marcuse? „Proletarisch oder humanistisch-intellektuell oder was?" (S. 184) Er sei durchaus der Meinung, dass sozialwissenschaftliche Begriffe eine begrenzte Anwendbarkeit hätten, bezweifle aber „daß man aus der Genese oder dem Mißbrauch einer Idee irgendwie zwingende Rückschlüsse auf ihren Wert oder ihre Brauchbarkeit ziehen kann" (S. 185). Bendix zeigt dies dann unter anderem am Bürokratiebegriff, wie er von Weber historisch-vergleichend verwendet wird. Wenn man ihn, wie Marcuse dies tat, als eine Apotheose der Verdinglichung bezeichne, dann betreibe man „eher Kultur-Apokalyptik" als historische Forschung (S. 191). Im Übrigen wundert sich Bendix darüber, dass man in Deutschland, besser: im Nachkriegsdeutschland, Webers Beiträge immer nur von der politischen Seite her betrachte. So bleibe die Rezeption seines substantiellen Werkes weiter dem Ausland überlassen. Und man kann hinzufügen: so wie bislang auch.

Benjamin Nelson dagegen sprengt den kollegialen Rahmen. Er startet eine Polemik gegen Marcuse als einen Bannerträger der amerikanischen Linken und auch gegen andere Weber-Kritiker verschiedener Couleur, von Georg Lukács über Leo Strauss bis Jean-Paul Sartre. Er plädiert dafür, Weber endlich als historisch-vergleichend arbeitenden Soziologen ernstzunehmen: „To tie him without remainder to Wilhelmine Germany and National Liberal politics, as unfriendly critics are now doing, is in the end to rule out the import of his lifelong striving for universal vision and ultimate relevance, to turn him into what he is not – a mere creature of his time, a spokesman for reactionary imperialist interests, a quixotic mediocrity in the self-assumed role of Macchiavelli, an irresponsible adventurer ready to underwrite military dictatorship – indeed a forerunner of 1933" (S. 197). Am Ende waren sich drei amerikanische Weber-Forscher sehr unterschiedlichen Zuschnitts, nämlich Parsons, Bendix und Nelson, wohl darin einig: Was auf dem deutschen Soziologentag diskutiert wurde, waren die Probleme, welche die Deutschen mit ihrer Vergangenheit hatten, aber nicht Max Webers Soziologie.[13]

Im Rückblick wird man sagen müssen: Große Teile von Webers substantieller Soziologie kamen auf diesem Soziologentag tatsächlich nicht zur Sprache, nicht die Religionssoziologie, nicht die Rechtssoziologie, nicht die Soziologie der Gemeinschaften, auch nicht die Herrschaftssoziologie, jedenfalls nicht in elaborierter Form. Auch über die vergleichenden Studien zur Wirtschaftsethik der Kulturreligionen wurde nicht gesprochen, ganz zu schweigen von Webers Arbeiten über die Antike und das Mittelalter oder über die Musik.

Es gibt allerdings eine interessante kleine Ausnahme: Der religionssoziologische Fachausschuss beschäftigte sich mit der Aktualität Max Webers für die moderne Religionssoziologie. Es ging dabei um den Pariah-Begriff, den Weber in seiner Indienstudie eingeführt und dann für seine Judentumstudie modifiziert verwendet hatte: im Sinne des Gastvolks in prekärer rechtlicher Lage und ohne eigenen politischen Verband, vom Wirtsvolk getrennt durch selbst- oder fremdauferlegte rituelle Schranken, ablesbar an der Scheu vor Connubium und Commensalität. Das erste Referat hielt Jacob Taubes, der das Pejorative an Webers Verwendung des Pariah-Begriffs in dessen Judentumstudie herausstellte, nicht zuletzt durch Parallelisierung dieses Begriffs mit Nietzsches Begriff der Tschandala, obgleich Weber diesen Begriff nicht verwendet und sich darüber hinaus von Nietzsches *Genealogie der Moral* und seiner Ressentiment-Theorie ausdrücklich distanziert hatte.[14] Joseph Maier, Benjamin Nelson und schließlich

---

[13] Die Auseinandersetzung zwischen Marcuse und Nelson auf dem deutschen Soziologentag hatte übrigens noch ein amerikanisches Nachspiel. Schon in seiner Replik auf die Intervention von Nelson hatte Marcuse diesem in Heidelberg vorgeworfen, dieser betreibe nun „wirklich die unglaublichste und verbindlichste Denunziation des kritischen Denkens". Streng genommen habe Nelson mit seiner Intervention das Denken selbst desavouiert: „denn ein Denken, das sich von vorn herein damit abfindet, daß das Gegebene unvermeidlich ist, ist wirklich kein Denken mehr" (ebd., S. 218). Die weitere Kontroverse spielte sich dann in *The New York Book Review* ab. Nachweise dazu bei Uta Gerhardt, „Der Heidelberger Soziologentag 1964", in: *Zeitperspektiven. Studien zur Kultur und Gesellschaft,* herausgegeben von Uta Gerhardt, Wiesbaden: Steiner Verlag 2003, S. 255 ff. Kritik an Teilen ihrer Darstellung übt Guenther Roth, „Heidelberg und Montreal. Zur Geschichte des Weberzentenariums 1964" in: Karl-Ludwig Ay, Knut Borchardt (Hg.), *Das Faszinosum Max Weber. Die Geschichte seiner Geltung,* Konstanz: UVK Verlagsgesellschaft mbH 2006, S. 377 ff.

[14] Nietzsche verwendet den Begriff Tschandala mit Blick auf das Gesetzbuch des Manu hauptsächlich in seinen Schriften *Götzen-Dämmerung* und *Der Anti-Christ,* abgedruckt in Friedrich Nietzsche , *Sämtliche Werke. Kritische Studienausgabe,* Band 6, München: Deutscher Taschenbuchverlag 1980, S. 98 ff. bzw. S. 223 (mit Bezug auf *Die Genealogie der*

auch Talcott Parsons griffen in die Debatte korrigierend und erweiternd ein.[15] Übrigens wurde der Pariah-Begriff auch im ethnosoziologischen Fachausschuss diskutiert und ohne ideologiekritische Scheuklappen für die empirisch-historische Forschung vor allem von Heidelberger Wissenschaftlern (Sigrist und Mühlmann) verwendet. So kam es doch noch zu Versuchen, in Webers Werk in erster Linie den Ausgangspunkt für weitere Forschung zu erblicken. Dies kontrastierte stark mit dem Eindruck, den die Plenarveranstaltungen vermittelten.

15.4   Die Wirkung des Kongresses

Die Resonanz auf den Kongress in der Fachwelt war überwiegend kritisch. In der *Kölner Zeitschrift für Soziologie und Sozialpsychologie,* damals die führende deutsche Fachzeitschrift, findet sich eine 20seitige Darstellung aller Veranstaltungen durch eine Gruppe junger, vorwiegend Kölner Soziologen, die als ihr Resümee die Grabrede des Marc Antonius in Shakespeares *Julius Cäsar* wählten: „Did they come to bury Caesar or to praise him?" Keine Frage, in ihren Augen waren die Meisten gekommen, um Weber zu begraben. Und „diesmal waren es insbesondere die Marxisten, die sich an ihm austobten, ohne auch nur den leisesten Versuch einer sachlichen Würdigung zu unternehmen, wie auch als Diskussionsleiter ausnahmslos ausgemachte Gegner Max Webers gewählt worden waren"[16], ein Urteil, welches keineswegs ausschließlich aufmüpfigen Nachwuchswissenschaftlern zuzurechnen war.[17]

Moral). Er ist von ihm natürlich pejorativ gemeint. Zu Webers Distanzierung von Nietzsche insbesondere MWG I/22-2, S. 263 und MWG I/19, S. 88 f., S. 92.

[15] Zudem präsentierte Talcott Parsons in einem ausführlichen Referat den Stand der amerikanischen religionssoziologischen Forschung, in der der Rückbezug auf Weber eine wichtige Rolle spielt, eine Demonstration, wie anregend Webers Werk für die Forschung sein kann, wenn es unbefangen gelesen wird.

[16] „15. Deutscher Soziologentag" in: *Kölner Zeitschrift für Soziologie und Sozialpsychologie,* 16. Jg., Heft 2 (1964), S. 404–424, Zitat S. 423.

[17] Dieses Urteil teilten auch ausgewiesene Weber-Kenner. So formuliert Guenther Roth, der über Webers politische Kritik in Montreal, auf der Parallelveranstaltung der *American Sociological Association* vortrug: „The annual convention of the German Sociological Association in Heidelberg in April 1964 – a meeting dedicated to the centenary of Weber's birth – was the largest gathering ever of the German association, but sociological interests were almost completely submerged by a political dispute. Older Marxist and younger social scientists joined in an all-out attack on Weber, while government representatives acknowledged his contribution to German democracy. American sociologists tried to talk sociology but were eventually forced to reply in similar vein." Siehe Guenther Roth , *Kapitalismus, Herrschaft und Max Weber. Ausgewählte Aufsätze.* Hg. von Steffen Sigmund, Wiesbaden: Springer 2021,

Denn es besteht kein Zweifel: Das Werk Max Webers wurde auf dem 15. Deutschen Soziologentag nicht als ein entwicklungsfähiges Forschungsprogramm behandelt. Zumindest in Deutschland blieb es bei der dort erkennbaren selektiven Rezeption. Erst etwa zehn Jahre später begann sich die Situation zu wandeln: Man beschloss, eine Max Weber-Gesamtausgabe ins Leben zu rufen, und 1975/ 76 erschienen etwa gleichzeitig und unabhängig voneinander zwei Artikel: „Das Werk Max Webers" und „Die Paradoxie der Rationalisierung", die den Blick auf das Werk veränderten: der erste Artikel von Friedrich H. Tenbruck, der zweite von mir.[18] Damit wurde das Interesse auf Webers Religionssoziologie gelenkt, weg von der Methodologie und von den politischen Schriften, womit zugleich eine Art Weber-Renaissance in Deutschland begann – an deren Ende die Max Weber-Gesamtausgabe steht.

S. 177 f. Ähnlich M. Rainer Lepsius, der über den Soziologentag schreibt: „Da der im engeren Sinn soziologische Gehalt kaum zur Sprache kam, diente der Soziologentag keineswegs einer Erhöhung des Interesses an Max Weber, als vielmehr der Verbreitung eines Gefühls seiner Irrelevanz für die Soziologie heute. Eine systematische Weber-Rezeption wurde erneut verschoben". Siehe M. Rainer Lepsius, *Soziologie und Soziologen,* Tübingen: Mohr Siebeck 2017, S. 122. Uta Gerhardt behauptet, der Heidelberger Soziologentag habe die entscheidende Wende in der Weber-Rezeption gebracht: „Bendix, Nelson und Parsons entfalteten nach dem Heidelberger Soziologentag eine beindruckende Vielfalt der Initiativen, um ihre in Heidelberg durch Kongreßbeiträge vertretene Sicht im weiteren Verlauf des Jahre 1964 sowie insbesondere 1965 in den Vordergrund der Debatte in den USA zu stellen. Durch diese nachträgliche Verteidigung Webers gegen seine Kritiker, die vor allem in den USA stattfand, so lautet meine These, wurde der Grundstein für die heutige Weberrezeption gelegt." Siehe Uta Gerhardt, „Der Heidelberger Soziologentag 1964", S. 261. Dies gilt jedenfalls nicht für Deutschland, nicht einmal für die USA, denn hier war Weber im Lehrbetrieb längst etabliert (siehe etwa H. H. Gerth and C. Wright Mills, *From Max Weber: Essays in Sociology,* New York: Oxford University Press 1946), und der entscheidende Schub in den USA ging von der Übersetzung von *Wirtschaft und Gesellschaft* aus, die im Jahre 1968 erschien.
[18] Siehe Friedrich H. Tenbruck, „Das Werk Max Webers", in: *Kölner Zeitschrift für Soziologie und Sozialpsychologie,* 27 (1975), S. 663–702, und Wolfgang Schluchter, „Die Paradoxie der Rationalisierung. Zum Verhältnis von ‚Ethik' und ‚Welt' bei Max Weber", in: *Zeitschrift für Soziologie,* 5 (1976), S. 256–284. Dazu Stephen S. Kahlberg, „The Search for Thematic Orientation in a Fragmented Oeuvre: the Discussion of Max Weber in Recent German Literature", in: *Sociology* 13 (1979), S. 127–139.

Die Max Weber-Gesamtausgabe 16

Voreditionen – Konzeption der Ausgabe – Wichtige Ergebnisse

16.1 Vorbemerkung

Nachdem Karl Marx am 14. März 1883 in London gestorben war, fand man in seinem Nachlass eine Fülle von begonnenen, aber nicht abgeschlossenen Manuskripten, darunter die Fortsetzung des Buches *Das Kapital,* dessen Band 1 er 1867 veröffentlicht hatte. Es war Friedrich Engels, der die weit gediehenen Bände 2 und 3 bearbeitete und schließlich 1885 bzw. 1894 veröffentlichte. Er folgte dabei der von Marx vorgesehenen Disposition, musste aber auch die eine oder andere Lücke schließen. Er tat es aus seiner intimen Kenntnis des Freundes heraus, mit dem er etwa 40 Jahre menschlich, wissenschaftlich und politisch eng verbunden gewesen war. Engels galt selbst als bedeutender Wissenschaftler, dem Verstorbenen ebenbürtig. Dennoch fiel ihm die Editionstätigkeit für den Freund nicht immer leicht. So berichtet er im Vorwort zum zweiten Band des *Kapitals,* der den Zirkulationsprozess behandelt, wie mühsam es war, das über einen längeren Zeitraum entstandene und immer wieder überarbeitete Manuskript in eine angemessene Form zu bringen. Er schreibt: „Die Hauptmasse des Materials war, wenn auch größtenteils sachlich, so doch nicht sprachlich fertig ausgearbeitet; abgefaßt in der Sprache, worin Marx seine Auszüge anzufertigen pflegte: nachlässiger Stil, familiäre, oft derbhumoristische Ausdrücke und Wendungen, englische und französische technische Bezeichnungen, oft ganze Sätze und selbst Seiten englisch; es ist Niederschrift der Gedanken in der Form, wie sie sich jedesmal im Kopf des Verfassers entwickelten. Neben einzelnen, ausführlich dargestellten Partien andre, gleich wichtige nur angedeutet; das Material illustrierender Tatsachen gesammelt, aber kaum gruppiert, geschweige denn verarbeitet; am Schluß

zuerst in *Berliner Journal für Soziologie,* 31, (2021), 1, S. 9–22.

der Kapitel, unter dem Drang zum nächsten zu kommen, oft nur ein paar abge-
rißne Sätze als Marksteine der hier unvollendet gelaßnen Entwicklung; endlich
die bekannte, dem Verfasser selbst manchmal unleserliche Handschrift" (Engels
1983, S. 7). Kurz: Der Herausgeber sah sich der schwierigen Aufgabe gegenüber,
den Text erst einmal lesbar zu machen. Er konnte ihn nicht einfach nur dokumentieren, er musste ihn auch interpretieren und ergänzen, musste sich nicht nur als
Herausgeber, sondern in gewissem Sinn als Mitautor verstehen.

Nachdem Max Weber am 14. Juni 1920 in München gestorben war, fand man
auch in seinem Nachlass eine Fülle von begonnenen und nicht abgeschlossenen Manuskripten, allerdings längst nicht so zahlreich wie bei Karl Marx. Aber
wie auch bei diesem, schienen sie hauptsächlich zu einem seiner Hauptwerke zu
gehören, zu *Wirtschaft und Gesellschaft,* womit er sich seit 1910 beschäftigt hatte.
Sie waren jedoch, anders als dies Engels von Marx' Manuskripten berichtet, keineswegs durchweg alle in einem vorläufigen Zustand. Allerdings: Die Abfolge
der vorgefundenen Manuskripte schien nicht immer klar zu sein. Seit Beginn
der Arbeit an *Wirtschaft und Gesellschaft* waren 10 Jahre vergangen, wobei
diese während des Krieges, von 1914 bis 1918, weitgehend ruhte. Dass Weber
1910 diese Arbeit überhaupt in Angriff genommen hatte, war Folge seiner 1909
getroffenen Entscheidung, die Neuorganisation eines *Handbuchs der politischen
Ökonomie* zu übernehmen und sie redaktionell zu betreuen. Dieses Handbuch,
beim Verlag J. C. B. Mohr (Paul Siebeck) in Tübingen erschienen, hatte bereits
mehrere Auflagen erlebt, musste aber nach dem Tod des ursprünglichen Heraus-
gebers Gustav von Schönberg neu konzipiert und auf den inzwischen erreichten
Wissensstand gebracht werden. Diese Aufgabe übernahm Max Weber, wenn
auch zunächst eher zögerlich. Schließlich entwarf er für dieses neue Handbuch
im Jahre 1910 eine Gliederung (einen „Stoffverteilungsplan"), warb Mitarbei-
ter an und teilte sich selbst mehrere Beiträge zu, darunter einen mit dem Titel
„Wirtschaft und Gesellschaft". Dieser sollte ursprünglich drei Themenbereiche
umfassen: Wirtschaft und Recht, Wirtschaft und soziale Gruppen, Wirtschaft und
Kultur (MWG I/24, S. 145 f.).

Was für Karl Marx der Freund, war für Max Weber seine Frau. Marianne
Weber galt als eine bedeutende Vertreterin der bürgerlichen Frauenbewegung
und war sowohl wissenschaftlich wie politisch äußerst aktiv. Sie kannte Max
Webers Absichten, konnte auch seine schwer lesbare Handschrift entziffern.
Vieles von dem im Schreibtisch gefundenen Material war allerdings bereits
maschinenschriftlich verfasst. Ein Jahr vor seinem Tode hatte Max Weber mit
der Veröffentlichung nicht nur von *Wirtschaft und Gesellschaft,* sondern auch der
Gesammelten Aufsätze zur Religionssoziologie begonnen. Zum Zeitpunkt seines
Todes waren dreieinhalb Kapitel von *Wirtschaft und Gesellschaft* und der Band 1

der *Gesammelten Aufsätze zur Religionssoziologie* im Druck. Für seine Sammlung religionssoziologischer Aufsätze, die vier Bände umfassen sollte, hatte Weber bereits 1919 eine Disposition veröffentlicht, für *Wirtschaft und Gesellschaft* fehlte sie. Das stellte Marianne Weber vor ein Problem, das Engels in dieser Art nicht hatte. Sie musste zwar nicht wie dieser in die Texte selbst eingreifen, wohl aber die im Druck befindlichen Texte mit den im Nachlass gefundenen Manuskripten zusammenbringen, ohne dafür ein Inhaltsverzeichnis letzter Hand zu besitzen. Die Lösung, die sie dafür wählte, führt uns zu den Voreditionen, die vorlagen, als die Arbeit an der Max Weber-Gesamtausgabe begann.

16.2 Die Ausgaben der Schriften Max Webers von 1920 bis 1976

Die Geschichte der Voreditionen der Werke Max Webers lässt sich in zwei Phasen unterteilen: Die erste Phase bestimmte Marianne Weber, die zweite Johannes Winckelmann. Die erste Phase reicht von 1920 bis 1954, dem Todesjahr Marianne Webers, die zweite von 1954 bis 1985, dem Todesjahr Johannes Winckelmanns. Die beiden Phasen überschneiden sich, denn bereits 1951 war Johannes Winckelmann an der zweiten Auflage der ursprünglich von Marianne Weber herausgegebenen *Gesammelten Aufsätze der zur Wissenschaftslehre* beteiligt. 1956 erscheint dann Winckelmanns Fassung von *Wirtschaft und Gesellschaft,* die von Marianne Webers Fassung abweicht.[1]

Zunächst zur ersten Phase. Sie beginnt bereits in München, unmittelbar nach Max Webers Tod, setzt sich dann in Heidelberg fort, wohin Marianne Weber zurückgekehrt war. Die wichtigste Aufgabe für Marianne Weber bestand zunächst darin, die im Druck befindlichen Kapitel von *Wirtschaft und Gesellschaft* aus

---

[1] Zu Marianne Webers Fassung siehe Weber, Max, *Wirtschaft und Gesellschaft. Grundriß der Sozialökonomik. III. Abteilung. I. Die Wirtschaft und die gesellschaftlichen Ordnungen und Mächte.* Erster Teil, Tübingen: J.C.B. Mohr (Paul Siebeck) 1921 (die zweite Lieferung folgte 1921, die dritte und die vierte Lieferung folgten 1922. Diese drei Lieferungen wurden dann gegliedert in Zweiter bzw. Dritter Teil). Die zweite Auflage erschien dann zusammenhängend 1925. Zu Johannes Winckelmanns Fassung siehe Weber, Max, *Wirtschaft und Gesellschaft. Grundriss der verstehenden Soziologie.* Mit einem Anhang: Die rationalen und soziologischen Grundlagen der Musik, vierte, neu herausgegebene Auflage, besorgt von Johannes Winckelmann, Tübingen: J.C.B. Mohr (Paul Siebeck) 1956 (gegliedert in zwei Teile); dann folgte Weber, Max, *Wirtschaft und Gesellschaft. Grundriss der verstehenden Soziologie,* fünfte, revidierte Auflage, mit Textkritischen Erläuterungen, herausgegeben von Johannes Winckelmann, Tübingen: J.C.B. Mohr (Paul Siebeck) 1972 (gegliedert in zwei Teile und in einen Ergänzungsband).

dem Nachlass zu ergänzen. Es handelte sich um insgesamt 19 Texte, von denen manche intern gegliedert, andere nicht abgeschlossen, wieder andere noch handschriftlich überliefert waren. Von diesen Texten nahm sie an, sie seien nahezu alle von Max Weber für sein Buch mit dem Titel *Wirtschaft und Gesellschaft* bestimmt gewesen. Dieses Buch, so hatte es Max Weber mit seinem Verleger verabredet, sollte gemäß dem Arbeitsfortschritt des Autors in Lieferungen veröffentlicht werden, in Broschüren, die nach Abschluss des Projekts zusammengebunden und so zu einem Buch vereinigt werden konnten. Marianne Weber behandelte die im Druck befindlichen Kapitel als die erste Lieferung und zugleich als „Ersten Teil". Der ersten Lieferung sollten also weitere folgen, die aus den nachgelassenen Manuskripten bestritten werden mussten. So kam es schließlich zu drei weiteren Lieferungen. Die erste Auflage von *Wirtschaft und Gesellschaft* ist also aus vier Lieferungen bzw. Broschüren zusammengesetzt. In der Zeit von März 1921 bis Juli 1922 gab es insgesamt nicht weniger als sieben Versuche, die nachgelassenen Manuskripte in eine sachlich begründete Reihenfolge zu bringen.[2] Das kann hier nicht weiterverfolgt werden, zeigt aber, wie kompliziert die Anordnung war. Es erklärt auch, weshalb wir es bei *Wirtschaft und Gesellschaft* mit einer Merkwürdigkeit zu tun haben: Mit Ausnahme der dritten Auflage von 1947, die eigentlich keine eigene Auflage ist, sondern nur ein Nachdruck der zweiten Auflage von 1925, ist keine der Auflagen von *Wirtschaft und Gesellschaft* (1921/22, 1925, 1956, 1972) mit einer anderen textgleich.[3]

Die Anordnung komplizierte sich vor allem deshalb, weil Marianne Weber das bereits Gedruckte und das im Schreibtisch Gefundene als eine Einheit betrachtete, als Beiträge zu *einem* Buch in *mehreren* Teilen. Sie entschied sich für drei Teile, wobei sie allerdings zwischen dem ersten Teil, den Max Weber selbst noch zum Druck gegeben und korrigiert hatte, und den beiden anderen Teilen, die sie aus den im Schreibtisch gefundenen Manuskripten zusammensetzte, einen wichtigen Unterschied sah. Sie hatte nämlich den (richtigen) Eindruck, dass diese Texte sich im Duktus unterschieden. Um diesem Eindruck Rechnung zu tragen, bezeichnete sie den ersten Teil als Max Webers abstrakte (auch systematische), die beiden anderen Teile aber als Webers konkrete Soziologie (auch als „schildernde Darstellung soziologischer Erscheinungen", Vorwort zur ersten Auflage vom Oktober 1921, wieder abgedruckt in Weber, *Wirtschaft und Gesellschaft* 1972, S. XXXII). Sie beließ aber das Ganze in dem Rahmen, in dem es ursprünglich gestanden

---

[2] Vgl. dazu die Übersicht in MWG I/24, S. 130 f. Marianne Weber wurde dabei von Melchior Palyi unterstützt.

[3] Von der fünften Auflage, die von Johannes Winckelmann 1972 herausgegeben wurde, gab es sieben Nachdrucke.

hatte, dem *Handbuch der politischen Ökonomie,* welches man 1914 aus pragmatischen Gründen in *Grundriß der Sozialökonomik* umbenannt hatte. Dennoch führte Marianne Webers Edition zu der Vorstellung, es gebe ein von Max Weber verfasstes Buch in drei Teilen unter dem Titel *Wirtschaft und Gesellschaft,* welches zudem sein unvollendetes Hauptwerk sei.

Dass Max Weber ein Buch schreiben wollte, steht außer Frage, nur nicht unter diesem Titel und nicht ohne gründliche Überarbeitung der im Schreibtisch gefundenen Manuskripte. Sein Titel sollte vermutlich *Soziologie* lauten, und die Art der Überarbeitung kann man besonders gut an den Texten studieren, die doppelt überliefert sind. Das sind die Grundbegriffe, die Herrschaftssoziologie und die Ausführungen über Klassen und Stände. Für diese gibt es jeweils eine Vorkriegs- und eine Nachkriegsfassung. An ihnen kann man leicht erkennen, dass die Nachkriegsfassung die Vorkriegsfassung nicht ergänzen, sondern vielmehr ersetzen sollte. Max Weber hatte 1919 begonnen, das dicke alte Manuskript, wie er sagte, von Grund auf umzugestalten. Es diente ihm für die Nachkriegsfassung nur noch als Material.

Marianne Weber sah in der Veröffentlichung von *Wirtschaft und Gesellschaft* sowie der *Gesammelten Aufsätze zur Religionssoziologie* die vorrangigen editorischen Probleme, die zunächst gelöst werden mussten. Aber damit endete ihre Editionstätigkeit nicht. Man muss sich vor Augen halten, dass Max Webers umfangreiches Werk im Jahre 1920/21 dem größeren Publikum noch weitgehend unbekannt war. Viele seiner Beiträge steckten verstreut in Zeitschriften oder in Sammelwerken, waren nicht in Buchform präsent. Manches davon hatte zwar ein größeres Lesepublikum erreicht, wie etwa die zweiteilige Aufsatzfolge „Die protestantische Ethik und der ‚Geist‘ des Kapitalismus", die 1904 bzw. 1905 im *Archiv für Sozialwissenschaft und Sozialpolitik* erschienen war, in einer Zeitschrift, die Weber mit herausgab und die er regelmäßig mit eigenen Beiträgen belieferte. Doch neben der Veröffentlichung des Buches *Wirtschaft und Gesellschaft* und neben der Fortführung der *Gesammelten Aufsätze zur Religionssoziologie* um zwei weitere Bände – der erste Band war noch von Max Weber selbst zum Druck gegeben und korrigiert worden – war auch eine Sammlung der verstreuten anderen Schriften Max Webers ein Desiderat. Marianne Weber erfüllte es in Gestalt von insgesamt vier Bänden *Gesammelter Aufsätze* zur Politik, zur Wissenschaftslehre, zur Wirtschafts- und Sozialgeschichte sowie zur Soziologie und Sozialpolitik. Zusammen mit den Bänden zur Religionssoziologie – das überlieferte Material reichte nur für insgesamt drei Bände – ergaben sich daraus sieben Bände *Gesammelte Aufsätze.* Damit war das Werk Max Webers zum ersten Mal in seiner Spannweite und Vielgestaltigkeit sichtbar gemacht.

Doch Marianne Weber ließ es bei der Editionstätigkeit nicht bewenden. Sie
schrieb auch die erste und lange Zeit maßgebende Weber-Biographie. In ihrem
Buch *Max Weber. Ein Lebensbild,* 1926 erschienen, suchte sie Werkgeschichte
und persönliche Biographie nichtreduktionistisch miteinander zu verknüpfen, ein
trotz manch zeitbedingter Beschränkung heute immer noch lesenswertes Buch
(Marianne Weber, 1926).

Marianne Weber machte also nicht nur das Werk Max Webers zum ersten
Mal einer breiteren Öffentlichkeit zugänglich, sie bestimmte durch ihre Editionsentscheidungen auch die Rezeptionsgeschichte. Dies gilt insbesondere für
die Vorstellung, dass Max Webers Hauptwerk *Wirtschaft und Gesellschaft* heiße
und ein Buch in mehreren Teilen sei. Als nach Marianne Webers Tod Johannes
Winckelmann zu einer Art Lordsiegelbewahrer des Werks Max Webers aufstieg,
folgte er dieser Entscheidung, verwirklichte sie aber in gänzlich neuer Weise.
Er machte aus der Dreiteilung von Marianne Weber eine Zweiteilung, indem er
die Begriffstypologie von der Darstellung soziologischer Zusammenhänge und
Entwicklungen trennte. Die Begriffstypologie sah er in Webers Nachkriegstext
verwirklicht, den dieser noch zum Druck gegeben hatte, die Darstellung soziologischer Zusammenhänge und Entwicklungen aber in den Vorkriegstexten, die
Weber bei Ausbruch des Krieges in die Schublade gelegt hatte und die Marianne
Weber nach seinem Tod dort fand. Winckelmann vertrat die These, diese Manuskripte bildeten eine nahezu vollendete Einheit, die man nur richtig rekonstruieren
müsse. Für diese Rekonstruktion müsse die von Max Weber im Jahre 1914 veröffentlichte Gliederung seines Hauptwerkes der Maßstab sein. Tatsächlich hatte
Max Weber in dem inzwischen in *Grundriß der Sozialökonomik* umbenannten
Sammelwerk kurz vor Ausbruch des Krieges eine Gliederung veröffentlicht, die
er aber interessanterweise unter einen neuen Titel stellte: statt „Wirtschaft und
Gesellschaft" wie 1910 heißt er jetzt „Die Wirtschaft und die gesellschaftlichen Ordnungen und Mächte". „Wirtschaft und Gesellschaft" war zum Titel einer
Abteilung des Sammelwerks geworden, für die außer Webers Beitrag ein zweiter,
von einem anderen Autor geschriebener Beitrag vorgesehen war (Abteilung III:
C. Wirtschaft und Gesellschaft. I. Die Wirtschaft und die gesellschaftlichen Ordnungen und Mächte; II. Entwicklungsgang der wirtschafts- und sozialpolitischen
Systeme und Ideale).[4] Ausgehend von der Annahme, Webers Beitrag unter I.
habe bei Ausbruch des Krieges kurz vor seiner Vollendung gestanden, legte Winckelmann im Jahre 1956 seine Version des Buches unter dem Titel *Wirtschaft und
Gesellschaft* als 4., neu herausgegebene Auflage vor. Er löste das Buch zudem aus

---

[4] MWG I/24, S. 168 f. Der Autor des zweiten Beitrages war Eugen von Philippovich.

dem Rahmen des *Grundrisses der Sozialökonomik,* in dem es ursprünglich gestanden und in dem es Marianne Weber belassen hatte, und er erfand stattdessen den Untertitel „Grundriß der verstehenden Soziologie" (siehe Weber, *Wirtschaft und Gesellschaft,* 1956).

Es ist klar, dass Winckelmann damit die drei von Marianne Weber herausgegebenen Auflagen des Buches für obsolet erklären musste. Seine Polemik gegen seine Vorgängerin war scharf. Er warf ihr vor, nicht zu viel, sondern zu wenig interpretiert zu haben. Sie habe den inneren Zusammenhang von Webers Hauptwerk übersehen. Er stellte Texte um, veränderte interne Verweise, um die angebliche Konsistenz der Vorkriegsmanuskripte sichtbar zu machen. Er verschwieg nicht, dass es auch Lücken gab. Teilweise schloss er sie dadurch, dass er Texte erzeugte, etwa eine „Staatssoziologie", zusammengestellt aus anderen Texten, die er aber nach heftiger Kritik später wieder aus *Wirtschaft und Gesellschaft* entfernte. Streng genommen hat er mit seiner Edition aber den von Marianne Weber eingeschlagenen Weg nicht verlassen. Im Gegenteil: Er hat ihn perfektioniert.

Johannes Winckelmann, von Haus aus Jurist und in seinem beruflichen Leben außerhalb der Universität tätig, fühlte sich als ein Schüler Max Webers, obgleich er nie bei ihm studiert hatte. Er sah in ihm einen demokratischen Hochschullehrer, der in seinen wissenschaftlichen und politischen Positionen seinen eigenen entsprach. Er ließ sich insbesondere von Webers herrschafts-, rechts- und verwaltungssoziologischen Analysen leiten und sah in ihm einen Kämpfer für eine Demokratie, wie sie ihm selbst auch für die Bundesrepublik Deutschland vorschwebte (siehe v. a. Winckelmann 1952). Winckelmann wollte Webers Werk nicht nur erhalten und möglichst konsistent formulieren, sondern es auch gegen Angriffe von rechts wie von links verteidigen. Man kann ohne Einschränkung sagen: Seit seiner Pensionierung stellte er seine ganze Arbeitskraft in den Dienst dieses Werkes. Er edierte es nicht nur, er interpretierte und kommentierte es auch. Der fünften Auflage von *Wirtschaft und Gesellschaft,* gegenüber der vierten in der Textzusammenstellung abermals verändert, gab er einen Kommentarband bei, mit dem zum ersten Mal der Versuch gemacht wurde, die weitgehend ohne Nachweise überlieferten Texte durch Literaturhinweise und Sachkommentare dem Leser zu erschließen. Das war auch für die Max Weber-Gesamtausgabe Vorbild (siehe Weber, *Wirtschaft und Gesellschaft,* 1972). Was nicht übernommen wurde, ist Winckelmanns Neigung, die Textgestalt dem Systematisierungsinteresse des Editors zu unterwerfen und, statt zu dokumentieren, zu interpretieren. Das hat denn auch gewisse Spannungen im Herausgeberkreis der Max Weber-Gesamtausgabe zur Folge gehabt.

16.3   Der Herausgeberkreis der Max Weber-Gesamtausgabe

Der Plan, eine Max Weber-Gesamtausgabe zu beginnen, entstand in den 70er-Jahren des letzten Jahrhunderts. Die geistige Situation der Zeit schien dafür reif. Trotz der Editionen von Marianne Weber und Johannes Winckelmann hatte man das Werk Max Webers in Deutschland bis dahin eher selektiv wahrgenommen. Ein Indikator ist der Soziologentag 1964 in Heidelberg. Er war dem Thema „Max Weber und die Soziologie heute" gewidmet (Stammer, 1964). Sein Verlauf machte deutlich, dass Max Weber von ausländischen Wissenschaftlern umfassender rezipiert wurde und bei ihnen auch anerkannter war als im eigenen Land.[5]

Hinzu kam das Abebben einer marxistischen Welle, die in den 1960er-Jahren das intellektuelle Leben im Lande bestimmte. Damit gelangten Themen wie Kapitalismus und Demokratie auf die Agenda. Dazu konnte man im Werk Max Webers viel Weiterführendes finden. Vor allem aber trat der Weber der Religionssoziologie immer stärker in den Mittelpunkt der Diskussion, und zwar nicht so sehr der Weber der „Protestantischen Ethik", als vielmehr der Weber der „Wirtschaftsethik der Weltreligionen", der eine vergleichende Forschung zu universalgeschichtlichen Problemen wie der „Rationalisierung" betrieben hatte. Das weitete den Blick über die Gegenwart hinaus. Dabei entstand auch eine Debatte darüber, ob *Wirtschaft und Gesellschaft* tatsächlich als Max Webers Hauptwerk gelten könne oder ob nicht die Religionssoziologie diesen Titel verdiene (siehe Tenbruck 1975 und die weiteren Literaturhinweise in Schluchter 1988, Band 2, S. 557 f.). Systematische und werkgeschichtliche Fragen verknüpften sich. Konservative und liberale Kreise in der Bundesrepublik Deutschland schienen sich einig: Eine Gesamtausgabe der Werke eines der größten Sozialwissenschaftler des 20. Jahrhunderts war so etwas wie eine bundesrepublikanische Pflicht.

Wie der Kreis der fünf Herausgeber letztlich zusammenkam, ist aus der Erinnerung nicht leicht zu sagen. Jedenfalls ging die Initiative, ihn zu bilden, bereits 1973 von Horst Baier, Wolfgang J. Mommsen und Johannes Winckelmann aus (Lepsius 2016, S. 275). Sie hatten unterschiedliche Motive und unterschiedliche Kompetenzen. Winckelmann war seit 1954 Honorarprofessor an der Universität München und Leiter des Max Weber-Archivs sowie durch seine Herausgebertätigkeit eng mit dem Verlag J. C. B. Mohr (Paul Siebeck) in Tübingen verbunden. Er schien durch sein bisheriges Wirken für eine solche Aufgabe geradezu prädestiniert. Host Baier, von Haus aus Mediziner und Soziologe, hatte in Frankfurt

---

[5] Siehe oben unter 15.

a. M. den Lehrstuhl von Theodor W. Adorno übernommen und war dabei ins Zentrum der universitären politischen Auseinandersetzungen im Gefolge der Studentenbewegung geraten. Er hatte sich mit einer Arbeit über das Verhältnis von Heinrich Rickert und Max Weber habilitiert und sah Weber wohl als eine Alternative zu den marxistischen Strömungen. Wolfgang J. Mommsen, Historiker an der Universität Düsseldorf, hatte mit seiner Dissertation *Max Weber und die deutsche Politik* Furore gemacht (Mommsen 1974) und bei seinen Recherchen viele der zuvor unbekannten Quellen des Weber'schen Werkes erschlossen. Er war also nicht nur vertraut mit Weber, sondern auch mit der Methode der historischen Kritik. Zwischen Winckelmanns und Mommsens Auffassung, was eine Werk-Edition zu sein habe, gab es deshalb von Beginn an eine Spannung. Beide suchten M. Rainer Lepsius, Soziologe an der Universität Mannheim, gewissermaßen als Vermittler zu gewinnen. Er war seit langer Zeit mit beiden bekannt. Dieser wiederum holte Wolfgang Schluchter, Soziologe zunächst an der Universität Düsseldorf, dann an der Universität Heidelberg, also mich, in den Kreis, der ich gerade begonnen hatte, mich mit Teilen des Weber'schen Werkes systematisch zu beschäftigen, insbesondere mit der Frage, wie es zu anderen bedeutenden Theorien in der Soziologie stand (Schluchter 1972).

Der Herausgeberkreis, bestehend aus diesen fünf Personen, konstituierte sich förmlich im Sommer 1976 durch einen dreiseitigen Vertrag, der zwischen ihnen, der *Bayerischen Akademie der Wissenschaften* in München und dem Verlag J. C. B. Mohr (Paul Siebeck) in Tübingen geschlossen wurde. Darin ist die *Bayerische Akademie der Wissenschaften* als „Trägerin der historisch-kritischen Max Weber-Ausgabe" bezeichnet, die mit der Durchführung dieser Aufgabe die Kommission für Sozial- und Wirtschaftsgeschichte betraut. Der Verlag verpflichtet sich, die Herstellung der Ausgabe auf eigene Kosten zu übernehmen, und der Herausgeberkreis, die editorische Verantwortung für die Ausgabe zu tragen. Ihm oblag es, die Editionsprinzipien zu bestimmen, die Ausgabe zu gliedern und die Edition einzelner Bände an kompetente Personen zu vergeben. Etwa die Hälfte der Bände wurde von den Herausgebern und ihren Mitarbeitern und Mitarbeiterinnen selbst, der Rest von Externen ediert.

16.4 Die Edition

Im Mai 1981 informierte der Herausgeberkreis die Öffentlichkeit über die Editionsprinzipien und den vorläufigen Aufbau der Ausgabe (Schluchter 1981). Er bekannte sich ausdrücklich zu einer *dokumentierenden* Edition, lehnte also eine *interpretierende* Edition ab. Es wurden drei Abteilungen eingerichtet: „I.

Abteilung: Schriften und Reden; II. Abteilung: Briefe; III. Abteilung: Vorlesungsmanuskripte und Vorlesungsnachschriften", später in „Vorlesungen und Vorlesungsnachschriften" umbenannt. Während die Texte in den Abteilungen II und III rein chronologisch angeordnet werden sollten, wollte man für die Abteilung I thematische Einheiten bilden, innerhalb derer dann die Texte chronologisch zu ordnen waren. Es galt also eine Kombination von Pertinenz- und Chronologieprinzip. Der zu edierende Text musste der Text letzter Hand sein, Vorläufertexte waren mit Hilfe eines negativen Apparats auszuweisen. Das macht bei den Texten, wo Varianten vorliegen, die Textentwicklung transparent.

Jeder Text sollte textkritisch bearbeitet und kommentiert werden. Es gibt also für jeden Text zwei Apparate: einen für die Textkritik, einen für den Sachkommentar. Jedem Text war außerdem ein „Editorischer Bericht" beizugeben, unterteilt in „Zur Entstehung" und „Zur Überlieferung und Edition". Jeder Band war zudem mit einer Einleitung des Editors und mit Registern zu versehen.

Es dauerte noch weitere drei Jahre, bis Anfang 1984 der erste Band dieser historisch-kritisch angelegten Gesamtausgabe erscheinen konnte. Der weitere Verlauf der Edition gestaltete sich mühsam, weil nahezu alle einzelnen Editionsprojekte länger dauerten als erwartet, mehrere Bandeditoren scheiterten und durch neue ersetzt werden mussten, auch die Finanzierung mitunter stockte, was mit der dezentralen Organisation der Editionsarbeiten zusammenhing (Düsseldorf, Heidelberg, München). Insgesamt dauerte die Edition länger, als die Lebenszeit der meisten Herausgeber reichte: Johannes Winckelmann starb 1985, Wolfgang J. Mommsen 2004 (der dann durch seinen Schüler Gangolf Hübinger, Historiker an der Universität Frankfurt an der Oder, ersetzt wurde), M. Rainer Lepsius 2014, Horst Baier 2017. Man ist in Abwandlung eines bekannten Spruches versucht zu sagen: Nicht die Revolution, sondern die Edition frisst ihre eigenen Kinder.

Zu Max Webers 100. Todestag am 14. Juni 2020 ist endlich der letzte noch fehlende Band der Max Weber-Gesamtausgabe erschienen. Es handelt sich zufällig um Webers Notizen zu seiner Vorlesung über Praktische Nationalökonomie. Damit hat die Max Weber-Gesamtausgabe folgendes Aussehen:

Abteilung I: Schriften und Reden – 29 Bände
Abteilung II: Briefe – 11 Bände
Abteilung III: Vorlesungen und Vorlesungsnachschriften – 7 Bände

Die Gesamtausgabe umfasst also insgesamt 47 Titel, wobei mehrere Bände so umfangreich waren, dass sie geteilt werden mussten. Berücksichtigt man dies, so umfasst die Ausgabe zwar 47 Bandnummern, aber 54 Bände.

16.5 Wichtigste Ergebnisse

Was sind nun die wichtigsten Ergebnisse dieser Edition? Ganz allgemein lässt sich sagen: Das Werk Max Webers ist nach 100 Jahren zum ersten Mal in seinem ganzen Umfang sichtbar, und die Max Weber-Gesamtausgabe bietet für die zukünftige Forschung eine verlässliche Textgrundlage, die nicht mehr ignoriert werden darf. Wer auch immer in Zukunft über und mit Max Weber arbeitet, wird auf diese Ausgabe nicht verzichten können. Auch wenn er andere Ausgaben benutzen möchte, so sollte er sie auf ihre Verlässlichkeit anhand der Gesamtausgabe überprüfen, was übrigens deshalb erleichtert wird, weil in der Gesamtausgabe die gängigen Voreditionen verzeichnet sind. Ich gehe im Einzelnen auf die drei Abteilungen ein.

Abteilung I: Schriften und Reden
Das wichtigste Ergebnis ist die Dekonstruktion von *Wirtschaft und Gesellschaft*. Es handelt sich hier nicht um ein Buch in Teilen, sondern um ein Projekt in mehreren Fassungen, und auch der ursprüngliche Titel „Wirtschaft und Gesellschaft" stimmt bereits für die Fassung von 1914 nicht mehr. Denn dort ist „Wirtschaft und Gesellschaft" der Titel für eine ganze Abteilung des nun *Grundriß der Sozialökonomik* genannten Sammelwerks, die nicht nur Webers Beitrag umfassen sollte. Deshalb gab Weber seinem Beitrag auch den neuen Titel „Die Wirtschaft und die gesellschaftlichen Ordnungen und Mächte", der übrigens sehr viel besser als der alte Titel zu dem hier vorgesehenen Inhalt passt.

Die Angelegenheit kompliziert sich nun aber noch dadurch, dass wir nicht einfach von einer Vorkriegs- und einer Nachkriegsfassung sprechen können, sondern bereits die Vorkriegsfassung zwei Fassungen enthält, die ineinander verschränkt sind. Es gibt eine erste Fassung, die 1910/11 entstanden ist, und eine zweite, die 1912 bis 1914 entsteht. Es ist aber nicht mehr möglich, diese beiden Fassungen sauber auseinanderzuhalten. Es wäre eine Aufgabe der anschließenden Forschung, zu der die Gesamtausgabe einlädt, hier weitere Klärungen zu versuchen.[6] Dafür stehen jetzt eine verlässliche Textgrundlage und übrigens auch ein Gesamtregister für alle Texte, die zum Projekt gehören, bereit (MWG I/25).

Nicht schwierig freilich ist es, die Vorkriegsfassung(en) von der Nachkriegsfassung zu unterscheiden. Man muss sich nur klarmachen, dass Weber zur Ausarbeitung der Nachkriegsfassung die Vorkriegsfassung nicht als Teil, sondern als Material benutzt. Er änderte dafür auch die Grundbegriffe. Die soziologischen Grundbegriffe von 1920 finden sich in den beiden Vorkriegsfassungen nicht. Der Vorläufer für die

---

[6] Siehe dazu jetzt den Teil 1 in diesem Band.

Grundbegriffe von 1920 ist der Aufsatz „Über einige Kategorien der verstehenden Soziologie", der selbst in sich zwei Textstufen aufweist und 1913 veröffentlicht wurde (MWG I/12). Die hier definierten „Kategorien" finden sich in einigen der Vorkriegstexte wieder, aber eben nicht in allen. Schon dies macht deutlich, dass die Vorkriegsfassung nicht einheitlich ist.

An der Übersicht in der Abbildung im Vorwort, rekonstruiert aus Dispositionen und Briefen, kann man sich die komplexe Überlieferungslage klarmachen (siehe oben, S. VII).

Ein weiteres wichtiges Ergebnis ist die Erweiterung der politischen Schriften um die indirekt überlieferten Reden und Diskussionsbeiträge. Vor der Gesamtausgabe waren letztlich nur die von Weber zum Druck gegebenen Abhandlungen, Reden, Gutachten und sonstigen schriftlichen Stellungnahmen bekannt. Nun sind auch die in Form von Zeitungsberichten indirekt überlieferten Vorträge und Reden zugänglich, einschließlich der mitunterzeichneten Aufrufe und öffentlichen Erklärungen. Dies hat das Wissen um Max Webers politische Haltung am Ende des deutschen Kaiserreichs und im Übergang zur Weimarer Republik sehr vertieft.

Abteilung II: Briefe
Anders als die Schriften, von denen die meisten bekannt waren, sind die Briefe weitgehend eine neue Quelle für die Weber-Forschung. Die allermeisten der in den 11 Bänden chronologisch präsentierten Briefe und Karten waren bisher unbekannt. Viele Briefe werden mit einer editorischen Vorbemerkung eingeleitet und alle kommentiert, sodass trotz des Fehlens der Gegenbriefe der Zusammenhang, in dem das Geschriebene steht, jederzeit erkennbar ist.

Die Briefe und Karten sind zunächst einmal ein ausgezeichnetes Dokument der Kommunikationskultur des deutschen Bildungsbürgertums an der Wende vom 19. zum 20. Jahrhundert, als das Telefon den Brief als bevorzugtes Kommunikationsmittel noch nicht abgelöst hatte. Weber wurde von seinen Eltern bewusst mit dieser Briefkultur vertraut gemacht. Besonders die Jugendbriefe legen Zeugnis davon ab, zeigen aber auch die Entwicklungsschwierigkeiten, die der junge Max Weber durchzustehen hatte. In den späteren Briefen erörtert er offen seine Lebensprobleme. Diese Zeugnisse sind unverzichtbar für jeden, der sich für Max Webers Lebenslauf interessiert.

Die Briefe haben aber auch eine große Bedeutung für die Interpretation seines wissenschaftlichen Werkes. Ich greife nur ein Beispiel heraus. In der Sekundärliteratur wird seit Langem über das Verhältnis zwischen Heinrich Rickert und Max Weber gestritten. Die einen sehen den Einfluss von Rickert auf Webers methodologische Position als zentral an, die anderen als peripher. In den Briefen finden sich nun viele Äußerungen, die diese Beziehung aus Max Webers Sicht erhellen, und zwar nicht nur in den Briefen an Rickert, sondern vor allem in den Briefen, in denen er sich gegenüber Dritten zu Rickert und seiner Bedeutung äußert.

Die Briefe und Karten geben auch Auskunft über Max Webers viele Reisen und die Beobachtungen, die er dabei machte. Besonders interessant sind seine Beobachtungen auf seiner nahezu dreimonatigen Reise durch die USA. In allen Reiseberichten besticht Weber durch scharfsinnige Betrachtungen zu den sozialen und kulturellen Verhältnissen im jeweiligen Land. Was er sieht, wird bei ihm gewissermaßen kategorial geformt.

Schließlich erfährt man in den Briefen viel über Webers Interessen an der Kunst, an Musik, Literatur, Malerei, Architektur, über die er teilweise geschrieben hat, aber noch ausführlicher schreiben wollte, es aber aus Zeitgründen nicht mehr konnte. Man sieht: Hier wartet auf die Forschung ein reiches Material. Man kann sich für die Zukunft keine Arbeit über Weber mehr vorstellen, die die Brief-Edition nicht nutzte. Insofern enthält diese Abteilung einen Schatz, der noch gehoben werden muss und der nur in der Gesamtausgabe entdeckt werden kann.

Abteilung III: Vorlesungen und Vorlesungsnachschriften
Wie im Fall der Briefe, bietet auch die Abteilung III überwiegend bisher unbekannte Texte. Das gilt insbesondere für die Vorlesungen aus der Zeit vor der Jahrhundertwende, vor Max Webers gesundheitlichem Zusammenbruch. Seit dem Sommersemester 1898 und vermehrt im Wintersemester 1898/99 hatte Weber Schwierigkeiten, seine Lehrverpflichtung zu erfüllen. In der Zeit danach erlebte er eine schwere gesundheitliche Krise, die ihn schließlich zum Rückzug von seiner Professur zwang. Man interpretierte diese Phase der krankheitsbedingten Arbeitsunfähigkeit häufig als einen tiefen Einschnitt, der Max Webers wissenschaftliche Ausrichtung verändert habe. Insbesondere in der Aufsatzfolge „Die protestantische Ethik und der ‚Geist‘ des Kapitalismus", 1904 und 1905 erschienen, hat man einen solchen der Krankheitserfahrung geschuldeten Neuanfang gesehen. Nun besteht kein Zweifel: Webers Zusammenbruch von 1898/99 bedeutete zweifellos einen tiefen Einschnitt. Aber er hat sich nicht so stark, wie meist behauptet, auf das Werk ausgewirkt. Es lässt sich gerade an diesen frühen Vorlesungen zeigen, dass Weber bereits dort zum Beispiel das Thema der „Protestantischen Ethik" behandelt und eine weit größere Kontinuität zwischen der Phase vor der Krankheit und der nach der Krankheit besteht, als die Meisten bisher vermutet haben.

16.6   Die Rezeption der Gesamtausgabe

Der lange Erscheinungszeitraum der Gesamtausgabe hat ihre Rezeption nicht unbedingt gefördert. Immerhin sind inzwischen einzelne Bände bereits in verschiedene Sprachen übersetzt. Da außerhalb des deutschsprachigen Raums Deutsch nur noch von wenigen gelesen wird, sind Übersetzungen unverzichtbar. Die Hoffnung allerdings ist, dass sie nun aus dem Original erfolgen und nicht aus einer anderen Übersetzung, etwa aus dem Englischen oder dem Japanischen.

Japan spielt für die Gesamtausgabe eine besondere Rolle. Als wir mit der Arbeit an der Edition begannen, fand dies in Japan eine große Resonanz. Seit den 20er Jahren des letzten Jahrhunderts gibt es dort eine Weber-Rezeption wie in keinem anderen Lande. Über die Zeit produzierten die japanischen Gelehrten eine Sekundärliteratur über Weber in einer Menge, die fast so groß ist wie die der übrigen Welt. Auch die Exemplare der Gesamtausgabe gingen, kaum erschienen, außer nach Deutschland vor allem nach Japan. Lange Zeit übertraf der Absatz in Japan sogar den in unserem eigenen Land. Nur in diesen beiden Ländern gelang es dem Verlag, dreistellige Absatzzahlen zu erreichen. Kein anderes Land tat es Japan auch nur annähernd gleich. Nur noch in der Schweiz, in Österreich und in Italien kam der Verlag wenigstens auf zweistellige Absatzzahlen. Im Rest der Welt blieben sie einstellig, auch in den USA, oder gar bei null. Immerhin hat der Verlag sein Versprechen gehalten. Er produzierte diese auch drucktechnisch aufwendige Ausgabe ohne Zuschuss von außen, aus eigener Kraft.

Hätten wir in den 70er-Jahren des letzten Jahrhunderts gewusst, wie lange wir mit der Gesamtausgabe befasst sein würden, hätten wir das Unternehmen vermutlich nicht begonnen. Immerhin kann ich als letzter der ursprünglichen Herausgeber sagen: Es ist vollbracht. Die Gesamtausgabe wird sicherlich dazu beitragen, das Werk Max Webers lebendig zu halten. Man muss nur konsequent sein, d. h. sie nun auch noch vom analogen ins digitale Zeitalter überführen, sodass sie möglichst allen Interessierten zugänglich wird. Mit der ebook-Ausgabe, 2019 erschienen, wurde bereits ein Anfang gemacht.

Max Weber zum 100. Todestag

Ein Interview mit Wolfgang Schluchter

Hans-Peter Müller und Steffen Sigmund haben mit Wolfgang Schluchter am Dienstag, dem 14. Januar 2020, im Max-Weber-Institut für Soziologie der Universität Heidelberg ein Interview geführt. Der Anlass war ein doppelter: Zum einen stand der 100. Todestag von Max Weber am 14. Juni 1920 vor der Tür. Zum anderen ist die große Max Weber-Gesamtausgabe (MWG) pünktlich zu diesem Jubiläum abgeschlossen worden. Wolfgang Schluchter hat an der MWG einen überragend großen Anteil, und deshalb wollten wir von ihm wissen, wie die Gesamtausgabe das Bild von Max Weber beeinflussen wird.

Sigmund: Herr Schluchter, das „Jubiläumsjahr" 2020 steht an. Nun liegt auch die Max Weber-Gesamtausgabe komplett vor. Zunächst ganz grundsätzlich: Bietet dies die Chance, Weber heute noch mal neu zu entdecken, anders zu lesen, ihn wieder stärker in das Bewusstsein unserer Disziplin zu bringen?

Schluchter: Ich glaube schon, dass die Gesamtausgabe die Rezeption des Werkes verändern wird, freilich erst in längerer Frist. Der Grund ist ganz einfach. Die Mehrzahl der Kolleginnen und Kollegen, die sich mit Weber beschäftigen und ihn auch nach wie vor für ihre eigene Forschung verwenden, hat ihn mit Hilfe der alten Ausgaben kennengelernt. Sie besitzen diese alten Ausgaben und zitieren natürlich nach ihnen, und wenn man Glück hat, versuchen sie einen Abgleich mit der Gesamtausgabe, was übrigens leichtfällt, weil wir die Seitenzahlen der Voreditionen mitgeführt haben. Aber die Gesamtausgabe wird ihre Wirkung erst voll entfalten, wenn eine nachwachsende Generation sich nur noch auf diese stützt, was hoffentlich bald auch durch ihre Digitalisierung erleichtert wird.

---

zuerst in *Berliner Journal für Soziologie,* 31, (2021), 1, S. 23-55.

W. Schluchter, *Empirische Geltungslehre*, Studien zum Weber-Paradigma, https://doi.org/10.1007/978-3-658-41189-3_17

Müller: Was ist es denn, was die Gesamtausgabe bietet? Worin liegt der Mehrwert gegenüber den Einzelausgaben?

Schluchter: Die Gesamtausgabe bietet mehrere Vorteile gegenüber den bisherigen Ausgaben. An erster Stelle stehen die Briefe. Sie haben eine enorme Bedeutung für eine angemessene Interpretation von Werk und Person. Sie sind nicht nur ein historisches Dokument einer bestimmten bürgerlichen Kultur, sondern auch Interpretationshilfen für das Werk. Ich denke dabei an die sogenannte Wissenschaftslehre. Aus den Briefen lernt man viel über Webers Beziehung zum Neukantianismus, insbesondere zu Heinrich Rickert, und zwar nicht nur in den Briefen an Rickert, sondern auch in den Briefen, in denen er gegenüber Dritten über Rickert spricht. Das ist das eine, man gewinnt ein viel umfassenderes Bild von ihm als Wissenschaftler. Aber vielleicht noch wichtiger sind die Briefe zum Verständnis der Person. Manches Bild, das in der Sekundärliteratur herumgeistert, wird dadurch obsolet.

Die Schriften bieten mit Ausnahme der politischen Schriften keine neuen, bisher unbekannten Texte. Bei den politischen Schriften hat die Mitteilung der indirekt überlieferten Texte – d. h. die Zeitungsberichte über Webers Reden – unser Wissen allerdings sehr vertieft. Bei den Schriften generell liegt der Wert in der Kontextualisierung und in der Kommentierung. Ich halte die Kommentierung für den größten Gewinn. Dies gilt insbesondere für die verschiedenen Fassungen von *Wirtschaft und Gesellschaft,* trotz des verdienstvollen Versuchs, den einst Johannes Winckelmann unternommen hat. Denn diese Fassungen waren ja ursprünglich praktisch nackt. Auch die Vorlesungen bringen Neues. Hier war, wie bei den Briefen, das Meiste bislang unbekannt. Die Vorlesungsnotizen zu rekonstruieren, erwies sich als eine komplizierte Angelegenheit. Es hat sich insofern gelohnt, als wir nun an den frühen Vorlesungen nachweisen können, dass es eine sehr viel größere Kontinuität zwischen der Zeit vor der Jahrhundertwende und der Zeit danach gibt, als es in der Literatur gemeinhin, auch von mir selbst übrigens, immer betont wurde. Der Bruch, der durch die Krankheit natürlich äußerlich ganz deutlich ist, ist zwar vorhanden, aber er ist nicht in diesem Maße verbunden mit einer grundlegenden intellektuellen Neuorientierung, wie man das häufig behauptet hat. Das kann man nun an den Vorlesungen aus der Zeit vor der Jahrhundertwende zeigen.

Sigmund: Kann man das thematisch festmachen?

Schluchter: Ein Beispiel ist Webers Stellungnahme zum Methodenstreit in der deutschsprachigen Nationalökonomie. Schon in der Theorievorlesung findet sich der Idealtypus. Die These der „Protestantischen Ethik" ist in der Vorlesung über

Praktische Nationalökonomie vorformuliert. Das hatte Weber ja 1910 betont, er habe seine These vor zwölf Jahren in der Vorlesung vorgetragen, und das lässt sich jetzt beweisen. Das ist in der Tat so. Die Behauptungen, er habe sich erst in Rom mit dieser Sache beschäftigt oder sei überhaupt erst nach seiner relativen Gesundung auf seine These gekommen, diese Behauptungen sind durch diese Texte widerlegt. Die These der „Protestantischen Ethik" hat er schon vor der Jahrhundertwende entwickelt. Das ergibt sich übrigens auch daraus, dass er über Georg Jellinek in der „Protestantischen Ethik" sagt, er habe dessen kleine Schrift von 1895 über die Entstehung der Menschenrechte[1] zum zweiten Mal gelesen, und das habe ihn dazu motiviert, sich noch einmal mit dem Puritanismus zu beschäftigen. Er hat sich also mit dem Puritanismus früher beschäftigt, als wir dies bisher vermutet haben. Das kann man mittels der Vorlesung nachweisen. Es gibt in diesem Sinne schon Veränderungen in der Wahrnehmung seiner Entwicklung, die erst durch die Gesamtausgabe angestoßen geworden sind.

Sigmund: Und Sie meinen, dies gilt auch für *Wirtschaft und Gesellschaft?*

Schluchter: Ja, natürlich auch für *Wirtschaft und Gesellschaft.* Aber hier liegen die entscheidenden Einsichten lange zurück und haben teilweise unsere Entscheidungen für die Anlage der Gesamtausgabe motiviert. Es ist ja schon seit den 70erJahren des letzten Jahrhunderts bekannt, dass *Wirtschaft und Gesellschaft* kein Buch in Teilen, sondern ein Projekt in mehreren Fassungen ist, und dass keine Fassung von Weber abgeschlossen werden konnte: 1914 nicht wegen des Kriegs, 1920 nicht wegen seines Todes. Wir können zwar die Vorkriegsfassung von der Nachkriegsfassung unterscheiden, nicht aber die verschiedenen Fassungen oder Arbeitsstufen, die bereits in der Vorkriegsfassung stecken. Aber wir können zeigen: Auch dieser überlieferte Textbestand ist nicht einheitlich. Hier gibt es eine ganz frühe Fassung (vermutlich von 1910/11) und eine überarbeitete, spätere Fassung (vermutlich von 1912/13), aber sie lassen sich nicht mehr eindeutig auseinanderhalten. Soviel freilich ist klar: Die Grundbegriffe der Vor- und der Nachkriegsfassung stimmen nicht überein. Es gehört schon zu den Merkwürdigkeiten der Rezeptionsgeschichte, dass dies sowohl von Marianne Weber als auch von Johannes Winckelmann übersehen wurde. Die Schwierigkeiten erhöhen sich noch dadurch, dass Weber bereits in der Vorkriegsfassung die Grundbegriffe wechselt, oder genauer: sie nicht in allen Texten der Vorkriegsfassung verwendet. Es sind die Grundbegriffe des Kategorienaufsatzes von 1913, die er teilweise zwar in ältere Texte nachträglich eingearbeitet hat,

---

[1] Jellinek, Georg. *Die Erklärung der Menschen- und Bürgerrechte. Ein Beitrag zur modernen Verfassungsgeschichte.* Leipzig: Duncker & Humblot 1895.

teilweise in neu geschriebenen Texten aber nicht benutzt, obgleich die in ihnen verhandelten Sachverhalte dies erfordert hätten. Man muss sich vor Augen halten, dass es drei verschiedene Dispositionen für das Projekt *Wirtschaft und Gesellschaft* gibt (1910, 1914, 1920). Die interessante Frage ist, wie lange hat Weber an seinen ursprünglichen Grundbegriffen aus dem Kategorienaufsatz festgehalten? „Einverständnishandeln" ist der zentrale Begriff, an dem man das vermutlich ablesen kann. Ich bin der Meinung: Weber hat die Grundbegriffe des Kategorienaufsatzes nur in seinen frühen Texten zu *Wirtschaft und Gesellschaft* verwendet, sie aber schon vor dem Krieg aufgegeben. So findet sich beispielsweise in seiner Religionssoziologie, vermutlich 1913/14 geschrieben, die komplizierte Begrifflichkeit des Kategorienaufsatzes nicht. Die Disposition zu *Wirtschaft und Gesellschaft* von 1910 beginnt ja bekanntlich mit dem Verhältnis von Wirtschaft und Recht, verlangt zunächst die Erörterung ihres prinzipiellen Verhältnisses (im Gegenzug zu Rudolf Stammler). Und der erste Rechtstext schließt unmittelbar an den zweiten Teil des Kategorienaufsatzes an. (Es gibt bekanntlich zwei Rechtstexte: „Die Wirtschaft und die Ordnungen" und dann die eigentliche Rechtssoziologie.) An diesem ersten Rechtstext ist dann auch die erste Version von *Wirtschaft und Gesellschaft* ausgerichtet. Doch bereits 1914 ist dies nicht mehr so. Denn dort ist diesem Rechtstext ein allerdings nicht mehr geschriebener Text mit dem Titel „Kategorien gesellschaftlicher Ordnungen" vorgeschaltet. Weber folgt jetzt einer neuen Disposition. Dass er aber zunächst an der ersten Disposition gearbeitet haben muss, ergibt sich schon aus der Tatsache, dass das *Handbuch der politischen Ökonomie,* wie es zunächst noch hieß, 1912 erscheinen sollte. Der Abgabetermin für die Manuskripte war für Ende 1911, im Fall des Manuskriptes von Friedrich von Wieser für Ostern 1912 vereinbart. Also musste Weber spätestens zu diesem Zeitpunkt mit seinem Hauptbeitrag fertig sein. Er konnte ja nicht warten, bis alle Manuskripte vorlagen, um dann mit seinem eigenen Beitrag erst zu beginnen. Insofern ist die Annahme sehr plausibel, dass der Kategorienaufsatz für diese erste Schreibphase gilt, nicht aber für die zweite. Ganz sauber können wir aber diese Phasen heute nicht mehr trennen.

Es lassen sich allerdings bestimmte Texte aussortieren, in denen Weber die Kategorien des Kategorienaufsatzes verwendet, um sie zu trennen von jenen, in denen dies nicht der Fall ist. Das habe ich im Einzelnen in der „Entstehungsgeschichte" vorgeführt.[2] Diese Kategorien geben zumindest einen Anhalt, was eher in die erste, was eher in die zweite Phase gehört. Eines allerdings ist sicher: Erst in der dritten Phase werden die „Soziologischen Grundbegriffe" verwendet. Sie gelten also nicht für die ersten beiden Phasen.

---

[2] Siehe MWG I/24, S. 129 und jetzt natürlich Teil 1 dieses Bandes.

Sigmund: Wenn ich hieran noch mal ansetzen darf, ich finde das Interessante an der Gesamtausgabe und dem neuen Aufbau von *Wirtschaft und Gesellschaft*, dass man Weber jetzt auch anders, neu lesen kann. Es ist dann nicht dieses schwer verständliche Kapitel über die Kategorien des Wirtschaftens direkt nach den Grundbegriffen, mit dem man beginnen muss. Würden Sie zustimmen, dass dies einen neuen Blick auf die Grundbegriffe und das, was Weber mit *Wirtschaft und Gesellschaft* beabsichtigte, eröffnet? Ich finde, das ist das Besondere an der Gesamtausgabe: Nicht nur, dass man diese Kontinuitäten durch die Kommentierung erkennt, die wirklich in den meisten Bänden vorzüglich ist, sondern dass man auch ein neues Verständnis gewinnt, den Soziologen Weber in gewisser Weise neu entdeckt.

Schluchter: Das Kapitel über die Kategorien des Wirtschaftens gibt es erst 1920, gehört also zu der Gestalt von Soziologie, wie sie für Weber in der dritten Phase maßgebend war. Eine Vorfassung kennen wir nicht. 1913/14 wollte er noch kein eigenes Kapitel über Wirtschaft schreiben. Das ergab sich einfach aus der Tatsache, dass er eine gewisse Arbeitsteilung zwischen Friedrich von Wieser und seinem eigenen Hauptbeitrag vorgesehen hatte (Hauptbeitrag deshalb, weil er 1910 ja noch weitere Beiträge, verstreut über die verschiedenen Bücher des Stoffverteilungsplans, schreiben wollte). Er sah 1914 gar keine Notwendigkeit, eine große Sache über Wirtschaft zu schreiben. Wieser lieferte sein großes Manuskript zur Wirtschaftstheorie erst im Frühjahr 1914, und Webers Reaktion darauf war ambivalent. Aber dies hat ihn zunächst nicht zu einer Änderung seiner zweiten Disposition motiviert. Da sah Weber für sich nur einen kleinen Abschnitt über Wirtschaft vor. 1919/20 fühlt er sich dann bemüßigt, eine Art Wirtschaftssoziologie zu schreiben. Der ursprüngliche Anker, der Rechtstext, ist 1920 ebenfalls aufgegeben. Weber beginnt nach den „Soziologischen Grundbegriffen" jetzt mit der Wirtschaftssoziologie. Es gibt ein schönes Beispiel, an dem man die eingetretenen Veränderungen nachweisen kann. Das ist der kurze Text über „Klassen, Stände und Parteien" im Vergleich zum Text „Klassen und Stände" von 1920. Der Text „Klassen, Stände und Parteien" ist noch ganz in den frühen Begriffen des Kategorienaufsatzes geschrieben. Den Rahmen bildet die Rechtsordnung, innerhalb derer sich Klassen, Stände und Parteien organisieren. Das ist 1920 anders, statt der Rechtsordnung dient jetzt die Wirtschaftsordnung als Rahmen.

Müller: Haben Sie eine These, warum das so ist? Warum von Recht zu Wirtschaft?

Schluchter: Weil er, glaube ich, immer stärker die Eigenständigkeit seiner verstehenden Soziologie als Ansatz betont und sie nicht mehr von der Rechtssphäre abhängig macht, sondern sie selbstständig entwickelt. Zugleich löst er sich gewissermaßen von Stammler. Wir wissen gar nicht, ob er die Rechtssoziologie überhaupt in das Endmanuskript integriert hätte, oder ob er sie separat gelassen hätte. Also man könnte sagen, er löst sich immer mehr von seiner Herkunft als Jurist.

Müller: Ja, er wird in dem Sinne tatsächlich Soziologe.

Schluchter: Er wird, wenn man so will, immer mehr Soziologe, eine Wende, die er allerdings spätesten 1913 mit dem Kategorienaufsatz öffentlich sichtbar macht. Er hat sich doch lange geweigert, sich als Soziologe zu bezeichnen, und im Grunde ist sein Engagement für die *Deutsche Gesellschaft für Soziologie* ein Versuch, diesem Fach die Reputation zu verschaffen, die es bis dahin nicht hatte. Und das geht einher mit seiner eigenen zunehmenden Identifikation mit dem Fach, aber nicht mit dem Fach, wie es existiert, sondern wie er es sich wünscht. Er will die *Deutsche Gesellschaft für Soziologie* dazu bringen, das zu machen, was er für Soziologie hält. Er möchte sie wegführen, wie er immer wieder sagt, von den Dilettanten, die alles Mögliche tun, nur keine wirkliche Soziologie betreiben. Ich glaube, es gibt tatsächlich eine Verschiebung in Webers wissenschaftlichem Selbstverständnis. Er bekennt sich zunehmend zu einer bestimmten Art von Soziologie. Ich habe deshalb eines meiner Bücher mit *Max Webers späte Soziologie* überschrieben[3]. „Spät" soll heißen: zeitlich spät. Er selbst verstand sich lange Zeit als Jurist, dann als Nationalökonom, nicht als Soziologe, immer auch als Historiker (er bezeichnete sich als ein Kind der historischen Schule), aber das ändert sich eben in dieser letzten Phase.

Und „spät" heißt auch, dass er seine verstehende Soziologie eigentlich erst wirklich systematisch ausbuchstabiert, nachdem er 1919 einen neuen Anlauf nimmt, die alten Manuskripte zu überarbeiten und sie neu zu gestalten. Er verwendet 1919/20 das große alte dicke Manuskript, wie er sagt, um es zu systematisieren, also all das, was bis zum Ausbruch des Krieges entstanden war, nur noch als Material für die Neugestaltung von *Wirtschaft und Gesellschaft,* „meiner Soziologie", zu verwenden. Er hatte nicht mehr die Absicht, diese alten Sachen zu veröffentlichen. Er hätte sie alle für die neue Fassung verwertet und –

Müller: Quasi ausgeschlachtet.

Schluchter: Ausgeschlachtet und systematisiert. An der Herrschaftssoziologie kann man das besonders schön zeigen, an allen Texten, die doppelt da sind. Wir

---

[3] Schluchter, Wolfgang. *Max Webers späte Soziologie.* Tübingen: Mohr Siebeck 2016.

haben ja mehrere Texte, die doppelt vorhanden sind: die Herrschaftssoziologie ist doppelt, früh und spät, die schon erwähnten „Klassen und Stände" sind doppelt, früh und spät, die Grundbegriffe sind doppelt, früh und spät. Und an all diesen Texten, wo es diese Dopplung gibt, kann man zeigen, wie er systematisiert, wie er auch abstrahiert. Im Grunde entfernt er sich von der stark historisch ausgerichteten ersten Fassung und wird sehr viel typologischer.

Sigmund: Und die frühe Soziologie, wenn es die gibt, die ist somit eher noch als eine primär historische Perspektive zu verstehen?

Schluchter: Die „Protestantische Ethik" ist für ihn eine historische Studie, eine kulturhistorische zwar, aber keine soziologische. Sie hat natürlich einen theoretischen Kern, nämlich zu zeigen, wie Ideen in der Geschichte wirksam werden können. Das will er zeigen, und zwar in einer wirklichkeitswissenschaftlichen Weise. Ideen und Ideale sind normalerweise dogmatisch formuliert. Das ist die Perspektive des Theologen und des Juristen. Aber es ist nicht seine Perspektive. Er fragt nach der Wirksamkeit solcher Ideen und Ideale und nach den Mechanismen, die sie wirksam machen. Und das ist eben eine wirklichkeitswissenschaftliche Perspektive auf die Ideen und Ideale und keine dogmatische. Ich brauche die dogmatische Beschäftigung mit den Ideen und Idealen allerdings als Voraussetzung, damit ich deren Wirksamkeit überhaupt prüfen kann.

Sigmund: Bezieht sich eine historische Perspektive aber nicht primär auf die Entwicklungen und Veränderungen? Und nimmt nicht der soziologische Blick die Kausalitäten, Ursachen, und Beziehungen in den Fokus?

Müller: Aber das Interessante für ihn ist doch diese „Paradoxie der Wirkung gegenüber dem Wollen". Also die Wirkungsweise, die Raymond Boudon dann „effets pervers"[4] nennt, also dass Ideen nicht *intentione recta,* sondern indirekt und entgegen ihrer ursprünglichen Intention wirken. Es ist ja nicht so, dass der Puritanismus den Kapitalismus hervorbringen wollte, sondern er wollte eine gottwohlgefällige Lebensführung.

Schluchter: Selbstverständlich gilt das Paradox. Kein Puritaner wollte den Geist des modernen Kapitalismus, geschweige denn die Form des modernen Gewerbekapitalismus erfinden. Die Puritaner waren um ihr Seelenheil besorgt, nicht um ihr wirtschaftliches Fortkommen. Die Strömungen, die Weber unter dem Idealtypus

---

[4] Boudon, Raymond, *Widersprüche sozialen Handelns.* Darmstadt: Luchterhand 1979.

des asketischen Protestantismus zusammenfasst und die von den Calvinisten bis zu den Täufern und ihren jeweiligen sekundären Bewegungen reichen, haben im 17. und 18. Jahrhundert aus seiner Sicht allerdings ein überragendes Interesse, nämlich ein Heilsinteresse. Und der Mechanismus, mittels dessen dieses Interesse wirksam wird, ist das Streben nach der „certitudo salutis", die zu gewinnen wiederum von den dogmatischen Grundlagen abhängig ist. Das motiviert zu einer religiösen Lebensführung, die aufgrund eines bestimmten Gottesverhältnisses ein bestimmtes Weltverhältnis zur Folge hat, nämlich die innerweltliche Berufsaskese. Und das wiederum bedeutet, dass der weltliche Beruf eine Aufwertung erfährt. Weltliche Berufsarbeit ist dann nicht mehr nur Mühe, sondern kann als Gottesdienst aufgefasst werden. Das kommt einer Wirtschaftsentwicklung zugute, die aus gänzlich anderen Ursachen das Wirtschaftssystem in Richtung auf einen Gewerbe- und Betriebskapitalismus umzugestalten beginnt. Es geht also um eine sehr komplexe Konstellation von Faktoren und ihr Zusammenwirken. Aber es ist eine historische Untersuchung.

Sigmund: Sicherlich, aber das geht doch weit über einen historischen Zugriff auf das Thema hinaus.

Schluchter: Es ist zweifellos eine besondere Art von historischer Analyse, nicht Narration, sondern kausale Zurechnung, die theoretisch angeleitet ist.

Müller: Es ist eine historische Kulturanalyse, eine historisch-soziologische Kulturanalyse.

Schluchter: So kann man sagen. Denn die kulturellen Faktoren sind nicht einfach abgeleitet, sondern leisten, wenn man so will, einen eigenständigen Beitrag zu einer Entwicklung, die man nicht ausschließlich aus den materiellen Konstellationen heraus verstehen kann. Das ist die Abgrenzung gegenüber Marx. Weber ersetzt das Basis-Überbau-Modell durch das Form-Geist-Modell. Das sagt er in der „Protestantischen Ethik" ausdrücklich. Dort sagt er auch, Ideen entwickeln sich nicht wie eine Blume, sie wachsen nicht nach einem Programm und werden dann immer schöner, sondern sie entwickeln sich eben auch in solchen merkwürdigen Konstellationen, die nur fassbar sind über die „Paradoxie der Wirkung gegenüber dem Wollen". Also es kommt am Ende etwas heraus, was ursprünglich unter Umständen von niemand gewollt war. Dass das dennoch kausal interpretierbar ist, das ist, glaube ich, eine seiner richtigen und wichtigen Einsichten.

Müller: Aber dazu muss man eben diese historisch-empirischen Konstellationsanalysen machen, die sehr komplex sind.

Schluchter: Man muss sich zunächst darüber Klarheit verschaffen, dass man das nicht im Totalitätszugriff tun kann, sondern dass man Gesichtspunkte braucht, die einseitig sind und die nach Ergänzung verlangen. Und Weber hat seine Untersuchung nur als einen Anfang begriffen, der nicht ausreicht, um die Entstehung des modernen rationalen Kapitalismus zu erklären. Dazu hätte es weiterer Analyse bedurft. Die hat Weber aber nicht geliefert, obgleich er dies ursprünglich einmal vorhatte.

Müller: Und warum hat er sie nicht weiterverfolgt?

Schluchter: Warum das so ist, ist eine interessante Frage. Jedenfalls hat er das Programm, das er ursprünglich am Ende der „Protestantischen Ethik" 1905 formulierte, nicht eingelöst. Hat er es nicht eingelöst, weil ihm in der Zwischenzeit klar geworden war, dass sein Ansatz vielleicht zu einseitig war? Oder hat er es nur hinausgeschoben, weil anderes dringlicher war? Er sagt ja selbst, er habe sich zunächst universalgeschichtlichen Problemen der Religion zuwenden wollen, um seine Studie ihrer Isoliertheit zu entkleiden, womit er spätestens ab 1910 auch tatsächlich begann. Er studiert Konfuzianismus, Hinduismus und Buddhismus, Judentum, Urchristentum und Islam, und er will diese Studien am Ende bis zum lateinischen Christentum, zum Christentum des Okzidents, fortführen. Vielleicht hätte er hier die versprochene Fortsetzung nachgeholt.

Sigmund: Wie hätte das denn genau aussehen können?

Schluchter: Die Vermutung ist, er hätte nicht nur diese Ideenwirksamkeit untersucht, sondern auch die materiellen Konditionen und institutionellen Konstellationen, die dazu beigetragen haben, dass diese Ideen überhaupt so wirksam werden konnten, wie sie seiner Ansicht nach waren. Eine solche Wirksamkeit hat natürlich noch mehr Voraussetzungen als nur die entsprechende Interpretation und Umdeutung der Ideen. Auch hätte er die Vorgeschichte der Reformation und die Reformation selbst nebst ihren materiellen Bedingungen einbeziehen müssen. Jedenfalls gehört dies bereits zum Programm von 1905.

Müller: Es bleibt natürlich eine kühne Programmatik, die er am Ende der „Protestantischen Ethik" ankündigt.

Schluchter: Es ist eine Programmatik, die sich nicht zuletzt aus der methodischen Entscheidung ergibt, zunächst die Entstehung des „Geistes" des modernen Kapitalismus zu untersuchen unter Absehung von seiner Form. Weber sagt ja ausdrücklich: Es gibt Fälle, wo der Geist ohne die Form existiert und die Form ohne den Geist. Dass beide eine Wahlverwandtschaft eingehen, ist keineswegs selbstverständlich. Aber wo diese zustande kommt, verstärken sich Geist und Form wechselseitig, und daraus werden Kräfte freigesetzt, die sich gegen die Tradition durchsetzen können. Es geht also zunächst nur um Ideenkausalität unter Abstraktion von institutionellen Konstellationen. Um diese Ideenkausalität plausibel zu machen, benötige ich allerdings Akteure in Gestalt von religiösen Experten einerseits, von Laien andererseits. Denn Ideen und Ideale verwirklichen sich nicht von selbst. Es ist letztlich die Frage nach der Trägerschicht. Weber findet sie in aufstiegsorientierten Schichten eher kleinbürgerlichen Zuschnitts. Und die Frage lautet: Wie setzt sich ein bestimmtes religiöses Weltbild in diesen Schichten in eine Lebensführung innerweltlicher Berufsaskese um? Es geht um Ideenkausalität, aber es ist keine, die Ideen mit Ideen verknüpft, sondern Ideen mit Lebenswirklichkeiten und der Konsequenz von Lebenswirklichkeiten für die Weiterentwicklung von Ideen nachgeht. Es verlangt also ein Makro-Mikro-Makro-Modell, man kann auch sagen: ein Mehrebenen-Modell der Erklärung. Das ist im Grunde seit David McClellands *The Achieving Society* bekannt und von vielen danach wiederholt worden.[5]

Sigmund: Was dann eben doch einen weiterreichenden soziologischen Erklärungsanspruch formuliert.

Schluchter: Man muss mit der Charakterisierung der Ideenkonstellation, des objektiven Geistes, wenn man so will, beginnen. Das tut Max Weber im ersten Abschnitt des zweiten Aufsatzes („Die Berufsidee des asketischen Protestantismus"), in dem er die religiösen Grundlagen der innerweltlichen Askese aus seiner Sicht rekonstruiert. Es ist die Sicht eines Nicht-Theologen, und Weber ist in Bezug auf seine Leistung sehr bescheiden. Das ist ganz unberechtigt, denn er dringt, wie die Kommentierung des Textes in MWG I/9 zeigt,[6] tief in die durchaus kontrovers geführten theologischen Debatten der Zeit ein. Die Frage stellt sich dann: Wie wirkt ein so rekonstruiertes erlösungsreligiöses Weltbild auf die Gläubigen, deren überragendes Interesse ist, zu wissen, ob man erlöst oder verdammt ist? Das war, im noch religiösen 17. Jahrhundert, für viele Menschen eine Lebensfrage. Und deshalb ist das Verlangen nach der „certiduo salutis" das zentrale Phänomen, das die dogmatische Überlieferung mit der Lebenswirklichkeit verknüpft. Das ist der Witz der Sache: Es ist eine Ideenkausalität, aber es ist keine, die Ideen direkt zueinander in Beziehung setzt, sondern eben vermittelt über diese ideellen Bedürfnisse der Gläubigen und

---

[5] McClelland, David, *The Achieving Society.* Princeton, NJ.: Nostrand 1961.
[6] Siehe MWG I/9, S. 242 ff.

die Reinterpretation der dogmatischen Grundlagen aufgrund der Tatsache, dass die Gläubigen nach Heilssicherheit streben und ihre Lebensführung danach ausrichten.

Sigmund: Und dann in ihrer Lebenspraxis auch damit umgehen müssen.

Schluchter: Ja, und dabei unter Umständen Wege suchen, die zu einer Veränderung der ursprünglichen Ideenkonstellation führen. Das ist, wie ich finde, der geniale Gedanke in der „Protestantischen Ethik", auf den es Weber ankam. Er hat ja selbst einen Hinweis in dieser Richtung gegeben. Er rechtfertigte nämlich die Publikation seiner zweiteiligen Studie im *Archiv für Sozialwissenschaft und Sozialpolitik* damit, dass er anhand einer historischen Studie zeigen wolle, wie Ideen in der Geschichte wirksam werden können, und dass allein dies der Grund sei, weshalb die Studie im *Archiv* erscheinen könne, das sich ansonsten an historischer Arbeit nicht beteiligen wolle.

Müller: Und dabei verändert sich die ursprüngliche Ideenkonstellation sogar bis zur Unkenntlichkeit?

Schluchter: Bis zur Unkenntlichkeit. Dann bedarf es freilich auch einer neuen Rechtfertigung.

Müller: Benjamin Franklin gibt der Sache dann eine utilitaristische Färbung.

Schluchter: So ist es, das sagt Weber ja ausdrücklich. Jetzt wird seit dem Buch von Heinz Steinert[7] immer wieder behauptet: Das, was Weber aus Franklin zitiert, um den Geist des modernen Kapitalismus provisorisch zu veranschaulichen, sei alles ironisch gemeint gewesen. Das ist übrigens ein alter Hut, denn Ähnliches, allerdings besser dokumentiert, findet sich schon bei Eduard Baumgarten[8]. Aber ob Ironie oder nicht, es geht um die Illustration einer Haltung und um die Tatsache, dass an ihr immer noch ein ethischer Hintergrund, ein Ethos, wie es später heißt, erkennbar ist.

Sigmund: Warum aber Benjamin Franklin?

---

[7] Steinert, Heinz, *Max Webers unwiderlegbare Fehlkonstruktionen. Die Protestantische Ethik und der Geist des Kapitalismus*. Frankfurt a. M.: Campus 2010.

[8] Baumgarten, Eduard. *Benjamin Franklin. Der Lehrmeister der amerikanischen Revolution*. Frankfurt a. M.: Klostermann 1936.

Schluchter: Warum Franklin? Das kann man fragen: Hätte es nicht bessere Bei-spiele gegeben? Werner Sombart etwa wählt Jakob Fugger, doch für Weber vertritt Fugger eine reine Klugheitslehre, kein Ethos, er ist wagemutig, aber bleibt in sei-nem wirtschaftlichen Handeln sittlich indifferent. Das ist bei Franklin nach Weber anders, weil bei ihm trotz der Nähe zum Utilitarismus eine ganze Tugendlehre im Hintergrund steht. Das ist der Punkt, auf den es Weber ankommt, der Hinweis auf die ethische Komponente im Geist des modernen Kapitalismus. Die ist für ihn bei Franklin noch erkennbar: Eine ethisch gefärbte Maxime der Lebensführung treibt nicht nur sein wirtschaftliches Handeln an.

Weber ist primär Historiker in der „Protestantischen Ethik", das war ja unser Thema, und das entwickelt sich aber immer stärker in Richtung auf Soziologie.

Sigmund: Eine historische Arbeit auf dem Weg zur Soziologie?

Schluchter: Aber einer Soziologie, die er eben von vornherein als verstehend qua-lifiziert, um sich von anderen Soziologien abzugrenzen. Und diese Entwicklung von 1910 bis 1920 gewinnt einen zusätzlichen Schub durch die vergleichenden Stu-dien über die Weltreligionen, eine Arbeit, die wohl ab 1910/11 einsetzt. Marianne Weber spricht im *Lebensbild* von der wichtigen Entdeckung, die Weber etwa um diese Zeit gemacht habe, die Entdeckung, dass nicht nur die moderne Wirtschaft, sondern die moderne Kultur insgesamt von einem besonderen Rationalismus durch-drungen sei, der sich von dem anderer Kulturkreise unterscheide. Damit kommen für Weber auch außereuropäische Entwicklungen stärker in den Blick. Es ist frei-lich nicht so, als hätte Weber zuvor nie über den Okzident hinausgeblickt. In der Vorlesung über Praktische Nationalökonomie gibt es bereits Passagen, die sich mit China und Japan beschäftigen und in denen die Kolonialregime der Spanier und der Briten miteinander verglichen werden. Aber jetzt wird der Kulturvergleich zum Programm. Ausgangspunkt ist die „Protestantische Ethik", deren Methode er für die Analyse der Weltreligionen verwendet, wie er 1915 gegenüber dem Verleger Paul Siebeck äußert. Er wird damit zum einzigen der heute noch gelesenen Soziologen aus dieser Zeit, der sein Erkenntnisinteresse auch auf Asien richtet. Das findet man weder bei Karl Marx, der ja wenig Erhellendes über Indien zu sagen wusste, noch bei Émile Durkheim. Aber auch Ferdinand Tönnies und Georg Simmel, um nur diese zu nennen, fallen in dieser Hinsicht aus.

Müller: Das wäre jetzt wirklich auch die Frage. Es ist ja so, wenn man Umfragen zu der Prominenz von Klassikern macht, dann bekommt man stets ein bestimmtes Bild. Ein chilenischer Doktorand in Berlin, Pablo Beytía, schreibt eine Dissertation über die globale Konstruktion von Biografien auf Wikipedia. Ich habe ihm vorgeschlagen, dass wir erst einmal eine Auswertung machen mit den Datensätzen zu den Soziologen. Wer sind die Top-20-Soziologen? Ich frage mal in die Runde: Was glauben Sie, wer befindet sich auf Platz 1, und wer ist auf Platz 2?

Schluchter: Marx und Weber.

Müller: So ist es, Platz 1 und 2 – und zwar führen beide mit deutlichem Abstand.[9]

Schluchter: Das Interessante freilich ist, dass die meisten Soziologen, die Weber ganz nach oben setzen, die „Protestantische Ethik" und *Wirtschaft und Gesellschaft* für fertige Bücher halten. Aber es sind keine Bücher. Das eine ist eine Aufsatzfolge, die nicht abgeschlossen wurde, das andere ist kein Buch, sondern ein Projekt in mehreren Fassungen. Das heißt für mich, die Kenntnisse, die viele Soziologen über Weber haben, sind doch eher bescheiden. Man sollte also bei solchen Ranglisten vorsichtig sein. Weber hat den Vorteil, dass die relative Unabgeschlossenheit des Werkes es zulässt, bestimmte Teile zu nutzen, ohne den Gesamtzusammenhang berücksichtigen zu müssen.

Müller: Ist das die Steinbruchthese?

Schluchter: Das ist die Steinbruchthese im Sinne von: als Steinbruch behandelt. Und das hat gewiss auch mit der Breite des Werkes zu tun. Das ist natürlich schon eine Auszeichnung, wenn ein Werk diese Komplexität hat. Der Zustand des Werkes zwingt nicht dazu, alle Elemente, die in ihm eine Rolle spielen – Methodologie, theoretischer Ansatz, Sachaussagen – zu berücksichtigen. Vielmehr kann man – darin war Robert K. Merton ein Meister – sich eines Theorems bedienen und es weiterentwickeln. Dies scheint mir eine der Möglichkeiten bei Weber zu sein, die man bei Marx nicht in gleichem Maße hat, auch bei Simmel nicht.

Müller: Simmel ist allerdings auch kein Totalitätsdenker.

Schluchter: Gewiss, aber seine *Soziologie* ermutigt schon von der Konzeption her, einzelne Stücke zu verwenden. Das sind Miniaturen, in sich geschlossen, an die man, ohne Berücksichtigung des Rests, anschließen kann. Das ist auch immer wieder geschehen.

---

[9] Siehe Beytía, P. G. und Müller, H. P., Toward a digital reflexive sociology, Manuskript, Berlin 2020.

Bei Weber ist vermutlich die Behandlung seines Werkes als Steinbruch einer der Gründe, weshalb er so häufig zitiert wird. Aber man muss auch sehen, dass solche partiellen Übernahmen nur in einem kleinen Kreis von Forschern stattfinden, denn es gibt nicht mehr allzu viele, die sich noch mit den großen Werken unseres Faches auseinandersetzen. Und selbst Weber ist nicht im gleichen Maße eine welthistorische Figur, wie dies von Marx gesagt werden kann oder von Hegel oder von Kant. Jürgen Kaube hat ja in seiner Biografie versucht, Weber auf eine Ebene mit Goethe und ähnlichen geistesgeschichtlichen Heroen zu stellen. Ich glaube, da steht er ein bisschen hoch.

Sigmund: Nochmal die Frage, die Sie ja auch schon gestellt haben: Ist Weber wirklich jemand, der, über solche partiellen Anschlussmöglichkeiten hinaus, die auch interdisziplinäre Bezüge ermöglichen, heute als Soziologe noch anschlussfähig ist? Wo man wirklich sagen kann, ja, ich arbeite mit Weber, vielleicht auch über ihn hinaus weiter. Das ist ja ein bisschen mit der Steinbruchthese angedeutet. Man kann ihn nutzen, aber nicht nur partiell, sondern insgesamt, von seiner verstehenden Soziologie her.

Schluchter: Das ist deshalb so schwierig zu beantworten, weil sich die reale Situation im Vergleich zu seiner Zeit fundamental verändert hat. Man muss sich immer klar machen, dass wir seit seinem Tod vor hundert Jahren eine unglaubliche Dynamik und Veränderung erlebt haben, dass er vieles von dem nicht gekannt hat, was uns heute bewegt. Ich nenne nur den Totalitarismus, die nukleare Bedrohung, die Überbevölkerung, den gigantischen Ressourcenverbrauch, die Genmanipulation, die Digitalisierung. All das und mehr hat er noch nicht gekannt.

Sigmund: Aber er wusste immerhin schon vom fossilen Brennstoff, dass der irgendwann mal zu Ende gehen könnte.

Schluchter: Dieses Ende galt ihm als die Schranke der Entwicklung des Kapitalismus. Damit lag er aber falsch. Denn das Überleben des Kapitalismus hängt nicht, wie wir heute wissen, am fossilen Brennstoff, weil wir Alternativen dazu haben. Wir müssen sogar möglichst schnell auf den fossilen Brennstoff verzichten, weil es sonst bald keine Menschheit mehr gibt. Im Übrigen sind Prognosen dieser Art immer problematisch, weil dabei vorhandene Tendenzen einfach in die Zukunft verlängert werden. Mit einer Beobachtung über seine Gegenwart hinaus hat Weber allerdings Recht behalten. Er las sie an der bürgerlichen Revolution in Russland ab.

Kapitalismus und bürgerliche Demokratie fördern sich keineswegs wechselseitig. Kapitalismus kann auch unter autoritären Regimen gedeihen. Die Demokratie will erkämpft sein. Das scheint mir heute wahrer denn je.

Müller: Aber er hat ein sehr formales Demokratieverständnis.

Schluchter: Zweifellos, weil er das Problem der Führerauslese in den Mittelpunkt stellt. Dies ist Folge einer weiteren Fehldiagnose: der von der Versteinerung durch Bürokratisierung, die jedenfalls so nicht eingetreten ist. Die Veränderungen in den letzten hundert Jahren sind vermutlich dramatischer gewesen als alles, was von der Reformation bis zum Ende des Ersten Weltkrieges passierte. Deshalb ist es schwierig, sich heute noch auf Webers Sachaussagen zu stützen. Man muss an seiner theoretisch-methodischen Perspektive festhalten, nicht an den einzelnen Sachaussagen in seinem Werk.

Sigmund: Was macht denn die Anwendung seines Soziologieverständnisses so schwierig?

Schluchter: Die Hauptschwierigkeit besteht meines Erachtens darin, dass es nicht einfach ist, einen Zugang zum Werk zu finden, der über den Steinbruch hinausgeht. Um es etwas pathetisch zu formulieren: Was ist der Geist, der in diesem Werk pulsiert? Was hält es im Innersten zusammen?

Müller: Woran denken Sie?

Schluchter: Ich denke, es kann kein Zufall sein, dass doch die meisten, die sich mit diesem Werk länger und intensiver beschäftigen, davon irgendwie ergriffen werden. Wohl weil darin eine Lebensphilosophie steckt.

Müller: Max Weber – ein Lebensphilosoph?

Schluchter: Natürlich nicht im Sinne der Lebensphilosophie als einer philosophischen Schule, sondern im Sinne einer Lebensführung, die Karl Jaspers präzise benannt hat. Er kannte Weber gründlich, zunächst als Mensch, dann als Wissenschaftler, schließlich als Kranken. Denn Weber schrieb für Jaspers, den Arzt, eine Selbstanalyse, die Marianne Weber leider vernichtete. Sie muss, wie Jaspers bezeugt, von rücksichtsloser Offenheit gewesen sein. Für Jaspers ist Weber natürlich kein Philosoph, und Weber hätte sich selbst auch nie als solchen bezeichnet.

Er ist nach Jaspers der Typus des modernen Menschen, der die Kraft hat, die unge-
heuersten Spannungen in sich selbst und die Widersprüche des Lebens aus- und
zusammenzuhalten, und zwar in völliger Illusionslosigkeit. Insofern führt er in seinen Augen eine philosophische Existenz. Daraus erklärt sich auch Webers Pathos. Es
ist ein Pathos der Nüchternheit. Meines Erachtens ist der entscheidende Punkt, dass
Weber klar sagt, wir Menschen müssen, jeder für sich, die Frage beantworten: Wie
will ich leben? Und dies in einer Konstellation, in der es letztlich keine Versöhnung
zwischen mir und der Welt und keine Versöhnung zwischen den Anforderungen, die
die Welt an mich stellt, geben kann. Sondern es gibt nur Konflikte. Es gibt Konflikte,
die kann ich mir klar machen, es gibt Konflikte, die kann ich mir verdecken, aber
wenn ich echt leben will, dann lebe ich in Konflikten, letztlich in Antinomien. Und
es gibt keine endgültige Lösung für dieses Problem, nur eine geoffenbarte Religion könnte eine solche Lösung bieten. Für mich, Max Weber, ist dies aber keine
Lösung, wenngleich ich den achten kann, der sie für sich akzeptiert. Insofern ist die
„Zwischenbetrachtung" natürlich mehr als nur eine Zwischenbetrachtung.

Sigmund: In der Weber die möglichen Wertkonflikte und Antinomien grundsätzlich durchdekliniert.

Schluchter: Ja, aber das ist nur ein Aspekt. Die „Zwischenbetrachtung" erfüllt
vier Funktionen: Erstens leitet Weber damit vom Konfuzianismus, einer Art Zivil-
religion, zu den Erlösungsreligionen über. Das verhandelt er unter dem Gegensatz
Weltanpassung – Weltablehnung. Zweitens entwickelt er unter Verwendung der
Begriffspaare asketisch – mystisch (auch handeln – kontemplieren) und innerweltlich – außerweltlich eine Typologie von Weltablehnungsmotiven, die mit
verschiedenen Weltverhältnissen zusammengehen: Weltflucht, Weltüberwindung,
Schickung in die Welt und Weltbearbeitung. Drittens wählt er die religiöse Brüderlichkeitsethik mit ihrem Universalismus aus, um ihre Forderungen mit den
Forderungen säkularer Wertsphären, Lebensordnungen und Lebensmächte zu kon-
frontieren und die Spannungs- wie auch die Vertretungsverhältnisse zwischen ihnen
zu diskutieren: mit der Familie und den Nahverbänden, der Wirtschaft, der Politik,
der Kunst, der Erotik und der modernen Wissenschaft. Dahinter steht zugleich der
Gegensatz zwischen einem religiösen und einem säkularen Weltbild. Und schließlich diskutiert er, viertens, die drei typischen Bewältigungsstrategien, die mit einer
solch konflikthaften Grundkonstellation verbunden sind. Die erste, naheliegende
Lösung besteht natürlich darin, dem Konflikt auszuweichen, also opportunistische
Wertbefolgung zu betreiben; eine zweite Möglichkeit besteht darin, den Konflikt
anzuerkennen, ihn aber mittels eines organischen Relativismus zu entspannen; die
dritte besteht darin, einen Liebesakosmismus zu pflegen, also die Realität der Welt

zu ignorieren. Doch all diese Möglichkeiten gelten Weber letztlich als Bewältigungsstrategien, um das zentrale Problem der Moderne zu umgehen. Denn dieses
verlangt, den Konflikt auszuhalten und ihn auszukämpfen und die damit verbundenen Entscheidungen zu verantworten, nicht aber, in eine Wert- oder Kultursynthese
welcher Art auch immer auszuweichen.

Müller: Die Weltablehnung als Bedingung der Möglichkeit einer Distanzierung
von dieser Welt und als Möglichkeit der Vorstellung einer anderen, besseren Welt?

Schluchter: So könnte man das sagen. Denn was genau heißt Weltablehnung?
Weltablehnung heißt, die „axiologische Kehre", wie ich das genannt habe, bewusst
zu vollziehen. Der Mensch muss sich gewissermaßen von der Welt lösen, um ihr
frei gegenüberzutreten zu können. Das geschieht, indem er sich an Werte bindet. Das
ist für Weber zunächst die Leistung der Erlösungsreligionen auf der kollektiven
Ebene. Es ist der Schritt von der Immanenz zur Transzendenz. Hier kommen die
vier Weltverhältnisse ins Spiel, von denen ich gesprochen habe: Weltflucht, Weltüberwindung, Schickung in die Welt, Weltbeherrschung. Im Grunde sagt Weber,
eine moderne Lebensführung muss eine Beziehung herstellen zwischen der religiösen, der politischen, der ökonomischen, der künstlerischen, der erotisch-sexuellen
und der wissenschaftlichen Wertsphäre. Eine Lebensführung bestimmt sich danach,
wie ich dieses Verhältnis für mich gestalte.

Müller: Und nicht allgemein verbindlich.

Schluchter: Heute verbindlich nur für mich, im Sinn von Simmels „individuellem
Gesetz". Niemals lassen sich alle Forderungen, die der „Polytheismus der Werte" an
mich stellt, erfüllen. Es gibt immer Opfer, auch Schuld. Es ist weder Hegels Gedanke
der Vermittlung noch der Versöhnungsgedanke der Offenbarungsreligionen, was für
Weber eine Lösung bietet. Es gibt nur einen *modus vivendi*, um diese Konflikte für
mich zu bewältigen. Es gibt nicht mehr das volle schöne Menschentum, sondern nur
ein Leben mit Beschränkungen. Wir sind allenfalls noch Fachmenschen, hoffentlich
solche mit Geist. Aber das volle schöne Menschentum hat sich auch Goethe letztlich
eher anquälen müssen. In „Wissenschaft als Beruf" sagt Weber, Goethe habe sein
Leben zum Kunstwerk machen wollen, und das sei gründlich schiefgegangen, und
dies, obgleich er vieles Gescheite über das Fachmenschentum zu sagen wusste.
Aber seit der „Protestantischen Ethik" ist der Verlust des vollen Menschentums in
der Moderne ein Weber'sches Grundmotiv.

Müller: Aber das ist ja auch ein Punkt, Menschentyp und Lebensführung heute. Weber hat diese strenge darwinistische Terminologie, welche Art von Persönlichkeiten ausgelesen werden in diesen Prozessen.

Schluchter: Welche sozialen Prozesse?

Müller: Ja, welche sozialen Prozesse. Was würden Sie denn sagen, da gibt es im Weber'schen Werk verschiedene Antworten. Also an einer Stelle sagt er, wenn er an die Deutschen denkt, es sind Ordnungsmenschen, die nervös werden, wenn die Ordnung wankt. Am Ende der „Protestantischen Ethik" sind es die „Fachmenschen ohne Geist, Genussmenschen ohne Herz". Hat Weber für sich selbst das Gefühl gehabt, dass er diese komplexen Anforderungen an den modernen Menschen für sich gelöst hat in seinem Leben?

Schluchter: Wenn man seine Grundstimmung charakterisieren wollte, müsste man wohl sagen: Nein. Das jedenfalls sagen viele Briefe: Ich bin ein verstümmelter Mensch, ein Krüppel, unfähig, irgendwelche Kathedralen in mir zu errichten. So sagt er es in dem bekannten Brief an Tönnies von seiner religiösen Unmusikalität. Er sei, hier auf Schleiermacher anspielend, religiös einfach unmusikalisch. Aber er ist es nicht allein in Bezug auf die Religion. Immer wieder spricht er vom anderen Ufer, an dem er stehe, getrennt von allem und allen, mit denen er umgehe. Und er zeigt sich dankbar für die Hand der Freundschaft, die diese Trennung überbrücke, aber ihn doch immer am anderen Ufer lässt. Gegen die Relativierung seiner Krankheitserfahrung, die ihn ja an den Rand des Suizids gebracht hatte, zeigte er sich sehr empfindlich. Das konnte auch groteske Züge annehmen, so, wenn er sich mit Georg Jellinek darüber streitet, wer von beiden das größere Leiden zu tragen habe.

Müller: Darf ich da ganz kurz nachhaken? Also das wäre, wenn man das begrifflich fassen wollte, die Distinktion „Gesundheit/Krankheit".

Schluchter: Ja, Gesundheit/Krankheit. Der Gesunde versteht den Kranken letztlich nicht.

Müller: Dann wäre die These, dass der Kranke kein volles Leben genießen kann, eben weil er diesen Dämon der Krankheit hat. Die Krankheit kann jederzeit wiederkommen, er hat ja immer Angst gehabt, dass er diesen Rückfall erleiden könnte. Also insofern muss er sehr distanziert sein, sehr zurückgezogen leben und muss sich dauernd überlegen, was kann ich mir zumuten? Der Witz ist ja, dass es Karl Jaspers genauso erging. Jaspers war auch krank. Und da sehe ich übrigens einen anderen

Umgang mit dieser Krankheit. Jaspers hat sie als Bedingung seiner Existenz akzeptiert und dann versucht, das Beste daraus zu machen. Bei Weber ist die Stimmung melancholisch, eigentlich tieftraurig. Ein unglücklicher Mensch.

Schluchter: Ja, in gewissem Sinne schon.

Müller: Genial, aber unglücklich.

Schluchter: Mit der einen Ausnahme, als sich die lange unterdrückte Liebe zu Else Jaffé realisiert. In dieser Beziehung geht er ganz auf, unterwirft sich Elses Regiment (Unterwerfungsvertrag) und stellt die Wertsphäre Erotik über alle anderen. Es ist für ihn wie eine zweite Jugend, die das einlöst, was ihm die erste Jugend verweigerte. Wenn wir heute diese Liebesbriefe lesen, die eigentlich hätten vernichtet werden sollen, so erscheinen sie jünglinghaft, aber auch anrührend. Er setzt alles aufs Spiel, stellt keine Bedingung, will nicht wissen, wie lange die Beziehung dauert, lebt ganz dem Augenblick. Er unterwirft sich zum ersten Mal einer Kraft, die größer ist als er selbst. Eine der Wertsphären gewinnt die Dominanz über alles andere. Und das ist etwas, von dem man ahnt, dass er es auf Dauer nicht hätte durchhalten können. Denn es gab ja noch das Werk, das eine andere Art von Vollendung verlangte. Vielleicht ist er zum richtigen Zeitpunkt gestorben, sodass er den heraufziehenden Konflikt, der ja mit Marianne Weber, Mina Tobler und Alfred Weber auch personifiziert ist, nicht austragen musste.

Müller: Else hätte die Beziehung irgendwann beendet?

Schluchter: Oder hätte sie jedenfalls in dieser personellen Konstellation nicht weiterführen können. Doch das ist Spekulation. Ich will damit nur sagen, er fühlte sich spätestens seit seiner Krankheit als „unvollständig". Versöhnung mit sich und der Welt, das war ihm nicht gegeben. Insofern ist eine pessimistische, eine tragische Komponente bei ihm immer im Spiel. Das halte ich allerdings zugleich für eine realistische Diagnose der modernen menschlichen Existenz, wenn nicht der menschlichen Existenz überhaupt.

Müller: Aber was heißt das jetzt für das Verhältnis von Mensch und Welt? Das ist ja eine Anthropologie, die nicht mit naturhaften Zügen des Menschen arbeitet.

Schluchter: Nein, überhaupt nicht, im Gegenteil.

Müller: Sondern ist eine Anthropologie, die wiederum in der modernen Welt eine bestimmte kulturelle Ausprägung hat.

Schluchter: Ja, aber die Grundkonstellation bleibt dieselbe, die steht anthropologisch fest. In jeder Phase der Menschheitsentwicklung seit den Kulturen der Achsenzeit hat der Mensch die Notwendigkeit, sich zu diesen verschiedenen Sphären zu verhalten. Und dabei besteht immer das Problem, dass er die Wertsteigerung in der einen Sphäre mit Wertminderung in einer anderen Sphäre kombinieren muss. Es gibt keine Versöhnung, und das kann man ein anthropologisches Grundmotiv nennen. Doch es muss kulturell interpretiert, ausgelegt werden. Und deswegen hat die „Zwischenbetrachtung" diesen existenziellen Hintergrund. In ihr formuliert Weber aber die soziologische Frage: Unter welchen äußeren und inneren Bedingungen sind Menschen überhaupt in der Lage, die Welt abzulehnen? Normalerweise lehnen die Menschen die Welt nicht ab, sondern sie fügen sich in sie ein, sie sind im Grunde in ihr zuhause, auch behaust, wenn man so will. Das Interessante ist eben, dass sie in der Regel keine axiologische Kehre vollziehen wollen oder können. Wenn sie sie vollziehen, dann gibt es diese vier Möglichkeiten, daraus Konsequenzen für das eigene Leben zu ziehen, die zunächst die Erlösungsreligionen vorgeführt haben: Weltüberwindung, Weltflucht, Schickung in die Welt oder Wertbeherrschung im Sinne von Weltbearbeitung.

Müller: Bleiben wir nochmal bei Weber. Sie haben ja gesagt, es sind hundert Jahre vergangen. Die Grundkonstellation ist die gleiche, wir leben immer noch in einer Art von Moderne. Wie wir sie jetzt bezeichnen, erste, zweite, dritte oder Spätmoderne, das lassen wir beiseite. Also auch für uns stellt sich ja heute diese Frage. Und welche Antwort vermag Weber da zu geben? Ist es dieser Dämon, der das entscheiden muss, ist es dieser Trade-off zwischen Wertsteigerung und Wertminderung? Was ja übrigens ein modernes Phänomen ist, also insofern ist die Grundkonstellation auch nicht immer gleich. Er hat diese Unterscheidung zwischen dem heutigen Menschen und dem Naturmenschen, der über seine Welt ungleich mehr weiß als wir Modernen über die unsrige. Was würden Sie sagen, was für eine Art Menschentyp und Lebensführung ist heute wahrscheinlich? Passen wir uns letztlich an, bei vollentwickelter Rationalität?

Schluchter: Die Haltung des gewöhnlichen Menschen ist, sich diese fundamentalen Konflikte nicht bewusst zu machen.

Müller: Kann man dann – das wäre wirklich die entscheidende Frage – bei dieser Art von Weltanpassung von Lebensführung sprechen?

Schluchter: Das wäre auch eine normative Frage.

Müller: Es hat ihn aber sehr interessiert.

Schluchter: Natürlich, denn so leben Menschen normalerweise. In der zweiten Fassung des Aufsatzes zur Wertfreiheit, 1917 erschienen, sagt Weber ganz ausdrücklich im Zusammenhang mit seiner rudimentären Wertphilosophie, der Alltag verlaufe in der Regel so, als gäbe es diesen Kampf der entzauberten Götter, den Wertkonflikt überhaupt nicht. Für den Alltag gilt, was Niklas Luhmann die „Vordringlichkeit des Befristeten" nennt, die opportunistische Wertbefolgung. Ich gehe am Sonntag in die Kirche und höre mir eine Predigt über christliche Liebe an, und am Montag feuere ich meine Sekretärin. Das geht, ohne dass man Gewissensbisse bekommt. Das ist die normale Situation. Die für Weber existenziell interessante Situation ist aber nicht diese, sondern eine, die aus Weltablehnung resultiert. Daher sein großes Interesse an den Erlösungsreligionen, an den kulturhistorischen Weichenstellungen, die sie bewirkt haben. Aber Weltanpassung ist der Normalfall, auch heute.

Müller: Die schauen nicht in die Max Weber-Gesamtausgabe.

Schluchter: Nein, sie schauen auf ihr Handy. Aber das heißt, sie haben eine vollkommen konforme Art, sich mit dieser neuen Technologie zu beschäftigen. Absolut konform. Da gibt es überhaupt keine Singularität, keine Spur! Höchste Konformität. Das ist so ein Beispiel, wie eine technische Innovation zu dieser Konformität führen kann. Man kann sagen, es ist nur dann zulässig, von Lebensführung zu sprechen, wo wirklich ein Leben bewusst geführt wird. Und das setzt voraus, was Weber eine Transzendierung nennt, über das Eingewöhnte hinauszugehen, diese axiologische Kehre zu vollziehen. Das ist der entscheidende Punkt am Ende der „Protestantischen Ethik": Wo kommen die kulturellen Quellen her, die diese Transzendierung ermöglichen?

Sigmund: Warum hebt Weber dies denn gerade hier so stark hervor?

Schluchter: Er schreibt den Schluss der „Protestantischen Ethik" nach dem Amerika-Aufenthalt. Was hat er in Amerika gesehen? Er hat gesehen dieses wunderbare New York mit den schönen Hochhäusern, unglaublich faszinierend, wenn man von der Brooklyn Bridge aus auf die Stadt blickt. Er hat gesehen das Amerika der kleinen Städte, wo ein Häuschen neben dem anderen steht und alles friedlich vor sich zu gehen scheint. Er hat gesehen Chicago, ähnlich wie später Bertolt Brecht in seiner „Heiligen Johanna der Schlachthöfe". Und dann die Frontier, was sieht er hier? An der Frontier sieht er den Kapitalismus, der wie eine Walze alles Überkommene zermalmt. Und dieses kapitalistische Amerika ist zugleich das religiöseste Land, das man sich denken kann. Die letzten Formulierungen seiner Studie, die er ja selbst als Werturteile bezeichnet, sind natürlich eine unmittelbare Reflexion dieser amerikanischen Erfahrungen. Denn ihn beschäftigt die Frage, wer in Zukunft in diesem Gehäuse einer neuen Hörigkeit wohnen wird, ob nur Angepasste oder auch solche, die in der Lage sind, diesen Kosmos zu transzendieren, die axiologische Kehre zu vollziehen. Was er fürchtet, ist eben das Nicht-Transzendieren dieses Gehäuses. Bei Arnold Gehlen gibt es die ganz interessante Unterscheidung von der Transzendenz ins Jenseits und der Transzendenz ins Diesseits. Diese Option gibt es heute wieder. Die Transzendenz ins Jenseits, das wäre die Rückkehr zur Religion, die Transzendenz ins Diesseits das „Dennoch", die Selbsttranszendenz. Ich muss über mich hinaus und mich eben diesem Anpassungsdruck entziehen. Es ist die Sehnsucht nach Nonkonformität, die sich in dieser letzten Passage ausdrückt, verbunden mit der Frage nach den kulturellen Ressourcen, die diese ermöglichen.

Sigmund: Hätten wir denn heute noch entsprechende Optionen?

Schluchter: Die alten Religionen sind es heute wahrscheinlich nicht mehr, jedenfalls nicht mehr in dem Maße, wie sie es früher einmal waren. Das hat Weber wohl auch so gesehen. Er hat nicht gesagt, die Religion verschwindet. Das hat er nie behauptet. Religiöse Entzauberung ist nicht Säkularisierung, sondern das genaue Gegenteil, die radikale Verinnerlichung der Gott-Mensch-Beziehung wie im Protestantismus, Verzicht auf jegliche Form von Magie, man kann auch sagen: von Äußerlichkeit. Die brennende Frage bleibt: Wie lässt sich das Gehäuse der neuen Hörigkeit überwinden? Die Bedingungen sind schlecht, und sie kommen nicht nur von außen. Die meisten Menschen sind gern in diesem Gehäuse. Der Zwang, der von außen kommt, wird innerlich bejaht. Das fand ich immer schlecht an Talcott Parsons' Übersetzung von „stahlhartem Gehäuse" mit „iron cage", dass seine Wortwahl diese Seite nicht wiedergibt, dass sie vielmehr nahelegt, die Menschen würden hier gegen ihren Willen eingesperrt und würden gewissermaßen an den Gitterstäben rütteln. Das ist gerade nicht der Fall. Mit Marx könnte man sagen: Die Menschen sind in diesem Gehäuse zwar entfremdet, aber sie fühlen sich in der Entfremdung wohl. Wenn das so bleibt, dann bleibt es eben auch bei den „Genussmenschen ohne Herz und den Fachmenschen ohne Geist". Das ist der konforme Mensch. David

Riesman sagt „der außengeleitete Mensch"[10], Herbert Marcuse sagt „der eindimensionale Mensch"[11], da können Sie ja beliebig viele Soziologen aufführen, die ähnliche Diagnosen stellten. Freilich bricht Weber an dieser Stelle sofort ab mit der Bemerkung, er sei auf das Gebiet der Werturteile geraten und wolle seine historische Studie damit nicht belasten. Aber es steckt diese Grundidee dahinter: Der Mensch ist ein gespaltenes Wesen und in antinomische Verhältnisse gestellt. Er kann sie nur in Selbsttranszendierung bewältigen, aber er bewältigt sie nur dann, wenn er auch Opfer bringt.

Müller: Also dieser Dämon ist immer einseitig.

Schluchter: Der Dämon ist aus meiner Sicht das Daimonion des Sokrates.

Müller: Also ist es nicht Goethe?

Schluchter: Nein, Goethe ist „Forderung des Tages".

Müller: Aber er findet sich auch bei Weber.

Schluchter: Der Schluss von „Wissenschaft als Beruf" ist Goethe *und* Sokrates, also die Verbindung von der „Forderung des Tages" mit dem Daimonion. Und man kann natürlich sagen, Goethe hat Letzteres auch aufgegriffen …

Müller: Urworte. Orphisch. Erste Strophe.

Schluchter: Aber eigentlich ist der Dämon das Daimonion des Sokrates. Und Sokrates sagt: Das Daimonion ist die Stimme, die ich höre, wenn ich etwas nicht tun soll. Es ist sozusagen das Gewissen, das sich meldet, wenn ich etwas tue, was eigentlich meiner Bestimmung widerspricht. Es sagt mir nicht, was ich tun soll, sondern es sagt mir nur, was ich nicht tun soll. So jedenfalls habe ich den Schluss interpretiert.

Müller: Das ist wirklich ein ganz spannender Punkt, weil es tatsächlich diese Kombination ist. Denn bei Goethe heißt es ja in den letzten beiden Zeilen: „Und keine

---

[10] Riesman, David. *Die einsame Masse. Eine Untersuchung der Wandlungen des amerikanischen Charakters.* Reinbek: Rowohlt 1968.

[11] Marcuse, Herbert, *Der eindimensionale Mensch. Studien zur Ideologie der fortgeschrittenen Industriegesellschaft.* Neuwied: Luchterhand 1967.

Zeit und keine Macht zerstückelt/Geprägte Form, die lebend sich entwickelt." Wie passt das mit dem Daimonion von Sokrates zusammen, der Stimme in uns?

Schluchter: „Geprägte Form, die lebend sich entwickelt", meint doch, dass ich nicht aus dem herauskann, was ich in der Vergangenheit war, und nicht aus dem, was ich zu dem Zeitpunkt, zu dem sich das Daimonion meldet, bin. Ich habe ein Schicksal, aber es ist selbstgewählt, eine scheinbar paradoxe Formulierung. Wir sprachen bereits über das „individuelle Gesetz". Zu den inneren Bedingungen aber kommen die äußeren. Es gibt bei Marx den Satz: Die Menschen machen ihre Geschichte, aber unter den gegebenen und vorgefundenen Bedingungen. Und die Bedingungen sind eben dieses stahlharte Gehäuse der Hörigkeit des Kapitalismus. Marx hat dessen Zusammenbruch vorausgesagt, Weber dessen Versteinerung. Weder das Eine noch das Andere ist eingetreten, sondern ein Drittes: Der Kapitalismus hat sich weiterentwickelt und ist immer flexibler geworden, immer dynamischer, immer globaler. Aber er bleibt ein Gehäuse, welches unser äußeres Leben weiterhin bestimmt. Niemand scheint aus ihm ausbrechen zu können. Er bleibt vorerst der äußere Rahmen, in dem sich das individuelle Gesetz jedes Einzelnen vollziehen muss.

Müller: Es gibt von Simmel eine schöne Formulierung, die er von Weber offenkundig aufnimmt. Er spricht jedoch nicht vom stahlharten Gehäuse, sondern vom schöpferischen Gehäuse. Das ist natürlich eine lebensphilosophische Ansicht, weil er sagt, dass es gar nicht der Sinn des Lebens ist, die Form, die sich das Leben gegeben hat, voll zu erfüllen, sondern sie immer wieder neu zu erfinden.

Schluchter: Das könnte Weber zwar für das individuelle, nicht aber in gleichem Maße für das kollektive Leben sagen.

Müller: Da würde bei ihm an dieser Stelle das Charisma kommen. Charisma ist sozusagen die Kraft der Erneuerung.

Schluchter: Ja, Charisma als schöpferische Kraft, als Kraft der Erneuerung, die gegen jede Form der Alltagsherrschaft gerichtet ist. Das ist das allgemeine soziologische Konzept für das, was ich die axiologische Kehre beim Individuum genannt habe, der Einbruch des Außeralltäglichen in den Alltag. Das gilt letztlich auch für den Schluss der „Protestantischen Ethik". Doch dieses Konzept hatte Weber 1905 noch nicht zur Verfügung. Das kommt erst etwa 1910.

Sigmund: Ich möchte nochmal auf einen Punkt zu sprechen kommen, den wir kurz gestreift hatten. Was kann man heute noch mit Weber machen, und wie kann man ihn fruchtbringend nutzen? Sie haben gesagt, das sei nicht so einfach, und wenn, dann gehe es um theoretische und methodische Anschlüsse, nicht unbedingt um die Sachaussagen. Einen Anschluss haben Sie für mich sehr eindrücklich entwickelt: diese anthropologische Grundkonstellation, die Sie aus der „Zwischenbetrachtung" ablesen. Dann aber stellt sich für mich die Frage: Stehen die Wertsphären gleichrangig zueinander? Wo sind die zentralen Konflikte anzusiedeln? Haben wir heute eine Situation, wo eine Wertsphäre dominiert?

Schluchter: Ob eine Wertsphäre und Lebensordnung dominiert, ist eine historische Frage. Das variiert. Aber auch wenn eine dominiert, verschwinden die anderen nicht. Um das zu erfassen, sollte man bei der „Zwischenbetrachtung" nicht stehenbleiben, sondern sich darüber hinaus am eigentlichen Titel von *Wirtschaft und Gesellschaft* orientieren: „Die Wirtschaft und die gesellschaftlichen Ordnungen und Mächte". Und diesen Titel sollte man als „Die wirtschaftliche Ordnung und die wirtschaftlichen Mächte in ihrem Verhältnis zu den übrigen gesellschaftlichen Ordnungen und Mächten" lesen. Denn die Wirtschaft steht nicht der Gesellschaft gegenüber, sondern sie ist Teil der Gesellschaft, wie die übrigen Ordnungen auch. Interessanterweise hat Weber „Gesellschaft" nicht zu einem seiner Grundbegriffe erhoben. Vor langer Zeit schlug ich deshalb anstelle von „Gesellschaft" den Begriff „Ordnungskonfiguration" vor. Besteht die Wirtschaft aus dem historischen Gebilde des modernen Kapitalismus und die Politik aus dem historischen Gebilde der modernen Massendemokratie, so wird man selbst bei funktionaler Differenzierung eine Spannung zwischen diesen beiden Teilordnungen erwarten, wobei zunächst offen ist, welche am Ende dominiert oder ob sie gewissermaßen friedlich koexistieren.

Sigmund: Hat der Wert der Kultur in der letzten Zeit auch nochmal eine neue Qualität gewonnen neben der klassischen Konstellation Politik versus Wirtschaft?

Schluchter: Ja, ich würde es aber nicht Kultur nennen, denn alle Wertsphären sind Kultur. Was Sie fragen, bezieht sich auf die Wertsphäre Kunst.

Sigmund: Auf die Kunst oder allgemeiner auf Ästhetik?

Schluchter: Auf Kunst im weitesten Sinn. Es ist sicherlich fruchtbar, die Frage zu stellen: Welche Wertsphäre dominiert in welcher Ordnungskonfiguration zu welcher Zeit und warum? Nehmen wir das Beispiel des heutigen China. Hier ist die politische Wertsphäre dominant. Bisher ist es trotz ökonomischer Öffnung seit Deng bei der Herrschaft der kommunistischen Partei geblieben. Und dies ist eine leninistische Partei. Ihrer Herrschaft kommt zudem jetzt die Digitalisierung entgegen.

China ist heute „1984" in Potenz. Es wird interessant sein zu sehen, wie lange dies gut geht. Aber die Demokratisierung, die viele westliche Beobachter aufgrund der ökonomischen Öffnung erwarteten, ist bisher jedenfalls nicht eingetreten.

Müller: Besteht die Genialität, mit Foucault gesprochen, nicht darin, dass diese Überwachung umgestellt wird von Fremdkontrolle auf Selbstkontrolle? Denn man hat ja durch sein „Anständigkeits"-Verhalten Chancen, seinen „Social Score", der gemessen wird, selber zu beeinflussen. Das könnte man fast als eine „Demokratisierung" der Kontrolle missverstehen.

Schluchter: Was in den Score eingeht, ist natürlich von der Partei vorgegeben. Es ist zum Beispiel vorgegeben, dass ich meine Eltern regelmäßig besuchen sollte. Es ist also eine von der Partei definierte Anständigkeit. Und die Sanktionen sind nicht ohne. Haben Sie einen schlechten „Social Score", so dürfen Sie zum Beispiel nicht mehr mit dem Hochgeschwindigkeitszug fahren.

Müller: Und nicht mehr reisen?

Schluchter: Doch, aber etwa nicht ins Ausland. Sie wollen ein Auto kaufen, das können Sie tun, aber sie bekommen unter Umständen kein Nummernschild, um damit zu fahren. Es gibt viele Möglichkeiten, das Verhalten der Bürger zu steuern. So entsteht tatsächlich ein stahlhartes Gehäuse, aus dem man nicht mehr hinauskann. In meiner Interpretation war das für Weber die schlimmste Situation, dass die Menschheit gewissermaßen stecken bleibt in einer solchen konformistischen, auf Anpassung trimmenden Konstellation. Und das war für ihn eben die Folge des Kapitalismus. Der Sozialismus galt ihm ja nicht als Alternative. Er hätte die im Hochkapitalismus angelegte Tendenz zur Bürokratisierung in seinen Augen nur noch verstärkt.

Sigmund: Und die Grundkonstellation der von Weber identifizierten Wertsphären ist immer noch gültig?

Schluchter: Ja, ich halte die Unterscheidung in diese sechs weltlichen Sphären für plausibel. Das ist zwar nicht theoretisch hergeleitet wie bei Rickert. Dieser hat ein System von sechs Werten bzw. Wertgebieten entwickelt. Weber hat sie pragmatisch aufgegriffen und zunächst nur gesagt, welche Konflikte zwischen ihnen entstehen können, wenn man jede Sphäre in ihrem Eigenrecht zu Ende denkt und sie mit dem Anspruch einer universalistischen Brüderlichkeitsethik konfrontiert. Es geht zunächst nur um diese einseitigen Vergleiche: Universalistische Brüderlich-keitsethik gegen Familie und Nachbarschaftsverband mit ihrer Ethik der einfachen Reziprozität *do ut des*. Dann wird der Fremde zum Bruder. Oder universalistische Brüderlichkeitsethik gegen die Ethik des Marktes. Dann wird der Käufer ein Bru-der, wobei es aber der Logik des Marktes entspräche, den eigenen Bruder wie einen Fremden zu behandeln. – Und so durch alle Lebensordnungen hindurch. Das sind objektiv mögliche Konflikte, sie müssen sich nicht zwingend realisieren, zumal es die bereits erwähnten Bewältigungsstrategien gibt, vor allem den Liebesakosmis-mus und den organischen Relativismus. Den klassischen Text des Letzteren hat er übrigens in der Bhagavad Gita gesehen.

Müller: Den Relativismus hat er abgelehnt, weil eben diese organische Zuordnung nicht möglich ist.

Schluchter: Ja, weil dann so getan wird, als gäbe es den Konflikt letztlich nicht, als gäbe es eine objektive Lösung für die Konflikte, die endemisch sind. Deswegen hat er den Relativismus abgelehnt. Er ist Wertabsolutist, nicht Wertrelativist. Die einzelnen Werte gelten und sind in ihrem Anspruch nicht verhandelbar.

Sigmund: Für sich.

Schluchter: Für sich. Sie sind für sich gesehen absolut. Und weil sie absolut sind, gibt es den Konflikt, sonst gäbe es den ja nicht! Sonst wäre ja einer höher als der andere.

Müller: Dieser Wertabsolutismus bezieht sich auf die Konstellation von Werten, nicht auf meine Stellung zu den Werten?

Schluchter: Gewiss, ich kann zum Beispiel die Religion über alles stellen. Dann werden alle übrigen Werte gegenüber der Religion abgewertet oder einfach ignoriert. Lebensführung setzt voraus, in dieser Konstellation ein selbstbestimmtes Leben zu führen. Deswegen habe ich immer auf Führung wertgelegt und nicht einfach nur auf Stil. Obgleich Lebensstil bei ihm auch vorkommt. Aber ich habe immer den Unterschied zwischen Führung und bloßem Stil gemacht.

Müller: Lebensstil ist eher ästhetisch und Lebensführung ist eher ethisch?

Schluchter: Lebensführung ist für mich die selbstbestimmte Entscheidung über das Verhältnis dieser Werte zueinander. Sie setzt das Bewusstsein voraus, dass es sich dabei um ein konfliktäres Verhältnis handelt und dass man, wenn man sich für ein bestimmtes Verhältnis entscheidet, auch Opfer bringen muss. In „Politik als Beruf" geht es zum Beispiel um die Unterscheidung zwischen Gesinnungs- und Verantwortungsethik. Der Unterschied besteht aus meiner Sicht nicht darin, dass, was mitunter behauptet wurde, die eine ethische Position kantisch und die andere aristotelisch gemeint sei, die eine als Inbegriff einer Pflichtenethik, die andere als Inbegriff einer Güterethik. Sondern sie unterscheiden sich danach, wie ihre jeweiligen Vertreter sich zum Wertkonflikt stellen. Der Gesinnungsethiker gibt dem ethisch Gesollten unbedingten Vorrang und stellt die Folgen für die anderen Werte Gott anheim, der Verantwortungsethiker dagegen sucht die voraussehbaren Folgen für die anderen Werte zu berücksichtigen und sein sittliches Handeln danach einzurichten, wobei er unter Umständen das ethisch Gebotene nicht verwirklichen kann. Das ist aber kein Relativismus, sondern ein Relationismus, den der Verant- wortungsethiker im Unterschied zum Gesinnungsethiker praktiziert. Weber wusste natürlich, dass man niemals in der Lage ist, alle Folgen seines Handelns vollstän- dig zu überblicken. Aber so ist die Folgenabschätzung des Verantwortungsethikers aus meiner Sicht auch nicht gemeint. Es geht um die *voraussehbaren* Folgen und darum, wie diese in die Bestimmung meines sittlichen Handelns eingehen, ferner, was ich mir als das zu Verantwortende zurechnen lassen muss. Der Gesinnungs- ethiker verantwortet nur die Reinheit der Gesinnung, der Verantwortungsethiker die Reinheit der Gesinnung *und* die voraussehbaren Folgen ihrer Verwirklichung. Beide haben also eine Gesinnung, aber die Verantwortungsstruktur unterscheidet sich. Die Haltung des Verantwortungsethikers spiegelt in besonderem Maße die Nichthin- tergehbarkeit der Wertkonflikte wider. Sie ist, wenn man so will, eine Ethik, die der unversöhnten Moderne wahlverwandt ist. Nicht mit die „entzauberte", sondern mit die „unversöhnte Moderne" habe ich deshalb eine meiner Aufsatzsammlungen überschrieben.[12] Das ist, glaube ich, ein zentraler Weber'scher Gedanke, dass die Moderne nicht nur unversöhnt, sondern auch unversöhnbar sei.

Müller: Das heißt dann aber im Umkehrschluss, dass Versöhnung als Ideal eine Vorspiegelung falscher Tatsachen ist, weil es diese unter modernen Bedingungen nicht mehr geben kann.

Schluchter: In „Wissenschaft als Beruf" spricht Weber nicht zufällig davon, dass das großartige Pathos der christlichen Ethik uns lange Zeit daran gehindert habe, uns die Radikalität der Wertkonflikte bewusst zu machen. Das ist jene Passage, wo er von der Wiederkunft der alten vielen Götter in Gestalt unpersönlicher Mächte

---

[12] Schluchter, Wolfgang, *Unversöhnte Moderne.* Frankfurt a. M.: Suhrkamp 1996.

spricht. Er respektiert natürlich das Christentum, denn er ist kein Religionskritiker, für den Religion lediglich Opium des Volkes wäre. Im Gegenteil: Besonders die Erlösungsreligionen waren für ihn große Kultivatoren, denen die Rationalisierung und Intellektualisierung, aber vor allem die Ethisierung des Lebens zu danken ist. Seine vergleichende Religionssoziologie soll ja zu einer Typologie und Soziologie des Rationalismus führen. Er achtet dabei die Brüderlichkeitsethik, die christliche Liebesbotschaft keineswegs gering. Er zweifelt nur daran, ob es tunlich sei, sie in die Politik zu tragen und auch hier konsequent nach der Bergpredigt zu handeln. Denn dann wäre man verpflichtet, bedingungsloser Pazifist zu sein. Doch wer so denkt und handelt, so Weber in „Politik als Beruf", würde schnell an Grenzen seiner politischen Handlungsmöglichkeiten stoßen. Denn die Wertsphäre Politik hat immer auch mit Gewaltsamkeit zu tun. Wenn Gewalt ins Spiel kommt, muss ich mich entweder dem fremden Willen unterwerfen oder im Widerstand dagegen unter Umständen schuldig werden. Das ist das Dilemma des Politikers, das Weber in „Politik als Beruf" auseinandersetzt. Nehmen Sie als Beispiel die Entführung von Hanns Martin Schleyer, die Helmut Schmidt vor die Frage stellte, entweder das Leben der Geisel zu retten oder sie der Staatsraison zu opfern. Er entschied sich für die Staatsraison. Er hielt dies wohl, und ich meine zu Recht, nicht für eine realpolitische, sondern für eine verantwortungsethische Entscheidung. Aber zu einem Schuldausschließungsgrund führt dies eben nicht.

Die „Zwischenbetrachtung", die beiden Reden und der Wertfreiheitsaufsatz, das sind hauptsächlich die Texte, in denen man das findet, was ich Webers Lebensphilosophie genannt habe, nicht im Sinne der philosophischen Strömung, sondern im Sinne einer Haltung, mit der er auf die Probleme der unversöhnten Moderne reagiert.

Sigmund: Wäre dies auch die Perspektive, um zeitgenössische Themen aufzunehmen? Die Akzeptanz dieses Wertabsolutismus, bezogen auf die Wertsphären, und der Konflikt, der sich daraus ergibt? Ich frage das, um noch einmal auf einen anderen Aspekt zu verweisen. Wäre das der Ausgangspunkt des Weber-Paradigmas auch noch für eine Soziologie im 21. Jahrhundert, mit dem man sich gegen zu vereinfachende Diagnosen oder Analysen stellen könnte? Etwa wenn man unter dem Stichwort „kultureller Kapitalismus" von einer Epochenwende, gar von einem neuen Zeitalter spricht?

Schluchter: Davon bin ich überzeugt: Solche Konzepte sind sehr kurzatmig, nahe am Feuilleton. Die Weber'sche Soziologie hat einen längeren Atem. Das zu erkennen setzt freilich eine ernsthafte Beschäftigung mit dem Ansatz insgesamt voraus.

Man muss dabei, wie ich immer wieder sage, Weber nicht nur interpretieren, sondern ihn auch explizieren wollen, also zwar seinen Problemstellungen folgen, nicht aber allen seinen Problemlösungen. Zum Beispiel habe ich jüngst versucht, Webers Handlungstheorie bewusstseinsphilosophisch zu fundieren, und zwar im Rückgriff auf Dieter Henrichs Selbstbewusstseinstheorie. Das führt zugleich zu einer fundamentalen Kritik am apriorischen Interaktionismus, wie er in der Mead- Habermas-Tradition vertreten wird. Manfred Frank hat diesen apriorischen Interaktionismus unter einem philosophischen Gesichtspunkt einer scharfen Kritik unterzogen, der ich folge. Das war schon immer meine Überzeugung, dass man Selbstbewusstsein nicht ausschließlich aus Interaktion verstehen kann. Henrich entwickelte die These von der ursprünglichen Vertrautheit des Individuums mit sich selbst, was aber nicht heißt, dass es deshalb selbstmächtig wäre, auch nicht, dass es Selbstsein ohne Mitsein gäbe. Aber es ist ein Unterschied, ob ich behaupte, Selbstsein entwickle sich aus Mitsein, oder ob ich behaupte, sie entwickelten sich aneinander, und zwar gleichursprünglich. Daran lassen sich dann die Überlegungen von Karl Jaspers aus seiner *Psychologie der Weltanschauungen* anschließen, seine Überlegungen zur Subjekt-Objekt-Spaltung und zur antinomischen Struktur des menschlichen Lebens. All dies scheint mir mit dem Weberschen Ansatz kongenial verbunden zu sein.[13]

Müller: Das ist ja eine spannende These, aber wie fügt sich das in Webers Vorstellungswelt ein?

Schluchter: Es ist eine philosophische Fundierung seines soziologischen Ansatzes. Dieser fängt bekanntermaßen nicht mit der „Gesellschaft", sondern mit dem intentionalen Handeln an. Ich habe deshalb dieser Betrachtung den Titel „Das ‚Ich beabsichtige' muss alle meine Handlungen begleiten können" gegeben, in bewusster Analogie zu Kant. Das setzt aber voraus, dass ich schon ein Selbstbewusstsein entwickelt habe. Und deswegen ist die Unterscheidung zwischen Verhalten und Handeln ganz zentral. Weber beginnt seine verstehende Soziologie nicht zufällig mit dieser Unterscheidung. Wenn man dem Aufbau der „Soziologischen Grundbegriffe" folgt, der logisch gemeint ist, kommt Handeln vor Interaktion und Interaktion vor sozialem Gebilde. Kein damit bezeichneter Sachverhalt geht aber dem anderen genetisch voraus.

Sigmund: Interessant. Wie ist der Titel dieses neuen Buches?

---

[13] Siehe dazu jetzt ausführlich Nr. 11 oben.

Schluchter: *Mit Max Weber.*[14]

Müller: Mit Max Weber? Also nicht nach Max Weber oder über Max Weber, sondern mit Max Weber?

Schluchter: Natürlich auch über Max Weber, aber eben vor allem mit ihm, also um ihn auch weiterzuentwickeln. Das bezieht sich thematisch auf die vier Teilordnungen Wirtschaft, Wissenschaft, Politik und Religion. Ich habe überlegt, ob ich noch die Kunst in Gestalt der Musik einbeziehen sollte, mich aber aus pragmatischen Gründen dagegen entschieden, wobei ich mich daran erinnerte – man vergisst ja vieles –, dass ich vor langer Zeit das Fragment über Musik für die Erläuterung der Rationalisierungsproblematik verwendet habe.[15] In meiner frühen Interpretation der „Zwischenbetrachtung" suchte ich gerade an diesem Fragment zu zeigen, dass Weber Rationalisierung immer unter dem Gesichtspunkt ihrer Grenzen behandelt, dass er die Musiktheorie, die rationale Konstruktion einer Tonleiter, sich an den Harmoniebedürfnissen der Hörer brechen lässt, um dann den Anpassungen nachzugehen, die die Musiktheorie zu machen gezwungen war. Es ist in meinen Augen ein Missverständnis, Webers Theorie der Rationalisierung so zu behandeln, als denke er dabei an einen linearen Prozess, der ungebrochen immer weiter geht. Denn immer diskutiert er die Grenzen der Rationalisierung, auch die Gegenbewegung, die durch eine bestimmte Art der Rationalisierung ausgelöst wird (wertrational gegen zweckrational, material-rational gegen formal-rational, praktisch-rational gegen theoretisch-rational). Auch der Musiktheoretiker kann seinen theoretischen Rationalitätsanspruch nicht durchhalten. Er muss sich an die Bedürfnisse der Hörer anpassen und seine Theorie entsprechend modifizieren.[16]

Sigmund: Also aufgrund der Praxis modifizieren?

Schluchter: Ja, so wie die Dogmatik des asketischen Protestantismus am Ende wegen der Heilsbedürfnisse der Gläubigen modifiziert werden musste, so auch die Musiktheorie wegen der Harmoniebedürfnisse der Hörer. Es geht immer auch um die Grenzen der Rationalität, um die Gegenbewegung, die durch eine bestimmte Art von Rationalisierung ausgelöst wird.

---

[14] Schluchter, Wolfgang, *Mit Max Weber.* Tübingen: Mohr Siebeck 2020.

[15] Schluchter, Wolfgang, *Religion und Lebensführung, Band 2: Studien zu Max Webers Religions- und Herrschaftssoziologie.* Frankfurt a. M.: Suhrkamp 1988, S. 62 ff.

[16] Siehe dazu jetzt die oben mitgeteilten Studien zur Bewusstseinsphilosophie (11), zum Rationalismus (12) und zur Musik (13), die nach dem Interview entstanden sind.

Sigmund: Sie haben gerade das Thema der Musiksoziologie bei Weber angesprochen. Was mich in diesem Zusammenhang sehr interessiert: Im Weber'schen Werk gibt es einige angedachte, aber unausgearbeitete Themen. Ich denke an das Vereinswesen, das Zeitungswesen und an eine Soziologie der Kulturinhalte. Haben Sie eine Erklärung, warum er das nicht weitergeführt hat?

Schluchter: Beim Zeitungswesen ist dies klar. Hier hat er wegen eines Rechtsstreits um das Redaktionsgeheimnis bei Beleidigung das Interesse verloren. „Verein" bleibt ein Grundbegriff seiner Soziologie. Die Soziologie der Kulturinhalte wollte er wohl noch liefern, über das hinaus, was in der „Zwischenbetrachtung" steht. Vielleicht hätte er es nicht mehr eine Soziologie der Kultur*inhalte* genannt. Am weitesten kommt er dabei, sieht man von dem Fragment über Musik ab, im Wertfreiheitsaufsatz von 1917. Daran sieht man, dass ihn diese ganze Problematik bis ins Spätwerk beschäftigte. Aber wie vieles, ist auch dieses aus Zeitgründen, nicht aber aus nachlassendem Interesse, nicht mehr ausgeführt worden. Eine Quelle bieten jetzt die Briefe, insbesondere die an Mina Tobler, in denen er außer über Politik viel über Musik schreibt.

Sigmund: Hier finden sich Hinweise?

Schluchter: Ja, auch in seinen Kommentaren zu Büchern, die ihm geschenkt wurden, weil seine Dankesbriefe teilweise ausführlicher sind, als man dies selbst von einem offiziellen Rezensenten erwarten würde. Spätestens seit 1916 gibt es dann die Konkurrenz zwischen dem Wissenschaftler und dem Politiker. Die Gesamtausgabe bietet zwei dicke Bände politischer Schriften, die in die Spätphase fallen. Nehmen Sie nur „Parlament und Regierung im neugeordneten Deutschland", eine Serie von Zeitungsartikeln, aber praktisch ein ganzes Buch. Dazu die vielen Wahlkampfreden im Winter 1918/19. Da blieb für eine Soziologie der Kulturinhalte keine Zeit. Man kann nur spekulieren, was heute vorläge, wäre ihm mehr Lebenszeit beschieden gewesen. Die Gesamtausgabe wäre vermutlich doppelt so umfangreich.

Sigmund: Aber ob die Produktivität auch so angehalten hätte …

Schluchter: Das weiß man natürlich nicht.

Sigmund: Er lebte ja ein intensives und anstrengendes Leben, gerade auch vor seiner Krankheit.

Schluchter: Richtig, wir wissen das inzwischen, obgleich die letzten Ursachen der Krankheit wegen fehlender Dokumente unbekannt bleiben. Eine Komponente war zweifellos Überarbeitung. Das hat schon der Heidelberger Psychiater Emil Kraepelin konstatiert und ihm eine Zwangspause verordnet, die allerdings keinen Erfolg brachte. Die wenigen Dokumente, die überliefert sind, sprechen von Neurasthenie. Weber selbst spricht von sexueller Neurasthenie, er betont also den Verlust an körperlicher Kontrolle. Sicher gehörte aber zu dieser Vorgeschichte des Absturzes, der ihn an den Rand des Suizids führte, eine sehr einseitige Lebensweise bei enormer Arbeitsbelastung. Man muss bedenken: Der Jurist wurde in Freiburg auf einen Lehrstuhl für Nationalökonomie und Finanzwissenschaft berufen, musste also Fächer unterrichten, die er strenggenommen nicht studiert hatte. Und eine Schonfrist für gründliche Vorbereitung gab es nicht. In der Lehre war sofort das volle Programm gefordert: Theoretische Nationalökonomie, Praktische Nationalökonomie, Finanzwissenschaft und Geschichte der Nationalökonomie.

Müller: Er war nicht gelernter Ökonom.

Schluchter: Nein, hinzu kamen noch die Spezialvorlesungen. Er muss ein unglaubliches Arbeitstempo vorgelegt haben, denn zu den fünf Bänden Vorlesungsnotizen, die in der Zeit von 1894/95 bis 1898/99 entstanden sind, kommen ja noch je zwei Bände über die Börsen und über Agrarverhältnisse, insgesamt also neun Bände. Das schreibt ein gewöhnlicher Professor häufig in seinem ganzen Leben nicht.

Müller: Und hinzu kamen seelische Belastungen wie etwa der Konflikt mit dem Vater. Ich denke schon, dass das für ihn tragisch war, dass er nach dem Konflikt keine Gelegenheit mehr hatte, sich mit ihm zu versöhnen.

Aber noch einmal grundsätzlich: Ich halte Weber für den größten Soziologen, weil er keine geschlossene Theorie oder Gesamtdarstellung, sondern einen riesigen Torso hinterlassen hat, jede Partie darin anregend. Das macht ihn anschlussfähig. Deshalb wird das Werk auch in hundert Jahren noch diskutiert, das ist meine These.

Schluchter: Das weiß ich nicht, da wäre ich mir nicht so sicher, denn die Kulturprobleme in hundert Jahren können ganz andere sein. Das Licht der großen Kulturprobleme zieht unter Umständen weiter, wie Weber dies am Ende des Objektivitätsaufsatzes sagt. Sein Werk jedenfalls ist in Wertideen verankert, die, wie ich finde, für uns noch gelten und die seine Gesichtspunkte für uns immer noch verwertbar machen. Es sind Gesichtspunkte, die in den Wertideen des Westens gründen.

Dies wird am deutlichsten im ersten Absatz der „Vorbemerkung" zu seinen *Gesammelten Aufsätzen zur Religionssoziologie* gesagt.[17] Weber sieht ja die Welt aus einer westlichen, aus einer europäischen Perspektive. Es sind letztlich eurozentristische Gesichtspunkte, heuristisch und begrifflich, nicht normativ, die seine vergleichenden Untersuchungen bestimmen. Er betont die Unterschiede zwischen dem Okzident und Asien, wobei das idealtypische Verfahren dazu tendiert, solche Unterschiede überscharf zu fassen, aber er behandelt das Verschiedene nicht als Defizit. Für den Vergleich benutzt er freilich einen Begriffsapparat, der an der westlichen Entwicklung abgelesen ist. So wird von ihm zum Beispiel die chinesische Kaiserherrschaft als Cäsaropapismus oder die indische Karmalehre als Theodizee interpretiert. Die verwendeten Begriffe sind also nicht kulturneutral. Ihn interessiert, was im Gegensatz stand zur okzidentalen Kulturentwicklung und was ihre Besonderheit ausmacht. Auf die Darlegung der Besonderheit asiatischer Kulturen kommt es ihm nicht primär an. Er entwickelte eine Methodologie kulturwissenschaftlicher Forschung, mit der er begründet, dass sich ein solcher heuristischer und begrifflicher Zentrismus nicht vermeiden lässt. Auch ein Chinese, der weltgeschichtliche Entwicklungen vergleichend betrachtet, kommt heuristisch und begrifflich aus einer sinozentrischen Betrachtung nicht heraus. Ein schönes Beispiel ist das Buch von Zhao Tingyang, das jüngst Furore machte.[18] Er bietet das altchinesische Tianxia-Konzept samt der damit verbundenen Philosophie als Lösung der Weltprobleme an.

Müller: Dieser heuristische Eurozentrismus hat ja etwas mit seiner Fragestellung zu tun: Warum fand der Take-off ausgerechnet in Europa statt, wo doch die Voraussetzungen in anderen Kulturkreisen, etwa in China, sogar günstiger waren? Also warum Europa? Das ist das Erklärungsproblem.

Schluchter: Dass sich das nur in Europa ereignete, obgleich auch anderswo günstige Voraussetzungen für den modernen Gewerbekapitalismus mit formell freier Arbeit bestanden, ist zunächst eine Tatsache, die schwerlich zu bestreiten ist. Sie will er erklären. Er wollte kein Nichtereignis erklären: also nicht, warum nicht in China, wie öfter behauptet wird. Er benutzt die asiatischen Kulturen zweifellos als Folie, um die Besonderheit des Okzidents herauszuarbeiten. Er instrumentalisiert sie in gewissem Sinne tatsächlich für seinen Erkenntniszweck. Ich verstehe deshalb sehr gut, wenn Wissenschaftler in China oder Indien dies als Angriff auf ihre

---

[17] MWG I/18, S. 101 ff.

[18] Tingyang, Zhao, *Alles unter dem Himmel. Vergangenheit und Zukunft der Weltordnung.* Berlin: Suhrkamp 2020.

jeweilige Kultur lesen, was allerdings nicht von einem entwickelten Methodenbe-wusstsein zeugt. Natürlich hat Weber in seinen vergleichenden Forschungen viele faktische Fehler begangen, schon allein deshalb, weil er wegen des Sprachproblems sich ausschließlich auf Übersetzungen und auf Sekundärliteratur stützen musste, auf eine Sekundärliteratur von vor mehr als einhundert Jahren. Zweifellos war da auch schon damals manches schief. Das gilt erst recht aus der Sicht von heute, nach mehr als hundert Jahren Forschung auf den von Weber behandelten Gebieten. Aber das rechtfertigt den Vorwurf des Kulturimperialismus, des „Orientalismus" nicht.

Sigmund: Aber liegt hierin nicht auch eine Gefahr, wenn man sagt, in hundert Jahren liest man Weber immer noch, weil er so anregend ist? Liest man ihn vielleicht dann doch nur noch historisch? Weil man an neuen Problemen herumlaboriert und eben diesen systematischen Kern, den Sie vorher so schön herausgearbeitet haben, einfach nicht mehr erkennt?

Schluchter: Die Gefahr besteht durchaus, und sie besteht ganz besonders auch deshalb, weil in vielen Weber-Diskussionen im Ausland der originale Weber nicht präsent ist, sondern nur der übersetzte Weber. Und übersetzt nicht nur aus dem Deutschen, sondern sekundär aus dem Englischen oder dem Japanischen oder einer anderen Sprache. Dabei kann die groteske Situation entstehen, wie mir berichtet wurde, dass der ins Englische übersetzte Weber ins Japanische und von dort ins Chinesische übersetzt wurde. Man mag sich gar nicht vorstellen, zu welchen Miss-verständnissen es dabei kommt. Diese könnten zwar mitunter, wie Guenther Roth es einmal formulierte, durchaus kreativ sein. Doch in den meisten Fällen sind sie es wohl nicht.

Müller: Ich gebe Ihnen ein Beispiel, wie schwierig dieses Übersetzungsgeschäft ist. Wir hatten in Lille eine „École thématique sur Max Weber", da sind wirklich sämtliche Weber-Forscher Frankreichs zusammengekommen. Und ich war zugeteilt der Gruppe Übersetzung der Begriffe von Max Weber. Da saßen dann die ganzen Spezialisten und haben endlos diskutiert, und dann wurde ich gefragt. Und ich sagte: Das heißt nur das und nichts anderes. Und daraufhin mein Kollege: „C'est notre Max Weber, Monsieur". Und ich so: „Pardon!", ich bin hier eingeteilt, um zu sagen, wie es ist, ihr könnt es natürlich anders machen. „C'est notre Max Weber, Monsieur". Dann habe ich mich natürlich etwas zurückgenommen.

Schluchter: Ja, man kann sagen – das wurde damals auch auf dem Soziologentag 1964 in Heidelberg diskutiert –, es gibt einen französischen Max Weber, einen englischen Max Weber. Übersetzungen führen zu semantischen Verschiebungen.

Wenn man das nicht am Original kontrollieren kann – und das können wenige, denn Deutsch ist heute keine internationale Wissenschaftssprache mehr –, dann kann man nur auf kreative Missverständnisse hoffen.

Müller: Es gibt den deutschen Nietzsche, der als rechts gilt, und es gibt „Nitsch", den französisch adaptierten linken Nietzsche, der Michel Foucaults Werk angeleitet hat.

Schluchter: Eines ist noch wichtig zu sagen: Weber hat ein Problem mit dem Entwicklungsbegriff. Wir haben das bei der „Protestantischen Ethik" teilweise schon besprochen. Vor langer Zeit habe ich seinen Ansatz ein „evolutionistisches Minimalprogramm" genannt. Das habe ich, zusammen mit dem Begriff der Gesellschaftsgeschichte, im Vorwort zur zweiten Auflage meines Buches *Die Entstehung des modernen Rationalismus* zurückgezogen.[19] Aber es bleibt die Frage, wie Weber eigentlich Prozesse von langer Dauer denkt oder denken muss.

Ich habe vorgeschlagen, dafür Rickerts Begriff der Entwicklungsgeschichte als eine konditional-teleologische Konstruktion zu übernehmen. Rickert unterscheidet in seinen *Grenzen der naturwissenschaftlichen Begriffsbildung*[20] sieben mögliche Bedeutungen von Entwicklung, beginnend mit der bloßen Veränderung, endend mit der Teleologie, einem als gesollt interpretierten zielgerichteten Prozess. Der Begriff der Entwicklungsgeschichte steht gewissermaßen dazwischen. Er unterstellt einen zielgerichteten Prozess, aber nicht als gesollt, nicht normativ. Nur ein solch wertfreier Entwicklungsbegriff lässt sich im Rahmen von Webers Ansatz vertreten. Der ist unterstellt, wenn von der Entwicklungsgeschichte des Okzidents die Rede ist.

Sigmund: Wo zeigt sich dies denn?

Schluchter: Man darf diese Entwicklungsgeschichte nicht linear interpretieren. Da hilft zunächst das bekannte Weichensteller-Zitat. Es ist von Weber in die überarbeitete Fassung der Einleitung zu den Studien über die Wirtschaftsethik der Weltreligionen 1920 eingefügt worden. Weltbilder stellen die Weichen für die Bahnen, auf denen sich das menschliche Handeln, sei es primär materiell oder ideell motiviert, dann fortbewegt. Die gestellten Weichen schaffen eine Situation, die man

---

[19] Schluchter, Wolfgang, *Die Entstehung des modernen Rationalismus. Eine Analyse von Max Webers Entwicklungsgeschichte des Okzidents.* Frankfurt a. M.: Suhrkamp 1998, S. 9 ff.

[20] Rickert, Heinrich, *Die Grenzen der naturwissenschaftlichen Begriffsbildung. Eine logische Einleitung in die historischen Wissenschaften.* Zweite Hälfte. Tübingen, Leipzig: Mohr Siebeck 1902.

als Pfadabhängigkeit bezeichnen könnte. Dies ist zwar kein Weber'scher Begriff, trifft aber den von ihm gemeinten Sachverhalt sehr genau.

Weichen können nach der ersten Weichenstellung später immer wieder neu gestellt werden. Dann ändert dies den eingeschlagenen Pfad. Was sich bis dahin entwickelt hat, muss deshalb nicht verschwinden. Es kann auf der alten Bahn weiterlaufen oder als historische Erbschaft in Erinnerung bleiben, kann aber auch ganz verschwinden, in eine Sackgasse führen, wo es nicht weitergeht.

Müller: Also quasi zu latenten Bedingungen werden.

Schluchter: Zu historischen Voraussetzungen, die die weitere Entwicklung mitbestimmen. So jedenfalls liest sich der Beginn von Webers Studie über das antike Judentum. Dort spricht er zwar nicht von Weichenstellungen, sondern von Angelpunkten der vorderasiatisch-okzidentalen Entwicklungsgeschichte, und er sieht sie in den Schöpfungen das Alten Testaments, in der paulinischen Mission, in der hellenischen Geisteskultur, im römischen Recht, in der römischen Amtskirche, in der mittelalterlichen ständischen Ordnung und schließlich im asketischen Protestantismus verwirklicht. All dies bezeichnet Erfindungen, die in *einer* Entwicklungsrichtung liegen, ohne direkt miteinander verknüpft zu sei. Nur die Darstellung suggeriert eine sequenzielle Verknüpfung. Aber die ist nicht zwingend. Weber hat ja beklagt, dass man ein Buch leider nicht so schreiben kann wie ein Komponist seine Partitur.

Müller: Das sind aber auch sehr starke Voraussetzungen.

Schluchter: Aber nur so lässt sich eine heuristische Entwicklungsgeschichte konstruieren, nicht als Narration.

Müller: Er spricht ja immer von Stufen und Richtungen der Entwicklung.

Schluchter: Ja, er kann gewissermaßen nur die wichtigsten Weichenstellungen aufführen. Und deshalb ist meine alte Vorstellung vom evolutionären Minimalprogramm falsch. Falsch ist aber auch, diese Kombination von Weichenstellungen zu einer großen Narration zusammenzubinden. Eine solch konditional-teleologische Entwicklungsgeschichte lässt sich nicht erzählen, schon weil es keinen identischen Träger gibt.

Sigmund: Wenn man das noch weiterdenkt, könnte man dann sagen, diese Voraussetzungen könnte es auch anderswo geben, aber mit einem anderen Effekt?

Schluchter: Das denke ich nicht, denn diese Kombination von Voraussetzungen ist einmalig. Im Okzident wurden die Weichen so und nicht anders gestellt, und damit wurden auch bestimmte Möglichkeiten ausgeschlossen. Es ist etwas Singuläres in die Welt gekommen, das dann auch nicht noch einmal erfunden werden muss. Um bei einem Beispiel Webers zu bleiben: Der moderne Gewerbekapitalismus mit formell freier Arbeit wurde im Westen erfunden, von hier aus begann er sich zu verbreiten. Beide Fragen, die Entstehungs- und die Verbreitungsfrage, werden von ihm gestellt. Wie wird diese Erfindung des Westens, sieht man für einen Moment vom Kolonialismus ab, in anderen Kulturen rezipiert werden? Seine Voraussage: Aufgrund ihrer Kultur von den Chinesen leichter als von den Indern. Damit lag er nicht einmal so falsch.

Weichenstellung heißt, ich schlage eine bestimmte Richtung ein, der ich zunächst folge. Ich kann aber die Richtung ändern, unter Umständen sogar an den Ausgangspunkt zurückkommen und in eine andere Richtung gehen. Das ist natürlich bloß eine Metapher. Aber immerhin ist sie geeignet, deutlich zu machen, wie Weber über langfristige historische Prozesse denkt.

Müller: Er spricht ja dann von Bahnen, Bahnen der Entwicklung.

Schluchter: Ja, Bahnen, auf denen eine Entwicklung verläuft. Das Weichenstellerzitat enthält drei Komponenten: Weltbild, Interessen und Bahnen. Ich habe die Bahnen als Institutionen interpretiert. Sie sind es, die das kollektive Leben strukturieren. Eine Weichenstellung wird von einer anderen abgelöst. Das muss nicht heißen, dass es dadurch besser, sondern nur, dass es dadurch anders wird.

Müller: Es ist also ein anderes Modell als das von Talcott Parsons mit den „evolutionären Universalien"[21], die Prozesse des „Nicht-nicht-lernen-Könnens"[22] auslösen. Selbst Mullahs benützen ein Handy – mittlerweile nicht mehr: wegen der Abhörtechnik, die eingebaut ist –, ein religiöser Fundamentalismus mit neuesten technologischen Mitteln.

Schluchter: Was geschehen ist, lässt sich natürlich nicht mehr ungeschehen machen. Es kann vergessen werden, kehrt in der Regel irgendwann zurück. Das lässt sich unter dem Begriff der historischen Erbschaft fassen. Weichenstellung,

---

[21] Parsons, Talcott, „Evolutionäre Universalien der Gesellschaft", in: Wolfgang Zapf (Hg.), *Theorien des sozialen Wandels.* Köln: Kiepenheuer & Witsch 1969, S. 55–74.

[22] Habermas, Jürgen, *Legitimationsprozesse im Spätkapitalismus.* Frankfurt a. M.: Suhrkamp, 1973 S. 28.

Pfadabhängigkeit, historische Erbschaft und Entwicklungsgeschichte oder konditionale Teleologie, das sind aus meiner Sicht die Begriffe, mit denen man lange historische Verläufe aus einer Weber'schen Perspektive analysieren kann.

Lassen Sie mich zum Schluss noch einmal kurz auf die Frage zurückkommen, die Herr Sigmund gestellt hat: Wie bestimmt man den systematischen Kern der Weber'schen Soziologie über die Überlegungen zur Lebensführung hinaus? Wir sind von der „Zwischenbetrachtung" ausgegangen. Ich habe dann auf den eigentlichen Titel von *Wirtschaft und Gesellschaft*, „Die Wirtschaft und die gesellschaftlichen Ordnungen und Mächte", aufmerksam gemacht. Statt von Gesellschaft sprach ich von Ordnungskonfigurationen. Der erste Schritt müsste sein, die Unterscheidung der Ordnungen zu überprüfen, die in solchen Konfigurationen eine Rolle spielen. Zum Beispiel fehlt in der „Zwischenbetrachtung" die Rechtsordnung, die sowohl in Webers Werk wie natürlich auch in modernen Ordnungskonfigurationen eine zentrale Rolle spielt. Dann gilt es, eine Ordnungskonfiguration unter zwei nicht aufeinander reduzierbaren Gesichtspunkten zu charakterisieren: nach der Art ihrer Differenzierung und nach der Art der sozialen Schichtung, die in ihr herrscht. Dazu muss man die Differenzierungstheorie und die Klassen- und Ständetheorie, von Weber ausgehend, weiterentwickeln. Das habe ich in dem genannten Buch *Mit Max Weber* versucht. Auch die Herrschaftssoziologie muss angesichts des Totalitarismus des 20. Jahrhunderts und der neuen Herrschaftstechniken (digitale Kontrolle) über die drei Typen hinaus erweitert werden. All dies und mehr wartet auf jene, die sich bewusst in die Weber'sche Denktradition stellen und sein Werk nicht nur noch historisch sehen.

Anhang

1 M. Rainer Lepsius – der Soziologe

Am 2. Oktober 2014 starb M. Rainer Lepsius nach einem zweiten Schlaganfall in seinem Haus in Weinheim. Der erste hatte ihn bereits drei Monate zuvor getroffen und sein Sprachzentrum zerstört. Damit verstummte eine weitere Stimme, die die Entwicklung der Soziologie der Bundesrepublik Deutschland maßgeblich beeinflusst hatte. Auch dies war eine Stimme der angewandten Aufklärung. Man nannte ihn den „Sprühenden" (Karl Siegbert Rehberg), den „denkenden Bürger" (Jürgen Kaube), den mit charismatischem Temperament gesegneten Redner (Friedhelm Neidhardt). Und tatsächlich war er all dies. Vor allem aber war er ein Analytiker der sozialen, politischen und kulturellen Verhältnisse der jüngeren deutschen und europäischen Geschichte, ein durchdringender Geist, dem die Entwicklung der Bundesrepublik Deutschland und der Europäischen Union besonders am Herzen lag.

M. Rainer Lepsius verstand sich als Soziologe, freilich als ein Soziologe der besonderen Art. Nicht alles, was unter diesem Namen firmiert, hielt er für satisfaktionsfähig. Doch hören wir ihn selbst. Soziologie, so sagte er es einmal in einem Interview, „soll das Leben, das wir führen, unter der Annahme analysieren, es werde von Faktoren bestimmt, die in der Vergesellschaftung der Menschen ihren Ursprung haben." Und er fuhr fort: „Soziologie zwingt zur Abstraktion von der unmittelbaren Wahrnehmung, hinterfragt sozialmoralische Selbstverständnisse, bricht politische Überzeugungen", sie besitze deshalb kaum ästhetische Qualitäten, sei auch nicht erheiternd[1] – anders als er selbst, so

---

[1] Adalbert Hepp, Martina Löw (Hg.), *M. Rainer Lepsius. Soziologie als Profession*, Frankfurt a. M.: Campus 2008, S. 77.

füge ich hinzu, vor allem, wenn er seine dialektgefärbten Geschichten über Vorgänge und Zeitgenossen ironisch zum Besten gab. Soziologie verlange, so seine Überzeugung, einen Erfahrungszusammenhang in einen soziologischen Erkenntnisgegenstand zu überführen. Und dies sei ein schwieriges Geschäft. Er habe das Schreiben soziologischer Texte niemals als Lust empfunden, sei immer froh gewesen, wenn er einen solchen Text fertig hatte: „Mehr als 20 bis 30 Seiten kann ich nicht schreiben. Dann ist Schluß."[2]

Die deutsche Soziologie führte während seiner Lebenszeit zwei große Debatten: die Auseinandersetzung zwischen den kritischen Rationalisten und den kritischen Theoretikern der Frankfurter Schule um die logisch-methodischen Grundlagen des Faches (gewissermaßen den dritten Methodenstreit, nach 1883 und 1914) und die Auseinandersetzung zwischen Jürgen Habermas und Niklas Luhmann um den richtigen gesellschaftstheoretischen Ansatz, also letztlich um die Frage: Erneuerung des historischen Materialismus mit kommunikationstheoretischen Mitteln oder radikalisierte Systemtheorie. Von beiden Kontroversen hielt M. Rainer Lepsius Abstand. Gewiss, bei der ersten Kontroverse galt seine Sympathie den kritischen Rationalisten, also Karl Popper, vor allem aber Hans Albert, seinem Mannheimer Kollegen. Auch Karl Poppers Plädoyer für eine offene Gesellschaft sprach ihn an. Bei der zweiten Debatte neigte er eher zu der Position von Jürgen Habermas, vor allem wegen ihrer politischen Implikationen. Aber weder im einen noch im anderen Fall ging es für ihn um Soziologie in engeren Sinn des Wortes. Was hier debattiert wurde, lag allenfalls im Vorfeld soziologischer Analyse, wie er sie verstand.

Es gab freilich eine dritte Debatte, in die er sich gerne eingemischt hätte. Sie wird in den Annalen der Bundesrepublik Deutschland unter dem Titel „Historikerstreit" geführt. Dass er auch hier, trotz Aufforderung der FAZ, sich zu beteiligen, und trotz weit gediehener Vorarbeiten, schließlich doch schwieg, empfand er im Rückblick als einen großen Fehler. Denn hier ging es um das, was ihm als Soziologe wichtig war. Er bewunderte Jürgen Habermas, der auch in diesem Fall, wie so oft, mit Schärfe und vor allem schnell reagiert hatte. Hierzu sagte Lepsius im Rückblick: „Die Wortmeldung von Habermas war richtig im Inhalt. Sie war etwas überzogen in der Form, aber ich habe ihr zugestimmt. Dann kam die Flut von Historikerbeiträgen, in denen alles verquatscht und unangemessen personalisiert wurde"[3] – und nicht nur unangemessen personalisiert, sondern, wie ich hinzufüge, auch unangemessen moralisiert.

---

[2] Ebd., S. 48.
[3] Ebd., S. 49.

Denn es ging dem Soziologen Lepsius bei der Betrachtung der jüngeren deutschen Geschichte nicht um die Moral von Personen, sondern, um es mit dem
Titel einer seiner Aufsätze zu sagen, um die Moral der Institutionen,[4] d. h. um
die Frage, welche Art von Institutionengefüge (Vergesellschaftung) welche Art
von Lebensführung erzeugt. Gewiss, die Einsicht in die Spannung zwischen Person und Struktur (oder Institution oder Ordnung) gehört zu den Bausteinen seines
Ansatzes. Daher sein Interesse an Max Webers Typen der Herrschaft, insbesondere der charismatischen Herrschaft, mit dem dieser die Durchbrechung einer
Alltagsherrschaft durch außergewöhnliche Personen modelliert (mit ihnen zugeschriebenen außeralltäglichen Fähigkeiten in Situationen der äußeren und inneren
Not).[5] Aber auch noch solche Vorgänge sind aus der Sicht von Lepsius durch
institutionelle Konstellationen mit verursacht. Dies ist mit der Formel von der
Moral der Institutionen gemeint.

Eine der Leitfragen des Soziologen Lepsius lautete: „Welche Bedeutung
hat der Nationalsozialismus für die doppelte Nachkriegsgeschichte (also für
DDR und Bundesrepublik) und für das vereinigte Deutschland?"[6] In diesem
Zusammenhang steht seine Aufforderung, die *beiden* deutschen Diktaturen zu
soziologisieren (und zu historisieren), ihrer Rolle für die Gründungsgeschichte
der Bundesrepublik Deutschland nachzugehen, sie nicht als Sonderformationen
zu betrachten, die wegen der „Eigenart ihrer Ideologien und Herrschaftssys-
teme einer Einbeziehung in die deutsche Geschichte weitgehend entzogen" sind.[7]
Solche Exotisierung verdecke nur das dialektische Verhältnis, das zwischen Kontinuität und Bruch in der deutschen Geschichte bestehe. Stattdessen gelte es,
diese Diktaturen (in ihrem ideologischen und strukturellen Aufbau und in den
damit verbundenen Verhaltenskonsequenzen) untereinander und mit anderen For-
mationen in der deutschen Geschichte zu vergleichen, Gemeinsamkeiten und

---

[4] M. Rainer Lepsius, „Die ‚Moral' der Institutionen", in: ders., *Institutionalisierung politischen Handelns. Analysen zur DDR, Wiedervereinigung und Europäischen Union*, Wiesbaden: Springer 2013, S. 40 ff.

[5] Etwa M. Rainer Lepsius, „Das Modell der charismatischen Herrschaft und seine Anwend-
barkeit auf den ‚Führerstaat' Adolf Hitlers", in: ders., *Demokratie in Deutschland.
Soziologisch-historische Kontellationsanalysen, Göttingen: Vandenhoeck & Ruprecht 1993,*
S. 95 ff.

[6] M. Rainer Lepsius, „Plädoyer für eine Soziologisierung der beiden deutschen Diktaturen",
in: *Von der Aufgabe der Freiheit. Festschrift für Hans Mommsen zum 5. November 1995*,
hg. von Christian Jansen, Lutz Niedhammer und Bernd Weisbrod, Berlin: Akademie Verlag
1996, S. 609 ff.

[7] Ebd., S. 609.

Differenzen herauszuarbeiten, um daraus mehr zu lernen als „die furchterregende Einsicht, wozu der Mensch fähig ist oder fähig gemacht werden kann."[8] Man kann mit Fug und Recht sagen: das soziologische Denken von Lepsius kreise um den mit dem Nationalsozialismus verbundenen Zivilisationsbruch und um den Gegensatz von Diktatur und Demokratie, um die bittere Erfahrung, durch den Nationalsozialismus Demokratie, Rechtsstaat, Sozialstaat und Zivilgesellschaft völlig zerstört zu sehen. Der 8. Mai 1945, Lepsius' 17. Geburtstag, galt ihm nicht allein als der Tag der militärischen Niederlage des Deutschen Reichs, sondern vor allem als der Tag der politischen und moralischen Niederlage des deutschen Volkes (wofür für ihn symbolisch der 30. Januar 1933, der Tag der Machtergreifung, und der 20. Januar 1942, der Tag der Wannseekonferenz, stehen). Doch galt ihm der 8. Mai zugleich auch als Tag der Befreiung, freilich nicht aus eigenem Recht. So sehr ihm die Bonner Republik politische Heimat wurde, so sehr hielt er an der Tatsache fest, dass sie sich nicht sich selbst verdankte: kein Sturm auf die Bastille, kein Unabhängigkeitskrieg, keine ‚Glorious Revolution", so sagte er einmal, verkläre ihren Gründungsakt.[9] Es sei bei uns Deutschen vielmehr das Wissen um die Niederlagen der Demokratie in unserer Geschichte, welches die Bonner Republik auf den Weg gebracht habe. Auch nach dem Zusammenbruch der zweiten deutschen Diktatur war für ihn klar: Beitritt der DDR zur Bundesrepublik Deutschland nach Art. 23 GG (alt) ja, Neugründung der Republik nach Art. 146 GG nein. Die Berliner Republik sollte eine Erweiterung der Bonner Republik sein, nicht ihre Überwindung. Zu überwinden sei die Vorstellung vom ethnisch gebundenen geschlossenen deutschen Nationalstaat und von der Sonderrolle Deutschlands in der Welt. Der geschenkte Neubeginn verlange ein post-nationalstaatliches politisches Gemeinwesen, das gegenüber der Europäischen Gemeinschaft, jener neuen politischen Formation „multistaatlicher, multiethnischer, multikultureller Art", sich öffnet. In einer Rede zum Gedenken an den 8. Mai 1945 formulierte er einmal die vier Verpflichtungen, die die Bundesrepublik Deutschland mit dem geschenkten Neubeginn übernommen habe: „1. Die Überzeugung, daß die Humanität und die menschliche Zivilisation aufruht

---

[8] Ebd., S. 615.

[9] M. Rainer Lepsius, „Das Legat zweier Diktaturen für die demokratische Kultur im vereinigten Deutschland", in: ders., *Institutionalisierung politischen Handelns*, S. 168 ff. In dieser gedruckten Fassung ließ der Autor allerdings den ursprünglichen Schluss seines Manuskripts weg, der lautete: „Die Bezugsereignisse für die Demokratie in Deutschland sind Niederlagen der Demokratie, kein ‚Sturm auf die Bastille', kein ‚Unabhängigkeitskrieg' keine ‚glorous revolution'. Aus ihnen ist kein Mythos zu konstruieren, aber eine nüchterne Erkenntnis zu gewinnen für Wertpräferenzen in der Selbstorganisation der politischen Ordnung der Deutschen in einer europäischen Friedensordnung."

auf der Idee der ungeteilten Menschenrechte. 2. Die Einsicht, daß die Form der
politischen Organisation ursächlich bedeutsam ist für den Inhalt der menschlichen Zivilisation. 3. Die Anerkennung der europäischen Verpflichtungen der
Deutschen. 4. Der Verzicht auf Gewalt zur Durchsetzung von Interessen und
Ideen."[10]

M. Rainer Lepsius war ein Autor der kleinen Form mit großer Wirkung. Streng
genommen schrieb er kein Buch. Darunter litt er zwar, doch die ihm gemäße
Form war der Aufsatz. Sieht man von der Dissertation und der seinerzeit sehr
einflussreichen Denkschrift zur Lage der Soziologie und Politischen Wissenschaft
ab, so findet man in seiner langen Literaturliste neben Herausgaben vor allem
Aufsätze und Beiträge zu Sammelwerken. Selbst seine Habilitationsschrift über
die soziale Schichtung der industriellen Gesellschaft, einst viel zitiert, veröffentlichte er nicht als Buch. Dies nagte zwar an seiner Selbstachtung, minderte aber
nicht seine Wirkung. Im Gegenteil: Diese wuchs und wuchs und strahlte auch
auf andere Disziplinen, insbesondere auf die Sozialgeschichte und die Politische
Wissenschaft, aus.

Ein Beispiel für diese Wirkung ist sein inzwischen klassischer Aufsatz „Das
Modell der charismatischen Herrschaft und seine Anwendbarkeit auf den ‚Führerstaat' Adolf Hitlers". Der ebenfalls inzwischen verstorbene Hans Ulrich Wehler,
eher ein Autor der großen Form, bemerkte einmal, lese man diesen Aufsatz, so
würden ganze Bibliotheken zu Makulatur. Das ist gewiss übertrieben, doch ein
Körnchen Wahrheit steckt in dieser Aussage. Lepsius lässt sich dabei eben nicht
auf das übliche oberflächliche „Labeling" ein, sondern entfaltet das Charisma-
konzept analytisch und stellt es in den Zusammenhang traditionaler und legaler
Herrschaft. Weder die Machtergreifung noch die Machtkonsolidierung Hitlers
lasse sich ohne die „Beigaben" traditionaler und legaler Herrschaft verstehen.
Lepsius gibt damit der einst von Ernst Fraenkel vorgetragenen These vom Dritten
Reich als einem Doppelstaat, einem Nebeneinander von Normenstaat und Maß-
nahmestaat, eine soziologisch einleuchtende Deutung und zeigt dabei zugleich,
wie fruchtbar der Rückgriff auf die Idealtypen Max Webers für das Verständnis
komplexer historischer Zusammenhänge sein kann. Zugleich behandelt Lepsius
hier eine seiner zentralen Fragen: die nach dem Verhältnis von Kontinuität und
Diskontinuität im historischen Verlauf.

Der Nationalsozialismus war für ihn freilich nicht allein ein Gegenstand der
Analyse, sondern auch eine prägende persönliche Erfahrung. Am 8. Mai 1928
geboren, gehörte er zur sogenannten Flakhelfergeneration. Der 8. Mai 1945, sein

---

[10] M. Rainer Lepsius, „8. Mai 1945 – Ende und Neubeginn", in: *Politik und Kultur*, 12. Jg.,
Heft 4, 1985, S. 9 f.

17. Geburtstag, der Tag der Kapitulation, war ihm eben, wie gesagt, vor allem ein Tag der Befreiung. In einen autobiographischen Rückblick bemerkte er, dieser Tag habe ihn „von ‚Schicksalsmächten‘, von unkontrollierbarer Gewalt, von Nibelungenmythen, allgemeiner gesagt: von ontologischen Kollektivitäten" befreit. Im Kampf gegen die Ontologisierung von Kollektivitäten wusste er sich mit Max Weber einig. Dieser Kampf führte ihn, nach einem Studium der Volkswirtschaftslehre und der Rechtswissenschaft, wobei er letzteres dann abbrach, schließlich zur Soziologie. Die wichtigsten Stationen waren, nach der Münchner Studienzeit, Köln (René König), die London School of Economics, schließlich die USA, und hier nicht Talcott Parsons, sondern Robert Merton. Er strebte nicht nach der großen Theorie, sondern nach der Theorie mittlerer Reichweite, nicht nach dem umfassenden System, sondern nach der historisch gesättigten Analyse des Falls.

Wenn man die drei Bände, in denen seine wichtigsten Aufsätze versammelt sind, Revue passieren lässt, *Interessen, Ideen und Institutionen* (1. Auflage 1990, 2. Auflage 2009), *Demokratie in Deutschland* (1993), *Institutionalisierung politischen Handelns* (2013), so sind die für ihn wichtigen Analyseobjekte leicht zu erkennen: das Kaiserreich, die Weimarer Republik, das Dritte Reich, die Bundesrepublik Deutschland, die DDR, die Europäische Union, natürlich nicht als Ganzheiten, sondern als Konstellationen von Ideen, Interessen und Institutionen, die historisch und strukturell vergleichend zu analysieren sind. Er wollte zwar keine Exotisierung der beiden deutschen Diktaturen, aber auch keine zu starken Annahmen über Interdependenz, Diskontinuität, Integration und Isolation der betrachteten Regime. Der Nationalstaat diente ihm zwar als Bezugsrahmen für das Problem der Demokratisierung, aber immer in der Verflechtung in das internationale System. Die Suche nach den Strukturbedingungen und Funktionsweisen politischer Herrschaft – das hatte er in New York, wo er auch viele deutsche Emigranten traf, an der *Columbia University* bei Merton und Lazarsfeld gelernt – blieb bei seiner Analyse der Entwicklung Deutschlands in Europa auf seiner Agenda. Aber er verstand den „strukturell-funktionalen" Ansatz heuristisch, nicht inhaltlich, nicht gemäß der so bezeichneten Theorie. Es war denn auch weniger Robert K. Merton als vielmehr Reinhard Bendix, der seinem Ansatz gemäß war. Doch seine professionelle Schulung, wie er dies selbst nannte, erhielt er hauptsächlich doch in New York. Vor allem aber beeindruckte ihn das intellektuelle Milieu, das von den aus Deutschland und Europa vertriebenen

Sozialwissenschaftlern bestimmt wurde, die an der *New School for Social Research* versammelt waren. Die Frage, was dieser Exodus für die Entwicklung der deutschen Nachkriegssoziologie bedeutete, ließ ihn denn auch nicht mehr los.[11]

M. Rainer Lepsius begann als Industriesoziologe, wie viele Angehörige seiner Generation, und er wurde dann zum Schichtungstheoretiker, den wir jetzt, nach der posthumen Publikation seiner Habilitationsschrift, erst richtig kennenlernen.[12] Doch waren dies nur Stationen auf einem Weg, der in einer Institutionentheorie mündete und ihn zum Institutionentheoretiker stempelte. Das Material dafür bot ihm die jüngere deutsche Geschichte in ihrer Verbindung mit der Geschichte Europas, eine vergleichende Betrachtung von vorgestellten und realisierten Ordnungsideen: im Kaiserreich, in der Weimarer Republik, im Dritten Reich, in den darauffolgenden politischen Nachkriegsordnungen der Bundesrepublik, der DDR und Österreichs, die alle drei in seinen Augen den Nationalsozialismus als Kontrast für die Legitimierung ihrer politischen Kultur gewählt hatten. Freilich unterschieden sie sich darin, wieweit sie dabei eine historische Verantwortung für den mit dem Nationalsozialismus eingetretenen Zivilisationsbruch übernahmen. Die DDR und Österreich hätten diese Verantwortung externalisiert, die DDR mit der Konstruktion eines siegreichen antifaschistischen Sozialismus, Österreich mit der Konstruktion einer Opferrolle. Nur die Bundesrepublik habe sie internalisiert. Nur sie habe die Nachfolge des Deutschen Reiches angetreten, nur sie eine Schuld- und Schamdebatte geführt und, wenn auch spät und unzulänglich, die Verbrechen des Nationalsozialismus juristisch aufgearbeitet, nur sie sich zur besonderen Verantwortung gegenüber dem Staat Israel bekannt.[13] Hinzu kam Lepsius' Beschäftigung mit dem institutionellen Aufbau der EU, mit ihrem Institutionenwandel vom Zweckverband über die Gemeinschaft zur Union, der gerade in den letzten Jahren seines Lebens einen Schwerpunkt seiner Arbeit bildete.[14] Richtpunkt aber blieb bei alledem für ihn die rechts- und sozialstaatlich verfasste parlamentarische Demokratie, die in eine Zivilgesellschaft eingebettet ist.

Die beiden deutschen Diktaturen, die er nicht gleichsetzte, sondern nach Wertbegründung, Institutionenordnung und Verbrechensgehalt unterschied, hatten

---

[11] Dazu M. Rainer Lepsius, „Die sozialwissenschaftliche Emigration und ihre Folgen", In: ders., *Soziologie und Soziologen*, Tübingen: Mohr Siebeck, S. 21 ff. (zuerst 1981).

[12] M. Rainer Lepsius, *Soziale Schichtung in der industriellen Gesellschaft*, Tübingen: Mohr Siebeck 2015.

[13] M. Rainer Lepsius, „Das Erbe des Nationalsozialismus und die politische Kultur der Nachfolgestaaten des ‚Großdeutschen Reiches'" in: *Demokratie in Deutschland*, S. 229 ff.

[14] Dazu vor allem der Teil IV in: M. Rainer Lepsius, *Die Institutionalisierung politischen Handelns*.

doch dies gemeinsam: Sie waren beide Negationen der Wertbegründung und Institutionenordnung einer rechts- und sozialstaatlich verfassten parlamentarischen Demokratie. Als Diktaturen bildeten sie ein „Gehäuse der Hörigkeit",[15] welches auch jene einschloss, die sich ihrer Macht zu entziehen suchten. Denn sie prägten die Kategorien der Wirklichkeitserfassung und die Kriterien der Urteilsbildung. Auch dies vor allem ist mit der Moral, in diesem Fall: mit der Unmoral von Institutionen gemeint (hier gilt Nietzsches Wort vom Staat als organisierter Unmoral). Die Bundesrepublik Deutschland in ihrer Bonner Gestalt war für Lepsius gewissermaßen die nachgeholte Verwirklichung von Max Webers Ideen von 1918. Im Jahr von Webers 150. Geburtstag, seinem eigenen letzten Lebensjahr, betonte er nicht zufällig öfter die Ähnlichkeiten von 1918/19 und 1948/49 und stilisierte Max Weber gar zum gedanklichen Gründungsvater der Bonner Republik.

Die Fallanalyse verlangte nicht nur umfassende historische Kenntnisse, sondern auch theoretische Innovationen. Drei greife ich heraus. Für die Analyse der Interessen bedurfte es einer Erweiterung der Klassenanalyse. M. Rainer Lepsius fügte der Weber'schen Unterscheidung von Besitz- und Erwerbsklasse die Versorgungsklasse hinzu. Er nahm auch die Karl Marx zugeschriebene Unterscheidung zwischen Klasse an sich und Klasse für sich auf und erweiterte den Begriff der Klasse für sich, inspiriert durch Theodor Geiger, um den Begriff des sozialmoralischen Milieus, mit dessen Hilfe er das vorindustriell konstituierte deutsche Parteiensystem von der Reichsgründung bis zum Untergang der Weimarer Republik in seiner Versäulung untersuchte. Er verband dies mit der These, dass strukturell bedingte Interessenlagen sich keineswegs immer umstandslos in politisches Handeln übersetzen, sondern dieses noch durch intermediäre Mechanismen und durch institutionalisierte kulturelle Muster vermittelt ist. Für die für ihn zentrale Analyse von Institutionen entwickelte er eine Theorie der Leitideen und der ihnen entsprechenden Rationalitätskriterien, um sowohl die Differenzierung von Institutionen als auch den möglichen Konflikt zwischen ihnen zu untersuchen. Für ihn stand der Institutionenkampf gleichrangig neben dem Klassenkampf.

Für die Analyse von (kollektiven) politischen Ideen klärte er zunächst das Verhältnis von Staat und Nation und die verschiedenen Deutungen, die sich mit dem Begriff der Nation verbinden: die Volksnation (ethnische Gemeinschaft), die Kulturnation (transpolitische Schrift- und Sprachgemeinschaft), die Klassennation (Gleichheit der Klassenlage) und die Staatsbürgernation (Gleichheit der Bürger). Dass die Bundesrepublik sich allmählich zu einer Staatsbürgernation entwickelte, den Wechsel vom Ethnos zum Demos vollzog – wobei er den Titel eines Buches

---

[15] So, im Anschluss an Max Weber, die Formulierung in: „Das Legat zweier Diktaturen für die demokratische Kultur im vereinigten Deutschland", S. 171.

von Emerich K. Francis aufgriff, dessen Assistent er in München gewesen war –, sah er als einen großen Fortschritt vor und noch mehr nach der Wiedervereinigung an, einen Fortschritt freilich, der, wie die jüngere Geschichte zeigt, immer von Neuem verteidigt werden muss.

Überhaupt die Wiedervereinigung: Hier zeigte sich Lepsius in der Fülle seiner Möglichkeiten. Zunächst als empirischer Forscher, dem es darum geht, die Mechanismen von Parteiherrschaft und Planwirtschaft aus der Perspektive der Teilnehmenden aufzudecken. Zusammen mit Theo Pirker, dem Altfreund aus Münchner industriesoziologischen Tagen, und unterstützt von Rainer Weinert und Hans-Hermann Hertle, verwertete er Gespräche, die das Team mit wichtigen DDR-Funktionären, von Günter Mittag über Alexander Schalck-Golodkowski und Gerhard Schürer bis Helmut Koziolek, führte, um die Strukturbedingungen und Funktionsweise vor allem des Wirtschaftssystems der DDR aufzudecken. Dabei war sich das Team durchaus darüber im Klaren, dass die Antworten der ehemaligen Funktionäre auf die „westlichen" Fragen nicht frei von Reinterpretation, auch von Selbstrechtfertigung sein konnten. Aber das daraus entstehende Bild bleibt trotz dieser Vorbehalte wertvoll. Lepsius und Pirker beklagten wohl zurecht, dass Ähnliches nicht nach dem Zusammenbruch des NS-Regimes geschah.

Mit der Wiedervereinigung gewann Rainer Lepsius zudem wieder freien Zugang zu wichtigen Stätten seiner Familiengeschichte. Der Name Richard Lepsius, des großen Ägyptologen, ist mit Naumburg verbunden, der von Johannes Lepsius, dem Kämpfer gegen den Genozid am armenischen Volk, mit Potsdam. Als historischer Soziologe hatte Rainer Lepsius noch zu DDR-Zeiten aus Anlass des 100. Todestages im Jahre 1984 Richard Lepsius und seiner Familie eine seiner Fallstudien gewidmet. Es war eine Fallstudie zum Bildungsbürgertum als einer ständischen Vergemeinschaftung. M. Rainer Lepsius regte schon früh eine Sozialgeschichte des Bürgertums an, ganz in der Tradition Max Webers und mit der Intention, ein besonderes sozialmoralisches Milieu zu charakterisieren und begrifflich zu differenzieren: in ein Wirtschafts-, Dienstleistungs- und politisches Bürgertum. Daraus wurde dann ein großes sozialhistorisches Projekt, dem er sich allerdings selbst weitgehend entzog.

Die Wiedervereinigung forderte Rainer Lepsius auch als Professionspolitiker. Das war er schon lange davor. Bereits mit der *Denkschrift zur Lage der Soziologie und Politischen Wissenschaft* aus dem Jahre 1961 zeigte er sich interessiert an der

Entwicklung dieser Fächer.[16] 1971 (bis 1974) übernahm er unter denkbar ungüns-
tigen Bedingungen den Vorsitz *der Deutschen Gesellschaft für Soziologie,* um sie
zu reorganisieren und ihr, nach den Stürmen der vorangegangenen Jahre und
der Satzungsdebatte, den Charakter einer offenen professionellen Organisation zu
geben. Dadurch verhinderte er letztlich die drohende Spaltung und vermittelte
zwischen den verschiedenen soziologischen Milieus. Auch als in Heidelberg, der
Wirkungsstätte Max Webers, nach langen Vakanzen die Schließung des *Insti-
tuts für Soziologie und Ethnologie* drohte, half er von Mannheim aus mit, dies
zu verhindern. Sein Eintritt in den Herausgeberkreis der *Kölner Zeitschrift für
Soziologie und Sozialpsychologie,* die er 16 Jahrgänge lang mitgestaltete, darf in
diesem Zusammenhang nicht unerwähnt bleiben. Schließlich wirkte ihr Herausgeberkreis an der Definition der Standards gediegener soziologischer Forschung
in der Bundesrepublik und damit an der Professionalisierung des Faches mit.

Mit der Wiedervereinigung war zudem der Aufbau der Soziologie in den ostdeutschen Ländern verbunden. Rainer Lepsius wurde Mitglied in der von Max
Kaase geleiteten Arbeitsgruppe des *Wissenschaftsrats,* die eine Empfehlung zur
künftigen Entwicklung der Fächer Soziologie und Politische Wissenschaft an den
ostdeutschen Universitäten vorlegte. Diese Empfehlung hatte große Bedeutung,
denn sie wurde tatsächlich zur Richtlinie für den Aufbau dieser beiden Fächer
im Umfang von jeweils sechs Professuren. Niemals zuvor hatte man in Deutschland diese beiden Disziplinen flächendeckend in dieser Breite institutionalisiert.
Er selbst übernahm dann den Aufbau der Soziologie in Halle an der Saale, an
dem Ort, wo sein Urahn Peter Christoph Leps einst promoviert worden war und
sich in Lepsius umbenannt hatte.

Es ließe sich noch vieles zu Rainer Lepsius als Professionspolitiker sagen.
Das Wichtigste dazu sagt er selbst in dem von Adalbert Hepp und Martina Löw
herausgegebenen Band *M. Rainer Lepsius. Soziologie als Profession* (2008). Ich
breche hier ab und kehre zurück zu dem Wissenschaftler und Zeitdiagnostiker.
Zwei Komplexe bedürfen noch der rückblickenden Betrachtung: Die Europäische Union und die Max Weber-Gesamtausgabe, deren geschäftsführender
Herausgeber er von Beginn an war.

Für Rainer Lepsius bedeutete die Wiedervereinigung in Verbindung mit der
Ratifizierung der Verträge von Maastricht eine Art Epochenschwelle in der jüngeren deutschen Geschichte. Damit war für ihn die offene Staatlichkeit der
Bundesrepublik durch Kompetenzübertragung auf die europäische Ebene irre-
versibel geworden und die Vorstellung von der EU als einem Zweckverband

---

[16] M. Rainer Lepsius, *Denkschrift zur Lage der Soziologie und der Politischen Wissenschaf*t,
Wiesbaden: Fritz Steiner Verlag 1961.

endgültig obsolet. Im Ringen um die Charakterisierung dieses eigenartigen supra-
nationalen Regimes EU bekämpfte er vor allein zwei immer wieder vertretene
Konzepte: den europäischen föderativen Bundesstaat in Analogie zum Nationalstaat und das Europa der Regionen, in dem er das Programm einer Devolution
der großen Flächenstaaten sah. Die EU war ihm eine Art Staatsbildung ohne
Nationenbildung, welche deshalb die Nationalstaaten als konstitutive Struktur-
und Funktionseinheiten und zur Legitimation ihrer Entscheidungen nicht ent-
behren könne. Er spielte gerne mit der Analogie zwischen EU und deutschem
Kaiserreich. Entscheidend für ihn war: Die Lösung konnte nicht in einem
parlamentarisch kontrollierten europäischen Zentralstaat liegen. Es gibt keinen
europäischen Demos, auch kein europäisches Parteiensystem, keine europäische
Tarifautonomie, keinen europäischen Sozialstaat, ja nicht einmal eine europäische Öffentlichkeit oder, jenseits der Grundrechte, eine gemeinsame europäische
Kultur. Die Unionsbürgerschaft ist abgeleitet, gründet in der Staatsbürgerschaft
des Nationalstaats. Bis zuletzt stritt er für ein vorsichtiges Weitergehen, war zwar
für mehr Europa, aber gegen die Finalisierung des europäischen Einigungspro-
zesses. Er insistierte auf der doppelten Legitimation der EU durch Parlament und
Ministerrat und wandte sich gegen die Auffassung von der Kommission als einer
parlamentarischen Regierung. Europa sei gezwungen, die Kleinen zu schonen,
ohne die Großen zu entmündigen. Eine europäische parlamentarische Regierung
bleibe für immer eine Illusion.

Im Jahre 1975 ließ sich Rainer Lepsius auf ein Projekt ein, das er eigentlich nicht wollte, es aber aus Gefälligkeit gegenüber Johannes Winckelmann
und Eduard Baumgarten nicht ablehnte: auf die Max Weber-Gesamtausgabe. Die
Gefälligkeit gegenüber den beiden Genannten hatte verschiedene Gründe, was
hier dahingestellt bleiben kann. Gewiss, Max Weber war für ihn immer mehr
zu einem wichtigen Bezugspunkt für seine eigene Arbeit geworden. Aber ihn
zu edieren, sich auf die Prinzipien einer historisch-kritischen Edition einzulassen,
entsprach weder seinen wissenschaftlichen Interessen noch seinem Temperament.
Daraus wurde nun eine nahezu 40-jährige Beschäftigung insbesondere mit Max
Webers Briefen. Sie machte ihn wohl zum besten Kenner von Max Webers Leben.
Lepsius war kein Weber-Exeget, eher ein Bruder im Geiste, wissenschaftlich und
politisch. Aber auch das von Krankheit überschattete Leben Max Webers faszinierte ihn. Als Verantwortlicher für das private Briefwerk im Rahmen der Max
Weber-Gesamtausgabe war er tief in die komplexen und komplizierten persön-
lichen Beziehungen zwischen Max Weber, seinem Vater Max sen. und seiner
Mutter Helene, seinem Bruder Alfred, seiner Frau Marianne und seinen Geliebten Mina Tobler und Else Jaffé sowie deren Mann Edgar Jaffé eingedrungen.
Mit großer Sensibilität zeichnete er deren Charaktere und das Beziehungsgeflecht

nach, das sich zwischen ihnen über die Jahre entspann.[17] Der Institutionentheoretiker zeigte sich für subinstitutionelle Analysen offen, ja, man gewinnt den
Eindruck, dass ihn solche Familiengeschichten mehr faszinierten als seine von
der Lebenswirklichkeit abstrahierenden soziologischen Analysen. In dem Interview, aus dem ich bereits zitiert habe, antwortete er auf die Frage, was ihn mehr
reizen würde, als mühevoll soziologische Texte zu schreiben: „Vielleicht würde
ich gerne andere Texte schreiben, zum Beispiel biographische Familiengeschichten. Die schreibe ich mit einem gewissen Vergnügen. Aber Soziologie?"[18] Und
fürwahr, er schrieb ja tatsächlich solche Familiengeschichten: die seiner eigenen
Familie[19] und die Max Webers. Und man staunt über die literarische Gestal-
tungskraft, die aus diesen Familiengeschichten spricht. Leider schrieb er seine
Kenntnisse über die Weber-Familie nur in den Einleitungen zu den Briefbän-
den, nicht aber zusammenhängend nieder, was angesichts der Qualität der derzeit
boomenden Biographien über Max Weber sehr zu beklagen ist.

Für Rainer Lepsius war Soziologie eine Profession, zur Einhaltung strikter
theoretischer und methodischer Standards verpflichtet. Sie war ihm aber darüber hinaus auch ein Medium der Aufklärung. Er zitierte gerne René König,
den er sehr verehrte, mit der Formel, die Soziologie diene der Selbstdomesti-
kation des Menschen. Er selbst sprach von der kognitiven Hygiene gegen die
Täuschung des Menschen über sich selbst. Nach den Erfahrungen des Nationalsozialismus, freilich nicht darauf beschränkt, misstraute er der Selbststeuerungs-
und Widerstandsfähigkeit des Einzelnen gegenüber kollektiven Mächten. Er setzte
auf Institutionen, die das menschliche Handeln in Bahnen halten. Nur ein gut kon-
struiertes Institutionengefüge vermag uns vor uns selbst zu schützen. Davon war
er zutiefst überzeugt.

2 Guenther Roth – Wanderer zwischen zwei Welten

Guenther Roth, zuletzt emeritierter Professor für Soziologie an der *Columbia
University* in New York, starb am 18. Mai 2019 nach langer schwerer Krankheit.
Sie fesselte ihn zuletzt an die Wohnung, die er, am Riverside Drive in New
York, zusammen mit seiner zweiten Frau, der berühmten Mediävistin Caroline
Walker Bynum, bewohnte. Von dort blickte er auf den Hudson, wo Schiffe von
unterschiedlichster Größe und Herkunft an ihm vorüberzogen, deren wichtigste
Merkmale er mit Hilfe des Internets erkundete. Einst war er es, der in die Welt

---

[17] Dazu M. Rainer Lepsius, *Max Weber und seine Kreise,* Tübingen: Mohr Siebeck 1915.

[18] Siehe Adalbert Hepp, Martina Löw (Hg.), *M. Rainer Lepsius,* S. 48.

[19] M. Rainer Lepsius, „Bildungsbürgertum und Wissenschaft: Richard Lepsius und seine
Familie", In: ders., *Demokratie in Deutschland,* S. 315 ff.

ging, nun musste sie zu ihm kommen. Der rege Verkehr auf dem Hudson fesselte
sein Interesse bis zuletzt. Dem Fluss wurde auch seine Asche übergeben. Das
war sein Wunsch.

Lange war er es, der in die Welt reiste, jedes Jahr nach Europa, um nicht
nur Verwandte, Kollegen und Freunde zu besuchen, sondern auch Europas reiche Architektur und Kunstschätze zu studieren. Denn Europa blieb ihm Heimat,
obgleich er schon früh die amerikanische Staatsbürgerschaft erwarb. Dass er amerikanischer Staatsbürger wurde, war eher Zufall als Absicht. Aber er hat sich
eingewurzelt und sich fürderhin als ein Wanderer, aber auch als ein Vermittler
zwischen den beiden Welten, den USA und Europa, insbesondere Deutschland,
gesehen.

Guenther Roth wurde 1931 in Wolfskehlen geboren, einem Dorf, das zum
Zeitpunkt seiner Geburt etwa 1500 Einwohner zählte, überwiegend protestan-
tisch, aber auch mit einer kleinen jüdischen Gemeinde. Die nächste größere
Stadt war Darmstadt, die Hauptstadt des damals „Volksstaat" genannten Landes Hessen, der eigentliche Wohnort der Roths. Er blieb das einzige Kind einer
Familie, die man als gut bürgerlich bezeichnen könnte. Der Vater entstammte,
wie der Sohn einmal schrieb, „einer freisinnigen alten hessischen Volksschulleh-
rerfamilie".[20] Er arbeitete als Journalist und Fotograf, wobei ihm seine Frau als
‚Sekretärin‘ hilfreich zur Seite stand. Nach der Machtergreifung der Nationalso-
zialisten suchte der Vater Distanz zu dem neuen Regime zu wahren, freilich ohne
direkt Widerstand zu leisten. Aber die Distanz ging doch so weit, dass Guenther
Roth von sich sagen konnte, in seinem Elternhaus habe eine antifaschistische
Atmosphäre geherrscht. Das erste politische Ereignis, an das er sich erinnere,
sei der 9. November 1938 gewesen, als die Synagogen brannten und der offene
Terror gegen die deutschen Juden und ihren Besitz jedem, der sehen wollte, vor
Augen stand. Noch prägender für sein erwachendes politisches Bewusstsein aber
war vermutlich die Brandnacht vom 11. auf den 12. September 1944, als die 5.
Bomber Group der *Royal Air Force* unter dem Kommando des Luftmarschalls
Arthur Harris Darmstadt in Schutt und Asche legte. Tod und Obdachlosigkeit
ungeahnten Ausmaßes waren die Folge. Was Wunder, dass der junge Guenther
Roth nach solcher vom Nazi-Regime herbeigeführten Selbstzerstörung den 8. Mai
1945 als einen Tag der Befreiung empfand.

Wer unter der totalen Herrschaft des Nationalsozialismus aufwuchs, konnte
sich natürlich trotz kritischem Elternhaus nicht ohne Weiteres aus den Zwängen
des Regimes lösen. Man musste zum Beispiel ins Jungvolk, und auch die Schule

---

[20] Günther Roth, *Politische Herrschaft und persönliche Freiheit. Heidelberger Max Weber
Vorlesungen* 1983, Frankfurt a. M.: Suhrkamp 1987, S. 247.

war ein Ort nationalsozialistischer Indoktrination. Guenther Roth schaffte es, wie er im Rückblick sagte, aus seiner Zwangsmitgliedschaft im Jungvolk immerhin eine politisch und sozial nützliche Erfahrung zu machen, und 1941, nachdem er die Aufnahmeprüfung in das humanistische *Ludwig-Georgs-Gymnasium* in Darmstadt bestanden hatte, traf er auf Lehrer, die nicht alle überzeugte National-sozialisten waren. Diese gab es zwar auch, daneben aber auch solche, die noch in der Vorstellungswelt des Kaiserreichs lebten und ihre Zuflucht in der griechi-schen und römischen Antike suchten. So genoss er eine humanistische Bildung mit einem Schwerpunkt auf den alten Sprachen, und auch sein Klassenverband blieb von nationalsozialistischen Eiferern weitgehend verschont.

Guenther Roth war am Ende des Krieges zu jung, um noch zum Flakhelfer zu werden, doch alt genug, um die Gräuel des Naziregimes nicht zu vergessen. Auch die ersten Nachkriegsjahre mit ihren Entbehrungen durchlebte er bewusst. Beides, so kann man vermuten, prägte sein frühes Weltbild. Die Weichen standen auf links. Nach dem glänzend bestandenen Abitur nahmen ihn Wissenschaft und Politik gefangen. Die ersten Einrichtungen, denen er aus Überzeugung betrat, war das wiedergegründete *Institut für Sozialforschung* an der *Universität Frankfurt* und der örtliche *Sozialistische Deutsche Studentenbund.* Am 1923 gegründeten *Institut für Sozialforschung,* das in der Emigration überlebt hatte und 1950 nach Frankfurt zurückgekehrt war und welches nun die Ausbildung im Fach Soziologie an der Universität Frankfurt verantwortete, begegnete er vor allem Friedrich Pollock und Max Horkheimer, seinen ersten akademischen Lehrern. Im *Sozialistischen Deut-schen Studentenbund,* zu diesem Zeitpunkt mit der Mutterpartei, der SPD, noch nicht zerstritten, avancierte er schnell zum Vorsitzenden der Frankfurter Sektion.

Das Institut, an dem Guenther Roth studierte, war zu diesem Zeitpunkt weniger theoretisch als vielmehr empirisch ausgerichtet. Insbesondere das Grup-pendiskussionsverfahren zur Erhebung von Daten wurde gepflegt, und es gab unter anderem ein aus den USA finanziertes Projekt, das sich der Erforschung deutscher Nachkriegshaltungen widmete. Als Kurt H. Wolff, ein Darmstädter Jude, der 1933 zunächst nach Italien emigrieren musste, dann den Weg in die USA fand und dort inzwischen Soziologie an der *University of Ohio* in Columbus lehrte, mit Guenther Roth, einem anderen Darmstädter, zusammentraf, entstand der Plan, ihn mit Hilfe eines Arbeitsvertrags nach Ohio zu holen, um eine begonnene Studie über die Entnazifizierung der Deutschen weiterzuführen und niederzuschreiben. Roth war zu diesem Zeitpunkt noch mitten im Studium. Er hatte gerade einmal fünf Semester hinter sich.

Was hätte in der ersten Nachkriegszeit für einen 22-Jährigen verlockender sein können, als in die USA zu reisen, um das Sehnsuchtsland vieler junger Deutscher aus eigener Anschauung kennenzulernen? Also entschied sich Guenther Roth, sein Studium in Deutschland zu unterbrechen und erst einmal in die USA zu gehen. Er reiste nicht, wie heute üblich, per Flugzeug, sondern per Schiff und erfuhr so die enorme Distanz, die zwischen Europa und den USA liegt. Und dies ist nicht nur räumlich, sondern auch kulturell und sozial gemeint.

Guenther Roth schrieb in Columbus/Ohio seine erste größere wissenschaftliche Arbeit auf Englisch, die Kurt H. Wolff korrigierte und herausgab. Es ging dabei um die Wirkungen der Entnazifizierung, jenes Instruments der Umerziehung, das angesichts der Teilung Deutschlands (1949 ff.) und des Koreakrieges (1950 ff.), man kann auch sagen: angesichts des längst eingetretenen kalten Krieges, allerdings schnell außer Kraft gesetzt wurde. Was das erhobene und analysierte Material unzweifelhaft hergab, war die Erkenntnis, dass viele Deutsche eine Aufrechnungsmentalität pflegten: Man hatte zwar Unrecht getan, hatte aber auch selbst große Opfer zu bringen.

Guenther Roth ist dann in den USA hängengeblieben. Zunächst weilte er kurze Zeit in New York an der *New School for Social Research,* der University in Exile, und wurde dort mit weiteren Emigranten bekannt (unter anderem mit Alfred Schütz, Otto Kirchheimer, Albert Solomon und Frieda Wunderlich). Er lernte auch, dass gerade im Kreis der Emigranten über das Frankfurter Institut sehr zurückhaltend geurteilt wurde. Dann wollte es der Zufall, dass Reinhard Bendix, ebenfalls ein Emigrant, der 1938 Berlin verlassen und an der *University of Chicago* studiert hatte, dann über die *University of Chicago* und die *University of Colorado* an die *University of California at Berkeley* gelangt war und hier inzwischen zu den tragenden Figuren dieses im Lande führenden Departments gehörte, einen deutschen Assistenten suchte. Guenther Roth war willens und stand bereit.

Man kann wohl sagen, dass mit dem Gang nach Berkeley Guenther Roths amerikanische Sozialisation sowohl als Soziologe wie als Bürger einsetzte. Für die Soziologie stand Reinhard Bendix, der im Rahmen des *Institute of Industrial Relations* eine historische Soziologie betrieb und dabei den Rückbezug auf die großen europäischen Denker nicht vernachlässigte. Er war gerade dabei, sein großes Buch *Work and Authority in Industry* zu veröffentlichen, dem er vier Jahre später seine einflussreiche Studie *Max Weber. An Intellectual Portrait* folgen ließ. Für den Bürger stand das liberale Kalifornien und die Gründung einer Familie, die schließlich vier Personen umfasste. Guenther Roth wurde nun auch äußerlich zum Amerikaner. Er nahm die amerikanische Staatsbürgerschaft an. Er emigrierte wie seine beiden Mentoren Kurt H. Wolff und Reinhard Bendix, freilich aus freien Stücken, nicht, wie diese, aus Zwang.

Guenther Roth, der vor seinem Wechsel an das *Institute of Industrial Relations* noch keinen akademischen Abschluss erworben hatte, wurde im Jahre 1960 am

Department of Sociology in Berkeley mit einer Arbeit promoviert, die seine Herkunft und seine ursprüngliche politische Orientierung spiegelt. Die Untersuchung der Entwicklung der Sozialdemokratie im deutschen Kaiserreich war das Ziel. Mit dieser Arbeit, die er dann unter dem Titel *The Social Democrats in Imperial Germany. A Study in Working-Class Isolation and National Integration* 1963 veröffentlichte,[21] löste er gewissermaßen die Eintrittskarte für eine amerikanische wissenschaftliche Karriere, welche schließlich zu einer Professur führen sollte. In dieser Studie beschreibt er die dramatische Expansion der Sozialdemokratie im deutschen Kaiserreich, die auch Bismarcks Sozialistengesetz nicht bremsen konnte, die sich aber mit einer „negativen Integration" der Arbeiterbewegung in die Gesellschaft des Kaiserreichs verband. Dabei verwendet er Analysen von Roberto Michels und Max Weber, von europäischen Autoren also, mit deren Hilfe er das umfassende historische Material begrifflich ordnet. Er sagt übrigens im Rückblick, er habe Max Weber zum ersten Mal in den USA gelesen. Weder am Darmstädter Gymnasium noch am Frankfurter *Institut für Sozialforschung* habe dieser eine Rolle gespielt. Das war bei Reinhard Bendix anders. Er legte Wert auf die Aneignung dieses großen Soziologen seines Herkunftslands. Guenther Roth erwarb mit dieser Arbeit in Fachkreisen große Anerkennung, und sie begründete seinen Ruf als politischer Soziologe. Ralf Dahrendorf schrieb in einer Rezension, das Buch zeichne ein brillantes und eindrucksvolles Bild der Entwicklung der Sozialdemokratie im Kaiserreich, es beruhe auf einer Verbindung von historischem Interesse mit einem geschulten soziologischen Blick („a brilliant and impressive picture…a combination of original historical interest and a trained sociological perspective"). Dieses Buch zeigt Guenther Roth als historisch orientierten politischen Soziologen, der er inzwischen geworden war. 1990 formulierte er selbst im Rückblick auf seinen wissenschaftlichen Werdegang kurz und bündig: „I grew up in Nazi Germany in a hurry. War made me a political animal; liberation an intellectual; emigration a political sociologist."[22]

Emigration, ob erzwungen oder freiwillig, ist gewiss ein kompliziertes Geschehen. Mit der Herkunftssprache und der zu ihr gehörenden Lebensform ist man von Kindheit an vertraut, mit der Ankunftssprache und der ihr zugehörenden Lebensform kann solche Vertrautheit erst allmählich entstehen. Sie erfolgt nicht über Nacht und muss auch nicht unbedingt gelingen. Diese Erfahrung haben viele Emigranten gemacht. Kommt es aber schließlich doch zu dieser Vertrautheit im Andern, so bedeutet dies erlebte und gelebte Zweisprachigkeit. Man kann wohl

---

[21] Mit einem Vorwort von Reinhard Bendix bei Bedminster Press, Totowa, New Jersey.

[22] Guenther Roth, „Partisanship and Scholarship", in: Bennet Berger (ed), *Authors of Their Own Life,* Berkeley: University of California Press 1990, S. 383.

sagen: Guenther Roth ist dieser Schritt in die Zweisprachigkeit gelungen. Er fühlte sich am Ende in beiden Sprachen und Welten gleichermaßen zu Hause.

Guenther Roth wusste seine erlebte und gelebte Zweisprachigkeit schnell zu nutzen, und zwar zu einem Zweck, der zwar viel Arbeit, aber keineswegs großen wissenschaftlichen Ruhm in Aussicht stellte. Angestoßen durch Reinhard Bendix, den Meister der „diskreten Instruktion",[23] wie er ihn einmal nannte, aber auch durch andere einflussreiche Kollegen wie Juan Linz und Benjamin Nelson, vor allem aber durch Hans Zetterberg, entschloss er sich, zusammen mit seinem Schulfreund Claus Wittich sich an eine englische Ausgabe von Max Webers *Wirtschaft und Gesellschaft* zu setzen, nachdem Hans Gerth bereits in den 50er Jahren Webers Aufsätze zur *Wirtschaftsethik der Weltreligionen* auf Englisch verfügbar gemacht hatte. Das war für die Weber-Rezeption im englischen Sprachraum ein entscheidender Schritt. Zwar lagen Teile von *Wirtschaft und Gesellschaft* bereits übersetzt vor, aber längst nicht alles, so dass der Gesamtzusammenhang fehlte, und auch bei der gewählten Terminologie gab es unter den verschiedenen Übersetzern keine Übereinstimmung.[24] Webers ‚Hauptwerk' als Ganzes und in relativ einheitlicher Terminologie einem englischsprachigen Leser zugänglich zu machen, konnte also als ein echtes Desiderat gelten. Als sich Guenther Roth zusammen mit Claus Wittich dieser Aufgabe widmete, rechnete er freilich nicht damit, dass ihn dies sechs Jahre seines wissenschaftlichen Lebens kosten würde. Aber das Unternehmen gelang: 1968 erschien *Wirtschaft und Gesellschaft* ungekürzt und mit relativ einheitlicher Terminologie auf Englisch.[25]

Die beiden Freunde bildeten ein starkes Team, doch es fehlte der Dritte, der „native speaker". Guenther Roths Frau, die mitunter aushalf, war Malerin, nicht Wissenschaftlerin, und insofern kein wirklicher Ersatz für den fehlenden ‚dritten Mann'. Man musste sich also in intensivem Austausch mit Kennern an eine möglichst korrekte, aber auch lesbare Textfassung herantasten. Wie sollte man zum Beispiel „Herrschaft" übersetzen? Parsons hatte dafür „authority", Bendix „domination", Nelson „rulership" vorgeschlagen. Was traf den Kern? Noch schwieriger wurde es, wenn Begriffe aus der deutschen Rechtssprache übertragen werden

---

[23] Günther Roth, *Politische Herrschaft und persönliche Freiheit*, S. 275.

[24] Die beiden Herausgeber übersetzten nicht alle Texte neu, sondern benutzten die vorhandenen Übersetzungen und suchten sie terminologisch zu vereinheitlichen. Dabei stützten sie sich hauptsächlich auf Übersetzungen von Parsons/Henderson, Gerth/Mills, Rheinstein/Shils und Ephraim Fischoff.

[25] M. Rainer Lepsius formulierte einmal treffend: „Angesichts der wachsenden Zahl von nicht immer zuverlässigen Übersetzungen erfüllt Guenther Roth in der angelsächsischen Welt eine wichtige Aufgabe, die in Deutschland nicht voll sichtbar ist." M. Rainer Lepsius, *Soziologie und Soziologen,* Tübingen: Mohr Siebeck 2017, S. 449.

mussten, die im Englischen keine Entsprechung haben, wie etwa der Begriff
„Anstalt". Kann man hierfür „organization" sagen, wenn man zugleich zwischen
„Verband", „Anstalt" und „Verein" unterscheiden können muss?

Man sieht: Übersetzungsfragen sind immer auch Interpretationsfragen. Sie gut
zu lösen, verlangt nicht nur Sprachkompetenz, sondern auch eine umfassende
Kenntnis des zu übersetzenden Werks und seines gedanklichen Zusammenhangs.
Guenther Roth hatte sich diese Kenntnis zweifellos im Umkreis von Reinhard
Bendix in Berkeley erworben. Nicht zuletzt die Arbeit an der Übersetzung von
Wirtschaft und Gesellschaft machte ihn zum Weber-Kenner par excellence. Dieses
Werk befriedigte nicht nur sein Interesse am analytischen Zugriff auf politi-
sche Sachverhalte, etwa mittels der Kategorien der Herrschaftssoziologie, sondern
auch das an Weltgeschichte, am universalhistorischen Vergleich.

Economy and Society, drei Bände mit 1372 Textseiten und einem Angang als
Ergänzung mit weiteren 94 Textseiten, folgt dabei der von Johannes Winckelmann besorgten 4. deutschen Auflage aus dem Jahre 1956, berücksichtigt aber
auch schon Änderungen, die Winckelmann für seine 5. Auflage von 1972 anti-
zipierte. Sie folgt damit auch dessen These, *Wirtschaft und Gesellschaft* sei ein
Buch in zwei Teilen, dessen Untertitel *Grundriss der verstehenden Soziologie*
laute. Zweifel an dieser Winckelmann-These gab es zu diesem Zeitpunkt keine.
Die englische Ausgabe enthält zudem innerhalb der Kapitel neu gewählte Untertit-
tel, um den Text lesbarer zu machen. All diese aus heutiger Sicht problematischen
Editionsentscheidungen liegen nun mehr als 50 Jahre zurück. Heute wissen wir:
Wirtschaft und Gesellschaft ist kein Buch in zwei Teilen, sondern ein Projekt
in mehreren Fassungen, und weder der Titel noch gar der von Winckelmann
erfundene Untertitel sind von der Überlieferung gedeckt.

Es gibt jedoch schon 1968 eine bemerkenswerte Einsicht, die weit über den
damaligen Diskussionsstand hinausweist. Sowohl in der Einleitung (S. XCVI) als
auch im Anhang I (S. 1375) wird darauf aufmerksam gemacht, dass Weber in
der sich über nahezu 10 Jahre erstreckenden Arbeit an *Wirtschaft und Gesellschaft* seine Grundbegriffe änderte, diese in den sehr frühen Texten anders lauten
als in den späteren. Um dies zu dokumentieren, werden Passagen aus dem Aufsatz „Über einige Kategorien der verstehenden Soziologie" mitgeteilt, und so die
ursprünglich verwendeten Grundbegriffe gezeigt, die dann durch die „Soziologischen Grundbegriffe" abgelöst werden. Die Editoren beziehen diesen Sachverhalt
nur allzu pauschal auf den alten und den neuen Teil.[26]

---

[26] Siehe Max Weber, *Economy and Society. An Outline of Interpretive Sociology.* Edited
by Guenther Roth and Claus Wittich, New York: Bedminster Press 1968. Die Paperback-
Ausgabe erschien 1978 bei University of California Press. Guenther Roth hat später immer

Als ich Guenther Roth 1967 an der *FU Berlin* kennenlernte, wo er ein akademisches Jahr als Gastprofessor verbrachte und ich gerade promoviert worden war, lag er in den letzten Zügen der Übersetzung. Es war eine Zeit, in der in der Universität das Außeralltägliche das Alltägliche überlagerte. Kurz zuvor war Benno Ohnesorg erschossen worden, und dies hatte auch die weniger radikalen Studierenden auf die Straße getrieben, aus Protest gegen das brutale Vorgehen der Polizei und aus Empörung über den ersten politischen Toten der jungen Republik. Die Studentenbewegung trieb ihrem Höhepunkt entgegen, Rudi Dutschke hatte das Kommando übernommen und Herbert Marcuses „repressive Toleranz" beherrschte die Gemüter. Guenther Roth betrachtete die Vorgänge genau. Sie mochten ihn an seine einstige Zeit in Frankfurt erinnert haben. Doch er war inzwischen vom Teilnehmer zum Beobachter geworden, sah die Universität als Institution gefährdet, packte seine Sachen und floh nach Berkeley, wo er freilich vom Regen in die Traufe kam, aber unbeeindruckt vom studentischen Protest über Webers Herrschaftssoziologie las.

Während der Arbeit an der Übersetzung hatte Guenther Roth seine akademische Karriere zügig vorangetrieben. Unmittelbar nach der Promotion wurde er zum assistant professor an der *University of Illinois,* Urbana bestellt. Ein Jahr später folgte ein visiting assistant professorship an der *Columbia University* in New York, an das sich von 1962 bis 1965 ein assistant professorship und der Aufstieg zum associate professor an der *State University of New York, Stony Brook* anschloss. Von 1965 bis 1970 war er zunächst associate, dann full professor an der *University of California, Davis.* Im Jahre 1970 wurde ihm dann ein full professorship an der *University of Washington, Seattle* angeboten. Dieses Angebot nahm er an, womit seine akademische Wanderzeit ihren vorläufigen Abschluss und ein glückliches Ende fand.

Der berufliche Erfolg ist das Eine, das persönliche Lebensglück das Andere. Guenther Roth blieb von schweren Schicksalsschlägen nicht verschont. Sein Sohn wurde in jungen Jahren von einem Auto schwer verletzt, mit langfristigen Folgen. Die Tochter entwickelte eine psychische Störung, die dauerhafte externe Hilfe verlangte, die Frau kam auf tragische Weise ums Leben. Das Familienglück zerbrach. Reinhard Bendix verglich sein Schicksal mit dem von Hiob. Guenther Roth trug sein Los geduldig. Das erfahrene Leid machte ihn nicht hart, ganz im Gegenteil. Wer ihn näher kannte, durfte sich erfreuen an seiner mit leiser Ironie gepaarten Hilfsbereitschaft und Menschlichkeit.

---

wieder zur Entstehung, aber auch zu den Schwierigkeiten und den Defiziten dieses einmaligen Übersetzungsprojekts Stellung genommen. Besonders interessant das „Foreword" zum Nachdruck der Paperback-Ausgabe von 2013 bei University of California Press, S. XXIX–XXXVII.

1970, als Guenther Roth nach Seattle wechselte und sich auf Bainbridge Island zurückzog, ein Naturparadies vor der Stadt und nur mit der Fähre erreichbar, war das einstige Lehrer-Schüler-Verhältnis zwischen ihm und Reinhard Bendix längst einem Verhältnis gleichgesinnter wissenschaftlicher Partner gewichen. Beide verband nicht nur das Interesse an Max Weber, sondern auch die Sorge um die Zukunft der Universität als einer Stätte freier Forschung und Lehre ohne ideologischen Zwang. In Berkeley hatte sich das berühmte *Department of Sociology* unter dem Studentenprotest gespalten und die Professorenschaft in links und rechts gesondert. Um dem dadurch ausgeübten Bekenntniszwang zu entgehen, hatte Reinhard Bendix das Department verlassen und für das *Department of Political Science* optiert. Er wollte sich keinem Bekenntniszwang unterwerfen. Die Erfahrung erzwungener Emigration macht sensibel für jede Form der Freiheitseinschränkung.

Ausdruck dieser Partnerschaft im Geiste ist der Band *Scholarship and Partisanship. Essays on Max Weber,* 1971 unter beider Namen erschienen.[27] Er versammelt eigenständige Aufsätze der beiden, die entweder in den 60er Jahren bereits publiziert worden waren oder eigens für diesen Band geschrieben sind. Es handelt sich also nicht um gemeinsam verfasste Texte. Aber die darin enthaltene Forschungsperspektive ist ähnlich. Beide suchen zugleich die Soziologie als Wissenschaft zu verteidigen, gegen ihre Vereinnahmung durch Ideologie.

Die Autoren hatten ja, jeder auf seine Weise, einer neuen Weber-Diskussion in den USA den Boden bereitet. Reinhard Bendix' 1960 erschienenes Buch *Max Weber. An Intellectual Portrait* war geschrieben worden, um insbesondere die Studierenden mit Webers Herrschafts- und Religionssoziologie bekannt zu machen, mit Texten, von denen keine oder nur unzulängliche Übersetzungen vorlagen. Guenther Roth machte sich zusammen mit Claus Wittich, wie gezeigt, an die Herkulesarbeit, Webers *Wirtschaft und Gesellschaft* ins Englische zu übersetzen, um den Studierenden nun auch den Zugang zu dem Riesenwerk zu ermöglichen. Zum ersten Mal konnten damit amerikanische Studierende, die ja in der Regel kein Deutsch lesen, Max Webers substantielles Schaffen insgesamt zur Kenntnis nehmen. Aus der ausführlichen Auseinandersetzung mit *Economy and Society* (siehe seine kenntnisreiche Einleitung) entwickelte Guenther Roth unter anderem die Unterscheidung zwischen „socio-historical model" und „secular theory", mit der er die heterogenen Inhalte in diesem Textkonvolut zu charakterisieren sucht.

Man kann sagen: Durch die Arbeiten von Reinhard Bendix und Guenther Roth hat sich die Weber-Rezeption in den USA verändert, die zuvor von Talcott

---

[27] Bei University of California Press, Berkeley.

Parsons dominiert war. In ihren Beiträgen wurde Webers Ansatz kontextuali-
siert, systematisiert und für historische Forschung genutzt. Das kam auch in
dem Band zum Ausdruck, den Guenther Roth 1979 zusammen mit mir veröffentlichte: *Max Webers Vision of History. Ethics and Methods,*[28] wobei er den
historischen, ich den theoretischen Teil bestritt. In seinem Teil schrieb er unter
anderem über den Jugend- und Studentenprotest der 1960er Jahre, der ihn so sehr
beschäftigte, wofür er Webers Typus der charismatischen Herrschaft verwandte.
Diesen nutzte er auch in seinen Heidelberger Max Weber-Vorlesungen zum Verständnis von Mao. Sie erschienen 1987 auf Deutsch unter dem Titel *Politische
Herrschaft und persönliche Freiheit,* wo er auch über sich selbst unter dem Titel
„Politische Generationserfahrung und intellektuelles Interesse: Versuch über eine
deutsch-amerikanische Laufbahn" schrieb[29].

Manch einer mag sich fragen, weshalb Guenther Roth nach dem Buch über
die Sozialdemokratie und der Herausgabe und Übersetzung von *Wirtschaft und
Gesellschaft* sowie der sie begleitenden Texte nicht sofort wieder ein ‚großes‘
Thema zur monographischen Bearbeitung aufnahm. Stattdessen begann er Rezen-
sionen zu schreiben, im Laufe der Jahre vermutlich nahezu 100 an der Zahl.
Auch folgten viele Artikel, aber meist auf Anfrage, geschrieben nicht mit dem
Ziel, sich einen Gesamtzusammenhang Schritt für Schritt zu erschließen. Selbst
zu einer Übersetzung eines meiner Bücher ins Englische fand er sich bereit.
Dabei machte er übrigens die Erfahrung, dass er Passagen aus Webers Werk,
die übersetzt vorlagen, auch solche, die er selbst übersetzt hatte, neu übersetzen
musste. Denn mein analytisches Interesse betonte Seiten an Webers Text, welche
die vorliegende englische Übersetzung nicht wiedergab.[30]

Es wäre zu einfach, dies auf die geschilderte persönliche Situation zurückzuführen, obgleich sie ursprünglich sicherlich an der Entscheidung für das Kleine,
das Überschaubare, mit beteiligt gewesen sein dürfte. Denn Guenther Roth blieb
nicht der Hiob, als den ihn Reinhard Bendix sah. Er knüpfte eine neue Beziehung, die schließlich in eine neue Familie mündete. Aber noch fehlte das große
Thema, das zu seinen Fähigkeiten passte und sein Interesse fesselte.

Zunächst intensivierte er neben seinen privaten seine wissenschaftlichen
Beziehungen zu Deutschland. 1972 nahm er eine Gastprofessur an der *Universität Mannheim* wahr. Als 1973 Überlegungen zu einer Max Weber-Gesamtausgabe

---

[28] Guenther Roth and Wolfgang Schluchter, *Max Weber's Vision of History. Ethics and
Methods,* Berkeley: University of California Press 1979.

[29] Günther Roth, *Politische Herrschaft und persönliche Freiheit,* S. 246 ff.

[30] Siehe Wolfgang Schluchter, *The Rise of Western Rationalism. Max Weber's Developmental History.* Translated with an Introduction by Guenther Roth, Berkeley: University of
California Press 1981.

einsetzten, die 1975 zur Bildung eines Herausgeberkreises führten, wurde er immer wieder auch als Berater herangezogen. In der 1980er Jahren nahm er regelmäßig an den von mir veranstalteten Konferenzen über Max Webers religionssoziologische Studien teil. 1983 versah er die Max Weber-Gastprofessur an der *Universität Heidelberg,* 1992/93 hatte er an dieser Universität eine Lehrstuhlvertretung inne. Dies sind aber nur einige der Stationen, durch die seine Bindung auch an das deutsche Wissenschaftssystem zum Ausdruck kommt.

Entscheidend für ihn war jedoch die amerikanische Entwicklung. 1988 folgte er seiner zweiten Frau, der Mediävistin Caroline Walker Bynum, an die *Columbia University* in New York. Diese hatte von Seattle aus eine Weltkarriere begonnen. Sie häufte Buch auf Buch, Stipendium auf Stipendium, Ehrung auf Ehrung, Doktorhut auf Doktorhut. Guenther Roth nahm intensivsten Anteil an ihrem Schaffen. Wenn er mir schrieb, so bestand ein Drittel des Textes aus Informationen über ihn, zwei Drittel aus Informationen über sie. Als sie im Jahre 2012 als auswärtiges Mitglied in den deutschen Orden Pour le Mérite aufgenommen wurde – in der Laudatio heißt es, kein amerikanischer Historiker habe „mehr Preise gewonnen oder eine größere Zahl wichtiger Forschungsstipendien erhalten und Positionen eingenommen" – war sein Stolz so groß, dass er der Erinnerung an dieses Ereignis einen Ehrenplatz in seinem Arbeitszimmer reservierte, um den Besucher darauf hinzuweisen. Er konnte neidlos anerkennen, eine Tugend, die unter Wissenschaftlern nicht sehr verbreitet ist.

Dann also der Wechsel nach New York City – man kann sich keinen größeren Kontrast zwischen der Naturnähe und Abgeschiedenheit von Bainbridge Island und dieser lärmenden und hektischen Metropole vorstellen. Doch er kannte die Stadt von früheren Aufenthalten und Lehrtätigkeiten, und sie war ja einst eine der größten deutschen Städte gewesen, mit europäischen Enklaven bis heute. Vor allem aber ist New York eine Stadt der Museen. Und die Museen, insbesondere das *Metropolitan Museum,* sahen Guenther Roth und seine Frau bald als Sponsoren und ihn als Dauergast. Die liberale Atmosphäre unter den Intellektuellen der Stadt, vor allem aber seine Frau, die die unterdrückten oder vergessenen weiblichen Strömungen im mittelalterlichen Christentum erforschte, prägten zunehmend auch seine Sicht auf die sogenannte gender-Problematik. Das kommt auch in dem Text zum Ausdruck, mit dem er die Neuausgabe von Marianne Webers *Max Weber. Ein Lebensbild* einleitete: Er portraitierte Marianne Weber in ihrem Verhältnis zu Max Weber, in ihrem Kreis von Frauen und in ihrem Kampf für die Frauenemanzipation.

Guenther Roths wohl wichtigstes Werk sollte freilich noch kommen: *Max Webers deutsch-englische Familiengeschichte 1800–1950,* Caroline Walker Bynum gewidmet und 2001 erschienen, ein Werk von über 700 Seiten, mit dem er in der

Weber-Forschung Neuland betrat. Jetzt hatte er wieder ein großes Thema gefunden, das all seine Fähigkeiten forderte. Es ist ein Werk, in dem Max Weber selbst kaum vorkommt, wohl aber seine engere und weitere Verwandtschaft, die sich über Westeuropa erstreckte und bis in die USA und nach Argentinien reichte. Und Guenther Roth legt dabei die Ursachen für die in dieser bürgerlichen Schicht so verbreitete Kombination von ökonomischem Kosmopolitismus und politischem Nationalismus, aber auch das Gegeneinander von Männerherrschaft und Frauenemanzipation frei. Hier ist der Historiker in seinem Element, der unbekannte Quellen aufspürt und deren Aussagen in soziale und politische Kontexte einbettet. Eine riesige Arbeit liegt dieser Familiengeschichte zugrunde, wobei insbesondere bislang unbekannte Korrespondenzen ausgewertet werden. Man kann auch sagen: Es handelt sich um eine Familiensaga, die sich über vier Generationen erstreckt und die soziale Formation eines spezifischen Segments des Wirtschafts- und Bildungsbürgertums nachzeichnet. Dabei wird auch deutlich, welche Rolle die Beziehungen zu England auch für Webers eigenes Weltbild spielten und wie recht Guenther Roth hatte, als er von Max Weber als dem „would-be Englishman" sprach. Zudem stimulierte diese Arbeit auch systematische Überlegungen zum Wandel des Kapitalismus und der politischen Ordnung unter Bedingungen der Globalisierung. Der historisch orientierte politische Soziologe, der Roth in Berkeley geworden war, lebte fort.

Wenn man so will, so folgte auf die deutsch-englische Familiengeschichte von Max Weber die deutsch-amerikanische Familiengeschichte von Else Jaffé Richthofen, Max Webers Schülerin und späterer Geliebten, die Roth allerdings nicht zu einem Buch gestaltete.[31] Dafür reichte wohl auch das Material nicht aus. Die Grundlage bildete der Fund von etwa 1.500 Briefen, die sich in der Obhut eines der Enkel von Else Jaffé-Richthofen fanden. Sie ließen immerhin die Skizze einer Familiengeschichte zu, die er in drei Phasen, die deutsch-jüdische Assimilation, die antisemitische Verfolgung und die amerikanische Integration zu gliedern sucht. Das sind zudem die Stationen, die viele der Emigranten, denen er in seinen frühen amerikanischen Jahren begegnete, zwar nicht in der Generationsfolge, wohl aber in ihrem Lebenslauf durchlaufen hatten. Für solche Biographien entwickelte er ein besonderes Gespür. Er überließ das Material dem *Leo Baeck Institute* in New York, zusammen mit seinen Transkriptionen und Notizen. Vielleicht findet sich einmal ein Neugieriger, der auf dem von ihm begonnenen Weg weitergeht.[32]

---

[31] Es gib aber einen längeren Aufsatz mit dem Titel „Edgar Jaffé and Else von Richthofen in the Mirror of Newly Found Letters", in: *Max Weber Studies,* Vol 10, No2 (2010), S. 151–188.

[32] Siehe Leo Baeck Institute, Christopher Jeffrey Collection, AR 25.348.

Auch seine letzte Publikation ist noch Frucht intensiver Recherche vor allem
in Privatarchiven. Mit C. G. Röhl zusammen edierte und kommentierte er Kurt
Riezlers Briefe an seine Verlobte Käthe Liebermann in den Jahren 1914–15 unter
dem Titel *Aus dem großen Hauptquartier* (2016). Es war ein Zufallsfund. Es handelt sich aber um eine wichtige Quelle zur Geschichte des Ersten Weltkriegs, die
von Neuem die Kriegsschuldfrage aufwirft, die Max Weber so sehr beschäftigte.[33]

In den letzten Jahren, in denen die Krankheit schon ihren Tribut forderte,
verschlechterte sich Roths Stimmung. Nach dem Trump-Sieg zweifelte er zunehmend an seinem Amerika. Jetzt zeigte sich die hässliche Seite des Landes, die
es zwar schon immer gab, die aber nie zuvor dermaßen das Bild bestimmt hatte.
Wäre er, mag er sich gefragt haben, in ein solches Land eingewandert? Die Fortsetzung des Dramas – man denke nur an den Sturm auf das Capitol – musste er
nun nicht mehr erleben. Der Fluss hat ihn fortgetragen – wer weiß, wohin?

Und doch ist etwas Dauerhaftes von ihm geblieben. Hier meine ich nicht das
verstreute Werk, auch nicht die flüchtige Erinnerung. Frau und Stieftochter haben
ihm eine Bank im Riverside Park gewidmet. Dort kann man verweilen und, wie
er, auf den Fluss und die vorbeiziehenden Schiffe sehen. Dann wird sich der
Verweilende vielleicht fragen: Wer ist dieser Guenther Roth wohl gewesen? Und
wenn er klug ist, geht er in die Bibliothek und nimmt den Band zur Hand, den
man zur Erinnerung an diesen wichtigen Weber-Forscher zusammengestellt hat.[34]

---

[33] Siehe *Aus dem großen Hauptquartier. Kurt Riezler an Käthe Liebermann 1914–15.*
Herausgegeben von Guenther Roth und John C. G. Röhl, Wiesbaden: Harrassowitz 2016.
[34] Siehe Guenther Roth, *Kapitalismus, Herrschaft und Max Weber. Ausgewählte Aufsätze.*
Herausgegeben von Steffen Sigmund, Wiesbaden: Springer 2021.

Literatur

Max Weber- Gesamtausgabe (MWG) und Max Weber- Studienausgabe (MWS)
Abteilung I: Schriften und Reden (zitiert als: MWG I plus Bandnummer)
Abteilung II: Briefe (zitiert als MWG II plus Bandnummer)
„15. Deutscher Soziologentag" (1964), in: *Kölner Zeitschrift für Soziologie und Sozialpsychologie*, 16. Jg., Heft 2, S. 404–424
Aron, Raymond (1953), *Deutsche Soziologie der Gegenwart. Eine Einführung*, Stuttgart: Kröner
Aus dem großen Hauptquartier. Kurt Riezler an Käthe Liebermann 1914–15 (2016). Herausgegeben von Guenther Roth und John C. G. Röhl, Wiesbaden: Harrassowitz
Baumgarten, Eduard (1936), *Benjamin Franklin. Der Lehrmeister der amerikanischen Revolution*. Frankfurt a. M.: Klostermann
Baumgarten, Eduard (1964), *Max Weber. Werk und Person*, Tübingen: J.C.B. Mohr (Paul Siebeck)
Beytía, P., & Müller, H.-P. (2020), *Toward a digital reflexive sociology: Exploring the most globally disseminated sociologists on multilingual Wikipedia*. Manuskript. Berlin
Bell, Daniel (1960), *The End of Ideology: On the Exhaustion of Political Ideas in the Fifties*, New York: Collies Books
Bendix, Reinhard (1960), *Max Weber: an intellectual portrait*, London: Heinemann
Bendix, Reinhard und Guenther Roth (1971), *Scholarship and Partisanship. Essays on Max Weber*, Berkeley: University of California Press
Berman, Harald J. (1983), *Law and Revolution. The Formation of the Western Legal Tradition*, Cambridge and London: Harvard University Press
Boudon, Raymond (1979), *Widersprüche sozialen Handelns*, Darmstadt: Luchterhand
Braun, Christoph (1992), *Max Webers ‚Musiksoziologie'*, Lilienthal: Laaber
Brubaker, Rogers (1984), The Limits of Rationality. An Essay on the Social and Moral Thought of Max Weber, London: George Allen & Unwin
Descartes, René (1958), *Meditationen über die erste Philosophie*, Hamburg: Meiner 1958
Durkheim, Émile, Maus, Marcel (2013), „Kurze Abhandlung über den Begriff der Zivilisation" (1913), in: *Berliner Journal für Soziologie*, 22, S. 453–456
Eisenstadt, Shmuel N. (2000), *Die Vielfalt der Moderne*, Weilerswist: Velbrück Wissenschaft
Eisenstadt, Shmuel N. (2005), *Comparative Civilizations and Multiple Modernities*, 2 Bände, Leiden: Brill
Eisenstadt, Shmuel N. (2006), *Theorie der Moderne*, Wiesbaden: Campus

© Der/die Herausgeber bzw. der/die Autor(en), exklusiv lizenziert an Springer Fachmedien Wiesbaden GmbH, ein Teil von Springer Nature 2023
W. Schluchter, *Empirische Geltungslehre*, Studien zum Weber-Paradigma, https://doi.org/10.1007/978-3-658-41189-3

Engels, Friedrich (1983), „Vorwort". In Karl Marx, *Das Kapital. Kritik der politischen Öko-nomie. Zweiter Band. K. Marx, F. Engels, Werke (MEW), Band 24* (S. 7–26). Berlin: Dietz

Fichte, Johann Gottlob (1962), *Ausgewählte Werke in sechs Bänden*. Dritter Band, Darmstadt: Wissenschaftliche Buchgesellschaft

Frank, Manfred, Hrsg. (1991), *Selbstbewußtseinstheorien von Fichte bis Sartre*, mit einem Nachwort versehen, Frankfurt a. M.: Suhrkamp

Frank, Manfred (2012), *Ansichten der Subjektivität*, Frankfurt a. M.: Suhrkamp

Gerhardt, Uta (2003), „Der Heidelberger Soziologentag 1964", in: *Zeitperspektiven. Studien zur Kultur und Gesellschaft*, herausgegeben von Uta Gerhardt, Wiesbaden: Steiner Verlag, S. 255 ff.

Gerth, H. H. and C. Wright Mills (1946), *From Max Weber: Essays in Sociology*, New York: Oxford University Press

Ghosh, Peter (2014), „Die protestantische Ethik und der Geist des Kapitalismus (1904–05; 1920)", in: Hans-Peter Müller und Steffen Sigmund (Hg.), *Max Weber Handbuch. Leben -Werk - Wirkung*, Stuttgart: Metzler, S. 245–255.

Ghosh, Peter (2017), „Weber, Werner Sombart and the Archiv für Sozialwissenschaft: the authorship of the ‚Geleitwort' (1904)", in: ders., *Max Weber im Context*, Wiesbaden: Harrassowitz, S. 133–195.

Gothein, Eberhard (1892), *Die Wirtschaftsgeschichte des Schwarzwaldes und der angrenzen-den Landschaften, Bd. 1: Städte- und Gewerbegeschichte*, Straßburg: Trübner

Graf, Friedrich Wilhelm (1988), „Fachmenschenfreundschaft. Bemerkungen zu Max Weber und Ernst Troeltsch", in: Wolfgang J. MOMMSEN/Wolfgang SCHWENTKER (Hg.), *Max Weber und seine Zeitgenossen*, Göttingen/Zürich: Vandenhoek & Ruprecht, S. 313–336.

Graf, Friedrich Wilhelm (2002), „Puritanische Sektenfreiheit versus lutherische Volkskirche. Zum Einfluss Georg Jellineks auf religionsdiagnostische Deutungsmuster Max Webers und Ernst Troeltschs", in: *Zeitschrift für neuere Theologiegeschichte* 9, S. 43–66.

Graf, Fiedrich Wilhelm/ Edith Hanke (2020), *Bürgerwelt und Sinnenwelt. Max Weber in München*, München: Volk Verlag

Habermas, Jürgen (1973), *Legitimationsprozesse im Spätkapitalismus*. Frankfurt a. M.: Suhrkamp

Hans Kelsen und die Rechtssoziologie. Auseinandersetzungen mit U. Kantorowicz, Eugen Ehrlich und Max Weber (1992). Herausgegeben von Stanley L. Paulson, Aalen: Scientia Verlag

Hellpach, Willy (1906), *Die geistigen Epidemien*, Frankfurt a. M.: Rütten und Loenig

Helmholtz, Herrmann (1863), *Lehre von den Tonempfindungen als physiologische Grundlage für die Theorie der Musik*, Braunschweig: Friedrich Vieweg & Sohn

Henrich, Dieter (1952), *Die Einheit der Wissenschaftslehre Max Webers*, Tübingen: J. C. B. Mohr (Paul Siebeck)

Henrich, Dieter (1982), *Fluchtlinien. Philosophische Essays*, Frankfurt a. M.: Suhrkamp

Henrich, Dieter, Hg. (1983), *Hegels Philosophie des Rechts. Die Vorlesung von 1819/20 in einer Niederschrift*. Frankfurt a. M.: Suhrkamp

Henrich, Dieter (2007), *Denken und Selbstsein. Vorlesungen über Subjektivität*, Frankfurt a. M.: Suhrkamp

Hepp, Adalbert und Martina Löw, Hg. (2008), *M. Rainer Lepsius. Soziologie als Profession*, Frankfurt a. M.: Campus

JASPERS, Karl (1913), *Allgemeine Psychopathologie. Für Studierende, Ärzte und Psychologen*, Berlin: Springer. Die zweite, erweiterte Auflage erschien 1920

JASPERS, Karl (1988), *Max Weber. Gesammelte Schriften. Mit einer Einführung von Dieter Henrich*, München/Zürich: Piper

Jaspers, Karl (1988), *Psychologie der Weltanschauungen*, München: Pieper (zuerst 1920)

Jellinek, Georg (1895), *Die Erklärung der Menschen- und Bürgerrechte. Ein Beitrag zur modernen Verfassungsgeschichte*. Leipzig: Duncker & Humblot

Jellinek, Georg (1960), *Allgemeine Staatslehre*, Darmstadt: Wissenschaftliche Buchgesellschaft (1. Aufl. 1900, 2. Aufl., S. 27 ff. 1905)

Jellinek, Georg (1971), *System der subjektiven öffentlichen Rechte*, Aalen: Szientia Verlag (1. Aufl. 1892, 2. Aufl. 1905)

Kahlberg, Sephen S. (1979), „The Search for Thematic Orientation in a Fragmented Oeuvre: the Discussion of Max Weber in Recent German Literature", in: *Sociology* 13, S. 127 – 139

Kant, Immanuel (1975), *Werke*, Band 5, Darmstadt: Wissenschaftliche Buchgesellschaft

Kantorowicz, Hermann (1909), *Zur Lehre vom richtigen Recht*, Berlin/Leipzig: Rothschild

Kulturen der Achsenzeit. Ihre Ursprünge und ihre Vielfalt, Teil 1 und Teil 2 (1987). Herausgegeben von S. N. Eisenstadt, Frankfurt a. M.: Suhrkamp

Lask, Emil (1902), *Fichtes Idealismus und die Geschichte,* Tübingen und Leipzig: J.C.B. Mohr (Paul Siebeck)

Lepsius, M. Rainer (1961), *Denkschrift zur Lage der Soziologie und der Politischen Wissenschaft*, Wiesbaden: Fritz Steiner Verlag

Lepsius, M. Rainer (1985), „8. Mai 1945 – Ende und Neubeginn", in: *Politik und Kultur*, 12. Jg., Heft 4, S. 9 f.

Lepsius, M. Rainer (1996), „Plädoyer für eine Soziologisierung der beiden deutschen Diktaturen", in: *Von der Aufgabe der Freiheit. Festschrift für Hans Mommsen zum 5. November 1995*, hg. von Christian Jansen, Lutz Niedhammer und Bernd Weisbrod, Berlin: Akademie Verlag, S. 609 ff.

Lepsius, M. Rainer (1990), *Interessen, Ideen und Institutionen*, Opladen: Westdeutscher Verlag, (2. Auflage 2009)

Lepsius, M. Rainer (1993), *Demokratie in Deutschland. Soziologisch-historische Kontellationsanalysen*, Göttingen: Vandenhoeck & Ruprecht

Lepsius, M. Rainer (2013), *Institutionalisierung politischen Handelns. Analysen zur DDR, Wiedervereinigung und Europäischen Union*, Wiesbaden: Springer

Lepsius, M. Rainer (2015), *Soziale Schichtung in der industriellen Gesellschaft*, Tübingen: Mohr Siebeck

Lepsius, M. Rainer (2016), *Max Weber und seine Kreise, Essays*, Tübingen: Mohr Siebeck

Lepsius, M. Rainer (2017), *Soziologie und Soziologen*, Tübingen: Mohr Siebeck

Löwenstein, Karl (1963), „Persönliche Erinnerungen an Max Weber", in: *Max Weber zum Gedächtnis*. Herausgegeben von René König und Johannes Winckelmann, Köln und Opladen: Westdeutscher Verlag, S. 48 ff.

Löwenstein, Karl (1966), „Persönliche Erinnerungen an Max Weber", in: *Max Weber: Gedächtnisschrift der Ludwig-Maximilians-Universität München zur 100. Wiederkehr seines Geburtstages 1964*, hg. von Kurt Engisch et al., Berlin: Duncker & Humblot, S. 27 ff.

Luhmann, Niklas (1984); *Soziale Systeme. Grundriß einer allgemeinen Theorie*, Frankfurt a. M.: Suhrkamp.

LUKÁCS, Georg (1923), *Geschichte und Klassenbewußtsein. Studien über marxistische Dialektik*, Berlin: Malik-Verlag (6. Aufl. Darmstadt: Luchterhand)

Lukács, Georg (1974a) , *Heidelberger Ästhetik (1916–1918)*, Darmstadt/Neuwied: Luchterhand

Lukács, Georg (1974 b), *Heidelberger Philosophie der Kunst (1912–1914)*, Darmstadt/Neuwied: Luchterhand

Marcuse, Herbert (1964), *One-Dimensional Man. Studies in the Ideology of Advanced Industrial Society*, Boston, Mass: Beacon Press

Marcuse, Herbert (1967), *Der eindimensionale Mensch. Studien zur Ideologie der fortgeschrittenen Industriegesellschaft*. Neuwied: Luchterhand

McClelland, David (1961), *The Achieving Society*. Princeton, NJ: Nostand

Mead, George Herbert (1934), *Mind, Self, and Society*, Chicago and London: The University of Chicago Press

Mommsen, Wolfgang J./Wolfgang Schwentker Hg. (1999), *Max Weber und das moderne Japan*, Göttingen: Vandenhoeck & Ruprecht

Mommsen, Wolfgang J. (1974), *Max Weber und die deutsche Politik 1890–1920*. 2., überarb. u. erw. Aufl. Tübingen: J. C. B. Mohr (Paul Siebeck)

Nietzsche, Friedrich (1980), *Sämtlich Werke. Kritische Studienausgabe*, Band 6, München: Deutscher Taschenbuchverlag

Parsons, Talcott (1949), *The Structure of Social Action. A Study in Social Theory with Special Reference to a Group of Recent European Writers*, Glencoe: The Free Press (zuerst 1937)

Parsons, Talcott (1969), „Evolutionäre Universalien der Gesellschaft". In: Wolfgang Zapf (Hrsg.), *Theorien des sozialen Wandels*. Köln: Kiepenheuer & Witsch, S. 55–74.

Paulsen, Friedrich (1921), *Geschichte des gelehrten Unterrichts auf den deutschen Schulen und Universitäten vom Ausgang des Mittelalters bis zur Gegenwart*, 3., erweiterte Auflage, hg. und mit einem Anhang fortgesetzt von Rudolf Lehmann, zwei Bände, Berlin/Leipzig: de Gruyter .

Petersen, Jens (2014), *Max Webers Rechtssoziologie und die juristische Methodenlehre*, 2. Aufl., Tübingen: Mohr Siebeck

Rationalität. Philosophische Beiträge (1984). Herausgegeben von Herbert Schnädelbach, Frankfurt a. M.: Suhrkamp

Rickert, Heinrich (1902), *Die Grenzen der naturwissenschaftlichen Begriffsbildung. Eine logische Einleitung in die historischen Wissenschaften*, Tübingen: J.C.B. Mohr (Paul Siebeck)

Rickert, Heinrich (1913), „Vom System der Werte", in: *Logos*, 4, S. 295-327

Riesman, David (1968), *Die einsame Masse. Eine Untersuchung der Wandlungen des amerikanischen Charakters*. Reinbeck: Rowohlt

Roth, Guenther (1963), *The Social Democrats in Imperial Germany. A Study in Working-Class Isolation and National Integration*, Toronto, New Jersey: The Bedminster Press

Roth, Guenther and Wolfgang Schluchter (1979), *Max Weber's Vision of History. Ethics and Methods*, Berkeley: University of California Press

Roth, Guenther (1987), *Politische Herrschaft und persönliche Freiheit. Heidelberger Max Weber Vorlesungen 1983*, Frankfurt a. M.: Suhrkamp

Roth, Guenther (2001), *Max Webers deutsch-englische Familiengeschichte1800–1950*, Tübingen: Mohr Siebeck

Roth, Guenther (2006), „Heidelberg und Montreal. Zur Geschichte des Weberzentenariums 1964" in: Karl-Ludwig Ay, Knut Borchardt (Hg.), *Das Faszinosum Max Weber. Die Geschichte seiner Geltung*, Konstanz: UVK Verlagsgesellschaft mbH, S. 377 ff.

Roth, Guenther (2022), *Kapitalismus, Herrschaft und Max Weber. Ausgewählte Aufsätze*. Herausgegeben von Steffen Sigmund, Wiesbaden: Springer

Schluchter, Wolfgang (1972), *Aspekte bürokratischer Herrschaft. Studien zur Interpretation der fortschreitenden Industriegesellschaft*. München: List

Schluchter, Wolfgang (1976), „Die Paradoxie der Rationalisierung. Zum Verhältnis von ‚Ethik' und ‚Welt' bei Max Weber", in: *Zeitschrift für Soziologie*, 5, S. 256 – 284

Schluchter, Wolfgang, Hg. (1980), *Verhalten, Handeln und System. Talcott Parsons' Beitrag zur Entwicklung der Sozialwissenschaften*, Frankfurt a. M.: Suhrkamp

Schluchter, Wolfgang (1981 a), „Einführung in die Max Weber-Gesamtausgabe". In *Prospekt der Max Weber-Gesamtausgabe*, Tübingen: J. C. B. Mohr (Paul Siebeck), S. 4–11

Schluchter, Wolfgang (1981 b, *The Rise of Western Rationalism. Max Weber's Developmental History*. Translated with an Introduction by Guenther Roth, Berkeley: University of California Press

Schluchter, Wolfgang (1988), *Religion und Lebensführung*, Band 1: *Studien zu Max Webers Kultur- und Werttheorie*; Band 2: *Studien zu Max Webers Religions- und Herrschaftssoziologie*, Frankfurt a. M.: Suhrkamp

Schluchter, Wolfgang (1996), *Unversöhnte Moderne*, Frankfurt a. M.: Suhrkamp

Schluchter, Wolfgang (1998), *Die Entstehung des modernen Rationalismus. Eine Analyse von Max Webers Entwicklungsgeschichte des Okzidents*, Frankfurt a. M.: Suhrkamp

Schluchter, Wolfgang (2000), *Individualismus, Verantwortungsethik und Vielfalt*, Weilerswist: Velbrück Wissenschaft

Schluchter, Wolfgang (2005), *Handlung, Ordnung und Kultur*, Tübingen: Mohr Siebeck

Schluchter, Wolfgang (2009), *Die Entzauberung der Welt*, Tübingen: Mohr Siebeck

Schluchter, Wolfgang (2015 a) "The Duality of Structure and Action: Outline for a Weberian Research Program", in: *Max Weber Studies* 15/2, S. 192–213

Schluchter, Wolfgang (2015 b), *Grundlegungen der Soziologie*, 2. Aufl., Tübingen: Mohr Siebeck

Schluchter, Wolfgang (2016) *Max Webers späte Soziologie*, Tübingen: Mohr Siebeck

Schluchter, Wolfgang (2017), „Die Dualität von Struktur und Handlung", in: Hans-Peter Müller und Steffen Sigmund (Hg.), *Theoriegeschichte in systematischer Absicht. Wolfgang Schluchters Grundlegungen der Soziologie in der Diskussion*, Tübingen: Mohr Siebeck, S. 293–314.

Schluchter, Wolfgang (2018), *Handeln im Kontext*, Tübingen: Mohr Siebeck

Schluchter, Wolfgang (2020), *Mit Max Weber*, Tübingen: Mohr Siebeck

Schwinn, Thomas (2013), *Max Weber und die Systemtheorie*, Tübingen: Mohr Siebeck

Sell, Carlo Eduardo (2013), *Max Weber e a racionalizacao da vida*, Petrópolis RJ: Vozes

Sigmund, Steffen (2020), „Die rationalen und soziologischen Grundlagen der Musik (1921)", in: Hans-Peter Müller/Steffen Sigmund (Hg.), *Max Weber Handbuch. Leben-Werk-Wirkung*, 2., aktualisierte und erweiterte Aufl., Stuttgart: J. B. Metzler, S. 386 ff.

Stammer, Otto, Hg. (1965) *Max Weber und die Soziologie heute*. Verhandlungen des 15. Deutschen Soziologentags. Tübingen: J. C. B. Mohr (Paul Siebeck)

Stammler, Rudolf (1902), *Die Lehre von dem richtigen Rechte*, Berlin: Guttenberg

Stammler, Rudolf (2006), *Wirtschaft und Recht nach der materialistischen Geschichtsauffassung. Eine sozialphilosophische Untersuchung.* 2., verbesserte Aufl., Leipzig: Veit & Comp

Steinert, Heinz (2010), *Max Webers unwiderlegbare Fehlkonstruktionen. Die Protestantische Ethik und der Geist des Kapitalismus.* Frankfurt a. M.: Campus

Tenbruck, Friedrich H. (1975), „Das Werk Max Webers", in: *Kölner Zeitschrift für Soziologie und Sozialpsychologie*, 27, S. 663–702

Topitsch, Ernst (1958), *Vom Ursprung und Ende der Metaphysik. Eine Studie zur Weltanschauungskritik*, Wien: Springer

Topitsch, Ernst (1961), *Sozialphilosophie zwischen Ideologie und Wissenschaft*, Neuwied: Luchterhand

Treiber, Hubert und Karol Sauerland, Hg. (1995), *Heidelberg im Schnittpunkt intellektueller Kreise. Zur Topographie der ‚geistigen Geselligkeit‘ eines ‚Weltdorfes‘: 1850–1950*, Opladen: Westdeutscher Verlag

Treiber, Hubert (2005), „Der ‚Eranos‘ – Das Glanzstück im Heideberger Mythenkranz?", in: Wolfgang Schluchter und Friedrich Wilhelm GRAF (Hg.), *Asketischer Protestantismus und der ‚Geist‘ des modernen Kapitalismus. Max Weber und Ernst Troeltsch*, Tübingen: Mohr Siebeck, S. 75–153

Treiber, Hubert (2017), *Max Webers Rechtssoziologie – eine Einladung zur Lektüre*, Wiesbaden: Harrassowitz Verlag

Treiber, Hubert (2021) *Max Weber unter Anhängern des Altphilologen Hermann Userer. Religionswissenschaft auf philologischer Basis im Heidelberger Gelehrtenkränzchen ‚Eranos‘ 1904–1909*, Wiesbaden: Harrassowitz

Troeltsch, Ernst (1998), *Kritische Gesamtausgabe*, Band 5, hg. von Trutz RENDTORFF in Zusammenarbeit mit Stefan PAUTLER, Berlin/New York: de Gruyter

Weber, Marianne (1921), Vorwort zur ersten Auflage. In: Max Weber, *Wirtschaft und Gesellschaft. Grundriß der verstehenden Soziologie*, 4. Aufl., Tübingen: J.C.B. Mohr (Paul Siebeck) 1956, S. XXXII

Weber, Marianne (1926), *Max Weber. Ein Lebensbild.* Tübingen: J. C. B. Mohr (Paul Siebeck)

Weber, Marianne (1948), *Lebenserinnerungen*, Bremen: Storm

Weber, Marianne, (1984), *Max Weber. Ein Lebensbild. Mit einem Essay von Guenther Roth.* München: Pieper 1984

Weber, Max (1921), *Wirtschaft und Gesellschaft. Grundriß der Sozialökonomik.* III. Abteilung. *I. Die Wirtschaft und die gesellschaftlichen Ordnungen und Mächte. Erster Teil*, Tübingen: J.C.B. Mohr (Paul Siebeck) 1921 (die zweite Lieferung folgte 1921, die dritte und die vierte folgten 1922, diese Lieferungen dann gegliedert in Zweiter und Dritter Teil).

WEBER, Max (1930), *The Protestant Ethic and the Spirit of Capitalism.* Translated by Talcott PARSONS, London: Allen & Unwin

Weber, Max (1947), *The Theory of Social and Economic Organization.* Edited with an Introduction by Talcott PARSONS, Gencoe, Ill.: The Free Press

Weber, Max (1956 a), *Staatssoziologie.* Mit einer Einführung und Erläuterungen herausgegeben von Johannes Winckelmann. Berlin: Duncker & Humblot

Weber, Max (1956 b), *Wirtschaft und Gesellschaft. Grundriss der verstehenden Soziologie.* Mit einem Anhang: Die rationalen und soziologischen Grundlagen der Musik, vierte, neu herausgegebene Auflage, besorgt von Johannes Winckelmann, Tübingen: J.C.B. Mohr (Paul Siebeck) 1956 (gegliedert in zwei Teile)

Weber, Max (1968), *Economy and Society. An Outline of Interpretive Sociology*. Edited by Guenther Roth and Claus Wittich, New York: Bedminster Press

Weber, Max (1972), *Wirtschaft und Gesellschaft. Grundriss der verstehenden Soziologie*, fünfte, revidierte Auflage, mit Textkritischen Erläuterungen, herausgegeben von Johannes Winckelmann, Tübingen: J.C.B. Mohr (Paul Siebeck) (gegliedert in zwei Teile und einen Ergänzungsband)

Weisz, Eduardo (2011), *Racionalidad y tragedia. La filosofía histórica de Max Weber*, Buenos Aires: Prometeo Libros

Winckelmann, Johannes (1952), *Legitimität und Legalität in Max Webers Herrschaftssoziologie*. Mit einem Anhang: Max Weber: Die drei reinen Typen der legitimen Herrschaft. Tübingen: J. C. B. Mohr (Paul Siebeck)

Wolgast, Eike (2010) „Die Heidelberger Akademie der Wissenschaften – Gründung und Entwicklung", in: Volker SELLIN (Hg.), *Das Europa der Akademien*, Heidelberg: Winter, S. 9 ff.

Zhao, Tingyang (2020), *Alles unter dem Himmel. Vergangenheit und Zukunft der Weltordnung*, Frankfurt a. M.: Suhrkamp

Zur Rekonstruktion von Max Webers 'Wirtschaft und Gesellschaft' – Eine Diskussion zwischen Wolfgang Schluchter und Hiroshi Orihara (2000), Tokyo: Miraisha

The manufacturer's authorised representative in the EU is Springer
Nature Customer Service Centre GmbH, Europaplatz 3, 69115 Heidelberg,
Germany. If you have any concerns regarding our products, please
contact ProductSafety@springernature.com

Printed and bound by CPI Group (UK) Ltd, Croydon, CR0 4YY
24/04/2026
02096358-0004